应用技能型院校“十四五”规划课证融通教材
根据全国会计专业技术初级资格考试大纲编写

初级会计实务

（第二版）

李贺 周宝莲 宋建涛／主编
张岩瑾 刘卫民 程竹／副主编

立信会计出版社
LIXIN ACCOUNTING PUBLISHING HOUSE

图书在版编目(CIP)数据

初级会计实务/ 李贺，周宝莲，宋建涛等主编. —2版. —上海：立信会计出版社，2021.1
ISBN 978-7-5429-6732-9

Ⅰ. ①初… Ⅱ. ①李… ②周… ③宋… Ⅲ. ①会计实务—资格考试—材料 Ⅳ. ①F233

中国版本图书馆 CIP 数据核字(2021)第 002362 号

策划编辑　王斯龙
责任编辑　王斯龙
封面设计　南房间

初级会计实务(第二版)
Chuji Kuaji Shiwu

出版发行	立信会计出版社		
地　　址	上海市中山西路 2230 号	邮政编码	200235
电　　话	(021)64411389	传　　真	(021)64411325
网　　址	www.lixinaph.com	电子邮箱	lixinaph2019@126.com
网上书店	http://lixin.jd.com		http://lxkjcbs.tmall.com
经　　销	各地新华书店		
印　　刷	浙江临安曙光印务有限公司		
开　　本	787 毫米×1092 毫米	1/16	
印　　张	21.75		
字　　数	585 千字		
版　　次	2021 年 1 月第 2 版		
印　　次	2021 年 1 月第 1 次		
印　　数	1—3 100		
书　　号	ISBN 978-7-5429-6732-9/F		
定　　价	48.00 元		

第二版前言

富媒体教材实现了传统纸质教材与数字技术的融合，通过二维码建立链接，将视频、动画、音频、图文和试题库等富媒体资源呈现给学生；从教材内容的选取整合来看，实现了技能教育与产业发展的融合，注重专业教学内容与职业能力培养的有效对接；从教材的教学使用过程来说，实现了线下自主与线上互动的融合，学生可以在有网络支持的任何地方自主完成预习、巩固、复习等。

为了深化应用技能型人才培养培训模式改革，迎合“1+×”证书制度，夯实学生可持续发展基础，反映职业活动和个人职业生涯发展所需要的综合能力。本教材遵循“以应用为目的，以够用为原则”，系统地介绍了初级会计实务的基本原理、基本技能及基本方法，以最新的内容体现知识点的具体应用，对此，根据“项目导向、任务驱动、实操技能”课程体系的要求，我们组织了“双师型”教师及行业企业人员，凭借多年的教学经验和考证培训实践编写了这本最新的课证融通·富媒体教材。

本教材兼顾“就业导向”和“生涯导向”，紧紧围绕我国“经济发展新常态”下高等教育和应用技能型人才培养的目标，依照“原理先行、实务跟进、案例同步、实践到位”的原则，坚持创新创业和改革的精神，体现新的课程体系、新的教学内容和教学方法，以提高学生整体素质为基础，以能力为本位，兼顾知识教育、技能教育和能力教育，力求做到：从项目引导出发，提出问题，引入含义，设计情境，详尽解读。在结构安排上，采用“项目引领、任务驱动、实操技能”的编写方式，力求结构严谨、层次分明；在表述安排上，力求语言平实凝练、通俗易懂；在内容安排上，尽可能考虑到财经类专业不同层次的不同需求，课后的应知和应会结合每个项目的内容技能要求而编写，以使读者在学习每一项目内容时做到有的放矢，增强学习效果。

根据培养高等教育和应用技能型院校人才的需要，本教材力求体现如下特色：

(1) 结构合理，体系规范。作为教科书，本教材在内容上特别注意吸收最新企业会计准则和相关会计法规的新规定，按理论与实务兼顾的原则设置内容。本教材针对高等教育和应用技能型院校教学课程的特点，将内容庞杂的基础知识系统性地呈现出来，力求做到“必须、够用”原则，体系科学规范，内容简明实用。

(2) 与时俱进，紧跟动态。本教材根据最新的《企业会计准则——基本准则》编写，并及时按照《企业会计准则第30号——财务报表列报》(2019)、《政府会计准则——基本准则》(2019)、《会计档案管理办法》(2015)、《会计法》(2017)、《关于全面推进管理会计体系建设的指导意见》《企业会计准则第14号——收入》(2017)、《政府会计制度——行政事业单位会计科目和报表》(2019)、财税〔2019〕增值税税率13%，政策更新截止至2021年1月。

(3) 突出应用，实操技能。本教材从高等教育和应用技能型院校的教学规律出发，与实际接轨，介绍了最新的税法发展和改革动态、理论知识和教学案例，在注重必要理论的同时，强调实际的应用；主要引导学生“学中做”和“做中学”，一边学理论，一边将理论知识加以应用，实现理论和实际应用一体化。

(4) 栏目丰富，形式生动。本教材栏目形式丰富多样，每个项目均设有"知识目标""技能目标""素质目标""项目引例""引例导学""做中学""提示""注意""知识拓展""应知应会考核(单项选择题、多项选择题、判断题、不定项选择题)"等栏目，与初级会计师考试题型配套，并添加了二维码解析等，充分体现新时代互联网富媒体特色，教材的应知和应会考核，使得学生对所学的内容达到学以致用，丰富了教材内容与知识体系，也为教师教学和学生更好地掌握知识内容提供了首尾呼应、层层递进的可操作性教学方法。

(5) 课证融合，双证融通。本教材能满足读者对初级会计实务基础知识学习的基本需要。为适应国务院人力资源社会保障行政部门组织制定职业标准，实行"1+×"证书制度，夯实学生可持续发展基础，鼓励院校学生在获得学历证书的同时，积极取得多类职业技能等级证书，拓展就业创业本领，缓解结构性就业矛盾，本教材与初级会计师考试大纲相衔接，做到考证对接、课证融通。

(6) 职业素养，素质教育。为体现高等教育和应用技能型教育的特色，我们力求在内容上有所突破，激发学生的学习兴趣和学习热情，设计适合学生掌握的考核要点，以培养和提高学生在特定业务情境中分析问题、解决问题的能力，从而强化学生的职业道德素质。

(7) 课程资源，配套上网。为了配合课堂教学，编者精心设计和制作了教师课件 PPT、习题参考答案、课程教学大纲、配套习题、模拟试卷 8 套等实现网上运行，充分发挥网络课程资源的作用，探索课堂教学和网络教育有机结合的新途径。

本教材由李贺、周宝莲、宋建涛任主编，其中：李贺编写了项目二、项目八，周宝莲编写了项目七，宋建涛编写了项目五、项目六。张岩瑾、刘卫民、程竹任副主编，其中：张岩瑾编写了项目三，刘卫民编写了项目四，程竹编写了项目一。钟南、涂静、李明明、赵昂、李虹、美荣、李林海、王玉春、李洪福等人负责教学资源包的制作以及写作过程中的资料收集整理。本教材适用于高等教育和应用技能型教育层次的会计、审计、财务管理、资产评估、财政学、税务学、投资理财、国际经济与贸易等财经类专业学生使用，也可作为初级会计资格考试的学习辅助教材。另外，本教材配有《经济法基础(第二版)》教材。

本教材得到了出版单位的大力支持，以及参考文献中的作者的贡献，谨此一并表示衷心的感谢！本教材在编写过程中参阅了参考文献中的教材、著作、法律、法规、网站，由于编写时间仓促，加之编者水平有限，教材中难免存在一些不足之处，恳请专家、学者批评指正，以便我们不断地更新、改进与完善。为了做到与时俱进，本教材将不断地更新最新的政策调整，也将不断地进行改版。

编　　者

2021年1月

目　录

项目一 会计概述

知识目标

了解：会计的概念、职能和目标；会计科目和账户的分类；财产清查的分类和程序；财务报告。

熟悉：会计要素计量属性及应用原则；会计等式；原始凭证和记账凭证的分类。

掌握：会计基本假设、会计基础和会计信息质量要求；会计要素及其确认条件；借贷记账法；会计凭证、会计账簿和账务处理程序；财产清查的方法与处理。

技能目标

能用所学的实务知识规范"会计概述"相关技能活动。

素质目标

运用所学的会计概述知识研究相关案例，培养和提高学生在特定业务情境中分析问题与决策设计的能力；能结合"会计概述"教学内容，结合行业规范或标准，分析会计行为的善恶，强化学生的职业道德素质，从而做到学思用贯通，知信行统一。

项目引例

会计为什么存在

背景与情境：林先生开办了一家企业，主要经营家居用品，林先生现在计划扩大经营业务，需要向银行办理贷款。在向银行提出贷款书面申请后，银行要求林先生提供企业法人营业执照（已年检）、企业连续3年的会计报表和最近一个季度的会计报表等资料，通过相关资料审核后才能决定是否贷款给林先生的企业。

为什么银行在作出贷款决定前，需要企业提供会计报表？银行贷款部门希望从会计报表中获取什么信息？

除了银行以外，还有哪些机构或人员需要利用企业的会计信息进行决策？他们关注会计信息的角度是一样的吗？这些信息怎样才算是有用的呢？

会计通常被认为是国际通用的商业语言，有了会计，各种经济事务才可以在企业内部，或者企业之间、企业与政府机构之间进行交流。读懂这种商业语言所表达的信息，可以使企业与企业之间，企业与政府机构之间相互理解，不致发生歧义。

引例解析

引例导学

总体而言，会计信息应当真实可靠，并且对信息使用者决策有用。会计信息的主要使用者及其了解的信息的侧重点是不同的。

（1）投资者通过对会计报表的阅读和分析，可重点了解其投资的完整性和投资报酬，企业资本结构的变化、未来的获利能力和利润分配政策等。

（2）债权人通过对会计报表的阅读和分析，可重点了解企业的偿债能力，了解其债权的保障和利息的获取，以及债务人是否有足够的能力按期偿付债务。

（3）政府及其机构通过阅读和分析会计报表，可了解企业的经营活动，社会资源的分配情况，以作为决定税收等经济政策和国民收入等统计资料的基础。

（4）潜在的投资者和债权人通过阅读和分析会计报表，可了解企业的发展趋势、经营活动的范围，为选择投资和贷款方向提供依据。

知识精讲

任务一　会计概念、职能和目标

一、会计概念

所谓会计，是以货币为主要计量单位，采用专门方法和程序，对企业和行政、事业单位的经济活动进行完整的、连续的、系统的核算和监督，以提供经济信息和反映受托责任履行情况为主要目的的经济管理活动。

二、会计职能

所谓会计的职能，是指会计在经济管理活动中所具有的内在功能。作为“过程的控制和观念总结”的会计，具有会计核算和会计监督两项基本职能，还具有预测经济前景、参与经济决策、评价经营业绩等拓展职能，如图1-1所示。

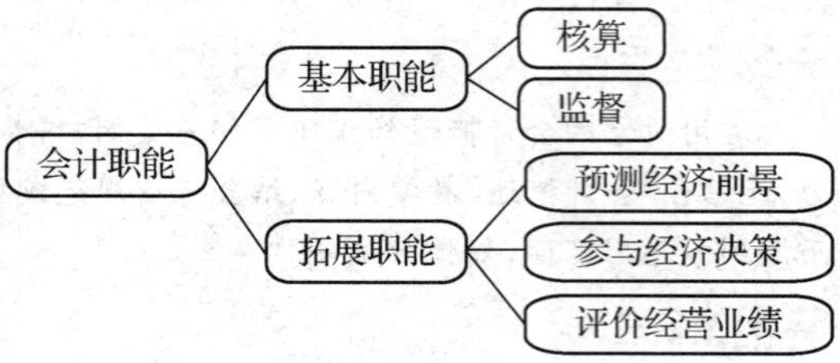

图1-1　会计的职能

（一）基本职能

1. 核算职能

所谓会计核算职能，是指会计以货币为主要计量单位，对特定主体的经济活动进行确认、计量和报告。会计核算贯穿经济活动的全过程，是会计最基本的职能。

根据《会计法》第十条的规定，下列经济业务事项应当办理会计手续，进行会计核算：① 款项和有价证券的收付；② 财物的收发、增减和使用；③ 债权债务的发生和结算；④ 资本、基金的增减；⑤ 收入、支出、费用、成本的计算；⑥ 财务成果的计算和处理；⑦ 需要办理会计手续、进行会计核算的其他事项。

2. 监督职能

所谓会计监督职能，是指会计人员在进行会计核算的同时，对特定主体经济活动和相关会计核算的真实性、合法性和合理性进行审查。

（1）真实性审查，是指检查各项会计核算是否根据实际发生的经济业务进行，是否如实反映经济业务或事项的真实状况。

（2）合法性审查，是指检查各项经济业务是否符合国家有关法律法规，遵守财经纪律，执行国家各项方针政策，以杜绝违法乱纪行为。

（3）合理性审查，是指检查各项财务收支是否符合客观经济规律及经营管理方面的要求，保证各项财务收支符合特定的财务收支计划，实现预算目标。

会计核算与会计监督两者是相辅相成、辩证统一的关系。会计核算是会计监督的基础，没有会计核算所提供的各种信息，监督就失去了依据；会计监督又是会计核算质量的保障，只有核算没有监督，就难以保障所提供信息的质量。

（二）拓展职能

（1）预测经济前景，是指根据财务报告等提供的信息，定量或者定性地判断和推测经济活动的发展变化规律，以指导和调节经济活动，提高经济效益。

（2）参与经济决策，是指根据财务报告等提供的信息，运用定量分析和定性分析方法，对备选方案进行经济可行性分析，为企业经营管理等提供决策相关的信息。

(3) 评价经营业绩，是指利用财务报告等提供的信息，采用适当的方法，对企业一定经营期间的资产运营、经济效益等经营成果，对照相应的评价标准，进行定量及定性对比分析，作出真实、客观、公正的综合评判。

三、会计目标

会计目标是要求会计工作完成的任务或达到的标准，即向财务报告使用者提供与企业财务状况、经营成果和现金流量等有关的会计信息，反映企业管理层受托责任履行情况，有助于财务报告使用者作出经济决策。

财务报告外部使用者主要包括投资者、债权人、政府及其有关部门和社会公众等。

【提示】 满足投资者的信息需要是企业财务报告编制的首要出发点，企业编制财务报告、提供会计信息必须与投资者的决策密切相关。

财务报告提供的信息应当如实反映企业所拥有或者控制的经济资源、对经济资源的要求权，以及经济资源及其要求权的变化情况；如实反映企业的各项收入、费用和利润的金额及其变动情况；如实反映企业各项经营活动、投资活动和筹资活动等所形成的现金流入和现金流出情况等，从而有助于现在的或者潜在的投资者正确、合理地评价企业的资产质量、偿债能力、盈利能力和营运效率等；有助于投资者根据相关会计信息作出理性的投资决策；有助于投资者评估与投资有关的未来现金流量的金额、时间和风险等。除投资者以外，企业财务报告的外部使用者还有债权人、政府及其有关部门、社会公众等。由于投资者是企业资本的主要提供者，如果财务报告能够满足这一群体的会计信息需求，通常情况下也可以满足其他使用者的大部分信息需求。

任务二　会计基本假设、会计基础和会计信息质量要求

一、会计基本假设

所谓会计基本假设，是对会计核算所处时间、空间环境等所作的合理假定，是企业会计确认、计量和报告的前提。会计基本假设包括会计主体、持续经营、会计分期和货币计量。

(一) 会计主体

所谓会计主体，是指会计工作服务的特定对象，是企业会计确认、计量和报告的空间范围。为了向财务报告使用者反映企业财务状况、经营成果和现金流量，提供与其决策有用的信息，会计核算和财务报告的编制应当集中于反映特定对象的活动，并将其与其他经济实体区别开来。在会计主体假设下，企业应当对其本身发生的交易或事项进行确认、计量和报告，反映企业本身所从事的各项生产经营活动和其他相关活动。

(二) 持续经营

所谓持续经营，是指在可以预见的未来，企业将会按当前的规模和状态经营下去，不会停业，也不会大规模削减业务。在持续经营假设下，会计确认、计量和报告应当以企业持续、正常的生产经营活动为前提。

(三) 会计分期

所谓会计分期，是指将一个企业持续经营的生产经营活动划分为一个个连续的、长短相同的期间。会计分期的目的，在于通过会计期间的划分，将持续经营的生产经营活动划分成连续、相等的期间，据以结算盈亏，按期编报财务报告，从而及时向财务报告使用者提供有关企业财务状况、经营成果和现金流量的信息。

(四) 货币计量

所谓货币计量，是指会计主体在会计确认、计量和报告时以货币计量，反映会计主体的生产经营活动。

货币是商品的一般等价物，是衡量一般商品价值的共同尺度，具有价值尺度、流通手段、贮藏手段和支付手段等特点。选择货币这个共同尺度进行计量，能够全面、综合反映企业的生产经营情况。

二、会计基础

所谓会计基础，是指会计确认、计量和报告的基础，具体包括权责发生制和收付实现制。

(一) 权责发生制

权责发生制，是指以取得收取款项的权利或支付款项的义务为标志来确定本期收入和费用的会计核算基础。在实务中，企业交易或者事项的发生时间与相关货币收支时间有时并不完全一致。为了真实、公允地反映特定时点的财务状况和特定期间的经营成果，企业应当以权责发生制为基础进行会计确认、计量和报告。

根据权责发生制，凡是当期已经实现的收入和已经发生或应当负担的费用，不论款项是否收付，都应当作为当期的收入和费用，计入利润表；凡是不属于当期的收入和费用，即使款项已在当期收付，也不应当作为当期的收入和费用。

(二) 收付实现制

收付实现制，是指以现金的实际收付为标志来确定本期收入和支出的会计核算基础。

在我国，政府会计由预算会计和财务会计构成。其中，预算会计采用收付实现制，国务院另有规定的，依照其规定。财务会计采用权责发生制。

三、会计信息质量要求

会计信息质量要求是对企业财务报告所提供会计信息质量的基本要求，是使财务报告所提供会计信息对投资者等信息使用者决策有用应具备的基本特征。根据我国《企业会计准则——基本准则》的规定，会计信息质量要求包括：可靠性、相关性、可理解性、可比性、实质重于形式、重要性、谨慎性和及时性等八个方面，如表 1-1 所示。

表 1-1　会计信息质量要求的内容

会计信息质量要求	要求内容
可靠性	① 要求企业应当以实际发生的交易或者事项为依据进行确认、计量和报告，如实反映符合确认和计量要求的会计要素及其他相关信息，保证会计信息真实可靠、内容完整。 ② 可靠性是高质量会计信息的重要基础和关键所在。如果企业以虚假的交易或者事项进行确认、计量和报告，属于违法行为，不仅会严重损害会计信息质量，而且会误导投资者，干扰资本市场，导致会计秩序、财经秩序混乱。
相关性	① 要求企业提供的会计信息应当与投资者等财务报告使用者的经济决策需要相关，有助于财务会计报告使用者对企业过去、现在或者未来的情况作出评价或者预测。 ② 相关的会计信息应当能够有助于使用者评价企业过去的决策，证实或者修正过去的有关预测，因而具有反馈价值。 ③ 相关的会计信息还应当具有预测价值，有助于使用者根据财务报表所提供的会计信息预测企业未来的财务状况、经营成果和现金流量。
可理解性	要求企业提供的会计信息应当清晰明了，便于投资者等财务报告使用者理解和使用。

（续表）

会计信息质量要求	要求内容
可比性	① 同一企业不同时期可比。即同一企业不同时期发生的相同或者相似的交易或者事项，应当采用一致的会计政策，不得随意变更。确需变更的，应当在附注中说明(纵向可比)。 ② 不同企业相同会计期间可比。即要求企业的会计核算应当按照国家统一的会计制度的规定进行，不同企业发生的相同或者相似的交易或事项，应当采用规定的会计政策，确保会计信息口径一致、相互可比，以使不同企业按照一致的确认、计量和报告要求提供有关会计信息(横向可比)。
实质重于形式	要求企业应当按照交易或者事项的经济实质进行会计确认、计量和报告，不应仅以交易或者事项的法律形式为依据。 例如，融资租入的固定资产视为承租企业的资产
重要性	① 要求企业提供的会计信息应当反映与企业财务状况、经营成果和现金流量有关的所有重要交易或者事项。 ② 在实务中，如果某会计信息的省略或者错报会影响投资者等财务报告使用者据此作出决策，该信息就具有重要性。重要性等应用需要依赖职业判断，企业应当根据其所处的环境和实际情况，从项目的性质和金额大小两方面加以判断。 例如，企业发生的某些支出金额较小，从支出的受益期来看，可能需要在若干会计期间进行分摊，但根据重要性要求，可以一次性计入当期损益。
谨慎性	要求企业对交易或者事项进行会计确认、计量和报告应当保持应有的谨慎，不应高估资产或者收益、低估负债或者费用。 谨慎性的应用： ① 企业定期或至少于年度终了对可能发生的各项资产损失计提减值准备。(坏账准备) ② 企业对固定资产采用加速折旧法。 ③ 企业对售出商品可能发生的保修义务确认预计负债、对可能承担的环保责任确认预计负债等。
及时性	要求企业对于已经发生的交易或者事项，应当及时进行会计确认、计量和报告，不得提前或者延后。 在会计确认、计量和报告过程中贯彻及时性原则： ① 要求及时收集会计信息；② 要求及时处理会计信息；③ 要求及时传递会计信息。

任务三　会计要素及其确认与计量

一、会计要素及其确认条件

会计要素是根据交易或者事项的经济特征所确定的财务会计对象和基本分类。

我国《企业会计准则》将会计要素按照性质划分为资产、负债、所有者权益、收入、费用和利润六类。其中，前三类属于反映财务状况的会计要素，在资产负债表中列示；后三类属于反映经营成果的会计要素，在利润表中列示。

(一) 资产的定义及其确认条件

1. 资产的定义与特征

资产，是指企业过去的交易或者事项形成的、由企业拥有或者控制的、预期会给企业带来经济利益的资源。根据资产的定义，资产具有以下三方面特征：

第一，资产是由过去的交易或者事项形成的。《企业会计准则——基本准则》第 20 条规定，企业过去的交易或者事项包括购买、生产、建造行为或其他交易或者事项。预期在未来发生的交易或者事项不形成资产。资产必须是现实的资产，不能是预期的资产。未来的交易或事项以及未发生的交易或事项可能产生的结果，不属于现在的资产，不得作为资产确认。

例如：企业通过购买、自行制造等方式形成的某项设备，或因销售产品而形成的一项应收账款（过去的交易或事项形成的）是资产。预计在未来某个时点将要购买的设备，属于预期的交易或事项，不能确认为资产。

第二，资产是企业拥有或控制的资源。《企业会计准则——基本准则》第20条规定，由企业拥有或者控制，是指企业享有某项资源的所有权，或者虽然不享有某项资源的所有权，但该资源能被企业所控制。例如融资租入的固定资产，按照实质重于形式原则的要求，就应当作为企业资产予以确认。

【注意】 企业以经营租赁方式租入的固定资产不属于承租人的资产，属于出租人的资产。

第三，资产预期会给企业带来经济利益。《企业会计准则——基本准则》第20条规定，预期会给企业带来经济利益，是指直接或者间接导致现金和现金等价物流入企业的潜力。一旦不能为企业带来经济利益，则不能确认为资产。

2. 资产的确认条件

《企业会计准则——基本准则》第21条规定，符合本准则第20条规定的资产定义的资源，在同时满足以下条件时，确认为资产：

（1）与该资源有关的经济利益很可能流入企业。从资产的定义可以看出，能为企业带来经济利益是资产的一个本质特征，但在现实生活中，由于经济环境瞬息万变，与资源有关的经济利益能否流入企业或者能够流入多少实际上带有不确定性。因此，资产的确认还应与经济利益流入企业的不确定性程度的判断结合起来。

（2）该资源的成本或者价值能够可靠地计量。只有当有关资源的成本或者价值能够可靠地计量时，资产才能予以确认。在实务中，企业取得的许多资产都需要付出成本。例如，企业购买或者生产的商品、企业购置的厂房或者设备等，对于这些资产，只有实际发生的成本或者生产成本能够可靠计量，才符合资产确认的可计量性条件。

3. 资产的分类和内容

企业资产分为流动资产和非流动资产两大类。其中，流动资产包括货币资金、交易性金融资产、衍生金融资产、应收票据、应收账款、应收款项融资、预付款项、其他应收款、存货、合同资产、持有待售资产、一年内到期的非流动资产、其他流动资产；非流动资产包括债权投资、其他债权投资、长期应收款、长期股权投资、其他权益工具投资、其他非流动金融资产、投资性房地产、固定资产、在建工程、生产性生物资产、油气资产、使用权资产、无形资产、开发支出、商誉、长期待摊费用、递延所得税资产、其他非流动资产。

（二）负债的定义及其确认条件

1. 负债的定义与特征

负债，是指企业过去的交易或者事项形成的、预期会导致经济利益流出企业的现时义务。根据负债的定义，负债具有以下三方面的特征：

第一，负债是由于过去的交易或事项所形成的当前的债务。也就是说，企业预期在将来要发生的交易或事项可能产生的债务，不能作为负债确认。

第二，负债预期会导致经济利益流出企业。这也是负债的一个本质特征，只有在履行义务时会导致经济利益流出企业，才符合负债的定义。在履行现时义务清偿负债时，导致经济利益流出企业的形式多种多样，例如，用现金偿还或以实物资产形式偿还；以提供劳务形式偿还；部分转移资产、部分提供劳务形式偿还；将负债转为资本等。

第三，负债是企业承担的现时义务。《企业会计准则——基本准则》第 23 条规定，现时义务是指企业在现行条件下已承担的义务。未来发生的交易或者事项形成的义务，不属于现时义务，不应当确认为负债。

2. 负债的确认条件

将一项现时义务确认为负债，需要符合负债的定义，还需要同时满足以下两个条件：

(1) 与该义务有关的经济利益很可能流出企业。从负债的定义可以看到，预期会导致经济利益流出企业是负债的一个本质特征。在实务中，履行义务所需流出的经济利益带有不确定性，尤其是与推定义务相关的经济利益通常需要依赖于大量的估计。因此，负债的确认应当与经济利益流出的不确定性程度的判断结合起来。

(2) 未来流出的经济利益的金额能够可靠地计量。负债的确认在考虑经济利益流出企业的同时，对于未来流出的经济利益的金额应当能够可靠计量。

3. 负债的分类和内容

企业负债分为流动负债和非流动负债两大类。其中，流动负债包括短期借款、交易性金融负债、衍生金融负债、应付票据、应付账款、预收款项、合同负债、应付职工薪酬 、应交税费、其他应付款 、持有待售负债、一年内到期的非流动负债、其他流动负债；非流动负债包括长期借款、应付债券、租赁负债、长期应付款、预计负债、递延收益、递延所得税负债、其他非流动负债。

(三) 所有者权益的定义及其确认条件

1. 所有者权益的定义与特征

所有者权益，是指企业资产扣除负债后，由所有者享有的剩余权益。公司的所有者权益又称为股东权益。所有者权益是所有者对企业资产的剩余索取权，它是企业的资产扣除债权人权益后应由所有者享有的部分，既可反映所有者投入资本的保值增值情况，又体现了保护债权人权益的理念。

所有者权益的来源包括所有者投入的资本、其他综合权益、留存收益等，通常由股本(或实收资本)、资本公积(含股本溢价或资本溢价、其他资本公积)、其他综合收益、盈余公积和未分配利润等构成，其中：

(1) 所有者投入的资本是所有者投入企业的资本部分，它既包括构成企业注册资本或者股本的金额，也包括投入资本超过注册资本或股本部分的金额，即资本溢价或股本溢价，这部分投入资本作为资本公积(资本溢价或股本溢价)反映。

(2) 其他综合收益，是企业根据其他会计准则规定未在当期损益中确认的各项利得和损失。

(3) 留存收益是企业各年实现的净利润留存于企业的部分，主要包括盈余公积和未分配利润。

2. 所有者权益的确认条件

所有者权益体现的是所有者在企业中的剩余权益，因此，其确认主要依赖于其他会计要素，尤其是资产和负债的确认；所有者权益金额的确定也主要取决于资产和负债的计量。例如，企业接受投资者投入的资产，在该资产符合资产确认条件时，就相应地符合了所有者权益的确认条件；当该资产的价值能够可靠计量时，所有者权益的金额也就可以确定。

(四) 收入的定义及其确认条件

1. 收入的定义与特征

收入是指企业在日常活动中形成的、会导致所有者权益增加的、与所有者投入资本无关的经济利益的总流入。根据收入的定义，收入具有以下几个方面的特征：

(1) 收入是企业在日常活动中形成的。日常活动，是指企业为完成其经营目标所从事的经常性活动以及与之相关的活动。例如，工业企业制造并销售产品即属于企业的日常活动。明确界定日常活动是为了将收入与利得相区分，因为企业非日常活动所形成的经济利益的流入不能确认为收入，而应当计入利得。

(2) 收入是与所有者投入资本无关的经济利益的总流入。收入应当会导致经济利益的流入，从而导致资产的增加。例如，企业销售商品，应当收到现金或者有权在未来收到现金，才表明该交易符合收入的定义。但是在实务中，经济利益的流入有时是所有者投入资本的增加所导致的，所有者投入资本的增加不应当确认为收入，应当将其直接确认为所有者权益。

(3) 收入会导致所有者权益的增加。与收入相关的经济利益的流入应当会导致所有者权益的增加，不会导致所有者权益增加的经济利益的流入不符合收入的定义，不应确认为收入。例如，企业向银行借入款项，尽管也导致了企业经济利益的流入，但该流入并不导致所有者权益的增加，反而使企业承担了一项现时义务。企业对于因借入款项所导致的经济利益的增加，不应将其确认为收入，应当确认为一项负债。

2. 收入的确认条件

企业收入的来源渠道虽然多种多样，但是收入的确认条件却是相同的。当企业与客户之间的合同同时满足下列条件时，企业应当在客户取得相关商品控制权时确认收入：

(1) 合同各方已批准该合同并承诺将履行各自义务。

(2) 该合同明确了合同各方与所转让商品或提供劳务(以下简称转让商品)相关的权利和义务。

(3) 该合同有明确的与所转让商品相关的支付条款。

(4) 该合同具有商业实质，即履行合同将改变企业未来现金流量的风险、时间分布或金额。

(5) 企业因向客户转让商品而有权取得的对价很可能收回。

(五) 费用的定义及其确认条件

1. 费用的定义和特征

费用，是指企业在日常活动中所发生的、会导致所有者权益减少的、与向所有者分配利润无关的经济利益的总流出。根据费用的定义，费用具有三方面特征：

(1) 费用是企业在日常活动中形成的。这些日常活动的界定与收入定义中涉及的日常活动的界定相一致。日常活动所产生的费用通常包括营业成本、税金及附加、销售费用、管理费用、财务费用等。将费用界定为日常活动所形成的，是为了将其与损失相区分，企业非日常活动所形成的经济利益的流出不能确认为费用，而应当计入损失。

(2) 费用是与向所有者分配利润无关的经济利益的总流出。费用的发生应当会导致经济利益的流出，从而导致资产的减少或者负债的增加，其表现形式包括现金或者现金等价物的流出，存货、固定资产和无形资产等的流出或者消耗等。企业向所有者分配利润也会导致经济利益的流出，而该经济利益的流出属于所有者权益的抵减项目，不应确认为费用，应当将其排除在费用的定义之外。

(3) 费用会导致所有者权益的减少。与费用相关的经济利益的流出应当会导致所有者权益的减少，不会导致所有者权益减少的经济利益的流出不符合费用的定义，不应确认为费用。

2. 费用的确认条件

《企业会计准则——基本准则》第 34 条规定，费用只有在经济利益很可能流出从而导致企业资产减少或者负债增加、且经济利益的流出额能够可靠计量时才能予以确认。费用的确认除了应当符合定义外，至少应当符合以下条件：①与费用相关的经济利益应当很可能流出企业；②经济利益流出企业的结果会导致资产的减少或者负债的增加；③经济利益的流出额能够可靠计量。

（六）利润的定义及其确认条件

1. 利润的定义

利润，是指企业在一定会计期间的经营成果。通常情况下，如果企业实现了利润，表明企业的所有者权益将增加，业绩得到了提升；反之，如果企业发生了亏损（即利润为负数），表明企业的所有者权益将减少。

利润包括收入减去费用后的净额、直接计入当期损益的利得和损失等。其中，收入减去费用后的净额反映企业日常活动的经营业绩；直接计入当期损益的利得和损失反映企业非日常活动的业绩。直接计入当期损益的利得和损失，是指应当计入当期损益、最终会引起所有者权益发生增减变动的、与所有者投入资本或者向所有者分配利润无关的利得或者损失。其中，利得，是指由企业非日常活动所形成的、会导致所有者权益增加的、与所有者投入资本无关的经济利益的流入；损失，是指由企业非日常活动所发生的、会导致所有者权益减少的、与向所有者分配利润无关的经济利益的流出。

2. 利润的确认条件

利润反映的是收入减去费用、直接计入当期损益的利得减去损失后净额的概念。因此，利润的确认主要依赖于收入和费用以及直接计入当期损益的利得和损失的确认，其金额的确定也主要取决于收入、费用、直接计入当期损益的利得和损失金额的计量。

二、会计要素计量属性及其应用原则

计量属性账务处理快速记忆

会计计量是为了将符合确认条件的会计要素登记入账并列报于财务报表而确定其金额的过程。会计的计量反映的是会计要素金额的确定基础，主要包括历史成本、重置成本、可变现净值、现值和公允价值等。

（1）历史成本又称实际成本，是指取得或制造某项财产物资时所实际支付的现金或者现金等价物。在历史成本计量下，资产按照其购置时支付的现金或现金等价物的金额，或者按照购置资产时所付出的对价的公允价值计量。负债按照其因承担现时义务而实际收到的款项或者资产的金额，或者承担现时义务的合同金额，或者按照日常活动中为偿还负债预期需要支付的现金或者现金等价物的金额计量。

（2）重置成本又称现行成本，是指按照当前市场条件，重新取得同样一项资产所需支付的现金或现金等价物金额。在重置成本计量下，资产按照现在购买相同或者相似资产所需支付的现金或者现金等价物的金额计量。负债按照现在偿付该项债务所需支付的现金或者现金等价物的金额计量。

（3）可变现净值，是指在生产经营过程中，以预计售价减去进一步加工成本和销售所必需的预计税金、费用后的净值。在可变现净值计量下，资产按照其正常对外销售所能收到现金或者现金等价物的金额扣减该资产至完工时估计将要发生的成本、估计的销售费用以及相关税费后的金额计量。

（4）现值，是指对未来现金流量以恰当的折现率进行折现后的价值，是考虑货币时间价值因素等的一种计量属性。在现值计量下，资产按照预计从其持续使用和最终处置中所产生的未来现金流入量的折现金额计量。负债按预计期限内需要偿还的未来现金流出量的折现金额计量。

（5）公允价值，是指市场参与者在计量日发生的有序交易中，出售一项资产所能收到或者转移一项负债所需支付的价格。

【注意】 企业在对会计要素进行计量时，一般应当采用历史成本。采用重置成本、可变现净值、现值、公允价值计量的，应当保证所确定的会计要素金额能够持续取得并可靠计量。

三、会计等式

会计等式也称会计恒等式、会计方程式或会计平衡公式，是表明会计要素之间基本关系的等式。

（一）会计等式的表现形式

1. 资产、负债与所有者权益之间的关系

任何企业都必须拥有一定数量的资产，作为从事经济活动的基础。这些资产在经济活动中分布在各个方面，表现为不同的占用形态，如房屋、建筑物、机器设备、原材料、库存商品、货币资金等。这些资产都是从一定来源取得的，资金取得或形成的来源或渠道，即资金来源，会计上称为权益，权益包括负债（债权人权益）和所有者权益（投资者权益）。资产表示企业拥有的经济资源，权益则表示资产的来源，即资产由谁提供，归谁所有。

【提示】 企业资金的来源有两个途径：一是来自所有者投入，即所有者权益；二是来自债权人，即负债。

资产和权益（包括所有者权益和债权人权益）实际是企业所拥有的经济资源在同一时点上所表现的不同形式。资产表明的是资源在企业存在、分布的形态，而权益则表明了资源取得和形成的渠道。没有资产就没有权益，没有权益，资产不会存在，因而客观上两者存在相等的关系。即从数量上看，有一定数额的资产，就必然有一定数额的权益（资金来源）；反之，有一定数额的权益，也必然形成一定数额的资产；从任何时点来看，两者都保持着相互依存的平衡关系。

因此，一个企业所拥有的资产总额必然等于权益总额。资产与权益的这种等额关系构成下面的会计等式：

资产＝权益
＝债权人的权益＋投资人的权益
＝负债＋所有者权益

这是最基本的会计等式，通常称为会计恒等式。这一等式反映了资产与负债、所有者权益之间的内在联系，是设置账户、进行复式记账和编制会计报表的理论依据，表明了企业在一定时点的财务状况，因此，上述等式也被称为静态会计等式，是编制资产负债表的理论依据。

2. 收入、费用和利润之间的关系

收入与费用是企业在一定时期从事生产经营活动所取得的各项收入和发生的耗费，企业一定时期内所获得的收入大于所发生的费用，其差额即为利润；若收入小于所发生的费用，其差额为亏损。企业所获得的利润属于企业所有者，所发生的亏损最终也要由所有者承担，因此，利润的获得从实质上看是所有者权益的增加，亏损的发生则是所有者权益的减少。

综上所述，收入、费用、利润存在下列关系：

收入－费用＝利润

这一等式可称为第二会计等式，该等式是从某个会计期间考察企业的最终经营成果而形成的等式关系，因此我们称之为动态会计等式。收入、费用和利润是构成利润表的三个基本要素，收入、费用和利润之间的上述关系也是企业编制利润表的基础。

在实际工作中，由于收入不包括处置固定资产净收益、固定资产盘盈利得、出售无形资产净收益等，费用也不包括处置固定资产净损失、自然灾害损失等，所以，收入减去费用，并经过调整后，才能等于利润。

3. 扩展的会计等式

如果考虑收入、费用和利润这三个会计要素，则基本会计等式就会扩展为：

资产＝负债＋所有者权益＋(收入－费用)
＝负债＋所有者权益＋利润

我们将这一等式称为扩展的会计等式。

综上所述，资产、负债、所有者权益、收入、费用和利润这六大会计要素之间存在着一种恒等关系。会计等式反映了这种恒等关系，因而，任何会计事项的发生都不会破坏会计等式的平衡关系。扩展的会计等式动态地反映了企业财务状况和经营成果之间的关系。

【提示】 (1) 企业成立之初或会计期初：资产＝负债＋所有者权益

(2) 会计期间内：资产＝负债＋所有者权益＋(收入－费用)
＝负债＋所有者权益＋利润

(3) 会计期末：恢复为基本等式的形式，即：资产＝负债＋所有者权益

(二) 交易或事项对会计等式的影响

各企业单位发生的交易或者事项虽然多种多样，错综复杂，但由此引起的资产和权益的增减变化归纳起来，不外乎四种类型和九种具体情况。

1. 四种类型

(1) 资产和权益双方同时等额增加。这类交易发生后，引起会计等式两边会计要素同时增加，增加的数额相等，会计等式两边平衡。

例如：投资人向企业投入资本 600 000 元，存入银行。这项交易的发生，一方面使资产中“银行存款”增加 600 000 元；另一方面又使权益中的“实收资本”增加 600 000 元，资产和权益同时等额增加 600 000 元，虽然双方总额增加，但两者仍保持平衡关系。

(2) 资产和权益双方同时等额减少。这类交易发生后，引起会计等式两边会计要素同时减少，减少的数额相等，会计等式两边平衡。

例如：企业用银行存款归还短期借款 30 000 元，这项交易的发生，一方面使资产中“银行存款”减少 30 000 元；另一方面又使权益中“短期借款”减少 30 000 元，资产和权益同时等额减少 30 000元，虽然双方总额减少，但两者仍保持平衡关系。

(3) 资产内部有增有减，增减金额相等。这类交易发生后，只引起会计等式左边资产要素内部项目发生变动，有的项目增加，有的项目减少，增减的数额相等，资产总额不变，会计等式两边平衡。

例如：企业从银行存款中提取库存现金 10 000 元备用。这项交易的发生，只引起资产内部两个项目之间以相等的金额一增一减的变动，即“银行存款”减少 10 000 元，“库存现金”增加 10 000元。资产内部一增一减，只表明资产形态的转化，而不会引起资产总额的变动，更不涉及负债和所有者权益项目。因此，不会破坏资产和权益之间的平衡关系。

(4) 权益内部有增有减，增减金额相等。这类交易发生后，只引起会计等式右边权益要素内部项目发生变动，有的项目增加，有的项目减少，增减数额相等，权益总额不变，会计等式两边平衡。

例如，企业向银行借入短期借款 20 000 元，直接偿还前欠某供应单位货款。这项交易的发生，只引起权益项目之间以相等的金额一增一减的变动，即“短期借款”增加 20 000 元，“应付账款”减少 20 000 元。权益内部一增一减，只表明资金来源渠道的转化，即从“应付账款”转化为“短期借款”，而不会引起权益总额的变动，更不涉及资产项目。因此，不会破坏资产和权益之间的平衡关系。

资产和权益的变化关系如图 1-2 所示。

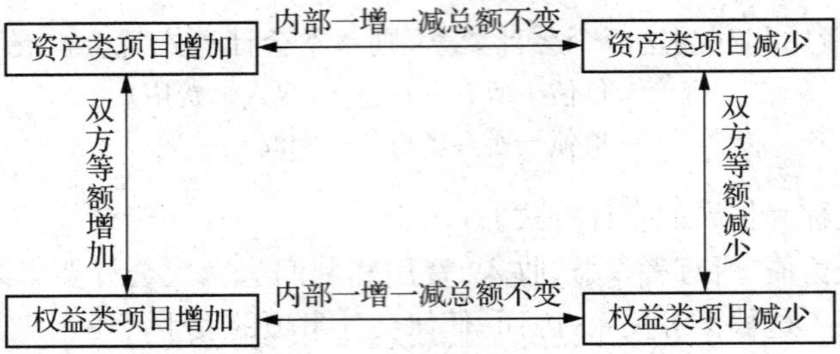

图 1-2　资产和权益的变化关系

做中学 1-1

达昌公司 2020 年 10 月 1 日的资产负债情况为(单位:万元):

资产＝负债＋所有者权益

200 ＝80 　＋120

该公司 2020 年 10 月份发生如下经济业务:

(1) 从银行取得短期借款 40 万元,存入开户银行;

(2) 用银行存款归还前欠某公司货款 20 万元;

(3) 购买原材料 30 万元,用银行存款支付;

(4) 以应付票据抵付应付账款 15 万元。

根据上述会计事项,分析它们对会计等式的影响:

(1) 该项会计事项的发生,使企业的负债(短期借款)增加了 40 万元,同时也使企业的资产(银行存款)增加了 40 万元。它对会计等式的影响为:

资产	＝	负债	＋	所有者权益
200＋40	＝	80＋40	＋	120
240	＝	120	＋	120

(2) 该项会计事项的发生,使企业的资产(银行存款)减少 20 万元,同时使企业的负债(应付账款)减少 20 万元。它对会计等式的影响为:

资产	＝	负债	＋	所有者权益
240－20	＝	120－20	＋	120
220	＝	100	＋	120

(3) 该项会计事项的发生,使企业的一项资产(原材料)增加 30 万元,同时使企业的另一项资产(银行存款)减少 30 万元。它对会计等式的影响为:

资产	＝	负债	＋	所有者权益
220－30＋30	＝	100	＋	120
220	＝	100	＋	120

(4) 该项会计事项的发生,使企业的一项负债(应付账款)减少 15 万元,同时使另一项负债(应付票据)增加了 15 万元。它对会计等式的影响为:

资产	＝	负债	＋	所有者权益
220	＝	100＋15－15	＋	120
220	＝	100	＋	120

从上述例题中可以看出，无论是发生何种经济业务，会计等式始终成立。

2. 九种具体情况

因为权益包括负债和所有者权益，所以，对“资产＝负债＋所有者权益”会计等式进行具体分类组合，将上述四种类型的交易或者事项具体化，可表现为以下九种类型：

（1）一项资产增加，另一项资产减少。

（2）一项资产增加，一项负债增加。

（3）一项资产增加，一项所有者权益增加。

（4）一项资产减少，一项负债减少。

（5）一项资产减少，一项所有者权益减少。

（6）一项负债增加，另一项负债减少。

（7）一项所有者权益增加，另一项所有者权益减少。

（8）一项负债增加，一项所有者权益减少。

（9）一项所有者权益增加，一项负债减少。

做中学 1-2

2020 年 5 月，大海公司资产、负债及所有者权益月初余额均为零（为方便讲解），5 月发生以下经济业务：

（1）向银行借入期限 6 个月的短期借款 300 000 元，存入银行。

分析：该笔经济业务的发生，一方面使资产项目银行存款增加 300 000 元；另一方面使负债项目短期借款也增加 300 000 元，由于资产类项目和负债类项目同时等额增加，所以，资产总额与负债及所有者权益总额仍然相等。会计等式两边同时增加 300 000 元，双方总额仍然保持平衡。

	资产	＝	负债	＋	所有者权益
经济业务发生前	0		0		0
经济业务发生时	＋300 000		＋300 000		
经济业务发生后	300 000	＝	300 000	＋	0

（2）收到投资者追加投资 400 000 元，当即存入银行。

分析：该笔经济业务的发生，一方面使资产项目银行存款增加 400 000 元；另一方面使所有者权益项目实收资本也增加了 400 000 元，由于资产类项目和所有者权益类项目同时等额增加，所以，资产类总额与负债及所有者权益类总额仍然相等。会计等式两边同时增加 400 000 元，双方总额仍然保持平衡。

	资产	＝	负债	＋	所有者权益
经济业务发生前	300 000	＝	300 000	＋	0
经济业务发生时	＋400 000				＋400 000
经济业务发生后	700 000	＝	300 000	＋	400 000

（3）以银行存款 8 000 元归还前欠供应单位货款。

分析：该笔经济业务的发生，一方面使资产项目银行存款减少 8 000 元；另一方面使负债项目应付账款也减少了 8 000 元，会计等式两边同时减少 8 000 元，双方总额仍然保持平衡。

	资产	＝	负债	＋	所有者权益
经济业务发生前	700 000	＝	300 000	＋	400 000
经济业务发生时	－8 000		－8 000		
经济业务发生后	692 000	＝	292 000	＋	400 000

(4) 根据公司章程决定减少资本 50 000 元，以银行存款退还投资人。

分析：该笔经济业务的发生，一方面使资产项目银行存款减少 50 000 元；另一方面使所有者权益项目实收资本也减少 50 000 元，会计等式两边同时减少，双方总额仍然保持平衡。

	资产	=	负债	+	所有者权益
经济业务发生前	692 000	=	292 000	+	400 000
经济业务发生时	−50 000				−50 000
经济业务发生后	642 000	=	292 000	+	350 000

(5) 从银行提取现金 70 000 元，备发工资。

分析：这笔经济业务的发生，一方面使资产项目银行存款减少 70 000 元；另一方面使资产项目库存现金增加 70 000 元。这是资产类内部有关项目之间同时发生的此增彼减，且增减相等，资产类总额保持不变。会计等式左边有增有减，增减金额相等，右边不受任何影响，双方总额仍然保持平衡。

	资产	=	负债	+	所有者权益
经济业务发生前	642 000	=	292 000	+	350 000
经济业务发生时	+70 000−70 000				
经济业务发生后	642 000	=	292 000	+	350 000

(6) 向银行申请取得 6 个月的短期借款 40 000 元偿还前欠供应单位的款项。

分析：这笔经济业务的发生，一方面使负债项目短期借款增加了 40 000 元；另一方面使负债项目应付账款减少了 40 000 元，会计等式右边有增有减，增减金额相等，左边不受任何影响，双方总额仍然保持平衡。

	资产	=	负债	+	所有者权益
经济业务发生前	642 000	=	292 000	+	350 000
经济业务发生时			+40 000−40 000		
经济业务发生后	642 000	=	292 000	+	350 000

(7) 经批准将盈余公积 20 000 元转增资本。

分析：该笔经济业务的发生，一方面使所有者权益项目盈余公积减少 20 000 元；另一方面使所有者权益项目实收资本增加 20 000 元，会计等式右边有增有减，增减金额相等，左边不受任何影响，双方总额仍然保持平衡。

	资产	=	负债	+	所有者权益
经济业务发生前	642 000	=	292 000	+	350 000
经济业务发生时					+20 000−20 000
经济业务发生后	642 000	=	292 000	+	350 000

(8) 向银行借入为期 3 年的长期借款 30 000 元，因到期无力偿还，经双方协商，将此笔借款转作银行在本企业的投资。

分析：该笔经济业务的发生，一方面使负债项目长期借款减少 30 000 元；另一方面使所有者权益项目实收资本增加 30 000 元，会计等式右边有增有减，增减金额相等，左边不受任何影响，双方总额仍然保持平衡。

	资产	=	负债	+	所有者权益
经济业务发生前	642 000	=	292 000	+	350 000
经济业务发生时			−30 000		+30 000
经济业务发生后	642 000	=	262 000	+	380 000

(9) 经研究决定向投资者发放现金股利 4 000 元(尚未发放)。

分析:该笔经济业务的发生,一方面使该企业负债项目应付股利增加了 4 000 元;另一方面使所有者权益项目未分配利润减少了 4 000 元。会计等式右边有增有减,增减金额相等,左边不受任何影响,双方总额仍然保持平衡。

	资产	=	负债	+	所有者权益
经济业务发生前	642 000	=	262 000	+	380 000
经济业务发生时			+4 000		-4 000
经济业务发生后	642 000	=	266 000	+	376 000

综上所述,每一项经济业务的发生,都必然引起会计等式的一方或双方有关项目相互联系地发生等量变化,即当涉及会计等式的一方时,有关项目的数额发生相反方向等额变动;而当涉及会计等式的两方时,有关项目的数额必然会发生相同方向的等额变动,但始终不会打破会计等式的平衡关系。

任务四 会计科目和借贷记账法

一、会计科目和账户

(一) 会计科目

所谓会计科目,又称科目,是对会计要素的具体内容进行分类核算的项目,是进行会计核算和提供会计信息的基本单位。

1. 按反映的经济内容分类,会计科目可分为资产类、负债类、共同类、所有者权益类、成本类和损益类六大类

(1) 资产类科目。它是对资产要素的具体内容进行分类核算的项目。按照资产的流动性分为反映流动资产的科目和反映非流动资产的科目。反映流动资产的科目有:"库存现金""银行存款""原材料""应收账款""库存商品"等。反映非流动资产的科目有:"长期股权投资""长期应收款""固定资产""无形资产"等。

【提示】 资产类会计科目中,有一些是用来反映资产价值损耗或损失的科目,如"累计折旧""累计摊销""坏账准备""存货跌价准备"等。这些科目反映相应资产的价值损耗或损失,目的是确定资产的账面价值,满足单位资产管理的需要。

(2) 负债类科目。它是对负债要素的具体内容进行分类核算的项目。按负债的偿还期限分为反映流动负债的科目和反映非流动负债的科目。反映流动负债的科目有:"短期借款""应付账款""应付职工薪酬""应交税费"等。反映非流动负债的科目有:"长期借款""应付债券""长期应付款"等。

(3) 所有者权益类科目。它是对所有者权益要素的具体内容进行分类核算的项目,主要包括"实收资本"(或"股本")"资本公积""其他综合收益""盈余公积""本年利润""利润分配""库存股"等科目。

(4) 共同类科目。它是指可能具有资产性质,也可能具有负债性质的科目,主要包括"清算资金往来""货币兑换""套期工具""被套期项目"等科目。

(5) 成本类科目。它是对产品、劳务成本的构成内容进行分类核算的项目,主要包括"生产成本""制造费用""合同取得成本""合同履约成本""研发支出"等科目。

(6) 损益类科目。它是对收入、费用要素的具体内容进行分类核算的项目。反映收入的科目有："主营业务收入""其他业务收入""营业外收入"等。反映费用的科目有："主营业务成本""其他业务成本""管理费用""财务费用""销售费用""所得税费用""营业外支出"等。

2. 按提供信息的详细程度及其统驭关系分类，会计科目可分为总分类科目和明细分类科目

所谓总分类科目，又称总账科目或一级科目，它是对会计要素各个大项进行分类，提供核算对象总括情况的科目。所谓明细分类科目，又称明细科目，是对总分类科目作的进一步分类，提供核算对象详细、具体信息的科目。如果总账科目所属的明细科目较多，还可以在二级明细科目（亦称子目）之下增设三级明细科目（亦称细目），如图 1-3 所示。

按提供会计信息的详细程度分类
- 总账科目（一级科目）
- 明细科目
  - 二级子目
  - 三级细目

图 1-3　会计科目按提供会计信息的详细程度分类

（二）账户

账户是根据会计科目设置的，具有一定格式和结构，用于分类反映会计要素增减变动情况及其结果的载体。账户以会计科目作为它的名称，同时，账户又具备一定的格式（即结构）。设置账户是会计核算的重要方法之一。

根据核算的经济内容，账户可分为资产类账户、负债类账户、共同类账户、所有者权益类账户、成本类账户和损益类账户六类。根据提供信息的详细程度及其统驭关系，账户可分为总分类账户和明细分类账户。

账户的基本结构分为左右两方，一方登记增加数，另一方登记减少数。至于账户哪一方记录增加数，哪一方记录减少数，取决于所采用的记账方法和各账户所记录的经济内容。

账户可以提供期初余额、本期增加额、本期减少额和期末余额四个会计核算指标。其中，本期增加额是指在一定期间内（月、季、半年、年）在账户中登记的增加金额合计数，也叫本期增加发生额。本期减少额是指在一定期间内在账户中登记的减少金额合计数，也称本期减少发生额。四项金额的关系可以用下列等式来表示：

期末余额 ＝ 期初余额 ＋ 本期增加发生额 － 本期减少发生额

二、借贷记账法

借贷记账法，是指以会计基本等式为理论依据，以"借""贷"为记账符号，以"有借必有贷，借贷必相等"为记账规则来记录各会计要素增减变化的一种复式记账方法。复式记账法是指对发生的每一项经济业务，都要以相等的金额，在相互联系的两个或两个以上的账户中进行记录的记账方法。复式记账法主要有借贷记账法、增减记账法和收付记账法。我国会计准则规定，企业、行政单位和事业单位会计核算采用借贷记账法记账。

（一）借贷记账法的账户结构

在借贷记账法下，账户的基本结构是：左方为借方，右方为贷方。所有账户的借方和贷方按相反方向记录增加数和减少数，即一方登记增加额，另一方就登记减少额。至于哪一方登记增加，哪一方登记减少，则取决于账户的性质和所记录的经济内容的性质。

通常情况下，资产类、成本类和费用类账户的增加记"借"方，减少记"贷"方；负债类、所有者权益类和收入类账户的增加记"贷"方，减少记"借"方。

1. 资产类和成本类账户的结构

资产类和成本类账户的结构是：借方登记增加额，贷方登记减少额。在一定会计期间（月、季、年）内，借方登记的增加额的合计数称为借方发生额，贷方登记的减少额的合计数称为贷方发生额，在每一会计期末，将期初余额加上本期借方发生额减去本期贷方发生额即为期末余额，账户的余额与其增加所记的方向保持一致，因此资产类、成本类账户的余额一般在借方，期末余额也称为期末借方余额。该类账户本期的期末余额转入下期，即为下期的期初余额。其借方期末余额的计算公式如下：

账户期末借方余额＝期初借方余额＋本期借方发生额－本期贷方发生额

资产类和成本类账户的简化结构，如图 1-4 所示。

借方 **账户名称(资产类、成本类)** 贷方

期初余额	×××		
本期增加额	×××	本期减少额	×××
	…		…
本期借方发生额合计	×××	本期贷方发生额合计	×××
期末余额	×××		

图 1-4 资产类和成本类账户简化结构

2. 负债类和所有者权益类账户的结构

反映负债类和所有者权益的账户分别称为负债类账户和所有者权益类账户。由“资产＝负债＋所有者权益”的会计等式决定，负债类和所有者权益类账户的结构与资产类账户的结构正好相反，其贷方登记负债及所有者权益的增加额，借方登记负债及所有者权益的减少额。在一定会计期间(月、季、年)内，贷方登记的增加额的合计数称为贷方发生额，借方登记的减少额的合计数称为借方发生额，在每一会计期末，将期初余额加上本期贷方发生额减去本期借方发生额即为期末余额。账户的余额与其增加所记的方向保持一致，因此负债类和所有者权益类账户的余额一般在贷方，期末余额也称为期末贷方余额。其贷方期末余额的计算公式如下：

负债类和所有者权益类账户期末余额＝贷方期初余额＋本期贷方发生额－本期借方发生额

负债类和所有者权益类账户的简化结构，如图 1-5 所示。

借方 **账户名称(负债类、所有者权益类)** 贷方

		期初余额	×××
本期减少额	×××	本期增加额	×××
	…		…
本期借方发生额合计	×××	本期贷方发生额合计	×××
		期末余额	×××

图 1-5 负债类和所有者权益类账户简化结构

3. 损益类账户的结构

损益类账户是指那些与损益的计算直接相关的账户，其中又分为收入利得类账户和费用损失类账户。

1）收入利得类账户

由于收入和利得的增加会导致所有者权益增加，因此收入利得类账户结构与所有者权益类账户的结构相同，也就是与资产类账户的结构相反。即收入利得的增加额记入收入利得类账户的贷方，收入利得的减少额记在收入利得类账户的借方。会计期末，将账户本期贷方发生额(收

入利得增加额）减去本期借方发生额（收入利得减少额）的贷方差额从收入利得账户的借方转出（转出额），转入“本年利润”账户的贷方，结转后该类账户期末无余额。

收入利得类账户的简化结构，如图1-6所示。

借方	账户名称（收入利得类）		贷方
本期减少额	×××	本期增加额	×××
	…		…
（或）转出额	×××		
本期借方发生额合计	×××	本期贷方发生额合计	×××

图1-6 收入利得类账户简化结构

2）费用损失类账户

费用损失的发生会导致所有者权益的减少，因此费用损失类账户的结构与所有者权益类账户的结构相反，也就是与资产类账户的结构相同。费用损失的增加记入费用损失类账户的借方，费用损失的减少记入费用损失类账户的贷方；会计期末，将费用损失类账户的借方发生额减去贷方发生额的借方差额从贷方转出，转入“本年利润”的借方，结转后该类账户无余额。

费用损失类账户简化结构，如图1-7所示。

借方	账户名称（费用损失类）		贷方
本期增加额	×××	本期减少额	×××
	…		…
		（或）转出额	×××
本期借方发生额合计	×××	本期贷方发生额合计	×××

图1-7 费用损失类账户的简化结构

综上所述，各类经济业务的记账方向可归结为：资产和成本、费用的增加额，负债和所有者权益与收入的减少额，记入有关账户的借方；资产和成本、费用的减少额，负债和所有者权益与收入的增加额，记入有关账户的贷方。借贷记账法的各类账户的结构可以集中简要列示如图1-8所示。

借方　　　　账户名称	贷方
资产的增加	资产的减少
负债的减少	负债的增加
所有者权益的减少	所有者权益的增加
收入的减少	收入的增加
成本、费用的增加	成本、费用的减少
余额：资产或成本余额	余额：负债或所有者权益余额

图1-8 借贷记账法的各类账户的结构

（二）借贷记账法的记账规则

记账规则，是指采用某种记账方法登记具体经济业务时应当遵守的规则。借贷记账法的记账规则是“有借必有贷，借贷必相等”。这一记账规则，可以从以下两个方面加以理解：

(1) 会计基本等式“资产＝负债＋所有者权益”所涉及的四种业务类型已概括了所有的经济业务，在这四种业务类型中，不论是资产、负债、所有者权益内部还是负债与所有者权益之间，一增一减必定表现为一借一贷，同增或同减也必定表现为一借一贷。因此，在借贷记账法各账户记录中，经济业务发生必定“有借必有贷”。这种借贷关系称为账户的对应关系，存在对应关系的账户叫对应账户。

(2) 由于复式记账的原理是对任何一笔经济业务必定以相等的金额同时在两个或两个以上有相互联系的账户中记账，因此，在“有借必有贷”的情况下，借方的金额和贷方的金额是以同一个金额记录的，所以“借贷必相等”。

综上所述，我们在实际运用借贷记账法规则去记录发生的经济业务时，一般是先确定经济业务发生时涉及的会计要素是增加还是减少，是哪两个或几个会计科目；然后再确定记入这些会计科目相对应的账户结构的借方或贷方，并且要保证借方金额等于贷方金额。

做中学 1-3

A 公司发生经济业务(假定不考虑增值税因素)如下：

(1) A 公司收到甲公司投入的货币资金 100 000 元，存入银行。

这笔业务涉及资产和所有者权益的同时增加，应记入“银行存款”科目的借方及“实收资本”科目的贷方，如图 1-9 所示。

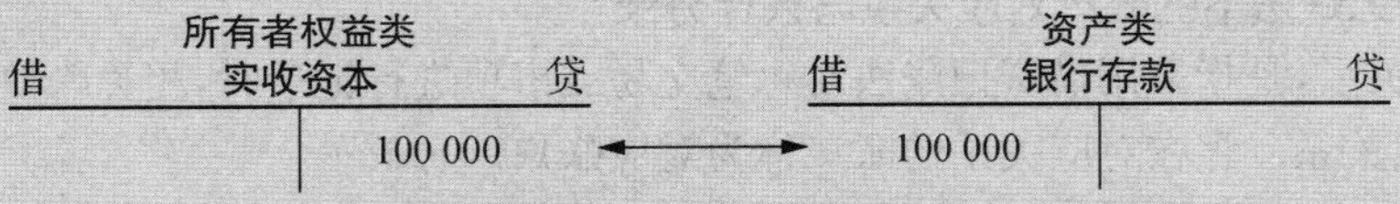

图 1-9 涉及资产和所有者权益同时增加的业务

(2) A 公司收到乙单位交来的转账支票一张，归还前欠货款 80 000 元。

这笔业务涉及一项资产的增加和另外一项资产的减少，应分别记入“银行存款”科目的借方和“应收账款”科目的贷方，如图 1-10 所示。

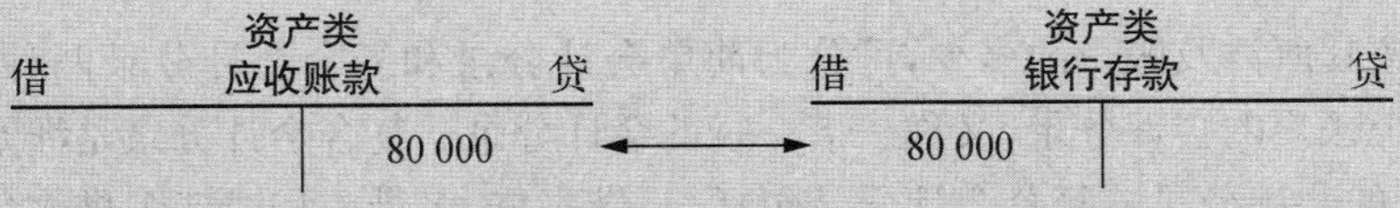

图 1-10 涉及一项资产增加和另外一项资产减少的业务

(3) A 公司以银行存款偿还欠丙公司货款 18 000 元，归还其他应付款 2 000 元。

这笔业务涉及资产的减少和负债的减少，应分别记入“应付账款”科目和“其他应付款”科目的借方及“银行存款”科目的贷方，如图 1-11 所示。

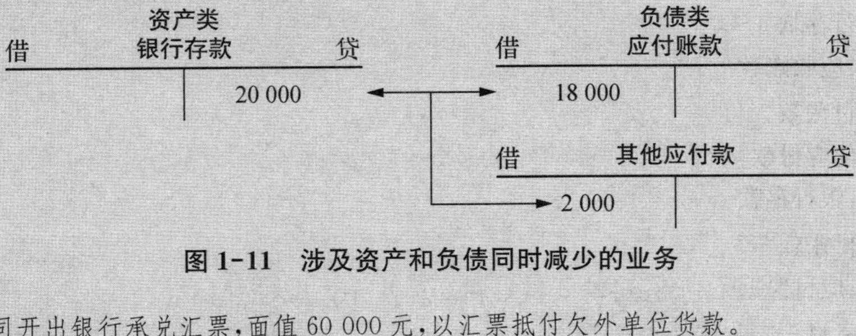

图 1-11 涉及资产和负债同时减少的业务

(4) A 公司开出银行承兑汇票，面值 60 000 元，以汇票抵付欠外单位货款。

这笔业务涉及一项负债的增加、一项负债的减少，应分别记入“应付账款”科目的借方和“应付票据”科目的贷方，如图 1-12 所示。

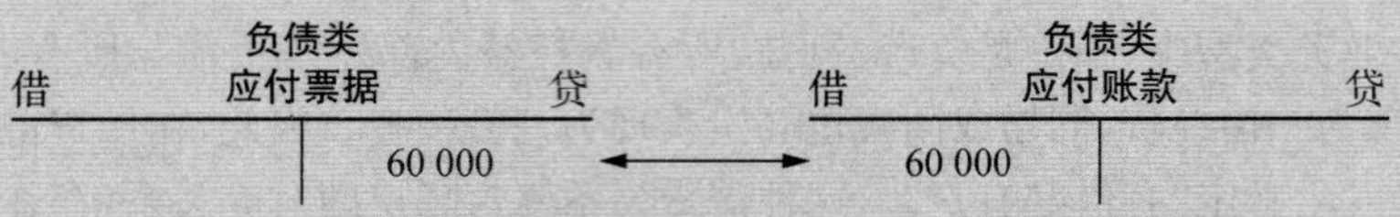

图 1-12　涉及一项负债增加、一项负债减少的业务

(5) A 公司采购原材料一批，已验收入库，价款 30 000 元，其中用现金支付了 5 000 元，余款暂欠。

这笔业务涉及资产的增加、减少和负债的增加，应分别记入“原材料”科目的借方，“库存现金”科目及“应付账款”科目的贷方，如图 1-13 所示。

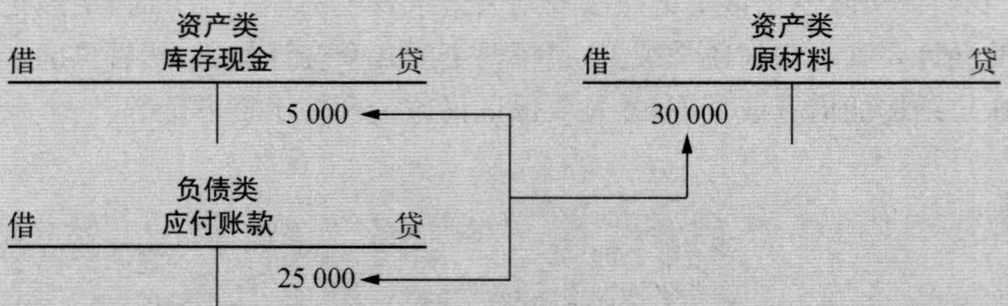

图 1-13　涉及资产增加、减少和负债增加的业务

（三）借贷记账法下的账户对应关系与会计分录

账户对应关系，是指采用借贷记账法对每笔交易或事项进行记录时，相关账户之间形成的应借、应贷的相互关系。存在对应关系的账户称为对应账户。

为了保证账户对应关系的正确性，严格遵守记账规则，有必要在把经济业务记入有关账户之前，先编制会计分录。会计分录(简称分录)指明某项经济业务应借、应贷账户的名称和金额。

会计分录是指按照复式记账的要求，标明某项经济业务应借、应贷的账户名称及其金额的一种记录。一笔会计分录主要包括三个要素：会计科目(账户名称)、借贷方向(记账方向)和记账金额。

会计分录按其所涉及账户的多少，可分为简单会计分录和复合会计分录两种。简单会计分录是只涉及两个账户的会计分录，又称一借一贷的会计分录。复合会计分录是涉及两个以上(不包括两个)账户的会计分录。复合会计分录包括：一借多贷、多借一贷或者多借多贷的会计分录。可以说复合会计分录是由简单会计分录复合而成的会计分录。

现对[做中学 1-3]的五笔业务编制会计分录如下：

(1) 借：银行存款	100 000	
贷：实收资本		100 000
(2) 借：银行存款	80 000	
贷：应收账款		80 000
(3) 借：应付账款	18 000	
其他应付款	2 000	
贷：银行存款		20 000
(4) 借：应付账款	60 000	
贷：应付票据		60 000
(5) 借：原材料	30 000	
贷：库存现金		5 000
应付账款		25 000

(四) 借贷记账法下的试算平衡

试算平衡是指根据借贷记账法的记账规则和资产与权益(负债和所有者权益)的恒等关系,通过对所有账户的发生额和余额的汇总计算和比较,来检查账户记录是否正确的一种方法。

1. 试算平衡的分类

在借贷记账法下,试算平衡的方法有两种:发生额平衡法和余额平衡法。

1) 发生额平衡法

发生额平衡法,是依据借贷记账法的记账规则"有借必有贷,借贷必相等"来试算平衡的。在借贷记账法下,对每一笔业务均以相等的金额记入两个或两个以上相关账户的借方和贷方,且记入借方的金额与记入贷方的金额相等。这样,当一定时期的全部经济业务都记入有关账户后,所有账户的借方发生额合计数必然等于所有账户的贷方发生额合计数。发生额平衡法正是基于这一原理来判断一定时期内会计记录是否正确的。运用发生额平衡法来试算平衡,可以按照下列公式进行试算:

全部账户本期借方发生额合计数 = 全部账户本期贷方发生额合计数

2) 余额平衡法

在借贷记账法下,资产类账户的期末余额在借方,负债和所有者权益类账户的期末余额在贷方,由于存在"资产=负债+所有者权益"的平衡关系,所以全部账户的借方期末余额合计数应当等于全部账户的贷方期末余额合计数。余额平衡法主要是通过各种账户余额来检查、推断账务处理的正确性,其试算公式是:

资产类账户余额合计 = 负债类账户余额合计 + 所有者权益类账户余额合计
全部账户的期初借方余额合计 = 全部账户的期初贷方余额合计
全部账户的期末借方余额合计 = 全部账户的期末贷方余额合计

2. 试算平衡表的编制

试算平衡是通过编制试算平衡表进行的。试算平衡只是通过借贷金额是否平衡来检查账户记录是否正确的一种方法。

如果借贷双方发生额或余额相等,表明账户记录基本正确。但有些错误并不影响借贷双方的平衡。因此,试算不平衡,表示记账一定有错误;但即使试算平衡,也不能表明记账一定正确。

做中学 1-4

1. 平安实业公司2×20年10月初有关账户余额如表1-2所示。

表 1-2　　平安实业公司 2×20 年 10 月初有关账户余额　　单位:元

账户名称	期初余额	
	借方	贷方
银行存款	600 000	
固定资产	2 000 000	
短期借款		200 000
应付账款		160 000
实收资本		2 000 000
资本公积		240 000
合　计	2 600 000	2 600 000

2. 该公司10月份发生下列经济业务(假定不考虑增值税因素)：

(1) 收到A单位投入的资本1 000 000元,存入银行。

(2) 用银行存款120 000元偿还前欠B企业货款。

(3) 用银行存款100 000元购入一台全新机器设备。

(4) 将资本公积80 000元按法定程序转增为实收资本。

(5) 签发一张面额为20 000元的银行承兑汇票,用以抵付应付账款。

(6) 购进原材料40 000元,其中30 000元货款已用银行存款付讫,其余10 000元货款尚未支付(不考虑增值税)。

(7) 以银行存款60 000元偿还银行短期借款50 000元和前欠C单位货款10 000元。

3. 根据上述经济业务编制会计分录如下,暂不考虑增值税：

(1) 借:银行存款	1 000 000	
贷:实收资本		1 000 000
(2) 借:应付账款	120 000	
贷:银行存款		120 000
(3) 借:固定资产	100 000	
贷:银行存款		100 000
(4) 借:资本公积	80 000	
贷:实收资本		80 000
(5) 借:应付账款	20 000	
贷:应付票据		20 000
(6) 借:原材料	40 000	
贷:银行存款		30 000
应付账款		10 000
(7) 借:短期借款	50 000	
应付账款	10 000	
贷:银行存款		60 000

4. 将会计分录的记录记入有关账户,如图1-14所示。

借方　　**银行存款**　　贷方

期初余额	600 000		
(1)	1 000 000	(2)	120 000
		(3)	100 000
		(6)	30 000
		(7)	60 000
本期发生额	1 000 000	本期发生额	310 000
期末余额	1 290 000		

借方　　**原材料**　　贷方

期初余额	0		
(6)	40 000		
本期发生额	40 000	本期发生额	0
期末余额	40 000		

借方　**固定资产**　贷方

期初余额	2 000 000		
(3)	100 000		
本期发生额	100 000	本期发生额	0
期末余额	2 100 000		

借方　**短期借款**　贷方

		期初余额	200 000
(7)	50 000		
本期发生额	50 000	本期发生额	0
		期末余额	150 000

借方　**应付账款**　贷方

		期初余额	160 000
(2)	120 000	(6)	10 000
(5)	20 000		
(7)	10 000		
本期发生额	150 000	本期发生额	10 000
		期末余额	20 000

借方　**应付票据**　贷方

		期初余额	0
		(5)	20 000
本期发生额	0	本期发生额	20 000
		期末余额	20 000

借方　**实收资本**　贷方

		期初余额	2 000 000
		(1)	1 000 000
		(4)	80 000
本期发生额	0	本期发生额	1 080 000
		期末余额	3 080 000

借方　**资本公积**　贷方

		期初余额	240 000
(4)	80 000		
本期发生额	80 000	本期发生额	0
		期末余额	160 000

图 1-14　将会计分录的记录记入有关账户

5. 编制总分类账户发生额及余额试算平衡表，如表1-3所示。

表1-3　　总分类账户发生额及余额试算平衡表

2×20年10月31日　　单位：元

会计科目	期初余额		本期发生额		期末余额	
	借方	贷方	借方	贷方	借方	贷方
银行存款	600 000		1 000 000	310 000	1 290 000	
原材料			40 000		40 000	
固定资产	2 000 000		100 000		2 100 000	
短期借款		200 000	50 000			150 000
应付账款		160 000	150 000	10 000		20 000
应付票据				20 000		20 000
实收资本		2 000 000		1 080 000		3 080 000
资本公积		240 000	80 000			160 000
合　计	2 600 000	2 600 000	1 420 000	1 420 000	3 430 000	3 430 000

【提示】 试算平衡只是检查账户记录是否正确的一种基本方法。如果借贷不平衡，可以肯定账户记录或计算有错误，应进一步查明原因，予以纠正。如果借贷平衡了，也并不意味着账户记录完全正确，因为有些账户记录错误不会影响借贷双方的平衡关系。

不影响借贷双方平衡关系的错误通常有：①漏记某项经济业务，使本期借贷双方的发生额等额减少，借贷仍然平衡；②重记某项经济业务，使本期借贷双方的发生额等额虚增，借贷仍然平衡；③某项经济业务记录的应借、应贷科目正确，但借贷双方金额同时多记或少记，且金额一致，借贷仍然平衡；④某项经济业务记错有关账户，借贷仍然平衡；⑤某项经济业务在账户记录中，颠倒了记账方向，借贷仍然平衡；⑥某借方或贷方发生额中，偶然发生多记和少记并相互抵销，借贷仍然平衡。

【注意】 为保证账户记录的正确性，除试算平衡外，还应采用其他的专门方法对会计记录进行日常或定期的复核。另外，试算平衡表只能检查部分数字性的错误，不能检查文字性的错误。

任务五　会计凭证、会计账簿与账务处理程序

一、会计凭证

（一）会计凭证概述

会计凭证，是指记录经济业务发生或者完成情况的书面证明，是登记账簿的依据。每个企业都必须按一定的程序填制和审核会计凭证，根据审核无误的会计凭证进行账簿登记，如实反映企业的经济业务。会计凭证按照填制程序和用途可分为原始凭证和记账凭证。

原始凭证又称单据，是指在经济业务发生或完成时取得或填制的，用于记录或证明经济业务的发生或完成情况的原始凭据。原始凭证的作用主要是记载经济业务的发生过程和具体内容。常用的原始凭证有现金收据、发货票、增值税专用（或普通）发票、差旅费报销单、产品入库单、领料单等。

记账凭证又称记账凭单，是指会计人员根据审核无误的原始凭证，按照经济业务的内容加以归类，并据以确定会计分录后填制的会计凭证，作为登记账簿的直接依据。记账凭证的作用主要是确定会计分录，进行账簿登记，反映经济业务的发生或完成情况，监督企业经济活动，明确相关

人员的责任。

(二) 原始凭证

1. 原始凭证的种类

原始凭证可以按照取得来源、格式、填制的手续和内容进行分类。

(1) 按原始凭证取得来源的不同,可分为自制原始凭证和外来原始凭证。

自制原始凭证,是指由本单位内部经办业务的部门和人员,在执行或完成某项经济业务时所填制的、仅供本单位内部使用的原始凭证。如本企业在对外销售商品时所开具的销货发票的副联(记账联)、商品或材料入库单、领料单、现金存款单、差旅费报销单、固定资产折旧计算表、收款收据、限额领料单以及发料凭证汇总表等。其格式如表 1-4 所示。

表 1-4　　　　领　料　单

领料部门:南 1 号生产车间

用　　途:生产男皮鞋　　　　2020 年 12 月 10 日　　　　编号:531

材料编号	材料名称	规　格	计量单位	数　量		成　本	
				请　领	实　发	单　价	金　额
0001	环保 PVC 革		件	100	100	30.000	3 000.000
0002	PU 鞋底		双	100	100	20.000	2 000.000
合　计				200	200		5 000.000

主管:张磊　　记账:古甜甜　　仓管主管:王建国　　领料:徐峰　　发料:袁欣

外来原始凭证,是指在经济业务发生或完成时,从其他单位或个人直接取得的原始凭证。例如,由供货单位开具的增值税专用发票、普通发票及对外支付款项时所取得的收据都是外来原始凭证。此外,一些定额发票,如火车票、飞机票和餐饮费等,也是外来原始凭证。其格式如表 1-5 所示。

表 1-5

4200151140　　　　**湖北增值税专用发票**　　　　№ 98570901 4200151140

98570901

全国统一发票监制章 湖北 国家税务总局监制

发票联

机器编号:982888812388　　　　开票日期:

购买方	名　　称:湖北省富宏鞋业有限公司 纳税人识别号:914201177375032278 地 址 、电 话:武汉市洪山区平安路 86 号 027-85454783 开户行及账号:中国工商银行武汉关山支行 622208902847297382				密码区	172312-4-275＜1＋46＊54＊82＊59＊ 181321＞＜8182＊59＊09618153＜/ ＜4＜3＊2702-9＞9＊＋153＜/0＞2-3 ＊08/4＞＊＞＞2-3＊0/9/＞＞25-275＜1	
货物或应税劳务、服务名称	规格型号	单位	数　量	单　价	金　额	税率	税　额
特级布料		匹	150	500.000	75 000.000	13%	9 750.000
合　　计					￥75 000.000		
价税合计(大写)	⊗柒万伍仟元整				(小写) ￥75 000.000		
销售方	名　　称:武汉华泰商贸有限公司 纳税人识别号:110135971762358 地 址 、电 话:武汉市江城路 35 号 开户行及账号:				备注	检验码 82118 02817 08248 65199 武汉华泰商贸有限公司 110135971762358 发票专用章	

税总函××号××××公司

第三联:发票联　购买方记账凭证

收款人:　　　　复核:　　　　开票人:王伟　　　　销售方:(章)

【提示】 不论是外来凭证还是自制凭证，只要能证明经济业务已经执行或已经完成，经过审核后可以作为会计记账的依据。凡是不能证明经济业务已经执行或已经完成的文件，如材料请购单等，因其表明的是预期的经济业务，不属于原始凭证，因而不能单独作为会计记账的依据。

(2) 按原始凭证格式不同，可分为通用凭证和专用凭证。

通用凭证，是指由有关部门统一印制、在一定范围内使用的具有统一格式和使用方法的原始凭证。通用凭证的使用范围，因制作部门不同而异。可以是某一地区、某一行业，也可以是全国通用。如某省(市)印制的发货票、收据等，在该省(市)通用；由人民银行制作的银行结算凭证，在全国通用等。专用凭证，是指由单位自行印制、仅在本单位内部使用的原始凭证。如领料单、差旅费报销单、折旧计算表、工资费用分配表、借款单等。

【提示】 原始凭证的各种分类之间互有交叉，例如，累计凭证、汇总原始凭证和专用凭证也必定是自制原始凭证；一次凭证和通用原始凭证一般都是外来原始凭证。

(3) 按填制的手续和内容分类，可分为一次凭证、累计凭证和汇总凭证。

一次凭证，是指一次填制完成，只反映一项经济业务，或者同时反映若干项同类性质的经济业务的原始凭证。一次凭证是一次有效的凭证，如收据、发货票、借款单、收料单、领料单等都是一次凭证。

累计凭证，是指在一定时期内多次记录发生的同类型经济业务的原始凭证。其特点是，在一张凭证内可以连续登记相同性质的经济业务，随时结出累计数及结余数，并按照费用限额进行费用控制，期末按实际发生额记账。累计凭证是多次有效的原始凭证。具有代表性的累计凭证是限额领料单，其格式如表 1-6 所示。

表 1-6 限额领料单

领料部门：南 2 号生产车间　　金额单位：元

用途：制造女式皮鞋　　2020 年 12 月　　编号：10678650

材料类别	材料名称	规格	计量单位	单价	领用限额	全月实领	
						数量	金额
	环保 PVC 革		件	30.000	1 000	900	27 000.000
日期	请领		实发			限额结余	
	数量	领料单位负责人签章	领料人签章	数量	发料人签章		
2020-12-03	400	周雪	徐峰	400	袁欣	600	
2020-12-16	300	周雪	徐峰	300	袁欣	300	
2020-12-25	200	周雪	徐峰	200	袁欣	300	
合计	900			900			

生产计划部门负责人：周雪　　供应部门负责人：王建国　　仓库管理员：赵麦

汇总凭证也称原始凭证汇总表，是指对一定时期内反映经济业务内容相同的若干张原始凭证，按照一定标准综合填制的原始凭证。汇总凭证合并了同类型经济业务，简化了记账工作量。常用的汇总原始凭证有：发料凭证汇总表、工资结算汇总表、差旅费报销单（见表1-7）等。

表 1-7　　　　差旅费报销单

部门 采购部　　　　2020 年 12 月 06 日

<table>
<tr><td colspan="4">出差人</td><td colspan="6">邹大华</td><td colspan="3">出差事由</td><td colspan="3">上海购货</td></tr>
<tr><td colspan="4">出 发</td><td colspan="4">到 达</td><td rowspan="2">交通工具</td><td colspan="2">交通费</td><td colspan="2">出差补贴</td><td colspan="3">其 他 费 用</td></tr>
<tr><td>月</td><td>日</td><td>时</td><td>地点</td><td>月</td><td>日</td><td>时</td><td>地点</td><td>单据张数</td><td>金额</td><td>天数</td><td>金额</td><td>项目</td><td>单据张数</td><td>金额</td></tr>
<tr><td>12</td><td>02</td><td>8</td><td>武汉</td><td>12</td><td>02</td><td>14</td><td>上海</td><td>火车</td><td>1</td><td>328.000</td><td>4</td><td>800.00</td><td>住宿费</td><td>1</td><td>720.000</td></tr>
<tr><td>12</td><td>05</td><td>13</td><td>上海</td><td>12</td><td>05</td><td>19</td><td>武汉</td><td>火车</td><td>1</td><td>328.000</td><td></td><td></td><td>市内车费</td><td></td><td></td></tr>
<tr><td></td><td></td><td></td><td></td><td></td><td></td><td></td><td></td><td></td><td></td><td></td><td></td><td></td><td>邮电费</td><td></td><td></td></tr>
<tr><td></td><td></td><td></td><td></td><td></td><td></td><td></td><td></td><td></td><td></td><td></td><td></td><td></td><td>办公用品费</td><td></td><td></td></tr>
<tr><td></td><td></td><td></td><td></td><td></td><td></td><td></td><td></td><td></td><td></td><td></td><td></td><td></td><td>不买卧铺补贴</td><td></td><td></td></tr>
<tr><td></td><td></td><td></td><td></td><td></td><td></td><td></td><td></td><td></td><td></td><td></td><td></td><td></td><td>其他</td><td></td><td></td></tr>
<tr><td colspan="9">合　计</td><td>2</td><td>¥656.000</td><td colspan="2">¥800.000</td><td></td><td>1</td><td>¥720.000</td></tr>
<tr><td rowspan="2" colspan="2">报销总额</td><td rowspan="2" colspan="8">人民币（大写）贰仟壹佰柒拾陆元整</td><td rowspan="2">预借金额</td><td rowspan="2" colspan="2">¥0.000</td><td>补领金额</td><td colspan="2">¥2,176.000</td></tr>
<tr><td>退还金额</td><td colspan="2"></td></tr>
</table>

附件 3 张

主管 张磊　　审核 古甜甜　　出纳 汪小凤　　领款人 邹大华

【提示】 有些凭证不是原始凭证，由于它们不能证明经济业务已经发生或完成情况、不能作为编制记账凭证和登记账簿的依据，如用工计划表、材料请购单、经济合同、银行存款余额调节表、派工单等。

2. 原始凭证的基本内容

原始凭证的格式和内容因经济业务和经营管理的不同而有所差异，但原始凭证应当具备以下基本内容（也称为原始凭证要素）：① 凭证的名称；② 填制凭证的日期；③ 填制凭证单位名称或者填制人姓名；④ 经办人员的签名或者盖章；⑤ 接受凭证单位名称；⑥ 经济业务内容；⑦ 数量、单价和金额。

3. 原始凭证的填制要求

1）原始凭证填制的基本要求

（1）记录真实。原始凭证所填列经济业务的内容和数字，必须真实可靠，符合实际情况。

（2）内容完整。原始凭证所要求填列的项目必须逐项填列齐全，不得遗漏或省略。原始凭证中的年、月、日要按照填制原始凭证的实际日期填写；名称要齐全，不能简化；品名或用途要填写明确，不能含糊不清；有关人员的签章必须齐全。

（3）手续完备。单位自制的原始凭证必须有经办单位相关负责人的签名盖章；对外开出的原始凭证必须加盖本单位公章或者财务专用章；从外部取得的原始凭证，必须盖有填制单位的公章或者财务专用章；从个人取得的原始凭证，必须有填制人员的签名或盖章。

（4）书写清楚、规范。原始凭证要按规定填写，文字要简明，字迹要清楚，易于辨认，不得使用未经国务院公布的简化汉字。大小写金额必须符合填写规范，小写金额用阿拉伯数字逐个书写，不得写连笔字。在金额前要填写人民币符号“¥”，且与阿拉伯数字之间不得留有空白。金额数字一律填写到角、分，无角无分的，写“00”或符号“—”；有角无分的，分位写“0”，不得用符号“—”。大写金额用汉字壹、贰、叁、肆、伍、陆、柒、捌、玖、拾、佰、仟、万、亿、元、角、分、零、整等，一律用正楷或行书字书写。大写金额前未印有“人民币”字样的，应加写“人民币”三个字且和大写金额之间不得留有空白。大写金额到元或角为止的，后面要写“整”或“正”字；有分的，不写“整”或“正”字，如小写金额为￥1 007.00，大写金额应写成“人民币壹仟零柒元整”。

(5) 编号连续。各种凭证要连续编号，以便检查。如果凭证已预先印定编号，如发票、支票等重要凭证，在因错作废时，应加盖“作废”戳记，妥善保管，不得撕毁。

(6) 不得涂改、刮擦、挖补。原始凭证金额有错误的，应当由出具单位重开，不得在原始凭证上更正。原始凭证有其他错误的，应当由出具单位重开或更正，更正处应当加盖出具单位印章。

(7) 填制及时。各种原始凭证一定要及时填写，并按规定的程序及时送交会计机构审核。

2) 自制原始凭证填制的基本要求

(1) 一次凭证，应在经济业务发生或完成时，由相关业务人员一次填制完成。该凭证往往只能反映一项经济业务，或者同时反映若干项同一性质的经济业务。一次凭证有些是自制的原始凭证，如收料单、领料单、工资结算表、制造费用分配表等；有些是外来的原始凭证，如增值税专用发票、税收缴款书、各种银行结算凭证等。

(2) 累计凭证，应在每次经济业务完成后，由相关人员在同一张凭证上重复填制完成。该凭证能在一定时期内不断重复地反映同类经济业务的完成情况。典型的累计凭证是限额领料单。

(3) 汇总凭证，应由相关人员在汇总一定时期内反映同类经济业务的原始凭证后填制完成。该凭证只能将类型相同的经济业务进行汇总，不能汇总两类或两类以上的经济业务。

4. 原始凭证的审核

为了如实反映经济业务的发生和完成情况，充分发挥会计的监督职能，保证会计信息的真实、完整，会计人员必须对原始凭证进行严格审核。审核的内容主要包括：

(1) 审核原始凭证的真实性。其真实性的审核包括凭证日期是否真实、业务内容是否真实、数据是否真实等。对外来原始凭证，必须有填制单位公章或财务专用章和填制人员签章；对自制原始凭证，必须有经办部门和经办人员的签名或盖章。此外，对通用原始凭证，还应审核凭证本身的真实性，以防作假。

(2) 审核原始凭证的合法性、合理性。审核原始凭证所记录经济业务是否符合国家法律法规，是否履行了规定的凭证传递和审核程序；审核原始凭证所记录经济业务是否符合企业经济活动的需要、是否符合有关的计划和预算等。

(3) 审核原始凭证的完整性。审核原始凭证各项基本要素是否齐全，是否有漏项情况，日期是否完整，数字是否清晰，文字是否工整，有关人员签章是否齐全，凭证联次是否正确等。

(4) 审核原始凭证的正确性。审核原始凭证记载的各项内容是否正确，包括：① 接受原始凭证单位的名称是否正确。② 金额的填写和计算是否正确。阿拉伯数字分位填写，不得连写。小写金额前要标明“￥”字样，中间不能留有空位。大写金额前要加“人民币”字样，大写金额与小写金额要相符。③ 更正是否正确。原始凭证记载的各项内容均不得涂改、刮擦和挖补。

(三) 记账凭证

1. 记账凭证的种类

记账凭证按照其反映的经济业务的内容来划分，通常可分为收款凭证、付款凭证和转账凭证。

(1) 收款凭证，是指用于记录库存现金和银行存款收款业务的记账凭证。收款凭证根据有关库存现金和银行存款收入业务的原始凭证填制，是登记库存现金日记账、银行存款日记账以及有关明细分类账和总分类账等账簿的依据，也是出纳人员收讫款项的依据。

(2) 付款凭证，是指用于记录库存现金和银行存款付款业务的记账凭证。付款凭证根据有关库存现金和银行存款支付业务的原始凭证填制，是登记库存现金日记账、银行存款日记账以及有关明细分类账和总分类账等账簿的依据，也是出纳人员支付款项的依据。

(3) 转账凭证，是指用于记录不涉及库存现金和银行存款业务的记账凭证。转账凭证根据有关转账业务的原始凭证填制，是登记有关明细分类账和总分类账等账簿的依据。

2. 记账凭证的基本内容

记账凭证是登记账簿的依据，为了保证账簿记录的正确性，记账凭证必须具备以下基本内容：① 填制凭证的日期；② 凭证编号；③ 经济业务摘要；④ 会计科目；⑤ 金额；⑥ 所附原始凭证张数；⑦ 填制凭证人员、稽核人员、记账人员、会计机构负责人、会计主管人员签名或者盖章。收款和付款记账凭证还应当由出纳人员签名或者盖章。

3. 记账凭证的填制要求

1) 记账凭证填制的基本要求

记账凭证的填制除要做到内容完整、书写清楚和规范外，还必须符合下列要求：

(1) 除结账和更正错账可以不附原始凭证外，其他记账凭证必须附原始凭证。

(2) 记账凭证可以根据每一张原始凭证填制，或根据若干张同类原始凭证汇总填制，也可据原始凭证汇总表填制；但不得将不同内容和类别的原始凭证汇总填制在一张记账凭证上。

(3) 记账凭证应连续编号。凭证应由主管该项业务的会计人员，按业务发生的顺序并按不同种类的记账凭证采用“字号编号法”连续编号，如银收字 1 号、现收字 2 号、现付字 1 号、银付字 2 号。如果一笔经济业务需要填制两张以上(含两张)记账凭证的，可以采用“分数编号法”编号，如转字 $4\frac{1}{3}$ 号，转字 $4\frac{2}{3}$ 号、转字 $4\frac{3}{3}$ 号。为便于监督，反映付款业务的会计凭证不得由出纳人员编号。

(4) 填制记账凭证时若发生错误，应当重新填制。已经登记入账的记账凭证在当年内发现填写错误时，可以用红字填写一张与原内容相同的记账凭证，在摘要栏注明“注销某月某日某号凭证”字样，同时再用蓝字重新填制一张正确的记账凭证，注明“订正某月某日某号凭证”字样。如果会计科目没有错误，只是金额错误，也可以将正确数字与错误数字之间的差额另编一张调整的记账凭证，调增金额用蓝字，调减金额用红字。发现以前年度记账凭证有错误的，应当用蓝字填制一张更正的记账凭证。

(5) 记账凭证填制完成后，如有空行，应当自金额栏最后一笔金额数字下的空行处至合计数上的空行处划线注销。

记账凭证的基本格式如表 1-8 所示。

表 1-8 **记账凭证**

年 月 日 字第×号

摘　要	总账科目	明细科目	借方金额										√	贷方金额										√
			千	百	十	万	千	百	十	元	角	分		千	百	十	万	千	百	十	元	角	分	
合计																								

附件×张

会计主管： 记账： 出纳： 复核： 制单：

2）收款凭证的填制要求

收款凭证是根据有关现金和银行存款收款业务的原始凭证填制的。凡是引起现金、银行存款增加的业务（现金、银行存款相互划转业务除外），都要根据现金、银行存款增加的原始凭证，编制现金、银行存款的收款凭证；出纳人员对于已经收款的收款凭证及其所附的各种原始凭证，都要加盖“收讫”的戳记，以免重收。

该凭证左上角的“借方科目”按收款的性质填写“库存现金”或“银行存款”；日期填写的是编制本凭证的日期；右上角填写编制收款凭证的顺序号；“摘要”填写对所记录的经济业务的简要说明；“贷方科目”填写与收入现金或银行存款相对应的会计科目；“记账”是指该凭证已登记账簿的标记，防止经济业务重记或漏记；“金额”是指该项经济业务的发生额；该凭证右边“附件××张”是指本记账凭证所附原始凭证的张数；最下边分别由有关人员签章，以明确经济责任。

做中学 1-5

某企业 2×20 年 5 月 28 日销售货物一批，价款 20 000 元，增值税额为2 600元，收到购买单位支票一张，收到22 600元存入银行。

该项业务发生后，一方面使得企业银行存款增加22 600元；另一方面使得主营业务收入增加 20 000 元，应交增值税增加2 600元。该企业应编制如下会计分录：

借：银行存款　　22 600

　贷：主营业务收入　　20 000

　　应交税费——应交增值税（销项税额）　　2 600

由于这项经济交易导致银行存款增加，所以，需要记在收款凭证中。出纳人员根据审核无误的原始凭证填制银行存款收款凭证，其内容与格式如表 1-9 所示。

表 1-9　收款凭证

借方科目：银行存款　　2×20 年 5 月 28 日　　收字第 1 号

摘要	贷方科目		金额											记账
	总账科目	明细科目	亿	千	百	十	万	千	百	十	元	角	分	
销售货物	主营业务收入						2	0	0	0	0	0	0	
	应交税费	应交增值税（销项税额）						2	6	0	0	0	0	
合计						¥	2	2	6	0	0	0	0	

附件2张

会计主管：王某　　记账：李某　　出纳：赵某　　审核：姜某　　制单：刘某

3）付款凭证的编制方法

付款凭证是根据审核无误的有关库存现金和银行存款的付款业务的原始凭证填制的。付款凭证的填制方法与收款凭证基本相同，不同的是在付款凭证的左上角应填列贷方科目，即“库存现金”或“银行存款”科目，“借方科目”栏应填写与“库存现金”或“银行存款”相应的一级科目和明细科目。

对于涉及“库存现金”和“银行存款”之间的相互划转业务，为了避免重复记账，一般只填制付款凭证，不再填制收款凭证。

出纳人员在办理收款或付款业务后，应在原始凭证上加盖“收讫”或“付讫”的戳记，以免重收重付。

做中学 1-6

某企业 2×20 年 7 月 28 日购入材料一批，买价 10 000 元，增值税额 1 300 元，开出支票一张支付购料款 11 300 元。

该项业务发生后，使得企业的银行存款减少 11 300 元，同时，原材料增加 10 000 元，增值税进项税额增加 1 300 元。该企业应编制如下会计分录：

借：原材料　　10 000

　　应交税费——应交增值税（进项税额）　　1 300

　　贷：银行存款　　11 300

由于这项经济交易使得企业的银行存款减少，因而，出纳人员根据审核无误的原始凭证填制银行存款付款凭证，其内容与格式如表 1-10 所示。

表 1-10　　**付款凭证**

贷方科目：银行存款　　2×20 年 7 月 28 日　　付字第 1 号

摘要	借方科目		金额											记账
	总账科目	明细科目	亿	千	百	十	万	千	百	十	元	角	分	
购入材料一批	原材料						1	0	0	0	0	0	0	
	应交税费	应交增值税（进项税额）						1	3	0	0	0	0	
合计						¥	1	1	3	0	0	0	0	

附件 2 张

会计主管：王某　　记账：李某　　出纳：赵某　　审核：姜某　　制单：刘某

做中学 1-7

某企业 2×20 年 8 月 25 日将当日多余的现金 48 000 元存入银行，应编制一张现金付款凭证，其内容及格式如表 1-11 所示。

表 1-11　　**付款凭证**

贷方科目：库存现金　　2×20 年 8 月 25 日　　付字第 2 号

摘要	借方科目		金额											记账
	总账科目	明细科目	亿	千	百	十	万	千	百	十	元	角	分	
将现金存入银行	银行存款						4	8	0	0	0	0	0	
合计						¥	4	8	6	0	0	0	0	

附件 1 张

会计主管：王某　　记账：李某　　出纳：赵某　　审核：姜某　　制单：刘某

4）转账凭证的编制方法

转账凭证通常是根据有关转账业务的原始凭证填制的。转账凭证中“总账科目”和“明细科目”栏应填写应借、应贷的总账科目和明细科目，借方科目应记金额应在同一行的“借方金额”栏填列，贷方科目应记金额应在同一行的“贷方金额”栏填列，“借方金额”栏合计数与“贷方金额”栏合计数应相等。

做中学 1-8

某企业 2×20 年 9 月 30 日计提当月折旧 30 000 元，其中生产车间计提折旧 21 000 元，厂部管理部门计提折旧 9 000 元。

该项交易发生后，该企业因计提折旧，制造费用增加 21 000 元，管理费用增加 9 000 元。同时，累计折旧增加 30 000 元。该企业应编制如下会计分录：

借：制造费用　　21 000
　　管理费用　　9 000
　贷：累计折旧　　30 000

该项交易属于不涉及现金和银行存款的转账交易，因此，会计人员根据折旧计算表填制转账凭证，其内容与格式如表 1-12 所示。

表 1-12　　转账凭证

2×20 年 9 月 30 日　　转字第 1 号

摘要	总账科目	明细科目	借方金额											贷方金额											记账
			亿	千	百	十	万	千	百	十	元	角	分	亿	千	百	十	万	千	百	十	元	角	分	
计提本月折旧	制造费用						2	1	0	0	0	0	0												
	管理费用							9	0	0	0	0	0												
	累计折旧																	3	0	0	0	0	0	0	
合计						¥	3	0	0	0	0	0	0				¥	3	0	0	0	0	0	0	

附件 1 张

会计主管：王某　　记账：李某　　审核：姜某　　制单：刘某

在同一项经济业务中，如果既有现金或银行存款的收付业务，又有转账业务，应相应地填制收、付款凭证和转账凭证。

做中学 1-9

2×20 年 9 月 10 日王斌出差回来，报销差旅费 900 元，出差前预借差旅费 1 000 元，剩余款项交回现金 100 元。

该项交易发生后，库存现金增加 100 元，管理费用增加 900 元。同时，其他应收款减少 1 000 元。编制如下会计分录：

（1）借：管理费用　　900
　　　贷：其他应收款——王斌　　900
（2）借：库存现金　　100
　　　贷：其他应收款——王斌　　100

对于这项经济业务，根据收款收据记账联填制收款凭证，如表 1-13 所示；同时根据差旅费报销凭证填制转账凭证，如表 1-14 所示。

表 1-13 **收款凭证**

借方科目：库存现金　　　　2×20 年 9 月 10 日　　　　收字第 2 号

摘要	贷方科目		金额											记账
	总账科目	明细科目	亿	千	百	十	万	千	百	十	元	角	分	
报销差旅费	其他应收款	王斌							1	0	0	0	0	
合计								¥	1	0	0	0	0	

附件 2 张

会计主管：王某　　记账：李某　　出纳：赵某　　审核：姜某　　制单：刘某

表 1-14 **转账凭证**

2×20 年 9 月 10 日　　　　转字第 3 号

摘要	总账科目	明细科目	借方金额											贷方金额											记账
			亿	千	百	十	万	千	百	十	元	角	分	亿	千	百	十	万	千	百	十	元	角	分	
报销差旅费	管理费用								9	0	0	0	0												
	其他应收款	王斌																		9	0	0	0	0	
合计								¥	9	0	0	0	0						¥	9	0	0	0	0	

附件 2 张

会计主管：王某　　记账：李某　　审核：姜某　　制单：刘某

4. 记账凭证的审核

为了保证会计信息的质量，在记账之前应由有关稽核人员对记账凭证进行严格的审核，审核的内容主要包括：

(1) 记账凭证是否有原始凭证为依据，所附原始凭证或原始凭证汇总表的内容与记账凭证的内容是否一致。

(2) 记账凭证各项目的填写是否齐全。

(3) 记账凭证的应借、应贷科目以及对应关系是否正确。

(4) 记账凭证所记录的金额与原始凭证的有关金额是否一致，计算是否正确。

(5) 记账凭证中的记录是否文字工整、数字清晰，是否按规定进行更正等。

(6) 出纳人员在办理收款或付款业务后，是否已在原始凭证上加盖“收讫”或“付讫”的戳记。

(四) 会计凭证的保管

会计凭证的保管，是指会计凭证记账后的整理、装订、归档和存查工作。会计凭证作为记账的依据，是重要的会计档案和经济资料。任何单位在完成经济业务手续和记账后，必须将会计凭证按规定的立卷归档制度形成会计档案资料，妥善保管，防止丢失，不得任意销毁，以便日后随时查阅。

二、会计账簿

(一) 会计账簿概述

会计账簿简称账簿，是指由一定格式的账页组成的，以经过审核的会计凭证为依据，全面、系统、连续地记录各项经济业务的簿籍。

1. 会计账簿的基本内容

实际工作中，由于各种会计账簿所记录的经济业务不同，账簿的格式也多种多样，但各种账簿都应具备以下基本内容：

(1) 封面，主要用来标明账簿的名称，如总分类账、各种明细分类账、库存现金日记账、银行存款日记账等。

(2) 扉页，主要用来列明会计账簿的使用信息，如科目索引、账簿启用和经管人员一览表等。

(3) 账页，是账簿用来记录经济业务的主要载体，包括账户的名称、日期栏、凭证种类和编号栏、摘要栏、金额栏，以及总页次和分户页次等基本内容。

2. 会计账簿的种类

会计账簿可以按照用途、账页格式、外形特征等进行分类。

1) 会计账簿按照用途，可分为序时账簿、分类账簿和备查账簿

序时账簿又称日记账，是按照经济业务发生时间的先后顺序逐日、逐笔登记的账簿。我国企业、行政事业单位中，库存现金日记账和银行存款日记账是应用比较广泛的日记账。

分类账簿，是指按照分类账户设置登记的账簿。分类账簿是会计账簿的主体，也是编制财务报表的主要依据。账簿按其反映经济业务的详略程度，可分为总分类账簿和明细分类账簿。其中，总分类账簿简称总账，是根据总分类账户开设的，总括地反映某类经济活动；总分类账簿主要为编制财务报表提供直接数据资料，通常采用三栏式。明细分类账簿简称明细账，是根据明细分类账户开设的，用来提供明细的核算资料。明细分类账簿可采用的格式主要有三栏式明细账（格式与三栏式总分类账相同）、数量金额式明细账等。

备查账簿又称辅助登记簿或补充登记簿，是指对某些在序时账簿和分类账簿中未能记载或记载不全的经济业务进行补充登记的账簿。例如，反映企业租入固定资产的"租入固定资产登记簿"、反映为其他企业代管商品的"代管商品物资登记簿"等。备查账簿只是对其他账簿记录的一种补充，与其他账簿之间不存在严密的依存和勾稽关系。

备查账簿根据企业的实际需要设置，没有固定的格式要求。

2) 会计账簿按照账页格式，可分为三栏式账簿、多栏式账簿、数量金额式账簿

三栏式账簿，是指设有借方、贷方和余额三个金额栏目的账簿。各种日记账、总账以及资本、债权、债务类明细账都可以采用三栏式账簿。三栏式账簿又分为设对方科目和不设对方科目两种，区别是摘要栏和借方金额栏之间是否设"对方科目"栏。设"对方科目"栏的三栏式账簿，称为设对方科目的三栏式账簿；不设"对方科目"栏的，称为不设对方科目的三栏式账簿。

多栏式账簿，是指在账簿的两个金额栏目（借方和贷方）按需要分设若干专栏的账簿。这种账簿可以按"借方"和"贷方"分设专栏，也可以只设"借方"或"贷方"专栏，设多少栏则根据需要确定。这种格式适用于收入、成本、费用类科目的明细核算。

数量金额式账簿，是指在账簿的借方、贷方和余额三个栏目内，每个栏目再分设数量、单价和金额三小栏，借以反映财产物资的实物数量和价值量的账簿。原材料、库存商品等明细账一般采用数量金额式账簿。

3) 会计账簿按照外形特征，可分为订本式账簿、活页式账簿、卡片式账簿

订本式账簿简称订本账，是在启用前将编有顺序页码的一定数量账页装订成册的账簿。

订本式账簿的优点是能防止账页散失和抽换账页；其缺点是不能准确为各账户预留账页。订本式账簿一般适用于重要的和具有统驭性的总分类账、库存现金日记账、银行存款日

记账。

活页式账簿简称活页账，是将一定数量的账页置于活页夹内，可根据记账内容的变化而随时增加或减少部分账页的账簿。

活页式账簿的优点是记账时可以根据实际需要，随时将空白账页装入账簿，或抽去不需要的账页，便于分工记账；缺点是如果管理不善，可能会造成账页散失或故意抽换账页。活页式账簿一般适用于明细分类账。

卡片式账簿简称卡片账，是将一定数量的卡片式账页存放于专设的卡片箱中，可以根据需要随时增添账页的账簿。

采用这种账簿，灵活方便，可以使记录的内容详细具体，可以跨年度使用而无需更换账页，也便于分类汇总和根据管理的需要转移卡片，但这种账簿的账页容易散失和被抽换。因此，使用时，应在卡片上连续编号，以保证安全。

卡片式账簿一般适用于账页需要随着物资使用或存放地点的转移而重新排列的明细账，如固定资产明细分类账，一般采用卡片式。严格说来，卡片账也是一种活页账，不过它不是装在活页夹中，而是保存在卡片箱内。

在我国，企业一般只对固定资产的核算采用卡片账形式，也有少数企业在材料核算中使用材料卡片。

（二）会计账簿的启用与登记要求

启用会计账簿时，应当在账簿封面上写明单位名称和账簿名称，并在账簿扉页上附启用表。

启用订本式账簿应当从第一页到最后一页顺序编定页数，不得跳页、缺号。使用活页式账簿应当按账户顺序编号，并须定期装订成册，装订后再按实际使用的账页顺序编定页码，另加目录以便于记明每个账户的名称和页次。

为了保证账簿记录的正确性，必须根据审核无误的会计凭证登记会计账簿，并符合有关法律、行政法规和国家统一的会计制度的规定。

（1）登记会计账簿时，应当将会计凭证日期、编号、业务内容摘要、金额和其他有关资料逐项记入账内。账簿记录中的日期，应该填写记账凭证上的日期；以自制原始凭证（如收料单、领料单等）作为记账依据的，账簿记录中的日期应按有关自制凭证上的日期填列。

（2）为了保持账簿记录的持久性，防止涂改，登记账簿必须使用蓝黑墨水或碳素墨水书写，不得使用圆珠笔（银行的复写账簿除外）或者铅笔书写。以下情况可以使用红墨水记账：① 按照红字冲账的记账凭证，冲销错误记录；② 在不设借、贷等栏的多栏式账页中，登记减少数；③ 在三栏式账户的余额栏前，如未印明余额方向的，在余额栏内登记负数余额；④ 根据国家规定可以用红字登记的其他会计记录。除上述情况外，不得使用红色墨水登记账簿。

（3）会计账簿应当按照连续编号的页码顺序登记。记账时发生错误或者隔页、缺号、跳行的，应在空页、空行处用红色墨水划对角线注销，或者注明“此页空白”或“此行空白”字样，并由记账人员和会计机构负责人（会计主管人员）在更正处签章。

（4）凡需要结出余额的账户，结出余额后，应当在“借或贷”栏目内注明“借”或“贷”字样，以示余额的方向；对于没有余额的账户，应在“借或贷”栏内写“平”字，并在“余额”栏“元”位处用“θ”表示。库存现金日记账和银行存款日记账必须逐日结出余额。

（5）每一账页登记完毕时，应当结出本页发生额合计及余额，在该账页最末一行“摘要”栏注明“转次页”或“过次页”，并将这一金额记入下一页第一行有关金额栏内，在该行“摘要”栏注明“承前页”，以保持账簿记录的连续性，便于对账和结账。

（6）账簿记录发生错误时，不得刮擦、挖补或用褪色药水更改字迹，而应采用规定的方法更正。

（三）会计账簿的格式与登记方法

1. 日记账的格式与登记方法

日记账是按照经济业务发生或完成的时间先后顺序逐日逐笔进行登记的账簿。设置日记账的目的，是为了使经济业务的时间顺序清晰地反映在账簿记录中。在我国，大多数企业一般只设置库存现金日记账和银行存款日记账。

1）库存现金日记账的格式与登记方法

库存现金日记账是用来核算和监督库存现金日常收、付和结存情况的序时账簿。库存现金日记账的格式主要是三栏式，库存现金日记账必须使用订本账。

三栏式库存现金日记账是用来登记库存现金的增减变动及其结果的日记账。设借方、贷方和余额三个金额栏目，一般将其分别称为收入、支出和结余三个基本栏目。

三栏式库存现金日记账是由出纳人员根据库存现金收款凭证、库存现金付款凭证以及银行存款的付款凭证，按照库存现金收、付款业务和银行存款付款业务发生时间的先后顺序逐日逐笔登记。

三栏式库存现金日记账的登记方法如下：

（1）日期栏，是记账凭证的日期，应与库存现金实际收付日期一致。

（2）凭证栏，是登记入账的收付款凭证的种类和编号，如“库存现金收（付）款凭证”，简写为“现收（付）”：“银行存款收（付）款凭证”，简写为“银收（付）”。凭证栏还应登记凭证的编号数，以便于查账和核对。

（3）摘要栏，摘要说明登记入账的经济业务的内容。

（4）对方科目栏，是库存现金收入的来源科目或支出的用途科目。如从银行提取现金，其来源科目（即对方科目）为“银行存款”。

（5）收入、支出栏（或借方、贷方），是库存现金实际收付的金额。

每日终了，应分别计算库存现金收入和付出的合计数，并结出余额，同时将余额与出纳人员的库存现金核对。如账款不符应查明原因，记录备案。月终同样要计算库存现金收、付和结存的合计数。

2）银行存款日记账的格式与登记方法

银行存款日记账是用来核算和监督银行存款每日的收入、支出和结余情况的账簿。银行存款日记账应按企业在银行开立的账户和币种分别设置，每个银行账户设置一本日记账。由出纳人员根据与银行存款收付业务有关的记账凭证，按时间先后顺序逐日逐笔进行登记。根据银行存款收款凭证和有关的库存现金付款凭证登记银行存款收入栏，根据银行存款付款凭证登记其支出栏，每日结出存款余额。

银行存款日记账的格式与库存现金日记账相同，可以采用三栏式，也可以采用多栏式。多栏式可以将收入和支出的核算在一本账上进行，也可以分设“银行存款收入日记账”和“银行存款支出日记账”两本账。其格式和登记方法与“库存现金日记账”和“库存现金支出日记账”基本相同。

银行存款日记账的登记方法与库存现金日记账的登记方法基本相同。

2. 总分类账的格式与登记方法

总分类账是指按照总分类账户分类登记以提供总括会计信息的账簿。总分类账最常用的格式为三栏式，设有借方、贷方和余额三个金额栏目。其格式如表 1-15 所示。

表 1-15　　　　　　　　　　　　总分类账

账户名称:在途物资　　　　　　　　　　　　　　　　　　　　第　页

2020 年		凭证号数	摘　要	借　方	贷　方	借或贷	余　额
月	日						
12	1		月初余额			借	60 000
12	6	转 16	购入甲材料	50 000		借	110 000
12	9	转 28	上月购入材料入库		70 000	借	40 000
12	31		本月合计	130 000	120 000	借	70 000

总分类账的登记方法因登记的依据不同而有所不同。经济业务少的小型单位的总分类账可以根据记账凭证逐笔登记;经济业务多的大中型单位的总分类账可以根据记账凭证汇总表(又称科目汇总表)或汇总记账凭证等定期登记。

3. 明细分类账的格式与登记方法

明细分类账是根据有关明细分类账户设置并登记的账簿。它能提供交易或事项比较详细、具体的核算资料,以弥补总账所提供核算资料的不足。明细账一般采用活页式账簿、卡片式账簿。明细分类账一般根据记账凭证和相应的原始凭证来登记。

根据各种明细分类账所记录经济业务的特点,明细分类账的常用格式主要有以下三种。

1) 三栏式

三栏式账页是设有借方、贷方和余额三个栏目,用以分类核算各项经济业务,提供详细核算资料的账簿,其格式与三栏式总账格式相同。例如"应收账款""应付账款""短期借款""长期借款""实收资本"等账户的明细分类核算。其格式如表 1-16 所示。

表 1-16　　　　　　　　　　　应收账款明细账

明细科目:华夏公司　　　　　　　　　　　　　　　　　　　　第　页

2020 年		凭证号数	摘　要	借　方	贷　方	借或贷	余　额
月	日						
12	1		月初余额			借	3 000
12	8	转 11	销售商品款项未收	60 000		借	63 000
12	25	银收 9	收回欠款		20 000	借	43 000
12	31		本月合计	90 000	70 000	借	23 000

2) 多栏式

多栏式账页是将属于同一个总账科目的各个明细科目合并在一张账页上进行登记,即在这种格式账页的借方或贷方金额栏内按照明细项目设若干专栏。这种格式适用于收入、成本、费用类账户的明细核算。如"制造费用""管理费用""主营业务收入""本年利润"等账户的明细分类核算。

3) 数量金额式

数量金额式账页适用于既要进行金额核算又要进行数量核算的账户,如原材料、库存商品等存货账户,其借方(收入)、贷方(发出)和余额(结存)都分别设有数量、单价和金额三个专栏。数量金额式账页提供了企业有关财产物资数量和金额收、发、存的详细资料,从而能加强财产物资的实物管理和使用监督,保证这些财产物资的安全完整。如"原材料""库存商品""周转材料"等存货账户的明细分类核算。其格式如表 1-17 所示。

表 1-17 原材料明细账

材料名称：甲材料　　计量单位：千克　　第　页

2020 年		凭证号数	摘　要	收　入			发　出			结　存		
月	日			数量	单价	金额	数量	单价	金额	数量	单价	金额
12	1		期初余额							120	20	2 400
12	6	付 20	购入材料	300	20	6 000				420	20	8 400
12	10	转 30	生产领用				250	20	5 000	170	20	3 400
12	24	付 22	购入材料	200	20	4 000				370	20	7 400
12	31		本月合计	500	20	10 000	250	20	5 000	370	20	7 400

4. 总分类账户与明细分类账户的平行登记

所谓平行登记，是指对所发生的每项经济业务都要以会计凭证为依据，一方面记入有关总分类账户；另一方面记入所属明细分类账户的方法。

总分类账户与明细分类账户平行登记的要点如下：

(1) 方向相同。在总分类账户及其所辖的明细分类账户中登记同一项经济业务时，方向应当相同。即在总分类账户中记入借方，在其所辖的明细分类账户中也应记入借方；在总分类账户中记入贷方，在其所辖的明细分类账户中也应记入贷方。

(2) 期间一致。发生的经济业务，记入总分类账户和所辖明细分类账户的具体时间可以有先后，但应在同一个会计期间记入总分类账户和所辖明细分类账户。

(3) 金额相等。记入总分类账户的金额必须与记入其所辖的一个或几个明细分类账户的金额合计数相等。

(四) 对账与结账

1. 对账

对账，是对账簿记录所进行的核对，也就是核对账目。对账工作一般在记账之后结账之前，即在月末进行。对账一般可以分为账证核对、账账核对和账实核对。

1) 账证核对

账证核对是指将账簿记录与会计凭证核对，核对账簿记录与原始凭证、记账凭证的时间、凭证字号、内容、金额等是否一致，记账方向是否相符，做到账证相符。

2) 账账核对

账账核对是在账证核对相符的基础上，对不同账簿记录之间的有关数字进行的核对。

账账核对的内容主要包括：

(1) 总分类账簿之间的核对。按照"资产＝负债＋所有者权益"这一会计等式和"有借必有贷，借贷必相等"的记账规则，总分类账簿各账户的期初余额、本期发生额和期末余额之间存在对应平衡关系，各账户的期末借方余额合计和贷方余额合计也存在平衡关系。通过这种等式平衡关系，可以检查总账记录是否正确、完整。

(2) 总分类账簿与所辖明细分类账簿之间的核对。总分类账各账户的期末余额应与其所辖各明细分类账的期末余额之和核对相符。

(3) 总分类账簿与序时账簿之间的核对。主要是指库存现金总账和银行存款总账的期末余额，与库存现金日记账和银行存款日记账的期末余额之间的核对。

(4) 明细分类账簿之间的核对。例如，会计机构有关实物资产的明细账与财产物资保管部门或使用部门的明细账定期核对，以检查余额是否相符。核对方法一般是由财产物资保管部门或使用部门定期编制收发结存汇总表报会计机构核对。

3) 账实核对

账实核对是指各项财产物资、债权债务等账面余额与实有数额之间的核对。

账实核对的内容主要包括：

(1) 库存现金日记账账面余额与库存现金实际库存数逐日核对是否相符。

(2) 银行存款日记账账面余额与银行对账单的余额定期核对是否相符。

(3) 各项财产物资明细账账面余额与财产物资的实有数额定期核对是否相符。

(4) 有关债权债务明细账账面余额与对方单位的账面记录核对是否相符。

2. 结账

结账是将账簿记录定期结算清楚的会计工作。在一定时期结束时(如月末、季末或年末)，为了编制财务报表，需要进行结账，具体包括月结、季结和年结。

结账的内容通常包括两个方面：① 结清各种损益类账户，并据以计算确定本期利润；② 结出各资产、负债和所有者权益账户的本期发生额合计和期末余额。

结账的要点主要有：

(1) 对不需按月结计本期发生额的账户，如各项应收、应付款明细账和各项财产物资明细账等，每次记账以后，都要随时结出余额，每月最后一笔余额是月末余额。月末结账时，只需要在最后一笔经济业务记录下面通栏划单红线，不需要再次结计余额。

(2) 库存现金、银行存款日记账和需要按月结计发生额的收入、费用等明细账，每月结账时，要在最后一笔经济业务记录下面通栏划单红线，结出本月发生额和余额，在摘要栏内注明“本月合计”字样，并在下面通栏划单红线。

(3) 对于需要结计本年累计发生额的明细账户，每月结账时，应在“本月合计”行下结出自年初起至本月末止的累计发生额，登记在月份发生额下面，在摘要栏内注明“本年累计”字样，并在下面通栏划单红线。12月末的“本年累计”就是全年累计发生额，全年累计发生额下通栏划双红线。

(4) 总账账户平时只需结出月末余额。年终结账时，为了总括地反映全年各项资金运动情况的全貌，核对账目，要将所有总账账户结出全年发生额和年末余额，在摘要栏内注明“本年合计”字样，并在合计数下通栏划双红线。

(5) 年度终了结账时，有余额的账户，应将其余额结转下年，并在摘要栏注明“结转下年”字样；在下一会计年度新建有关账户的第一行余额栏内填写上年结转的余额，并在摘要栏注明“上年结转”字样，使年末有余额账户的余额如实地在账户中加以反映，以免混淆有余额的账户和无余额的账户。

(五) 错账更正的方法

在记账过程中，可能由于种种原因会使账簿记录发生错误。对于发生的账簿记录错误应当采用正确、规范的方法予以更正，不得涂改、挖补、刮擦或者用药水消除字迹，不得重新抄写。错账更正的方法一般有划线更正法、红字更正法和补充登记法三种。

1. 划线更正法

结账前发现账簿记录有文字或数字错误，而记账凭证没有错误，应当采用划线更正法。更正时，可在错误的文字或数字上划一条红线，在红线的上方填写正确的文字或数字，并由记账人员和会计机构负责人(会计主管人员)在更正处盖章，以明确责任，需要注意的是，更正时不得只划销错误数字，应将全部数字划销，并保持原有数字清晰可辨，以便审查。

例如，把“3 457”元误记为“8 457”元时，应将错误数字“8 457”全部用红线注销后，写上正确的数字“3 457”，而不是只删改一个“8”字。如记账凭证中的文字或数字发生错误，在尚未过账前，也可用划线更正法更正。

2. 红字更正法

红字更正法，是指用红字冲销原有错误的凭证记录及账户记录，以更正或调整账簿记录的一种方法。适用于以下两种情形：

（1）记账后发现记账凭证中的应借、应贷会计科目有错误所引起的记账错误。

更正方法：红字填写一张与原记账凭证完全相同的记账凭证，在摘要栏内注明“注销某月某日某号凭证”，并据以用红字登记入账，以示注销原记账凭证，然后用蓝字填写一张正确的记账凭证，并据以用蓝字登记入账。

（2）记账后发现记账凭证和账簿记录中应借、应贷会计科目无误，只是所记金额大于应记金额所引起的记账错误。

更正方法：按多记的金额用红字编制一张与原记账凭证应借、应贷科目完全相同的记账凭证，在摘要栏内明“冲销某月某日第×号记账凭证多记金额”，以冲销多记金额，并据以用红字登记入账。

3. 补充登记法

补充登记法，是指用蓝字补记金额，以更正原错误账簿记录的一种方法。

适用的情况：在记账后，发现记账凭证与账簿记录中所记金额小于应记金额，而科目对应关系无误时采用的一种更正方法。

更正方法：按少记的金额用蓝字填制一张与原记账凭证应借、应贷科目完全相同的记账凭证，在摘要栏内写明“补记某月某日第×号记账凭证少记金额”，以补充少记的金额，并据以用蓝字登记入账。

三、账务处理程序

企业常用的账务处理程序主要有记账凭证账务处理程序、汇总记账凭证账务处理程序和科目汇总表账务处理程序等，它们之间的主要区别为登记总分类账的依据和方法不同。

（一）记账凭证账务处理程序

记账凭证账务处理程序是指对发生的经济业务，先根据原始凭证或汇总原始凭证填制记账凭证，再直接根据记账凭证登记总分类账的一种账务处理程序。记账凭证账务处理程序，适用于规模较小、经济业务量较少的单位。

记账凭证账务处理程序的一般步骤：

（1）根据原始凭证填制汇总原始凭证。

（2）根据原始凭证或汇总原始凭证填制收款凭证、付款凭证和转账凭证，也可填制通用记账凭证。

（3）根据收、付款凭证，每日逐笔登记库存现金和银行存款日记账。

（4）根据原始凭证、汇总原始凭证或记账凭证，逐笔登记各种明细分类账。

（5）根据记账凭证逐笔登记总分类账。

（6）期末，将库存现金日记账、银行存款日记账和各明细分类账的余额之和与总分类账的有关账户的余额核对。

（7）期末，根据核对无误的总分类账和有关明细分类账的记录，编制会计报表。

记账凭证账务处理程序如图 1-15 所示。

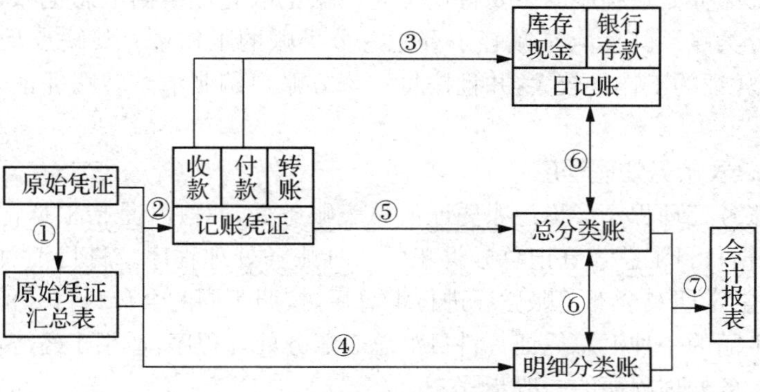

记账凭证账务
处理程序的内容

图 1-15 记账凭证账务处理程序

记账凭证账务处理程序的主要特点是直接根据记账凭证逐笔登记总分类账。其优点是简单明了，易于理解，总分类账可以反映经济业务的详细情况。其缺点是登记总分类账的工作量较大。

（二）汇总记账凭证账务处理程序

汇总记账凭证账务处理程序是指先根据原始凭证或汇总原始凭证填制记账凭证，定期根据记账凭证分类编制汇总收款凭证、汇总付款凭证和汇总转账凭证，再根据汇总记账凭证登记总分类账的一种账务处理程序。

汇总记账凭证是指对一段时期内同类记账凭证进行定期汇总而编制的记账凭证。

汇总记账凭证的账务处理程序的一般步骤：

（1）根据原始凭证填制汇总原始凭证。

（2）根据原始凭证或汇总原始凭证填制记账凭证。

（3）根据收、付款凭证，每日逐笔登记库存现金日记账和银行存款日记账。

（4）根据原始凭证、汇总原始凭证或记账凭证，逐笔登记各明细分类账。

（5）根据收、付款凭证和转账凭证，定期编制汇总收款凭证、汇总付款凭证和汇总转账凭证。

（6）期末，根据汇总记账凭证登记总分类账。

（7）期末，将库存现金、银行存款日记账的余额和各明细分类账的期末余额之和，分别与有关总分类账的余额进行核对。

（8）期末，根据核对无误的总分类账和明细分类账的记录，编制会计报表。

汇总记账凭证账务处理程序如图 1-16 所示。

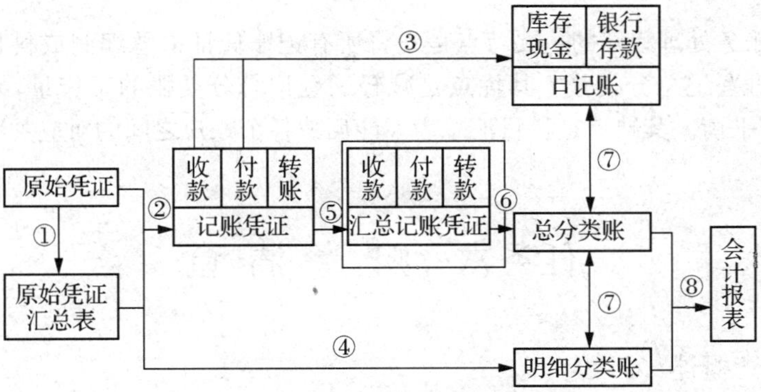

汇总记账凭证账务
处理程序的内容

图 1-16 汇总记账凭证账务处理程序

汇总记账凭证账务处理程序的主要特点是先根据记账凭证编制汇总记账凭证，再根据汇总记账凭证登记总分类账。其优点是减轻了登记总分类账的工作量。其缺点是当转账凭证较多时，编制汇总转账凭证的工作量较大，并且按每一贷方账户编制汇总转账凭证，不利于会计核算的日常分工。

（三）科目汇总表账务处理程序

科目汇总表账务处理程序又称记账凭证汇总表账务处理程序，是指根据记账凭证定期编制科目汇总表，再根据科目汇总表登记总分类账的一种账务处理程序。科目汇总表又称记账凭证汇总表，是企业通常定期对全部记账凭证进行汇总后，按照不同的会计科目分别列示各账户借方发生额和贷方发生额的一种汇总凭证。科目汇总表账务处理程序，适用于经济业务较多的单位。

科目汇总表账务处理程序的一般步骤：

(1) 根据原始凭证填制汇总原始凭证。

(2) 根据原始凭证或汇总原始凭证填制记账凭证。

(3) 根据收、付款凭证逐笔登记库存现金日记账和银行存款日记账。

(4) 根据原始凭证、汇总原始凭证和记账凭证逐笔登记各明细分类账。

(5) 根据记账凭证定期编制科目汇总表。

(6) 根据科目汇总表登记总分类账。

(7) 期末，将库存现金日记账和银行存款日记账余额与库存现金总账和银行存款总账余额进行核对，将各明细分类账余额之和与有关总分类账余额进行核对。

(8) 期末，根据核对无误的总分类账和明细分类账记录，编制会计报表。

科目汇总表账务处理程序如图 1-17 所示。

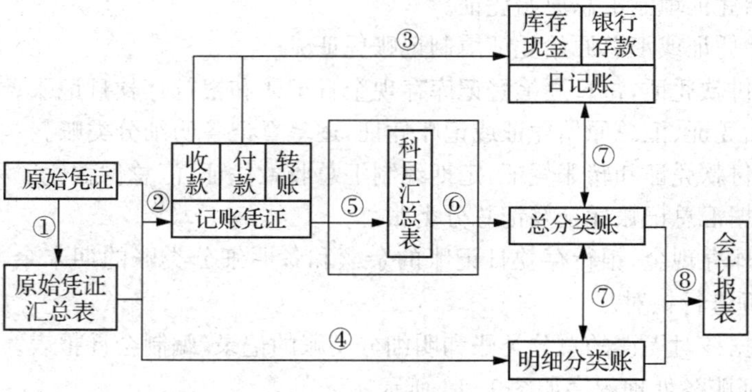

科目汇总表账务处理程序的内容

图 1-17　科目汇总表账务处理程序

科目汇总表账务处理程序的主要特点是先将所有记账凭证汇总编制成科目汇总表，然后以科目汇总表为依据登记总分类账。其优点是减轻了登记总分类账的工作量，易于理解，方便学习，并可做到试算平衡。其缺点是科目汇总表不能反映各个账户之间的对应关系，不利于对账目进行检查。

任务六　财 产 清 查

一、财产清查概述

财产清查，是指通过对货币资金、实物资产和往来款项等财产物资进行盘点或核对，确定其实存数，查明账存数与实存数是否相符的一种专门方法。

(一) 财产清查的种类

财产清查按照清查范围，分为全面清查和局部清查；按照清查的时间，分为定期清查和不定期清查；按照清查的执行系统，分为内部清查和外部清查。

1. 按照清查范围分类

全面清查，是指对所有的财产进行全面的盘点和核对。需要进行全面清查的情况通常有：① 年终决算前；② 在合并、撤销或改变隶属关系前；③ 中外合资、国内合资前；④ 股份制改造前；⑤ 开展全面的资产评估、清产核资前；⑥ 单位主要领导调离工作前等。

局部清查，是指根据需要只对部分财产进行盘点和核对。局部清查的范围和对象，应根据业务需要和相关具体情况而定。一般而言，对于流动性较大的财产物资，如原材料、在产品、产成品，应根据需要随时轮流盘点或重点抽查；对于贵重财产物资，每月都要进行清查盘点；对于库存现金，每日终了，应由出纳人员进行清点核对；对于银行存款，企业至少每月同银行核对一次；对债权、债务，企业应每年至少同债权人、债务人核对至两次。

2. 按照清查的时间分类

定期清查，是指按照预先计划安排的时间对财产进行的盘点和核对。定期清查一般在年末、季末、月末进行。定期清查，可以是全面清查，也可以是局部清查。

不定期清查，是指事前不规定清查日期，而是根据特殊需要临时进行的盘点和核对。不定期清查，可以是全面清查，也可以是局部清查，应根据实际需要来确定清查的对象和范围。不定期清查主要在以下几种情况下进行：

(1) 财产物资、库存现金保管人员更换时，要对有关人员保管的财产物资、库存现金进行清查，以分清经济责任，便于办理交接手续。

(2) 发生自然灾害和意外损失时，要对受损失的财产物资进行清查，以查明损失情况。

(3) 上级主管、财政、审计和银行等部门，对本单位进行会计检查，应按检查的要求和范围对财产物资进行清查，以验证会计资料的可靠性。

(4) 进行临时性清产核资时，要对本单位的财产物资进行清查，以便摸清家底。

3. 按照清查的执行系统分类

内部清查，是指由本单位内部自行组织清查工作小组所进行的财产清查工作。大多数财产清查都是内部清查。

外部清查，是指由上级主管部门、审计机关、司法部门、注册会计师等根据国家有关规定或情况需要对本单位所进行的财产清查。一般来讲，进行外部清查时应有本单位相关人员参加。

(二) 财产清查的一般程序

财产清查既是会计核算的一种专门方法，又是财产物资管理的一项重要制度。企业必须有计划、有组织地进行财产清查。

财产清查一般包括以下程序：

(1) 建立财产清查组织。

(2) 组织清查人员学习有关政策规定，掌握有关法律、法规和相关业务知识，以提高财产清查工作的质量。

(3) 确定清查对象、范围，明确清查任务。

(4) 制定清查方案，具体安排清查内容、时间、步骤、方法，以及做好必要的清查前准备工作。

(5) 清查时本着先清查数量、核对有关账簿记录等，后认定质量的原则进行。

(6) 填制盘存清单。

(7) 根据盘存清单，填制实物、往来账项清查结果报告表。

二、财产清查的方法与处理

(一) 财产清查的方法

1. 货币资金的清查方法

1) 库存现金的清查

采用实地盘点法，确定库存现金的实存数，再与库存现金日记账的账面余额相核对，确定账实是否相符。

库存现金清查一般由主管会计或财务负责人和出纳人员共同清点各种面值钞票的张数和硬币的个数，并填制库存现金盘点报告表。

对库存现金进行盘点时，出纳人员必须在场，有关业务必须在库存现金日记账中全部登记完毕。盘点时，一方面要注意账实是否相符；另一方面还要检查现金管理制度的遵守情况，如库存现金有无超过其限额，有无白条抵库、挪用舞弊等情况。盘点结束后，应填制"库存现金盘点报告表"，作为重要原始凭证。

2) 银行存款的清查

银行存款的清查是采用与开户银行核对账目的方法进行的，即将本单位银行存款日记账的账簿记录与开户银行转来的对账单逐笔进行核对，查明银行存款的实有数额。银行存款的清查一般在月末进行。将截止到清查日所有银行存款的收付业务都登记入账后，对发生的错账、漏账应及时查清更正，再与银行的对账单逐笔核对。如果两者余额相符，通常说明没有错误；如果两者余额不相符，则可能是企业或银行一方或双方记账过程有错误或者存在未达账项。

所谓未达账项，是指企业和银行之间，由于记账时间不一致而发生的一方已经入账，而另一方尚未入账的事项。未达账项一般分为以下四种情况：

(1) 企业已收款记账，银行未收款未记账的款项。

(2) 企业已付款记账，银行未付款未记账的款项。

(3) 银行已收款记账，企业未收款未记账的款项。

(4) 银行已付款记账，企业未付款未记账的款项。

上述任何一种未达账项的存在，都会使企业银行存款日记账的余额与银行开出的对账单的余额不符。所以，在与银行对账时首先应查明是否存在未达账项，如果存在未达账项，就应该编制"银行存款余额调节表"，据以调节双方的账面余额，确定企业银行存款实有数。

银行存款清查的步骤：

(1) 将本单位银行存款日记账与银行对账单，以结算凭证的种类、号码和金额为依据，逐日逐笔核对。凡双方都有记录的，用铅笔在金额旁打上记号"√"。

(2) 找出未达账项(即银行存款日记账和银行对账单中没有打"√"的款项)。

(3) 将日记账和对账单的月末余额及找出的未达账项填入"银行存款余额调节表"，并计算出调整后的余额。

(4) 将调整平衡的"银行存款余额调节表"，经主管会计签章后，呈报开户银行。

银行存款余额调节表的编制，是以双方账面余额为基础，各自分别加上对方已收款入账而己方尚未入账的数额，减去对方已付款入账而己方尚未入账的数额。其计算公式如下：

$$\text{企业银行存款日记账余额} + \text{银行已收企业未收款} - \text{银行已付企业未付款} = \text{银行对账单存款余额} + \text{企业已收银行未收款} - \text{企业已付银行未付款}$$

做中学 1-10

丁公司本月银行存款日记账余额为 37 800 元，开户银行送来的对账单上的余额为 41 200 元，经逐笔核对，发现以下未达账项：

(1) 银行已收到企业的销货款 7 500 元，并已入账，但企业尚未收到开户行的收款通知，暂未入账。

(2) 企业于月末开出转账支票 4 800 元支付所欠货款，已入账，而银行尚未收到此付款的转账支票。

(3) 企业于月末收到欠款单位开具的转账支票一张，金额为 7 000 元，已入账，而银行尚未入账。

(4) 银行代扣企业借款利息 1 900 元，企业暂未接到付息通知。

根据以上情况，编制银行存款余额调节表，并说明清查的方法。

解析：丁公司对银行存款采用的清查方法是账目核对法。会计部门应根据银行对账单编制银行存款余额调节表，如表 1-18 所示。

表 1-18　　银行存款余额调节表

2×20 年 12 月 31 日

项目	金额(元)	项目	金额(元)
企业银行存款日记账余额	37 800	银行对账单余额	41 200
加：银行已收，企业未收	7 500	加：企业已收，银行未收	7 000
减：银行已付，企业未付	1 900	减：企业已付，银行未付	4 800
调节后的存款余额	43 400	调节后的存款余额	43 400

“银行存款余额调节表”只能用于核对账目，不能作为调整企业银行存款账面记录的记账依据。

2. 实物资产的清查方法

实物资产主要包括固定资产、存货等。实物资产的清查是对实物资产在数量和质量上所进行的清查。常用的清查方法主要有实地盘点法和技术推算法。

1) 实地盘点法

通过点数、过磅、量尺等方法来确定实物资产的实有数量。实地盘点法适用范围较广，在多数财产物资清查中都可以采用。

2) 技术推算法

利用技术方法对财产物资的实存数进行推算，故又称估推法。采用这种方法，对于财产物资不是逐一清点计数，而是通过量方、计尺等技术推算财产物资的结存数量。技术推算法只适用于成堆量大而价值不高，难以逐一清点的财产物资的清查。例如，露天堆放的煤炭等。

对于实物的质量，应根据不同的实物采用不同的检查方法，例如有的采用物理方法，有的采用化学方法，来检查实物的质量。

在实物清查过程中，实物保管人员和盘点人员必须同时在场。对于盘点结果，应如实登记盘存单，并由盘点人和实物保管人签字或盖章，以明确经济责任。盘存单既是记录盘点结果的书面证明，也是反映财产物资实存数的原始凭证。盘存单的一般格式如表 1-21 所示。

表 1-21 盘存单

单位名称： 盘点时间： 编号：

财产类别： 存放地点：

编号	名称	规格型号	计量单位	数量	单价	金额	备注

盘点人员签章： 保管人员签章：

对于在盘点中发现的实存数与账存数不相符的情况，应根据盘存单和有关账簿的记录，编制实存账存对比表。实存账存对比表是用于调整账簿记录的重要原始凭证，也是分析存货实存和账存产生差异的原因、明确经济责任、提出处理意见的依据。实存账存对比表的一般格式如表 1-22 所示。

表 1-22 实存账存对比表

年 月 日

编号	名称及规格	计量单位	单价	对比结果								备注
				实存		账存		盘盈		盘亏		
				数量	金额	数量	金额	数量	金额	数量	金额	

主管人员： 会计： 制表：

对于委托外单位加工、保管的材料、商品、物资以及在途的材料、商品、物资等，可以用函件询证的方法与有关单位进行核对，以查明账实是否相符。

3. 往来款项的清查方法

往来款项主要包括应收、应付款项和预收、预付款项等。往来款项的清查一般采用发函询证的方法进行核对。清查单位应在其各种往来款项记录准确的基础上，按每一个经济往来单位填制“往来款项对账单”一式两联，其中一联送交对方单位核对账目，另一联作为回单联。对方单位经过核对相符后，在回单联上加盖公章退回，表示已核对。如有数字不符，对方单位应在对账单中注明情况退回本单位，本单位进一步查明原因，再行核对。

往来款项清查以后，将清查结果编制“往来款项清查报告单”，填列各项债权、债务的余额。对于有争执的款项以及无法收回的款项，应在报告单上详细列明情况，以便及时采取措施进行处理，避免或减少坏账损失。

（二）财产清查结果的处理

对于财产清查中发现的问题，如财产物资的盘盈、盘亏、毁损或其他各种损失，应核实情况，调查分析产生的原因，根据“清查结果报告表”“盘点报告表”等已经查实的数据资料，填制记账凭证，记入有关账簿，使账簿记录与实际盘存数相符，同时根据管理权限，将处理建议报股东大会或董事会，或经理（厂长）会议或类似机构批准。

财产清查产生的损益，企业应于期末前查明原因，并根据企业的管理权限，经股东大会或董事会，或经理（厂长）会议或类似机构批准后，在期末结账前处理完毕。如果在期末结账前尚未经批准，在对外提供财务报表时，先按上述规定进行处理，并在附注中作出说明；其后批准处理的金额与已处理金额不一致的，调整财务报表相关项目的期初数。

任务七 财务报告

一、财务报告及其目标

财务报告，是指企业对外提供的反映企业某一特定日期的财务状况和某一会计期间的经营成果、现金流量等会计信息的文件。财务报告包括财务报表和其他应当在财务报告中披露的相关信息和资料。财务报告的目标，是向财务报告使用者提供与企业财务状况、经营成果和现金流量等有关的会计信息，反映企业管理层受托责任履行情况，有助于财务报告使用者作出经济决策。财务报告使用者通常包括投资者、债权人、政府及其有关部门、社会公众等。

二、财务报表的组成

财务报表，是对企业财务状况、经营成果和现金流量的结构性表述。一套完整的财务报表至少应当包括资产负债表、利润表、现金流量表、所有者权益（或股东权益）变动表以及附注。

资产负债表、利润表和现金流量表分别从不同角度反映企业的财务状况、经营成果和现金流量。

（1）资产负债表，是反映企业在某一特定日期的财务状况的会计报表。

（2）利润表，是反映企业在一定会计期间的经营成果的会计报表。

（3）现金流量表，是反映企业在一定会计期间的现金和现金等价物流入和流出的会计报表。

（4）所有者权益变动表，是反映构成所有者权益各组成部分当期增减变动情况的会计报表。

（5）附注是财务报表不可或缺的组成部分，是对在资产负债表、利润表、现金流量表和所有者权益变动表等报表中列示项目的文字描述或明细资料，以及对未能在这些报表中列示项目的说明等。

应知应会考核

一、单项选择题

1. 关于企业以银行存款偿还到期的短期借款业务的下列说法中，正确的是（　　）。（2020 年）

A. 导致负债内部增减变动，总额不变　　B. 导致资产、负债同时减少

C. 导致资产、负债同时增加　　D. 导致所有者权益减少，负债减少

2. 2020 年 8 月 31 日，某企业负债总额为 500 万元，9 月份收回应收账款 60 万元，以银行存款归还短期借款 40 万元，预收客户货款 20 万元。不考虑其他因素，2020 年 9 月 30 日该企业负债总额为（　　）万元。

A. 460　　B. 480　　C. 440　　D. 380

3. 将无力支付的商业承兑票据转为企业应付账款，对会计等式的影响是（　　）。（2018 年）

A. 一项资产减少一项负债减少　　B. 一项负债减少一项所有者权益减少

C. 一项资产增加一项负债增加　　D. 一项负债增加一项负债减少

4. “实收资本”账户的期末余额等于（　　）。（2019 年）

A. 期初余额＋本期借方发生额－本期贷方发生额

B. 期初余额＋本期借方发生额＋本期贷方发生额

C. 期初余额＋本期贷方发生额－本期借方发生额

D. 期初余额－本期借方发生额－本期贷方发生额

5. 根据科目内容属于成本类账户的是（　　）。（2018 年）

A. 主营业务成本　　B. 制造费用　　C. 管理费用　　D. 其他业务成本

6. 某企业 2019 年 12 月初资产总额为 1 200 万元，12 月份申请银行汇票转入银行汇票存款 5 万元，从银行提取现金 2 万元，收到设备投资的入账价值为 10 万元。不考虑其他因素，该企业 2019 年年末资产总额为(　　)万元。(2018 年)*

A. 1 207　　B. 1 217　　C. 1 215　　D. 1 210

7. 下列各项对于金额有错误的原始凭证处理方法中，正确的是(　　)。(2018 年)

A. 由出具单位在凭证上更正并加盖出具单位公章　B. 由出具单位在凭证上更正并由经办人员签名

C. 由出具单位在凭证上更正并由单位负责人签名　D. 由出具单位重新开具凭证

8. 下列各项中，出纳人员根据会计凭证登记现金日记账正确的做法是(　　)。(2018 年)

A. 根据库存现金收付业务凭证逐笔、序时登记　B. 根据现金收付款凭证金额相抵的差额登记

C. 将现金收款凭证汇总后再登记　D. 将现金付款凭证汇总后再登记

9. 下列各项中，对企业会计核算资料的真实性、合法性和合理性进行审查的会计职能是(　　)。(2019 年)

A. 参与经济决策职能　B. 评价经营业绩职能

C. 监督职能　D. 核算职能

10. 关于企业以银行存款偿还到期的短期借款业务的下列说法中，正确的是(　　)。(2020 年)

A. 导致负债内部增减变动，总额不变　B. 导致资产、负债同时减少

C. 导致资产、负债同时增加　D. 导致所有者权益减少，负债减少

二、多项选择题

1. 下列各项关于会计职能的表述中，正确的有(　　)。(2018 年)

A. 监督职能是核算职能的保障

B. 核算职能是监督职能的基础

C. 预测经济前景、参与经济决策和评价经营业绩是拓展职能

D. 核算与监督是基本职能

2. 持续经营是企业会计确认、计量、记录和报告的前提，下列关于持续经营的说法中正确的是(　　)。(2020 年)

A. 会计分期是对持续经营基本假设的有效延续

B. 无形资产摊销可以按照其价值和使用情况，确定采用合适的摊销方法，其依据的会计核算前提是持续经营

C. 在持续经营理念下，企业会计人员认为未来经济发展高速，应根据未来的预测核算经济业务的发生

D. 持续经营的目的是将生产经营活动划分成连续相同的期间

3. 下列各项中，可确认为会计主体的有(　　)。(2020 年)

A. 子公司　B. 销售部门　C. 集团公司　D. 母公司

4. 下列各项中，关于财产清查的相关表述正确的有(　　)。(2019 年)

A. 往来款项清查一般采用发函询证方法　B. 库存现金清查采用实地盘点法

C. 银行存款清查采用与开户行核对账目的方法　D. 实物资产清查采用实地盘点法

5. 下列各项中，属于原始凭证应当具备的基本内容有(　　)。(2018 年)

A. 记账符号　B. 交易或事项的内容

C. 经办人员签名或盖章　D. 编制凭证的日期

6. 下列各项中，属于记账凭证填制要求的内容有(　　)。(2018 年)

A. 所有记账凭证都必须附有原始凭证　B. 记账凭证应连续编号

C. 记账凭证要内容完整，书写清楚和规范　D. 填制记账凭证时若发现错误，应当重新填制

7. 下列各项中，关于企业会计信息质量要求的表述正确的有(　　)。(2019 年)

A. 重要性要求企业提供的会计信息应当反映与企业财务状况、经营成果和现金流量有关的所有重要交易或事项

B. 相关性要求企业提供的会计信息应当与投资者等财务报告使用者的经营决策需要相关

---

* 如无特殊说明，本教材所附历年真题均已按最新政策进行改编。

C. 谨慎性要求企业对交易或事项进行会计确认、计量和报告应保持应有的谨慎，不应高估资产或者收益，低估负债或者费用

D. 可理解性要求企业提供的会计信息应当清晰明了，便于投资者等财务报告使用者理解使用

8. 下列各项中，企业必须进行财产全面清查的有（　　）。（2018 年）

A. 清产核资　　B. 股份制改造

C. 单位改变隶属关系　　D. 单位主要领导人离任交接前

9. 下列关于财产清查的表述中，正确的有（　　）。（2020 年）

A. 银行存款和银行对账单核查　　B. 应收账款用发函询证

C. 库存现金用实地盘点　　D. 露天煤炭用技术推算

10. 企业的会计计量属性包括（　　）。（2018 年）

A. 重置成本　　B. 历史成本　　C. 公允价值　　D. 现值

三、判断题

1. 利润反映的是企业在一定会计期间的经营成果，包括收入减去费用后的净额，直接计入当期利润的利得和损失等。（2018 年）（　　）

2. 会计人员误将财务费用确认为制造费用，通过试算平衡表无法查出该差错。（2018 年）（　　）

3. 企业生产车间多次使用一张限额领料单，该凭证为累计原始凭证。（2019 年）（　　）

4. 企业对外提供的财务报告中，附注是不可或缺的重要组成部分。（2018 年）（　　）

5. 企业收到退回银行汇票，多余款项应计入其他货币资金的借方。（2019 年）（　　）

6. 单位保管的原始凭证经本单位会计机构负责人批准后可借给其他单位使用。（2018 年）（　　）

7. 如果不存在未达账项，银行存款日记账账面余额与银行对账单余额之间有差额，说明企业与银行双方或其中一方存在记账错误。（2019 年）（　　）

8. 科目汇总表账务处理程序下，企业应当直接根据记账凭证逐笔登记总分类账。（2018 年）（　　）

9. 采用重置成本计量时，资产应当按照现在购买相同或者相似资产所需支付的现金或者现金等价物的金额计量。（2018 年）（　　）

10. 借贷记账法的记账规则“有借必有贷，借贷必相等”是余额试算平衡的直接依据。（2019 年）（　　）

四、不定项选择题

（一）背景与情境：从 2017 年起，“ST 中华”一直保持接近 20 亿元的负资产，或者说连续 3 年严重资不抵债。这足以引起注册会计师对公司是否仍具有持续经营能力产生警惕。遗憾的是，深圳大华天诚会计师事务所依然对该公司年报出具了标准无保留意见的审计报告。

依据公开信息，在《独立审计具体准则第 17 号——持续经营》第 7 条中列示的可能导致对被审计单位持续经营能力产生重大疑虑的事项或情况中，“ST 中华”至少涉及其中 6 项，具体包括：① 无法偿还到期债务。表现为：一方面，“ST 中华”存在大量还款诉讼；另一方面，因“ST 中华”资金短缺，账面反映有账龄超过 3 年的大额应付账款1.26亿元、大额其他应付款1.17亿元尚未偿还。② 经营性亏损数额巨大。2019 年年末“ST 中华”的未分配利润为－24.87亿元。③ 资不抵债。如上文所述，至 2019 年 12 月 31 日，“ST 中华”的所有者权益为－16.85 亿元。④ 营运资金出现负数。根据“ST 中华”2019 年资产负债表列示，流动资产(143 670 834.23元)减去流动负债(1 098 944 171.77元)后的余额为－9.55亿元。⑤ 经营活动产生的现金流量净额为负数。“ST 中华”2019 年度现金流量表显示，经营活动产生的现金流量净额为－14 022 030.58元。⑥ 截至 2019 年年末，“ST 中华”共有 9 宗劳资纠纷案，案由为 135 名员工起诉公司拖欠工资及养老保险金等纠纷，涉案金额 107 万元，“ST 中华”报告称上述纠纷案正在执行中。此外，“ST 中华”还存在下属 7 家控股子公司停止经营，并已对其投资全额计提减值准备等情况。

案例要求：请根据案例在下列题中填入适当选项。

1. 会计核算的基本前提又称会计假设，其内容包括（　　）。

A. 会计主体　　B. 持续经营　　C. 会计分期　　D. 货币计量

2. 会计分期假设、实际成本计价、权责发生制、配比性原则等都是以（　　）假设为前提的。

A. 会计主体　　B. 持续经营　　C. 会计分期　　D. 货币计量

3. 根据资料信息，“ST 中华”的持续经营能力存在重大疑虑，是因为(　　)。

A. 无法偿还到期债务　　B. 资不抵债

C. 累计经营性亏损数额巨大　　D. 营运资金出现负数

4. 深圳大华天诚会计师事务所对“ST 中华”年报出具了标准无保留意见审计报告。其结果是(　　)。

A. 职业判断准确　　B. 职业判断不准确

C. 该审计报告不值得信任　　D. 影响了投资者利益

5. 从这个案例，我们可以看到失去(　　)作为前提，会计核算就变得毫无意义。

A. 会计职业判断　　B. 会计假设　　C. 投资者约束　　D. 投资者风险意识

(二) 背景与情境：某工业企业发生了以下经济业务：① 存放在出纳处的现金 1 000 元；② 存放在银行的款项 150 000 元；③ 向银行借入 6 个月的周转借款 600 000 元；④ 存放在仓库的材料 380 000 元；⑤ 仓库中存放的商品 60 000 元；⑥ 房屋及建筑物 2 400 000 元；⑦ 所有者投入资本 2 400 000 元；⑧ 机器设备 750 000 元；⑨ 应收外单位货款 140 000 元；⑩ 应付给外单位货款 121 000 元；⑪ 以前年度积累的未分配利润260 000元；⑫ 对外长期股票投资 500 000 元；⑬ 向银行借入 2 年期借款 1 000 000 元。

案例要求：请根据案例在下列题中填入适当选项。

1. 会计科目按经济内容分类，可分为(　　)。

A. 资产类　　B. 负债类　　C. 所有者权益类　　D. 成本类

2. 会计科目的设置应符合(　　)原则。

A. 合法性　　B. 合理性　　C. 相关性　　D. 灵活性

3. 根据资料应该设置(　　)资产类会计科目。

A. “库存现金”“银行存款”“应收账款”　　B. “原材料”“库存商品”

C. “固定资产”“长期股权投资”　　D. “其他应收款”“预付账款”

4. 根据资料应设置(　　)负债类会计科目。

A. “短期借款”　　B. “长期借款”　　C. “应付股利”　　D. “应付账款”

5. 根据资料应设置(　　)所有者权益类科目。

A. “实收资本”　　B. “盈余公积”　　C. “资本公积”　　D. “利润分配”

项目二 资 产

知识目标

了解:应收款项、存货、固定资产和无形资产减值的会计处理。

熟悉:无形资产的内容;长期待摊费用的核算。

掌握:现金管理的主要内容和现金核算、现金清查;银行结算制度的主要内容;其他货币资金的核算;应收票据、应收账款、预付账款、应收股利、应收利息和其他应收款的核算;交易性金融资产的核算;存货成本的确定、发出存货的计价方法、存货清查;原材料、周转材料、委托加工物资、库存商品的核算;固定资产的核算;无形资产的核算。

技能目标

能用所学的实务知识规范"资产"相关技能活动。

素质目标

运用所学的资产理论与实务知识研究相关案例,培养和提高学生在特定业务情境中分析问题与决策设计的能力;能结合"资产"教学内容,结合行业规范或标准,分析会计行为的善恶,强化学生的职业道德素质,从而做到学思用贯通,知信行统一。

项目引例

材料核算的计划成本法

引例解析

背景与情境:2×20 年 5 月 15 日,华盛公司从上海机械公司购入铁精粉2 000吨,取得的增值税专用发票上列示的铁精粉价款为 1 000 000 元,增值税额为 130 000 元。材料货款已通过电汇方式支付给上海机械公司,材料尚在运输途中。材料验收入库时,发现短缺10 000元的材料。后查明原因,其中 20%属于合理损耗,40%应由运输机构赔偿,40%属于非常损失,应由保险公司理赔 3 000 元。

相关原始凭证:

① 经华盛公司领导审批的用数申请单,用银行存款支付;② 上海机械公司开具的增值税专用发票;③ 华盛公司支付货款的银行凭证;④ 仓库部门收到材料的入库单;⑤ 采购、品管及仓库签字后所提供的合理损耗报告单;⑥ 运输机构同意赔偿4 000元的签字确认书;⑦ 非常损失中由保险公司理赔3 000元,相关理赔证明;⑧ 非常损失中1 000元由华盛公司自行承担,采购部提供相关领导签字的审批单。

业务产生:华盛公司向供应商采购材料或商品,在原材料入库时发现实际数量与合同数量不符,查明原因,并落实责任。

请针对上述背景与情境内容,作出相关处理程序。

引例导学

资产是指企业过去的交易或事项形成的、由企业拥有或控制的、预期会给企业带来经济利益的资源。资产按照不同的标准可以作不同的分类。按照是否具有实物形态,资产可以分为有形资产和无形资产;按照来源不同,资产可分为自有资产和租入资产;按照流动性不同,资产可分为流动资产和非流动资产,其中流动资产又可分为货币资金、交易性金融资产、应收票据、应收账款、预付款项、应收利息、应收股利、其他应收款、存货等,非流动资产又可分为以摊余成本计量的金融资产、以公允价值计量且其变动计入其他综合收益的金融资产、长期应收款、长期股权投资、投资性房地产、固定资产、无形资产及其他资产等。

知识精讲

任务一 货币资金

货币资金是指企业生产经营过程中处于货币形态的资产，包括库存现金、银行存款和其他货币资金。

一、库存现金

库存现金是指存放于企业财会部门、由出纳人员经管的货币，是企业流动性最强的资产。

（一）现金管理制度

1. 现金的使用范围

根据国务院颁布的《现金管理暂行条例》规定，企业可使用现金支付的款项有：① 职工工资、津贴；② 个人劳务报酬；③ 根据国家规定颁发给个人的科学技术、文化艺术、体育比赛等各种奖金；④ 各种劳保、福利费用以及国家规定的对个人的其他支出；⑤ 向个人收购农副产品和其他物资的价款；⑥ 出差人员必须随身携带的差旅费；⑦ 结算起点（1 000元）以下的零星支出；⑧ 中国人民银行确定需要支付现金的其他支出。

除企业可以现金支付的款项中的⑤⑥外，开户单位支付给个人的款项，超过使用现金限额（即个人劳务报酬）的部分，应当以支票或者银行本票等方式支付；确需全额支付现金的，经开户银行审核后，予以支付现金。

2. 现金的限额

现金的限额是指为了保证企业日常零星开支的需要，允许单位留存现金的最高数额。这一限额由开户银行根据单位的实际需要核定，一般按照单位3～5天日常零星开支的需要确定，边远地区和交通不便地区开户单位的库存现金限额，可按多于5天但不超过15天的日常零星开支的需要确定。核定后的现金限额，开户单位必须严格遵守，超过部分应于当日终了前存入银行。需要增加或减少现金限额的单位，应向开户银行提出申请，由开户银行核定。

3. 现金收支的规定

企业在办理有关现金收支业务时，应遵守以下几项规定：

（1）企业收入现金应于当日送存开户银行，当日送存有困难的，由开户银行确定送存时间。

（2）企业支付现金，可以从本企业库存现金限额中支付或者从开户银行提取，不得从本企业的现金收入中直接支付（即坐支）。因特殊情况需要坐支现金的，应当事先报经开户银行审查批准，由开户银行核定坐支范围和限额。企业应定期向开户银行报送坐支金额和使用情况。

（3）企业从开户银行提取现金，应当写明用途，由本单位财会部门负责人签字盖章，经开户银行审核后，予以支付现金。

（4）企业因采购地点不确定、交通不便以及其他特殊情况必须使用现金的，应向开户银行提出申请，经开户银行审核后，予以支付现金。

（二）现金的账务处理

为了反映和监督企业库存现金的收入、支出和结存情况，企业应当设置“库存现金”科目，借方登记企业库存现金的增加，贷方登记库存现金的减少，期末借方余额反映期末企业实际持有的库存现金的金额。

为了全面、连续地反映和监督库存现金的收支和结存情况，企业应当设置库存现金总账和日记账，分别进行库存现金的总分类核算和明细分类核算。

企业内部各部门周转使用、由各部门保管的定额备用金，可以单独设置“备用金”科目核算。

【注意】 备用金不属于库存现金，属于其他应收款。

库存现金日记账由出纳人员根据收付款凭证，按照业务发生顺序逐日逐笔登记。每日终了，应当在库存现金日记账上计算出当日的现金收入合计额、现金支出合计额和结余额，并将库存现金日记账的余额与实际库存现金金额相核对，保证账款相符。月度终了，库存现金日记账的余额应当与库存现金总账的余额核对，做到账账相符。

(三) 现金的清查

为了保证现金的安全完整，企业应当按规定对库存现金进行定期和不定期的清查，一般采用实地盘点法，对于清查的结果应当编制现金盘点报告单。如果有挪用现金、白条顶库的情况，应及时予以纠正；对于超限额留存的现金应及时送存银行。如果账款不符，发现有待查明原因的现金短缺或溢余，应先通过“待处理财产损溢”科目核算，按管理权限经批准后，分别两种情况处理：如为现金短缺，属于应由责任人赔偿或保险公司赔偿的部分，计入其他应收款；属于无法查明原因的，计入管理费用。如为现金溢余，属于应支付给有关人员或单位的，计入其他应付款；属于无法查明原因的，计入营业外收入。

二、银行存款

银行存款是指企业存放在开户银行或其他金融机构账户的货币资金。银行存款的收付应严格执行银行结算制度的规定。

(一) 银行存款的账务处理

为了反映和监督企业银行存款的收入、支出和结存情况，企业应当设置“银行存款”科目，借方登记企业银行存款的增加，贷方登记银行存款的减少，期末借方余额反映期末企业实际持有的银行存款的金额。

企业应当设置银行存款总账和银行存款日记账，分别进行银行存款的总分类核算和明细分类核算。企业可按开户银行和其他金融机构、存款种类等设置银行存款日记账，根据收付款凭证，按照业务的发生顺序逐笔登记。每日终了，应结出余额。

企业将款项存入银行和其他金融机构时，应借记“银行存款”科目，贷记“库存现金”等科目；提取或支付已存入银行和其他金融机构存款时，借记“库存现金”等科目，贷记“银行存款”科目。

(二) 银行存款的核对

银行存款日记账应定期与银行对账单核对，至少每月核对一次。企业银行存款账面余额与银行对账单余额之间如有差额，应编制“银行存款余额调节表”对此予以调节，如没有记账错误，调节后的双方余额应相等。

三、其他货币资金

(一) 其他货币资金的内容

其他货币资金是指企业除现金、银行存款以外的其他各种货币资金，主要包括银行汇票存款、银行本票存款、信用卡存款、信用证保证金存款、存出投资款和外埠存款等。

(1) 银行汇票存款。银行汇票，是指由出票银行签发的，由其在见票时按照实际结算金额无条件支付给收款人或者持票人的票据。银行汇票的出票银行为银行汇票的付款人。单位和个人各种款项的核算，均可使用银行汇票。银行汇票可以用于转账，填明“现金”字样的银行汇票也可以用于支取现金。

(2) 银行本票存款。银行本票存款是指企业为了取得银行本票按规定存入银行的款项。银行本票是指银行签发的，承诺自己在见票时无条件支付确定的金额给收款人或持票人的票据。单位和个人在同一票据交换区域需要支付的各种款项，均可使用银行本票。银行本票可以用于转账，注明“现金”字样的银行本票可以用于支取现金。

（3）信用卡存款，是指企业为了取得信用卡而存入银行信用卡专户的款项。信用卡是银行卡的一种。

（4）信用证保证金存款，是指采用信用证结算方式的企业为开具信用证而存入银行信用证保证金专户的款项。企业向银行申请开立信用证，应按规定向银行提交开证申请书、信用证申请人承诺书和购销合同。信用证是指银行（包括政策性银行、商业银行、农村合作银行、村镇银行和农村信用社）依照申请人的申请开立的、对相符交单予以付款的承诺。它是以人民币计价、不可撤销的跟单信用证。信用证的开立和转让，应当具有真实的贸易背景，适用于银行为国内企事业单位之间货物和服务贸易提供的信用证服务。信用证只限于转账结算，不得支取现金。信用证有国际信用证、国内信用证之分，以下内容专指国内信用证（以下简称信用证）。

（5）存出投资款，是指企业为购买股票、债券、基金等根据有关规定存入在证券公司指定银行开立的投资款专户的款项。

（6）外埠存款，是指企业为了到外地进行临时或零星采购，而汇往采购地银行开立采购专户的款项。

（二）其他货币资金的账务处理

为了反映和监督企业其他货币资金的收入、支出和结存情况，企业应当设置“其他货币资金”科目，借方登记企业其他货币资金的增加，贷方登记其他货币资金的减少，期末借方余额反映期末企业实际持有的其他货币资金的金额。“其他货币资金”科目应按照其他货币资金的种类设置明细科目进行核算。

1. 银行汇票存款

汇款单位（即申请人）使用银行汇票，应向出票银行填写银行汇票申请书，填明收款人名称、汇票金额、申请人名称、申请日期等事项并签章，签章是其预留银行的签章。出票银行受理银行汇票申请书，收妥款项后签发银行汇票，并用压数机压印出票金额，将银行汇票和解讫通知一并交给申请人。申请人应将银行汇票和解讫通知一并交付给汇票上记明的收款人。收款人受理申请人交付的银行汇票时，应在出票金额以内，根据实际需要的款项办理结算，并将实际结算的金额和多余金额准确、清晰地填入银行汇票和解讫通知的有关栏内，到银行办理款项入账手续。收款人可以将银行汇票背书转让给被背书人。银行汇票的背书转让以不超过出票金额的实际结算金额为准。未填写实际结算金额或实际结算金额超过出票金额的银行汇票，不得背书转让。银行汇票的提示付款期限为自出票日起1个月，持票人超过付款期限提示付款的，银行将不予受理。持票人向银行提示付款时，必须同时提交银行汇票和解讫通知，缺少任何一联，银行不予受理。

银行汇票丧失，失票人可以凭人民法院出具的其享有票据权利的证明，向出票银行请求付款或退款。

企业填写银行汇票申请书、将款项交存银行时，借记“其他货币资金——银行汇票”科目，贷记“银行存款”科目；企业持银行汇票购货、收到有关发票账单时，借记“材料采购”或“原材料”“库存商品”“应交税费——应交增值税（进项税额）”等科目，贷记“其他货币资金——银行汇票”科目；采购完毕收回剩余款项时，借记“银行存款”科目，贷记“其他货币资金——银行汇票”科目。

销货企业收到银行汇票、填制进账单到开户银行办理款项入账手续时，根据进账单及销货发票等，借记“银行存款”科目，贷记“主营业务收入”“应交税费——应交增值税（销项税额）”等科目。

做中学 2-1

甲企业为增值税一般纳税人，向银行申请办理银行汇票用以购买原材料，将款项250 000元交存银行转作银行汇票存款，根据银行盖章退回的银行汇票申请书存根联，企业应编制如下会计分录：

借：其他货币资金——银行汇票	250 000	
贷：银行存款		250 000

甲企业购入原材料一批，取得的增值税专用发票上的原材料价款为200 000元，增值税额为26 000元，已用银行汇票办理结算，多余款项24 000元退回开户银行，企业已收到开户银行转来的银行汇票第四联（多余款收账通知）。企业应编制如下会计分录：

借：原材料	200 000	
应交税费——应交增值税（进项税额）	26 000	
贷：其他货币资金——银行汇票		226 000
借：银行存款	24 000	
贷：其他货币资金——银行汇票		24 000

2. 银行本票的核算

银行本票分为不定额本票和定额本票两种。定额本票面额为1 000元、5 000元、10 000元和50 000 元。银行本票的提示付款期限自出票日起最长不得超过两个月。在有效付款期内，银行见票付款。持票人超过付款期限提示付款的，银行不予受理。

申请人使用银行本票，应向银行填写银行本票申请书。申请人或收款人为单位的，不得申请签发现金银行本票。出票银行受理银行本票申请书，收妥款项后签发银行本票，在本票上签章后交给申请人。申请人应将银行本票交付给本票上记明的收款人。收款人可以将银行本票背书转让给被背书人。

申请人因银行本票超过提示付款期限或其他原因要求退款时，应将银行本票提交到出票银行并出具单位证明。根据银行盖章退回的进账单第一联，借记“银行存款”科目，贷记“其他货币资金——银行本票”科目。出票银行对于在本行开立存款账户的申请人，只能将款项转入原申请人账户；对于现金银行本票和未到本行开立存款账户的申请人，才能退付现金。

银行本票丧失，失票人可以凭人民法院出具的其享有票据权利的证明，向出票银行请求付款或退款。

企业填写银行本票申请书、将款项交存银行时，借记“其他货币资金——银行本票”科目，贷记“银行存款”科目；企业持银行本票购货、收到有关发票账单时，借记“材料采购”或“原材料”“库存商品”“应交税费——应交增值税（进项税额）”等科目，贷记“其他货币资金——银行本票”科目。

销货企业收到银行本票、填制进账单到开户银行办理款项入账手续时，根据进账单及销货发票等，借记“银行存款”科目，贷记“主营业务收入”“应交税费——应交增值税（销项税额）”等科目。

做中学 2-2

甲企业为增值税一般纳税人，为取得银行本票，向银行填交银行本票申请书，并将11 300元银行存款转作银行本票存款。企业取得银行本票后，应根据银行盖章退回的银行本票申请书存根联填制银行付款凭证，企业应编制如下会计分录：

借：其他货币资金——银行本票 11 300

　贷：银行存款 11 300

甲企业用银行本票购买办公用品10 000元，增值税专用发票上注明的增值税额为1 300元，根据发票账单等有关凭证，应编制如下会计分录：

借：管理费用 10 000

　应交税费——应交增值税（进项税额） 1 300

　贷：其他货币资金——银行本票 11 300

3. 信用卡存款

凡在中国境内金融机构开立基本存款账户的单位可申领单位卡。单位卡可申领若干张，持卡人资格由申领单位法定代表人或其委托的代理人书面指定和注销。单位卡账户的资金一律从其基本存款账户转账存入，不得交存现金，不得将销货收入的款项存入其账户。持卡人可持信用卡在特约单位购物、消费，但单位卡不得用于10万元以上的商品交易、劳务供应款项的结算，不得支取现金。特约单位在每日营业终了，应将当日受理的信用卡签购单汇总，计算手续费和净额，并填写汇（总）计单和进账单，连同签购单一并送交收单银行办理进账。

企业应填制信用卡申请表，连同支票和有关资料一并送存发卡银行，根据银行盖章退回的进账单第一联，借记“其他货币资金——信用卡”科目，贷记“银行存款”科目；企业用信用卡购物或支付有关费用，收到开户银行转来的信用卡存款的付款凭证及所附发票账单，借记“管理费用”等科目，贷记“其他货币资金——信用卡”科目；企业信用卡在使用过程中，需要向其账户续存资金的，应借记“其他货币资金——信用卡”科目，贷记“银行存款”科目；企业的持卡人如不需要继续使用信用卡时，应持信用卡主动到发卡银行办理销户，销卡时，信用卡余额转入企业基本存款户，不得提取现金，借记“银行存款”科目，贷记“其他货币资金——信用卡”科目。

做中学 2-3

甲企业于2020年8月24日向银行申请信用卡，向银行交存50 000元。2020年9月10日，该企业用信用卡购买办公用打印机一台，价款3 000元，增值税专用发票上注明的增值税额为390元。甲企业应编制如下会计分录：

借：其他货币资金——信用卡 50 000

　贷：银行存款 50 000

借：管理费用 3 000

　应交税费——应交增值税（进项税额） 390

　贷：其他货币资金——信用卡 3 390

4. 信用证保证金存款

企业填写信用证申请书，将信用证保证金交存银行时，应根据银行盖章退回的信用证申请书回单，借记“其他货币资金——信用证保证金”科目，贷记“银行存款”科目；企业接到开证行通知，根据供货单位信用证结算凭证及所附发票账单，借记“材料采购”或“原材料”“库存商品”“应交税费——应交增值税（进项税额）”等科目，贷记“其他货币资金——信用证保证金”科目；将未用完的信用证保证金存款余额转回开户银行时，借记“银行存款”科目，贷记“其他货币资金——信用证保证金”科目。

做中学 2-4

甲公司向银行申请开具信用证2 000 000元，用于支付境外采购材料价款。甲公司已向银行缴纳保证金，并收到银行盖章退回的进账单第一联。甲公司应编制如下会计分录：

借：其他货币资金——信用证保证金　　2 000 000
　贷：银行存款　　2 000 000

甲公司收到银行转来的境外销货单位信用证结算凭证以及所附发票账单、海关进口增值税专用缴款书等有关凭证，材料价款1 500 000元，增值税额为195 000元。甲公司应编制如下会计分录：

借：原材料　　1 500 000
　应交税费——应交增值税(进项税额)　　195 000
　贷：其他货币资金——信用证保证金　　1 695 000

甲公司收到银行收款通知，对该境外销货单位开出的信用证余款305 000元已经转回银行账户。甲公司应编制如下会计分录：

借：银行存款　　305 000
　贷：其他货币资金——信用证保证金　　305 000

5. 存出投资款

企业在向证券市场进行股票、债券投资时，应向证券公司申请资金账户并划出资金。会计部门应按实际划出的金额，借记"其他货币资金——存出投资款"科目，贷记"银行存款"科目；购买股票、债券时，应按实际支付的金额，借记"交易性金融资产"等科目，贷记"其他货币资金——存出投资款"科目。

6. 外埠存款

企业将款项汇往外地时，应填写汇款委托书，委托开户银行办理汇款。汇入地银行以汇款单位名义开立临时采购账户，该账户的存款不计利息、只付不收、付完清户，除了采购人员可从中提取少量现金外，一律采用转账结算。

企业将款项汇往外地开立采购专用账户，根据汇出款项凭证编制付款凭证时，借记"其他货币资金——外埠存款"科目，贷记"银行存款"科目；收到采购人员转来供应单位发票账单等报销凭证时，借记"材料采购"或"原材料""库存商品""应交税费——应交增值税(进项税额)"等科目，贷记"其他货币资金——外埠存款"科目；采购完毕收回剩余款项时，根据银行的收账通知，借记"银行存款"科目，贷记"其他货币资金——外埠存款"科目。

做中学 2-5

甲公司派采购员到异地采购原材料，2020 年 8 月 10 日委托开户银行汇款100 000元到采购地设立采购专户，根据收到的银行汇款凭证回单联，甲公司应编制如下会计分录：

借：其他货币资金——外埠存款　　100 000
　贷：银行存款　　100 000

2020 年 8 月 20 日，采购员交来从采购专户付款购入材料的有关凭证，增值税专用发票上的原材料价款为80 000元，增值税额为10 400元，甲公司应编制如下会计分录：

借：原材料　　80 000
　应交税费——应交增值税(进项税额)　　10 400
　贷：其他货币资金——外埠存款　　90 400

2020年8月30日，收到开户银行的收款通知，该采购专户中的结余款项已经转回，根据收账通知，甲公司应编制如下会计分录：

借：银行存款　　9 600
　贷：其他货币资金——外埠存款　　9 600

任务二　应收及预付款项

应收及预付款项是指企业在日常生产经营过程中发生的各项债权，包括应收款项和预付款项。其中，应收款项包括应收票据、应收账款、应收股利、应收利息和其他应收款等，预付款项包括预付账款等。

一、应收票据

（一）应收票据概述

应收票据是指企业因销售商品、提供劳务等而收到的商业汇票。商业汇票是一种由出票人签发的，委托付款人在指定日期无条件支付确定金额给收款人或者持票人的票据。

商业汇票的付款期限，最长不得超过6个月。定日付款的汇票付款期限自出票日起计算，并在汇票上记载具体到期日；出票后定期付款的汇票付款期限自出票日起按月计算，并在汇票上记载；见票后定期付款的汇票付款期限自承兑或拒绝承兑日起按月计算，并在汇票上记载。商业汇票的提示付款期限，自汇票到期日起10日。符合条件的商业汇票持票人，可以持未到期的商业汇票连同贴现凭证向银行申请贴现。

根据承兑人不同，商业汇票分为商业承兑汇票和银行承兑汇票。

(1) 商业承兑汇票是指由付款人签发并承兑，或由收款人签发交由付款人承兑的汇票。商业承兑汇票的付款人收到开户银行的付款通知，应在当日通知银行付款。付款人在接到通知日的次日起3日内（遇法定节假日顺延）未通知银行付款的，视同付款人承诺付款。银行将于付款人接到通知日的次日起第4日（遇法定节假日顺延），将票款划给持票人。付款人提前收到由其承兑的商业汇票，应通知银行于汇票到期日付款。银行在办理划款时，付款人存款账户不足支付的，银行应填制付款人未付票款通知书，连同商业承兑汇票邮寄持票人开户银行转交持票人。

(2) 银行承兑汇票是指由在承兑银行开立存款账户的存款人（这里也是出票人）签发，由承兑银行承兑的票据。企业申请使用银行承兑汇票时，应向其承兑银行按票面金额的万分之五交纳手续费。银行承兑汇票的出票人应于汇款到期前将票款足额交存其开户银行，承兑银行应在汇票到期日或到期日后的见票日支付票款。银行承兑汇票的出票人于汇票到期日前未能足额交存票款时，承兑银行除凭票向持票人无条件付款外，对出票人尚未支付的汇票金额按照每天万分之五计收利息。

（二）应收票据的账务处理

为了反映和监督应收票据的取得、票款收回等情况，企业应当设置“应收票据”科目，借方登记取得的应收票据的面值，贷方登记到期收回票款或到期前向银行贴现的应收票据的票面余额，期末余额在借方，反映企业持有的商业汇票的票面余额。

“应收票据”科目可按照开出、承兑商业汇票的单位进行明细核算，并设置应收票据备查簿，逐笔登记商业汇票的种类、号数和出票日、票面金额、交易合同号和付款人、承兑人、背书人的姓名或单位名称、到期日、背书转让日、贴现日、贴现率和贴现净额以及收款日和收回金额、退票情况等资料。商业汇票到期结清票款或退票后，在备查簿中应予注销。

应收票据账务处理如图 2-1 所示。

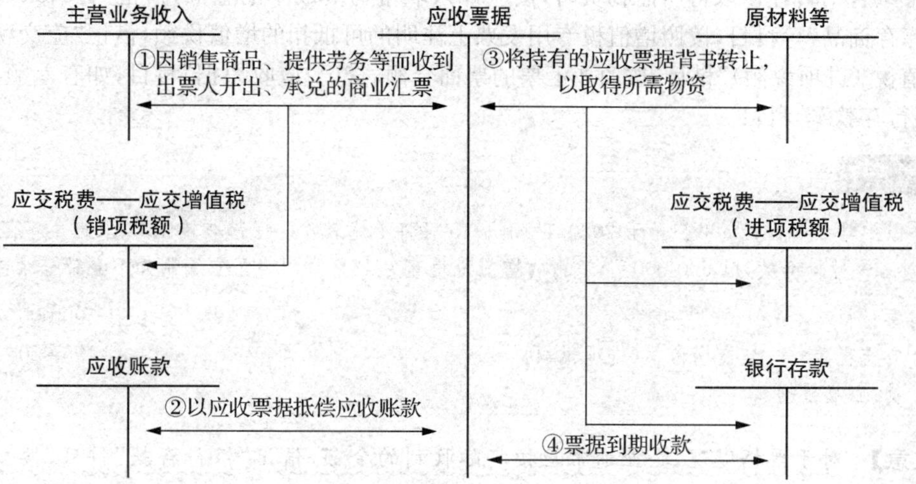

图 2-1 应收票据账务处理

注：将持有的应收票据背书转让，以取得所需物资，银行存款的发生额也可能在贷方。

1. 取得应收票据和收回到期票款

应收票据取得的原因不同，其账务处理亦有所区别。因债务人抵偿前欠货款而取得的应收票据，借记“应收票据”科目，贷记“应收账款”科目；因企业销售商品、提供劳务等而收到开出、承兑的商业汇票，借记“应收票据”科目，贷记“主营业务收入”“应交税费——应交增值税（销项税额）”等科目。商业汇票到期收回款项时，应按实际收到的金额，借记“银行存款”科目，贷记“应收票据”科目。

做中学 2-6

甲公司为增值税一般纳税人，2020 年 9 月 1 日向乙公司（为增值税一般纳税人）销售一批产品，价款为1 500 000元，尚未收到，已办妥托收手续，适用的增值税税率为 13%。则甲公司应作如下会计分录：

借：应收账款	1 695 000	
贷：主营业务收入		1 500 000
应交税费——应交增值税（销项税额）		195 000

2020 年 9 月 15 日，甲公司收到乙公司寄来一张 3 个月期的商业承兑汇票，面值为1 695 000元，抵付产品货款。甲公司应编制如下会计分录：

借：应收票据	1 695 000	
贷：应收账款		1 695 000

2020 年 12 月 15 日，甲公司上述应收票据到期收回票面金额1 695 000元存入银行。甲公司应编制如下会计分录：

借：银行存款	1 695 000	
贷：应收票据		1 695 000

2. 转让应收票据

实务中，企业可以将自己持有的商业汇票背书转让。背书是指在票据背面或者粘单上记载有关事项并签章的票据行为。背书转让的，背书人应当承担票据责任。通常情况下，企业将持有的商业汇票背书转让以取得所需物资时，按应计入取得物资成本的金额，借记“材料采购”或“原材料”“库存商品”等科目，按照增值税专用发票上注明的可抵扣的增值税额，借记“应交税费——应交增值税（进项税额）”科目，按商业汇票的票面金额，贷记“应收票据”科目，如有差额，借记或贷记“银行存款”等科目。

做中学 2-7

承[做中学 2-6]，假定甲公司于 2020 年 10 月 15 日将上述应收票据背书转让，以取得生产经营所需的 A 材料，该材料价款为1 500 000元，适用的增值税税率为 13%。甲公司应编制如下会计分录：

借：原材料	1 500 000	
应交税费——应交增值税（进项税额）	195 000	
贷：应收票据		1 695 000

【注意】 对于票据贴现，企业通常应按实际收到的金额，借记“银行存款”科目，按应收票据的票面金额，贷记“应收票据”科目，按照其差额，借记或贷记“财务费用”科目。

二、应收账款

（一）应收账款的内容

应收账款是指企业因销售商品、提供劳务等经营活动，应向购货单位或接受劳务单位收取的款项。

应收账款的入账价值包括销售商品或提供劳务从购货方或接受劳务方应收的合同或协议价款、增值税销项税额，以及代购货单位垫付的包装费、运杂费、保险费等。

（二）应收账款的账务处理

为了反映应收账款的增减变动及其结存情况，企业应设置“应收账款”科目。不单独设置“预收账款”科目的企业，预收的账款也在“应收账款”科目核算。“应收账款”科目的借方登记应收账款的增加，贷方登记应收账款的收回及确认的坏账损失，期末余额一般在借方，反映企业尚未收回的应收账款；如果期末余额在贷方，则反映企业预收的账款。

应收账款账务处理如图 2-2 所示。

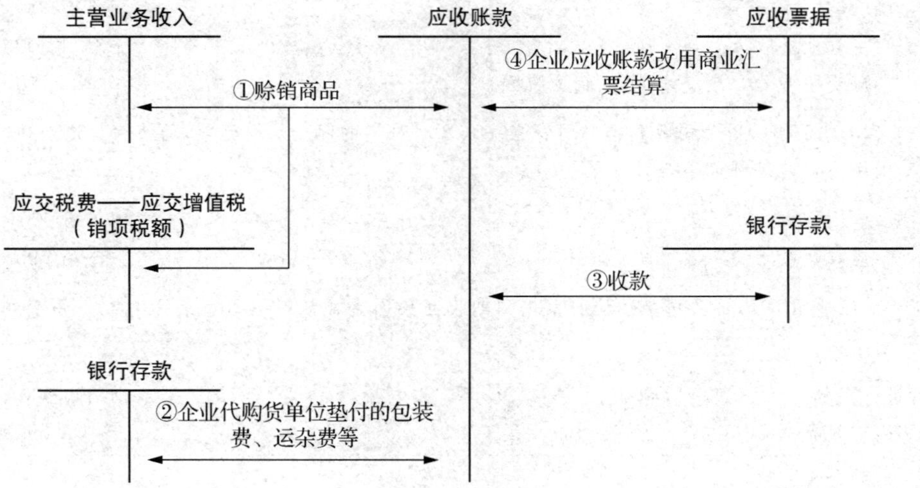

图 2-2　应收账款账务处理

做中学 2-8

甲公司为增值税一般纳税人，采用托收承付结算方式向乙公司(为增值税一般纳税人)销售商品一批，开具的增值税专用发票上注明的价款为300 000元，增值税额39 000元，已办理托收手续。甲公司应作如下会计分录：

借：应收账款　　339 000
　贷：主营业务收入　　300 000
　　应交税费——应交增值税(销项税额)　　39 000

甲公司实际收到款项时，应编制如下会计分录：

借：银行存款　　339 000
　贷：应收账款　　339 000

【提示】 企业如有代购货单位垫付的包装费、运杂费，也计入应收账款，通过“应收账款”科目核算。

【注意】 企业应收账款改用应收票据结算，在收到承兑的商业票据时，借记“应收票据”科目，贷记“应收账款”科目。

做中学 2-9

甲公司为增值税一般纳税人，收到丙公司交来商业汇票一张，面值10 000元，用以偿还其前欠货款。甲公司应作如下会计分录：

借：应收票据　　10 000
　贷：应收账款　　10 000

三、预付账款

预付账款是指企业按照购货合同规定，预付给销货单位的款项。为了核算和监督预付账款的增减变动情况，企业应设置“预付账款”科目，借方登记预付的款项和补付的款项，贷方登记收到采购货物时发票金额冲销的预付账款以及因预付货款多余而退回的款项。期末余额一般在借方，反映企业实际预付的款项；期末余额在贷方，反映企业应付或应补付的款项。

【提示】 预付款项不多的企业，可以不设“预付账款”科目，而将预付款直接通过“应付账款”科目核算，但编制会计报表时，仍应将“预付账款”科目的金额和“应付账款”科目的金额分开列示。

预付账款账务处理如图 2-3 所示。

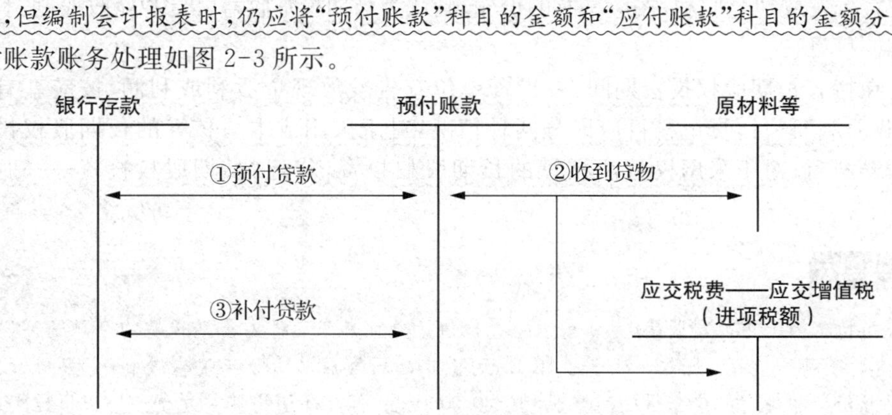

图 2-3 预付账款账务处理

企业根据购货合同的规定向供应单位预付款项时，借记“预付账款”科目，贷记“银行存款”科目。企业收到所购物资时，按应计入购入物资成本的金额，借记“材料采购”或“原材料”“库存商品”科目，按可抵扣的增值税进项税额，借记“应交税费——应交增值税（进项税额）”等科目，贷记“预付账款”科目；当预付货款小于采购货物所需支付的款项时，应将不足部分补付，借记“预付账款”科目，贷记“银行存款”科目；当预付货款大于采购货物所需支付的款项时，对收回的多余款项应借记“银行存款”科目，贷记“预付账款”科目。

做中学 2-10

甲公司向乙公司采购材料5 000千克，每千克单价10元，所需支付的款项总额50 000元。按照合同规定向乙公司预付货款的50%，验收货物后补付其余款项。甲公司应编制如下会计分录：

（1）预付50%的货款时：

借：预付账款——乙公司　　25 000
　贷：银行存款　　25 000

（2）收到乙公司发来的5 000千克材料，验收无误，增值税专用发票记载的货款为50 000元，增值税额为6 500元，以银行存款补付所欠货款31 500元。甲公司应编制如下会计分录：

借：原材料　　50 000
　应交税费——应交增值税（进项税额）　　6 500
　贷：预付账款——乙公司　　56 500

借：预付账款——乙公司　　31 500
　贷：银行存款　　31 500

预付账款与应付账款的关系、预收账款与应收账款的关系

四、应收股利和应收利息

（一）应收股利的账务处理

应收股利是指企业应收取的现金股利和应收取其他单位分配的利润。为了反映和监督应收股利的增减变动及其结存情况，企业应设置“应收股利”科目。“应收股利”科目的借方登记应收股利的增加，贷方登记收到的现金股利或利润，期末余额一般在借方，反映企业尚未收到的现金股利或利润。

企业在持有以公允价值计量且其变动计入当期损益的金融资产（交易性金融资产）期间，被投资单位宣告发放现金股利，按应享有的份额，确认为当期投资收益，借记“应收股利”科目，贷记“投资收益”科目。

企业在持有长期股权投资期间，被投资单位宣告发放现金股利或利润，按应享有的份额，借记“应收股利”科目，贷记科目应区分两种情况，对于采用成本法核算的长期股权投资，贷记“投资收益”科目；对于采用权益法核算的长期股权投资，贷记“长期股权投资——损益调整”科目。

做中学 2-11

甲公司持有丙上市公司股票，且作为以公允价值计量且其变动计入当期损益的金融资产（交易性金融资产）进行管理和核算。2×20年5月10日，丙上市公司发放2×19年现金股利，甲公司按其持有该上市公司股份计算确定的应分得的现金股利为200 000元。假定不考虑相关税费。甲公司应编制如下会计分录：

借：应收股利——丙上市公司　　200 000
　　贷：投资收益——丙上市公司　　200 000

做中学 2-12

承[做中学 2-11]，2×20 年 5 月 30 日，甲公司收到丙上市公司发放的现金股利200 000元，款项已存入银行。假定不考虑相关税费。甲公司应编制如下会计分录：

借：其他货币资金——存出投资款　　200 000
　　贷：应收股利——丙上市公司　　200 000

【提示】 企业收到被投资单位分配的现金股利或利润，应贷记“应收股利”科目，但对于应借记的会计科目，应区别两种情况分别进行处理：对于企业通过证券公司购入上市公司股票所形成的股权投资取得的现金股利，应借记“其他货币资金——存出投资款”科目，对于企业持有的其他股权投资取得的现金股利或利润，应借记“银行存款”科目。

(二) 应收利息的账务处理

应收利息是指企业根据合同或协议规定应向债务人收取的利息。为了反映和监督应收利息的增减变动及其结存情况，企业应设置“应收利息”科目。“应收利息”科目的借方登记应收利息的增加，贷方登记收到的利息，期末余额一般在借方，反映企业尚未收到的利息。“应收利息”科目应当按照借款人或被投资单位设置明细科目进行核算。

做中学 2-13

甲公司持有庚公司债券投资，2×20年 1 月 11 日，甲公司收到庚公司通知，拟向其支付 2×19 年利息 1 000 000元，款项尚未支付。假定不考虑相关税费。甲公司应编制如下会计分录：

借：应收利息——庚公司　　1 000 000
　　贷：投资收益——庚公司　　1 000 000

五、其他应收款

(一) 其他应收款的内容

其他应收款是指企业除应收票据、应收账款、预付账款等以外的其他各种应收及暂付款项。其主要内容包括：① 应收的各种赔款、罚款，如因企业财产等遭受意外损失而应向有关保险公司收取的赔款等；② 应收的出租包装物租金；③ 应向职工收取的各种垫付款项，如为职工垫付的水电费、应由职工负担的医药费、房租费等；④ 存出保证金，如租入包装物支付的押金；⑤ 其他各种应收、暂付款项。

其他应收款账务处理快速记忆

(二) 其他应收款的账务处理

为了反映和监督其他应收账款的增减变动及其结存情况，企业应当设置“其他应收款”科目进行核算。“其他应收款”科目的借方登记其他应收款的增加，贷方登记其他应收款的收回，期末余额一般在借方，反映企业尚未收回的其他应收款项。“其他应收款”科目应当按照对方单位（或个人）设置明细科目进行核算。

企业发生各种其他应收款项时，应借记“其他应收款”科目，贷记“库存现金”“银行存款”“固定资产清理”等科目。收回其他各种应收款项时，借记“库存现金”“银行存款”“应付职工薪酬”等科目，贷记“其他应收款”科目

做中学 2-14

甲公司在采购过程中发生材料毁损，按保险合同规定，应由保险公司赔偿损失30 000元，赔款尚未收到，应编制如下会计分录：

借：其他应收款——保险公司　　30 000
　　贷：材料采购　　30 000

做中学 2-15

承[做中学 2-14]，甲公司如数收到上述保险公司赔款，应编制如下会计分录：

借：银行存款　　30 000
　　贷：其他应收款——保险公司　　30 000

做中学 2-16

甲公司以银行存款替职工王某垫付应由其个人负担的医疗费5 000元，拟从其工资中扣回，应编制如下会计分录：

(1) 垫付时：

借：其他应收款——王某　　5 000
　　贷：银行存款　　5 000

(2) 扣款时：

借：应付职工薪酬　　5 000
　　贷：其他应收款——王某　　5 000

做中学 2-17

甲公司向丁公司租入包装物一批，以银行存款向出租方支付押金10 000元，应编制如下会计分录：

借：其他应收款——丁公司　　10 000
　　贷：银行存款　　10 000

做中学 2-18

承[做中学 2-17]，租入包装物按期如数退回，甲公司收到出租方退还的押金10 000元，已存入银行，应编制如下会计分录：

借：银行存款　　10 000
　　贷：其他应收款——丁公司　　10 000

六、应收款项减值

（一）应收账款减值损失的确认

企业的各种应收款项，可能会因购货人拒付、破产、死亡等原因而无法收回。这类无法收回的应收款项就是坏账。因坏账而遭受的损失为坏账损失。企业应当在资产负债表日对应收款项的账面价值进行评估，应收款项发生减值的，应当将减记的金额确认为减值损失，同时计提坏账准备。应收款项减值有两种核算方法，即直接转销法和备抵法。我国企业会计准则规定，应收款项的减值的核算只能采用备抵法，不能采用直接转销法。

1. 直接转销法

采用直接转销法时，日常核算中应收款项可能发生的坏账损失不予考虑，只有在实际发生坏账时，才作为坏账损失计入当期损益，同时直接冲销应收款项，即借记“信用减值损失”科目，贷记“应收账款”等科目。

做中学 2-19

某企业2×17年发生的一笔20 000元的应收账款，长期无法收回，于2×20年年末确认为坏账。该企业在2×20年年末应编制如下会计分录：

借：信用减值损失——坏账损失	20 000	
贷：应收账款		20 000

这种方法的优点是账务处理简单，其缺点是不符合权责发生制原则，也与资产定义相冲突。在这种方法下，只有坏账实际发生时，才将其确认为当期费用，导致资产不实、各期损益不实；另外，在资产负债表上，应收账款是按账面余额而不是按账面价值反映，在一定程度上歪曲了期末的财务状况。所以，企业会计准则不允许采用直接转销法。

2. 备抵法

备抵法是采用一定的方法按期估计坏账损失，计入当期损益，同时建立坏账准备，待坏账实际发生时，冲销已提的坏账准备和相应的应收款项。采用这种方法，在财务报表上列示应收款项的净额，使财务报表使用者能了解企业应收款项预期可收回的金额或真实的财务情况。在备抵法下，企业应当根据企业会计准则的规定，评估当期坏账损失金额。

坏账准备账务处理快速记忆

【提示】 应当计提坏账准备的科目：应收账款、应收票据、预付账款和其他应收款等。

(二) 坏账准备的账务处理

企业应当设置“坏账准备”科目，核算应收款项的坏账准备计提、转销等情况。“坏账准备”科目的贷方登记当期计提的坏账准备、收回已转销的应收账款而恢复的坏账准备，借方登记实际发生的坏账损失金额和冲减的坏账准备金额，期末贷方余额，反映企业已计提但尚未转销的坏账准备。

坏账准备可按以下公式计算：

当期应计提的坏账准备 = 当期按应收款项计算应提坏账准备金额 －（或＋）“坏账准备”科目的贷方（或借方）余额

各事项对应收账款账面价值的影响

1. 计提坏账准备

企业计提坏账准备时，按应减记的金额，借记“信用减值损失——计提的坏账准备”科目，贷记“坏账准备”科目。如果冲减多提的坏账准备，作相反的会计分录。

做中学 2-20

2×20年12月31日，甲公司对应收丙公司的账款进行减值测试。应收账款余额合计为1 000 000元，甲公司根据丙公司的资信情况确定应计提100 000元坏账准备。甲公司应编制如下会计分录：

借：信用减值损失——计提的坏账准备	100 000	
贷：坏账准备		100 000

2. 转销坏账

企业确实无法收回的应收款项按管理权限报经批准后作为坏账转销时，应当冲减已计提的坏账准备。已确认并转销的应收款项以后又收回的，应当按照实际收到的金额增加坏账准备的账面余额。企业实际发生坏账损失时，借记“坏账准备”科目，贷记“应收账款”“其他应收款”等科目。

做中学 2-21

承接[做中学 2-20]，甲公司 2×21 年 6 月对丙公司的应收账款实际发生坏账损失30 000元。确认坏账损失时，甲公司应编制如下会计分录：

借：坏账准备	30 000	
贷：应收账款		30 000

做中学 2-22

承[做中学 2-20]和[做中学 2-21]，假设甲公司 2×21 年 12 月 31 日应收丙公司的账款余额为 1 200 000元，经减值测试，甲公司应计提120 000元坏账准备。

根据甲公司坏账核算方法，其“坏账准备”科目应保持的贷方余额为120 000元；计提坏账准备前，“坏账准备”科目的实际余额为贷方70 000元（100 000－30 000），因此本年年末应计提的坏账准备金额为 50 000元（120 000－70 000）。甲公司应编制如下会计分录：

借：信用减值损失——计提的坏账准备	50 000	
贷：坏账准备		50 000

3. 收回已确认坏账并转销应收款项

已确认并转销的应收款项以后又收回的，应当按照实际收到的金额增加坏账准备的账面余额。若已确认并转销的应收款项以后又收回时，则根据收回的金额，借记“应收账款”“应收票据”“其他应收款”等科目，贷记“坏账准备”科目；同时，借记“银行存款”科目，贷记“应收账款”“应收票据”“其他应收款”等科目。

做中学 2-23

甲公司2×21年 1 月 20 日收到 2×19 年已转销的应收账款20 000元，已存入银行。甲公司应编制如下会计分录：

借：应收账款	20 000	
贷：坏账准备		20 000
借：银行存款	20 000	
贷：应收账款		20 000

任务三　交易性金融资产

一、交易性金融资产的内容

在企业全部资产中，库存现金、银行存款、应收账款、应收票据、贷款、其他应收款、应收利息、债券投资、股票投资、基金投资及衍生金融资产等统称为金融资产。根据企业管理金融资产的业务模式和金融资产的合同现金流量特征，《企业会计准则第 22 号——金融工具确认和计量》(2018)将金融资产划分为：①以摊余成本计量的金融资产；②以公允价值计量且其变动计入其他综合收益的金融资产；③以公允价值计量且其变动计入当期损益的金融资产。

以公允价值计量且其变动计入当期损益的金融资产称为“交易性金融资产”。它是企业为了近期内出售而持有的金融资产，如企业以赚取差价为目的从二级市场购入的股票、债券、基金等；或者是在初始确认时属于集中管理的可辨认金融工具组合的一部分，且有客观证据表明近期实际存在短期获利模式的金融资产等，如企业管理的以公允价值进行业绩考核的某项投资组合。

从企业管理金融资产的业务模式（即企业如何管理其金融资产以产生现金流量）看，企业关键管理人员决定对交易性金融资产进行管理的业务目标是以“交易”为目的，而不是为收取合同现金流量（即与基本借贷安排相一致，如本金加利息）而持有，也不是为既以收取合同现金流量为目标又以出售该金融资产为目标而持有，仅仅是通过“交易性”活动，即频繁地购买和出售，从市场价格的短期波动中，赚取买卖差价，使企业闲置的资金能获得较高的投资回报。

交易性金融资产预期能在短期内变现以满足日常经营的需要，因此，在资产负债表中作为流动资产列示。

需要说明的是，从金融资产的合同现金流量特征看，尽管交易性金融资产仍将收取合同现金流量，但只是偶尔为之，并非为了实现业务模式目标（收取合同现金流量）而不可或缺。

二、交易性金融资产的账务处理

（一）交易性金融资产核算应设置的会计科目

为了反映和监督交易性金融资产的取得、收取现金股利或利息、出售等情况，企业应当设置“交易性金融资产”“公允价值变动损益”“投资收益”等科目进行核算。

（1）“交易性金融资产”科目核算企业为交易目的所持有的债券投资、股票投资、基金投资等交易性金融资产的公允价值。

借方登记交易性金融资产的取得成本、资产负债表日其公允价值高于账面余额的差额，以及出售交易性金融资产时结转公允价值低于账面余额的变动金额；

贷方登记资产负债表日其公允价值低于账面余额的差额，以及企业出售交易性金融资产时结转的成本和公允价值高于账面余额的变动金额。

企业应当按照交易性金融资产的类别和品种，分别设置“成本”“公允价值变动”等明细科目进行核算。

（2）“公允价值变动损益”科目核算企业交易性金融资产的公允价值变动而形成的应计入当期损益的利得或损失。“公允价值变动损益”科目的借方登记资产负债表日企业持有的交易性金融资产等的公允价值低于账面余额的差额；贷方登记资产负债表日企业持有的交易性金融资产等的公允价值高于账面余额的差额。

（3）“投资收益”科目核算企业持有交易性金融资产等的期间内取得的投资收益以及出售交易性金融资产等实现的投资收益或投资损失，借方登记企业取得交易性金融资产时支付的交易费用、出售交易性金融资产等发生的投资损失，贷方登记企业持有交易性金融资产等的期间内取得的投资收益以及出售交易性金融资产等实现的投资收益。

（二）取得交易性金融资产

企业取得交易性金融资产时，应当按照该金融资产取得时的公允价值作为其初始入账金额。

（1）企业取得交易性金融资产所支付价款中包含了已宣告但尚未发放的现金股利或已到付息期但尚未领取的债券利息的，应当单独确认为应收项目。

（2）企业取得交易性金融资产所发生的相关交易费用应当在发生时计入当期损益，冲减投资收益，发生交易费用取得增值税专用发票的，进项税额经认证后可从当月销项税额中扣除。交易费用是指可直接归属于购买、发行或处置金融工具的增量费用。增量费用是指企业没有发生购买、发行或处置相关金融工具的情形就不会发生的费用，包括支付给代理机构、咨询公司、券商、证券交易所、政府有关部门等的手续费、佣金、相关税费以及其他必要支出，不包括债券溢价、折价、融资费用、内部管理成本和持有成本等与交易不直接相关的费用。

（3）企业取得交易性金融资产，应当按照该金融资产取得时的公允价值，借记“交易性金融资产——成本”科目，按照发生的交易费用，借记“投资收益”科目，发生交易费用取得增值税专用发票的，按其注明的增值税进项税额，借记“应交税费——应交增值税（进项税额）”科目，按照实际支付的金额，贷记“其他货币资金”等科目。

做中学 2-24

2×19 年 5 月 1 日，甲公司从上海证券交易所购入 A 上市公司股票 1 000 000 股，该笔股票投资在购买日的公允价值为 10 000 000 元，另支付相关交易费用 25 000 元，取得的增值税专用发票上注明的增值税额为 1 500 元。甲公司将其划分为交易性金融资产进行管理和核算。甲公司应编制如下会计分录：

（1）2×19 年 5 月 1 日，购买 A 上市公司股票时：

借：交易性金融资产——A 上市公司股票——成本	10 000 000	
贷：其他货币资金——存出投资款		10 000 000

（2）2×19 年 5 月 1 日，支付相关交易费用时：

借：投资收益——A 上市公司股票	25 000	
应交税费——应交增值税（进项税额）	1 500	
贷：其他货币资金——存出投资款		26 500

做中学 2-25

2×19 年 5 月 1 日，甲公司从上海证券交易所购入 A 上市公司股票 1 000 000 股，支付价款 10 000 000元（其中包含已宣告但尚未发放的现金股利600 000元），另支付相关交易费用25 000元，取得的增值税专用发票上注明的增值税额为1 500元。甲公司将其划分为交易性金融资产进行管理和核算。甲公司应编制如下会计分录：

（1）2×19 年 5 月 1 日，购买 A 上市公司股票时：

借：交易性金融资产——A 上市公司股票——成本	9 400 000	
应收股利——A 上市公司股票	600 000	
贷：其他货币资金——存出投资款		10 000 000

（2）2×19 年 5 月 1 日，支付相关交易费用时：

借：投资收益——A 上市公司股票	25 000	
应交税费——应交增值税（进项税额）	1 500	
贷：其他货币资金——存出投资款		26 500

【注意】 取得交易性金融资产所支付的手续费 25 000 元，记入“投资收益”科目借方，不计入交易性金融资产的入账价值。取得交易性金融资产支付价款10 000 000元中所包含的已宣告但尚未发放的现金股利600 000元，应当记入“应收股利”科目。

（三）持有交易性金融资产

（1）企业持有交易性金融资产期间对于被投资单位宣告发放的现金股利，或已到付息期但尚未领取的债券利息，应当确认为应收项目，并计入投资收益，即借记“应收股利”或“应收利息”科目，贷记“投资收益”科目。实际收到时作为冲减应收项目处理，即借记“其他货币资金”等科目，贷记“应收股利”或“应收利息”科目。

【提示】 企业只有在同时满足三个条件时，才能确认交易性金融资产所取得的股利或利息收入并计入当期损益：一是企业收取股利或利息的权利已经确立；二是与股利或利息相关的经济利益很可能流入企业；三是股利或利息的金额能够可靠计量。

做中学 2-26

承[做中学 2-25]，假定 2×19 年 5 月 20 日，甲公司收到 A 上市公司向其发放的现金股利600 000元，并存入银行。假定不考虑相关税费。甲公司应编制如下会计分录：

借：其他货币资金——存出投资款　　600 000
　贷：应收股利——A 上市公司股票　　600 000

做中学 2-27

承[做中学 2-28]，假定2×20年 3 月 20 日，A 上市公司宣告发放 2×19 年现金股利，甲公司按其持有该上市公司股份计算确定的应分得的现金股利为800 000元。假定不考虑相关税费。甲公司应编制如下会计分录：

借：应收股利——A 上市公司股票　　800 000
　贷：投资收益——A 上市公司股票　　800 000

做中学 2-28

2×19 年 5 月 1 日，甲公司购入 B 公司发行的公司债券，支付价款26 000 000元（其中包含已到付息期但尚未领取的债券利息500 000元），另支付交易费用300 000元，取得的增值税专用发票上注明的增值税额为18 000元。该笔 B 公司债券面值为25 000 000元。甲公司将其划分为交易性金融资产进行管理和核算。2×19 年 5 月 10 日，甲公司收到该笔债券利息500 000元。假定债券利息不考虑相关税费和其他因素。甲公司应编制如下会计分录：

(1) 2×19 年 5 月 1 日，购入 B 公司的公司债券时：

借：交易性金融资产——B 公司债券——成本　　25 500 000
　　应收利息——B 公司债券　　500 000
　　投资收益——B 公司债券　　300 000
　　应交税费——应交增值税(进项税额)　　18 000
　贷：其他货币资金——存出投资款　　26 318 000

(2) 2×19 年 5 月 10 日，收到购买价款中包含的已到付息期但尚未领取的债券利息时：

借：其他货币资金——存出投资款　　500 000
　贷：应收利息——B 公司债券　　500 000

在本例中，为取得交易性金融资产所支付的交易费用 300 000 元，应当记入“投资收益”科目，而不记入“交易性金融资产——成本”科目，取得交易性金融资产所支付价款 26 000 000 元中包含的已到付息期但尚未领取的债券利息 500 000 元，应当记入“应收利息”科目。

(2) 资产负债表日，交易性金融资产应当按照公允价值计量，公允价值与账面余额之间的差额计入当期损益。

企业应当在资产负债表日按照交易性金融资产公允价值高于其账面余额的差额，借记“交易性金融资产——公允价值变动”科目，贷记“公允价值变动损益”科目；公允价值低于其账面余额的差额作相反的会计分录，借记“公允价值变动损益”科目，贷记“交易性金融资产——公允价值变动”科目。

做中学 2-29

承[做中学 2-25]和[做中学 2-26]，假定 2×19 年 6 月 30 日，甲公司持有 A 上市公司股票的公允价值为 9 200 000 元；2×19 年 12 月 31 日，甲公司持有 A 上市公司股票的公允价值为 13 000 000 元。甲公司应编制如下会计分录：

(1) 2×19 年 6 月 30 日，确认 A 上市公司股票的公允价值变动损益时：

借：公允价值变动损益——A 上市公司股票　200 000

　贷：交易性金融资产——A 上市公司股票——公允价值变动　200 000

(2) 2×19 年 12 月 31 日，确认 A 上市公司股票的公允价值变动损益时：

借：交易性金融资产——A 上市公司股票——公允价值变动　3 800 000

　贷：公允价值变动损益——A 上市公司股票　3 800 000

在本例中，2×19 年 6 月 30 日作为资产负债表日，甲公司持有 A 上市公司股票在该日的公允价值为 9 200 000 元，账面余额9 400 000元(即 2×19 年 6 月 1 日的公允价值9 400 000 元)，公允价值小于账面余额 200 000 元(9 200 000－9 400 000)，应记入“公允价值变动损益”科目的借方；2×19 年 12 月 31 日作为资产负债表日，甲公司持有 A 上市公司股票在该日的公允价值为13 000 000 元，账面余额9 200 000元(即 2×19 年 6 月 30 日的公允价值9 200 000 元)，公允价值大于账面余额 3 800 000 元(13 000 000－9 200 000)，应记入“公允价值变动损益”科目的贷方。

做中学 2-30

承[做中学 2-28]，假定 2×19 年 6 月 30 日，甲公司购买的 B 公司债券的公允价值为26 700 000 元；2×19 年 12 月 31 日，甲公司购买的 B 公司债券的公允价值为25 800 000 元。甲公司应编制如下会计分录：

(1) 2×19 年 6 月 30 日，确认 B 公司债券的公允价值变动损益时：

借：交易性金融资产——B 公司债券——公允价值变动　1 200 000

　贷：公允价值变动损益——B 公司债券　1 200 000

(2) 2×19 年 12 月 31 日，确认 B 公司债券的公允价值变动损益时：

借：公允价值变动损益——B 公司债券　900 000

　贷：交易性金融资产——B 公司债券——公允价值变动　900 000

在本例中，2×19 年 6 月 30 日作为资产负债表日，B 公司债券的公允价值为 26 700 000 元，账面余额 25 500 000 元，公允价值大于账面余额 1 200 000 元(26 700 000－25 500 000)，应记入“公允价值变动损益”科目的贷方；2×19 年 12 月 31 日，B 公司债券的公允价值为 25 800 000 元，账面余额为 26 700 000 元，公允价值小于账面余额 900 000 元(25 800 000－2 670 0 000)，应记入“公允价值变动损益”科目的借方。

(四) 出售交易性金融资产

企业出售交易性金融资产时，应当将该金融资产出售时的公允价值与其账面余额之间的差额作为投资损益进行会计处理。

企业出售交易性金融资产，应当按照实际收到的金额，借记“其他货币资金”等科目，按照该金融资产的账面余额的成本部分，贷记“交易性金融资产——成本”科目，按照该金融资产的账面余额的公允价值变动部分，贷记或借记“交易性金融资产——公允价值变动”科目，按照其差额，贷记或借记“投资收益”科目。

做中学 2-31

承[做中学 2-25][做中学 2-26][做中学 2-27]和[做中学 2-29]，假定2×20年 5 月 30 日，甲公司出售了所持有的全部 A 上市公司股票，价款为 12 100 000 元。甲公司应编制如下会计分录：

借：其他货币资金——存出投资款　　12 100 000
　　投资收益——A 上市公司股票　　900 000
　　贷：交易性金融资产——A 上市公司股票——成本　　9 400 000
　　　　　　　　　　　　——公允价值变动　　3 600 000

在本例中，2×20 年 5 月 30 日，甲公司出售持有 A 上市公司全部股票的价款 12 100 000 元，与账面余额 13 000 000 元(即 2×19 年 12 月 31 日的公允价值 13 000 000 元)之间的差额－900 000元应作为投资损失，记入“投资收益”科目的借方。

做中学 2-32

承[做中学 2-28]和[做中学 2-30]，假定2×20年 3 月 15 日，甲公司出售了所持有的全部 B 公司债券，售价为35 500 000 元。不考虑相关税费和其他因素。甲公司应编制如下会计分录：

借：其他货币资金——存出投资款　　35 500 000
　　贷：交易性金融资产——B 公司债券——成本　　25 500 000
　　　　　　　　　　　　——公允价值变动　　300 000
　　　　投资收益——B 公司债券　　9 700 000

在本例中，甲公司出售交易性金融资产的售价35 500 000元与其账面余额25 800 000元(即 2×19 年 12 月 31 日 B 公司债券的公允价值25 800 000元)之间的差额9 700 000元应作为投资收益，记入“投资收益”科目的贷方。

(五) 转让金融商品应交增值税

金融商品转让按照卖出价扣除买入价(不需要扣除已宣告未发放现金股利和已到付息期未领取的利息)后的余额作为销售额计算增值税，即转让金融商品按盈亏相抵后的余额为销售额。若相抵后出现负差，可结转下一纳税期与下期转让金融商品销售额互抵，但年末时仍出现负差的，不得转入下一会计年度。

转让金融资产当月末，如产生转让收益，则按应纳税额，借记“投资收益”等科目，贷记“应交税费——转让金融商品应交增值税”科目；如产生转让损失，则按可结转下月抵扣税额，借记“应交税费——转让金融商品应交增值税”科目，贷记“投资收益”等科目。

年末，如果“应交税费——转让金融商品应交增值税”科目有借方余额，说明本年度的金融商品转让损失无法弥补，且本年度的金融资产转让损失不可转入下年度继续抵减转让金融资产的收益，因此，应借记“投资收益”等科目，贷记“应交税费——转让金融商品应交增值税”科目，将“应交税费——转让金融商品应交增值税”科目的借方余额转出。

做中学 2-33

承[做中学 2-32]，计算该项业务转让金融商品应交的增值税。

转让金融商品应交增值税 ＝(35 500 000－26 000 000)÷(1＋6%)×6%≈537 735.85(元)

甲公司应编制如下会计分录：

借：投资收益　　537 735.85
　　贷：应交税费——转让金融商品应交增值税　　537 735.85

任务四　存　　货

一、存货概述

(一) 存货的内容

存货是指企业在日常活动中持有以备出售的产成品或商品、处在生产过程中的在产品、在生产过程或提供劳务过程中耗用的材料或物料等，包括各类材料、在产品、半成品、产成品、商品以及包装物、低值易耗品、委托代销商品等。

(1) 原材料是指企业在生产过程中经加工改变其形态或性质并构成产品主要实体的各种原料及主要材料、辅助材料、外购半成品（外购件）、修理用备件（备品备件）、包装材料、燃料等。

(2) 在产品是指企业正在制造尚未完工的生产物，包括正在各个生产工序中加工的产品和已加工完毕但尚未检验或已检验但尚未办理入库手续的产品。

(3) 半成品是指经过一定生产过程并已检验合格交付半成品仓库保管，但尚未制造完工成为产成品、仍需进一步加工的中间产品。

(4) 产成品是指工业企业已经完成全部生产过程并验收入库，可以按照合同规定的条件送交订货单位，或者可以作为商品对外销售的产品。企业接受外来原料加工制造的代制品和为外单位加工修理的代修品，制造和修理完成验收入库后，应视为企业的产成品。

(5) 商品是指商品流通企业的商品，包括外购或委托加工完成验收入库用于销售的各种商品。

(6) 包装物是指为了包装本企业产品、商品而储备的各种包装容器，如桶、箱、坛、瓶、袋等。其主要作用是盛装、装潢产品或商品。

(7) 低值易耗品，是指单位价值较低、使用期限较短，在使用过程中保持其原有的实物形态基本不变，因而不能列入固定资产核算的各种用具用品，如工具、管理用具、劳动保护用品、玻璃器皿以及在经营过程中周转使用的包容器等。

(8) 委托代销商品是指企业委托其他单位代销的商品。

(二) 存货成本的确定

1. 存货应当按照成本进行初始计量

存货成本包括采购成本、加工成本和其他成本。

1) 存货的采购成本

存货的采购成本，包括购买价款、相关税费、运输费、装卸费、保险费以及其他可归属于存货采购成本的费用。

(1) 存货的购买价款是指企业购入的材料或商品的发票账单上列明的价款，但不包括按规定可以抵扣的增值税额。

(2) 相关税费包括计入存货的进口关税、消费税、资源税、不能抵扣的增值税进项税额以及相应的教育费附加等。

(3) 对于增值税一般纳税人购进存货支付的运输费，按取得的运输业增值税专用发票上注明的运输费金额计入存货成本，按其运输费与增值税税率 9%计算的进项税额，可以抵扣，不计入存货成本。

(4) 其他可归属于存货采购成本的费用包括入库前的仓储费用和包装费、运输途中的合理损耗、入库前的挑选整理费用等。

(5) 商品流通企业在采购商品过程中发生的运输费、装卸费、保险费以及其他可归属于存货采购成本的费用,应当计入存货的采购成本;也可以先进行归集,期末再根据所购商品的存销情况进行分摊。对于已售商品的进货费用,计入当期损益;对于未售商品的进货费用,计入期末存货成本。企业采购商品的进货费用金额较小的,可以在发生时直接计入当期损益。

做中学 2-34

某企业为增值税一般纳税人,购入材料一批,增值税专用发票上标明的价款为 25 万元,增值税为 3.25万元,另支付材料的保险费 2 万元、包装物押金 2 万元。计算该批材料的采购成本。

该企业为一般纳税人,增值税可以抵扣,不计入存货的成本中,而包装物押金单独在其他应收款中核算。

$$采购成本 = 25 + 2 = 27(万元)$$

2) 存货的加工成本

存货的加工成本是指在存货的加工过程中发生的追加费用,包括直接人工以及按照一定方法分配的制造费用。直接人工是指企业在生产产品和提供劳务过程中发生的直接从事产品生产和劳务提供人员的职工薪酬。制造费用是指企业为生产产品和提供劳务而发生的各项间接费用。

3) 存货的其他成本

存货的其他成本是指除采购成本、加工成本以外的,使存货达到目前场所和状态所发生的其他支出。企业设计产品发生的设计费用通常应计入当期损益,但是为特定客户设计产品所发生的、可直接确定的设计费用应计入存货的成本。

2. 存货的来源不同,其成本的构成内容也不同

原材料、商品、低值易耗品等通过购买而取得的存货的成本由采购成本构成;产成品、在产品、半成品等自制或需委托外单位加工完成的存货的成本由采购成本、加工成本以及使存货达到目前场所和状态所发生的其他支出构成。

在实务中,按以下原则确定存货的成本。

1) 购入存货的成本

购入存货的成本包括:买价、运杂费(包括运输费、装卸费、保险费、包装费、仓储费等)、运输途中的合理损耗、入库前的挑选整理费用(包括挑选整理中发生的工费支出和数量损耗,并扣除回收的下脚废料价值)以及按规定应计入成本的税费和其他费用。

2) 自制存货的成本

自制的存货包括自制原材料、自制包装物、自制低值易耗品、自制半成品及库存商品等,其成本包括直接材料、直接人工和制造费用等各项实际支出。

3) 委托外单位加工存货的成本

委托外单位加工完成的存货包括加工后的原材料、包装物、低值易耗品、半成品、产成品等,其成本包括实际耗用的原材料或者半成品、加工费、装卸费、保险费、委托加工的往返运输费等费用,以及按规定应计入成本的税费。

3. 下列费用不应计入存货成本,而应在其发生时计入当期损益

(1) 非正常消耗的直接材料、直接人工和制造费用,应在发生时计入当期损益,不应计入存货成本。如由于自然灾害而发生的直接材料、直接人工和制造费用,由于这些费用的发生无助于使该存货达到目前场所和状态,不应计入存货成本,而应确认为当期损益。

(2) 仓储费用,是指企业在存货采购入库后发生的储存费用,应在发生时计入当期损益。但是,在生产过程中为达到下一个生产阶段所必需的仓储费用应计入存货成本。例如,某种酒类产品生产企业为使生产的酒达到规定的产品质量标准，而必须发生的仓储费用，应计入酒的成本，而不应计入当期损益。

（3）不能归属于使存货达到目前场所和状态的其他支出，应在发生时计入当期损益，不得计入存货成本。

【注意】 下列费用应当在发生时确认为当期损益，不计入存货成本：① 非正常消耗的直接材料、直接人工和制造费用（计入营业外支出）。② 仓储费用（计入管理费用）（不包括在生产过程中为达到下一个生产阶段所必需的仓储费用）。③ 不能归属于使存货达到目前场所和状态的其他支出，应在发生时计入当期损益，不得计入存货成本。④ 入库后发生的挑选整理费计入管理费用。⑤ 采购人员的差旅费通常不计入外购材料的成本，而应计入管理费用。

（三）发出存货的计价方法

企业发出的存货可以按实际成本核算，也可以按计划成本核算。发出存货的计价是指对发出存货和结存存货价值的计量。其具体计价方法因企业采用的存货核算方法不同而有所差异。对于性质和用途相同的存货，应当采用相同的成本计算方法确定发出存货的成本。根据企业会计准则规定，存货按实际成本计价法核算时，发出存货的具体计价方法有先进先出法、月末一次加权平均法、移动加权平均法和个别计价法。

（1）先进先出法。它是指以先购入的存货应先发出（销售或耗用）这样一种存货实物流动假设为前提，对发出存货进行计价的一种方法。

采用这种方法，先购入的存货成本在后购入存货成本之前转出，据此确定发出存货和期末存货的成本，具体方法是：收入存货时，逐笔登记收入存货的数量、单价和金额；发出存货时，按照先进先出的原则逐笔登记存货的发出成本和结存金额。

先进先出法可以随时结转存货发出成本，但较繁琐；如果存货收发业务较多且存货单价不稳定时，其工作量较大。在物价持续上升时，期末存货成本接近于市价，而发出成本偏低，会高估企业当期利润和库存存货价值；反之，会低估企业存货价值和当期利润。

做中学 2-35

某企业 2×20 年 4 月份甲材料的收发结存资料如表 2-1 所示，要求采用先进先出法计算甲材料发出金额和结存金额。

表 2-1　　甲材料收发结存情况表

业　务	收　入		发出数量（千克）	结存数量（千克）
	数量（千克）	单价（元/千克）		
4 月 1 日结存				1 500（单价 10 元/千克）
4 月 4 日发出			300	1 200
4 月 8 日购入	1 000	10.5		2 200
4 月 10 日发出			1 400	800
4 月 18 日购入	1 200	11.2		2 000
4 月 25 日发出			1 000	1 000

采用先进先出法计算得出的甲材料发出金额和结存金额如表 2-2 所示。

表 2-2 材料明细账(先进先出法)

品名:甲材料

年		凭证		摘要	收入			发出			结存		
月	日	字(略)	号(略)		数量(千克)	单价(元/千克)	金额(元)	数量(千克)	单价(元/千克)	金额(元)	数量(千克)	单价(元/千克)	金额(元)
4	1			期初余额							1 500	10	15 000
4	4			发出				300	10	3 000	1 200	10	12 000
4	8			购入	1 000	10.5	10 500				1 200 1 000	10 10.5	12 000 10 500
4	10			发出				1 200 200	10 10.5	12 000 2 100	800	10.5	8 400
4	18			购入	1 200	11.2	13 440				800 1 200	10.5 11.2	8 400 13 440
4	25			发出				800 200	10.5 11.2	8 400 2 240	1 000	11.2	11 200
4	30			本月合计	2 200		23 940	2 700		27 740	1 000	11.2	11 200

(2) 月末一次加权平均法。它是指以本月全部进货数量加上月初存货数量作为权数,去除本月全部进货成本加上月初存货成本,计算出存货的加权平均单位成本,以此为基础计算本月发出存货的成本和期末存货的成本的一种方法。其计算公式如下:

先进先出法可以随时结转存货发出成本,但较繁琐;如果存货收发业务较多且存货单价不稳定时,其工作量较大。在物价持续上升时,期末存货成本接近于市价,而发出成本偏低,会高估企业当期利润和库存存货价值;反之,会低估企业存货价值和当期利润。

$$\text{存货加权平均单位成本}=\frac{\text{月初库存存货的成本}+\sum\left(\text{本月各批购入存货的单位成本}\times\text{本月各批购入存货的数量}\right)}{\text{月初库存存货的数量}+\text{本月各批购入存货的数量之和}}$$

本月发出存货的成本 = 本月发出存货的数量 × 存货加权平均单位成本

本月月末库存存货的成本 = 月末库存存货的数量 × 存货加权平均单位成本

为了保持账面数字之间的平衡关系,可以采用倒挤法计算发出存货的成本,即:

本月月末库存存货的成本 = 月末库存存货的数量 × 存货加权平均单位成本

本月发出存货的成本 = 月初库存存货的成本 + 本月收入存货的成本 − 月末库存存货的成本

做中学 2-36

承[做中学 2-35],要求:采用加权平均法计算甲材料发出成本和结存成本。

采用加权平均法计算得出的甲材料发出金额和结存金额如表 2-3 所示。

$$\text{甲材料平均单价}=\frac{15\ 000+23\ 940}{1\ 500+2\ 200}\approx 10.52(\text{元}/\text{千克})$$

月末结存甲材料成本 = 1 000 × 10.52 = 10 520(元)

本月发出甲材料成本 = 15 000 + 23 940 − 10 520 = 28 420(元)

表 2-3　　材料明细账(月末一次加权平均法)

品名：甲材料

年		凭证		摘要	收入			发出			结存		
月	日	字(略)	号(略)		数量(千克)	单价(元/千克)	金额(元)	数量(千克)	单价(元/千克)	金额(元)	数量(千克)	单价(元/千克)	金额(元)
4	1			期初余额							1 500	10	15 000
4	4			发出				300			1 200		
4	8			购入	1 000	10.5	10 500				2 200		
4	10			发出				1 400			800		
4	18			购入	1 200	11.2	13 440				2 000		
4	25			发出				1 000			1 000		
4	30			本月合计	2 200		23 940	2 700	10.52	28 420*	1 000	10.52	10 520

注：* 发出存货成本按照单价10.52元/千克计算的结果应为 28 404 元。由于尾数的原因，将 16 元的差额放入发出材料的成本，因此，发出存货的成本为 28 420 元。

采用月末一次加权平均法只在月末一次计算加权平均单价，比较简单，有利于简化成本计算工作，但由于平时无法从账上提供发出和结存存货的单价及金额，因此不利于存货成本的日常管理与控制。

(3) 移动加权平均法。它又称移动平均法，是指以原有库存存货成本加上每次进货成本，除以原有库存存货数量加上每次进货数量，据以计算加权平均单位成本，并以此作为下次进货前计算各次发出存货成本依据的一种方法。其计算公式如下：

本次存货单位成本 =（原有库存存货成本 + 本次进货成本）÷（原有库存存货数量 + 本次进货数量）

本次发出存货成本 = 本次发出存货数量 × 本次发货前存货单位成本

月末库存存货成本 = 月末库存存货数量 × 本月月末存货单位成本

做中学 2-37

承[做中学 2-35]，要求：采用移动加权平均法计算甲材料发出成本和结存成本。

采用移动加权平均法计算得出的甲材料发出成本和结存成本如表 2-4 所示。

4 月 4 日结存甲材料的成本 $= 1\,200 \times 10 = 12\,000$(元)

4 月 4 日发出甲材料的成本 $= 15\,000 - 12\,000 = 3\,000$(元)

4 月 8 日结存甲材料平均单价 $= \dfrac{12\,000 + 10\,500}{1\,200 + 1\,000} \approx 10.23$(元 / 千克)

4 月 10 日结存甲材料的成本 $= 800 \times 10.23 \approx 8\,184$(元)

4 月 10 日发出甲材料的成本 $= 22\,500 - 8\,184 = 14\,316$(元)

4 月 18 日结存甲材料平均单价 $= \dfrac{8\,184 + 13\,440}{800 + 1\,200} \approx 10.81$(元 / 千克)

4 月 25 日结存甲材料的成本 $= 1\,000 \times 10.81 = 10\,810$(元)

4 月 25 日发出甲材料的成本 $= 21\,624 - 10\,810 = 10\,814$(元)

月末结存甲材料成本 $= 1\,000 \times 10.81 = 10\,810$(元)

本月发出甲材料成本 $= 3\,000 + 14\,316 + 10\,814 = 28\,130$(元)

表 2-4 材料明细账(移动加权平均法)

品名：甲材料

年		凭证		摘要	收入			发出			结存		
月	日	字（略）	号（略）		数量（千克）	单价（元/千克）	金额（元）	数量（千克）	单价（元/千克）	金额（元）	数量（千克）	单价（元/千克）	金额（元）
4	1			期初余额							1 500	10.00	15 000
4	4			发出				300	10.00	3 000	1 200	10.00	12 000
4	8			购入	1 000	10.50	10 500				2 200	10.23*	22 500
4	10			发出				1 400	10.23	14 316	800	10.23	8 184
4	18			购入	1 200	11.20	13 440				2 000	10.81*	21 624
4	25			发出				1 000	10.81	10 814	1 000	10.81	10 810
4	30			本月合计	2 200		23 940	2 700		28 130	1 000	10.81	10 810

注：* 取约数。

采用移动平均法能够使企业管理当局及时了解存货的结存情况，计算的平均单位成本以及发出和结存的存货成本比较客观。但由于每次收货都要计算一次平均单价，计算工作量较大，对收发货较频繁的企业不适用。

（4）个别计价法。它又称个别认定法，以存货实物流转与价值流转相一致为假设前提，通过逐一辨认每一批发出存货和期末存货所属的购进或生产批别，分别按其购入或生产时所确定的单位成本计算各批发出存货和期末存货实际成本的一种方法。其计算公式如下：

每批存货发出成本 = 该批存货发出数量 × 该批存货取得时的实际单位成本

个别计价法的成本计算准确，符合实际情况，但在存货收发频繁情况下，其发出成本分辨工作量较大。因此，该方法一般适用于不能替代使用的存货、为特定项目专门购入或制造的存货以及提供的劳务，如珠宝、名画等贵重物品。

二、原材料

原材料是指企业在生产过程中经过加工改变其形态或性质并构成产品主要实体的各种原料、主要材料和外购半成品，以及不构成产品实体但有助于产品形成的辅助材料。原材料具体包括原料及主要材料、辅助材料、外购半成品（外购件）、修理用备件（备品备件）、包装材料、燃料等。

原材料的日常收入、发出及结存可以采用实际成本核算，也可以采用计划成本核算。

（1）实际成本核算是指存货的收发及结存，无论总分类核算还是明细分类核算，均按照实际成本计价。采用实际成本核算，日常反映不出材料成本是节约还是超支，从而不能反映和考核物资采购业务的经营成果。因此这种方法通常适用于材料收发业务较少的企业。

（2）计划成本核算是指存货的收入、发出和结存都按企业制定的计划成本计算，同时单独设置“材料成本差异”科目反映实际成本与计划成本之间的差额，期末将发出存货成本由计划成本调整为实际成本。企业采用计划成本法核算存货时，应当制定科学、合理的计划单位成本。企业存货计划成本所包括的内容应与存货实际成本的内容相一致。企业应根据正常的供需条件，结合各种存货近期的市场价格水平和技术状况、供应单位所在地的远近等因素确定可直接归属于存货采购的运杂费(包括运输费、装卸费、保险费、包装费、仓储费等),以及合理的途中损耗率,制定计划成本。企业制定的存货计划成本应当尽可能地接近实际。

在实务中,材料收发业务较多并且计划成本资料较为健全、准确的企业,一般可以采用计划成本核算进行材料的收发。

(一) 采用实际成本核算

1. 原材料核算应设置的会计科目

按实际成本计价核算时应设置"原材料""在途物资"等科目,而不设置"材料采购"科目。

(1)"原材料"科目。该科目属于资产类科目,用来核算企业库存的各种原材料的实际成本。该科目借方登记收入原材料的实际成本;贷方登记发出原材料的实际成本;期末余额在借方,表示库存原材料的实际成本。该科目应按照材料的保管地点(仓库)、材料的类别、品种和规格等设置明细账进行明细核算。

(2)"在途物资"科目。该科目属于资产类科目,用来核算企业已经付款或已开出商业承兑汇票但尚未到达或尚未验收入库的各种物资的实际成本。该科目借方登记已支付或已开出商业承兑汇票的各种物资的实际成本;贷方登记已验收入库物资的实际成本;期末余额在借方,表示已经付款或已开出商业承兑汇票但尚未到达或尚未验收入库的在途物资的实际成本。该科目应按照供应单位和物资品种设置明细账进行明细核算。

(3)"应付账款"科目。该科目属于负债类科目,用来核算企业因购买材料、商品和接受劳务等经营活动应支付的款项。该科目的贷方登记企业因购入材料、商品和接受劳务等尚未支付的款项;借方登记偿还的应付账款;期末余额一般在贷方,反映企业尚未支付的应付账款。该科目应按照债权人设置明细科目进行明细核算。

(4)"预付账款"科目。该科目属于资产类科目,用来核算企业按照合同规定预付的款项。该科目的借方登记企业预付的款项及补付的款项;贷方登记收到所购物资时根据有关发票账单记入"原材料"等科目的金额及收回多付款项的金额;若期末余额在借方,反映企业实际预付的款项;若期末余额在贷方,则反映企业尚未支付的款项。预付款项业务不多的企业,可以不设置"预付账款"科目,而将此业务在"应付账款"科目中核算。

2. 原材料的账务处理

1) 购入材料

由于支付方式不同,外购存货入库的时间与付款的时间可能一致,也可能不一致,在账务处理上也有所不同。

(1) 货款已经支付或已开出、承兑商业汇票,同时原材料已验收入库。

对于发票账单与外购原材料同时到达的采购业务,企业在支付货款或已开出、承兑商业汇票,原材料验收入库后,应根据发票账单等结算凭证确定的存货的实际成本,借记"原材料"科目,根据取得的增值税专用发票上注明的增值税税额,借记"应交税费——应交增值税(进项税额)"科目,按实际支付的款项或应付票据面值,贷记"银行存款""应付票据"等科目,如图 2-4 所示。

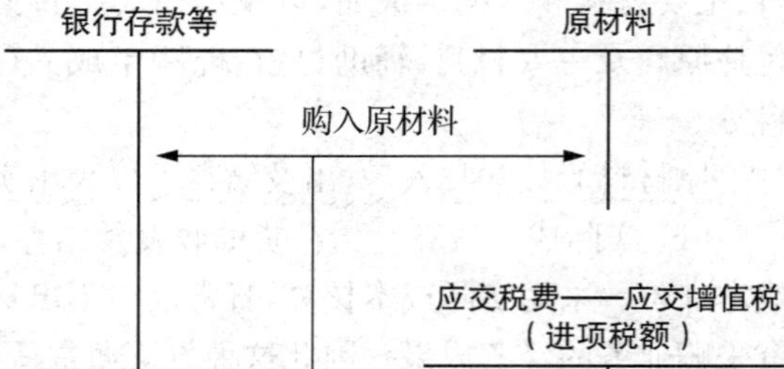

图 2-4 发票账单与材料同时到达的账务处理

做中学 2-38

甲公司2×20年3月5日购进C材料一批，增值税专用发票上注明价款6 000元，增值税780元。全部款项已用转账支票付讫，材料已验收入库。甲公司为增值税一般纳税人，采用实际成本进行材料的日常核算。甲公司应编制如下会计分录：

借：原材料——C材料	6 000	
应交税费——应交增值税（进项税额）	780	
贷：银行存款		6 780

（2）货款已经支付或已开出、承兑商业汇票，原材料尚未到达或尚未验收入库。

对于已经支付货款或已开出、承兑商业汇票，但原材料尚未到达或尚未验收入库的采购业务，应根据发票账单等凭证，借记“在途物资”“应交税费——应交税费（进项税额）”科目，贷记“银行存款”“应付票据”等科目。待原材料验收入库时，借记“原材料”科目，贷记“在途物资”科目，如图2-5所示。

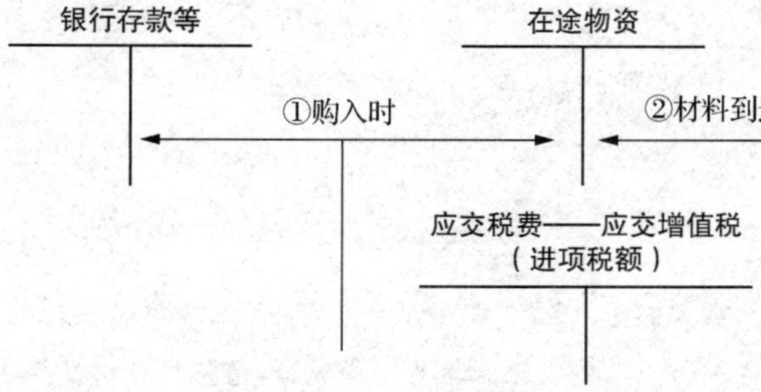

图2-5　发票账单已到、材料未到的财务处理

做中学 2-39

乙公司2×20年4月18日采用汇兑方式购进B材料一批，增值税专用发票上注明价款40 000元，运费200元，增值税5 200元，材料尚未到达，价款已经支付。乙公司为增值税一般纳税人，采用实际成本进行材料的日常核算。乙公司应编制如下会计分录：

借：在途物资——B材料	40 200	
应交税费——应交增值税（进项税额）	5 200	
贷：银行存款		45 200

做中学 2-40

承[做中学2-39]，上述购入的B材料于4月22日到达，并已验收入库。乙公司应编制如下会计分录：

借：原材料——B材料	40 200	
贷：在途物资——B材料		40 200

（3）货款尚未支付，原材料已经验收入库。

在这种情况下，如果发票账单已到，按发票账单所记载的有关金额记账；如果发票账单未到，无法确定原材料的实际成本时，月末应按暂估价值记账，下月初再用红字冲回，收到发票账单后再按照实际金额记账。即，对于原材料已经到达并验收入库，但发票账单等结算凭证未到，货款尚未支付的采购业务，应于月末，按存货的暂估价值，借记“原材料”科目，贷记“应付账款——暂估应付账款”科目。下月初用红字编制同样的记账凭证予以冲回，以便以后付款或已开出、承兑商业汇票后，按正常程序借记“原材料”“应交税费——应交增值税（进项税额）”科目，贷记“银行存款”“应付票据”等科目，如图 2-6 所示。

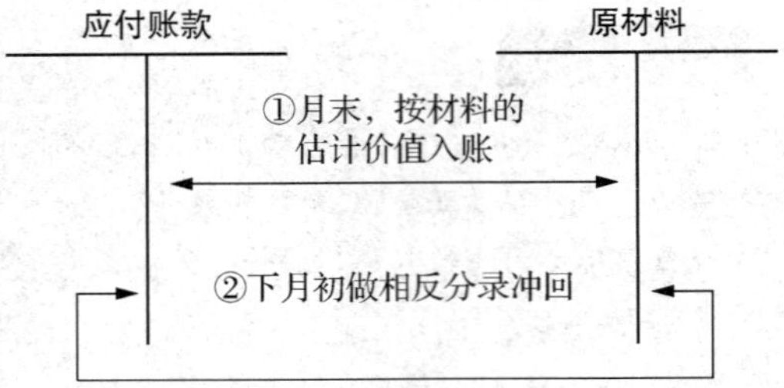

图 2-6　材料已到、发票账单未到的账务处理

做中学 2-41

甲公司2×20年 3 月 28 日收到上海某公司发来的 B 材料 1 000 千克，并已验收入库。至月末仍未收到发票及结算凭证，甲公司按实际成本估价为 3 000 元。甲公司为增值税一般纳税人，采用实际成本进行材料的日常核算。甲公司应编制如下会计分录：

借：原材料——B 材料　　3 000
　贷：应付账款——暂估应付账款　　3 000

下月初，用红字会计分录转回时：

借：原材料——B 材料　　[3 000]
　贷：应付账款——暂估应付账款　　[3 000]

做中学 2-42

承[做中学 2-41]，甲公司2×20年 4 月 5 日收到发票账单及结算凭证，增值税专用发票上注明价款 30 000元，增值税3 900元，对方代垫运费 300 元，价款签发银行本票支付。甲公司应编制如下会计分录：

借：原材料——B 材料　　30 300
　应交税费——应交增值税（进项税额）　　3 900
　贷：其他货币资金——银行本票存款　　34 200

（4）货款已经预付，原材料尚未验收入库。

采用预付货款的方式采购原材料，应在预付原材料价款时，按照实际预付金额，借记“预付账款”科目，贷记“银行存款”科目；已经预付货款的原材料验收入库，根据发票账单等结算凭证确定的存货的实际成本，借记“原材料”“应交税费——应交增值税（进项税额）”科目，贷记“预付账款”科目；按补付金额，借记“预付账款”科目，贷记“银行存款”科目；退回多付的款项，借记“银行存款”科目，贷记“预付账款”科目，如图 2-7 所示。

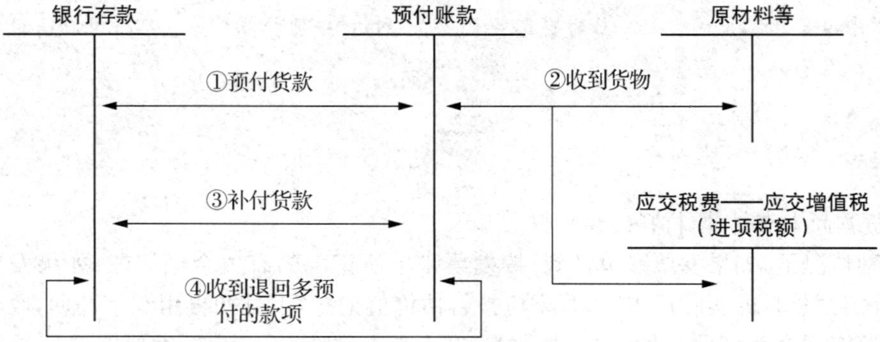

图 2-7　采用预付货款的方式采购原材料的账务处理

做中学 2-43

根据与新科公司的购销合同规定，4 月 16 日甲公司为购买 D 材料向新科公司预付 50 000 元货款，价款已经汇出。5 月 20 日收到新科公司发来的材料，并已验收入库。发票账单等有关凭证上注明价款 80 000 元，增值税10 400元，对方代垫运费 400 元。所欠价款以银行存款支付完毕。

预付货款时会计分录为：

借：预付账款——新科公司　　50 000
　　贷：银行存款　　50 000

材料入库时会计分录为：

借：原材料——D 材料　　80 400
　　应交税费——应交增值税（进项税额）　　10 400
　　贷：预付账款——新科公司　　90 800

补付货款时会计分录为：

借：预付账款——新科公司　　40 800
　　贷：银行存款　　40 800

2）发出材料

由于企业材料的日常领发业务频繁，为了简化日常核算工作，平时一般只登记材料明细分类账，反映各种材料的收发和结存金额，月末根据实际成本计价的发料凭证，按领用部门和用途，汇总编制“发料凭证汇总表”，据以登记总分类账。

（1）生产经营领用材料，借记“生产成本”“制造费用”“管理费用”“销售费用”等科目，贷记“原材料”科目。

（2）出售材料结转成本，借记“其他业务成本”科目，贷记“原材料”科目。

（3）发出委托外单位加工所需的材料，借记“委托加工物资”科目，贷记“原材料”科目。

企业采用实际成本进行材料日常核算的，发出材料的实际成本，可以采用先进先出法、月末一次加权平均法、移动加权平均法或个别计价法计算确定。

做中学 2-44

甲公司库存材料采用实际成本法核算，按先进先出法计算发出材料成本。2×20 年 3 月 1 日结存 B 材料 3 000 千克，每千克实际成本 10 元；3 月 5 日和 3 月 20 日分别购入该材料 9 000 千克和 6 000 千克，每千克实际成本分别为 11 元和 12 元；3 月 10 日和 3 月 25 日分别发出该材料 10 500 千克和 6 000 千克，全部用于生产车间生产产品。3 月份，B 材料发出和结存成本计算结果如下：

3 月 10 日发出 B 材料成本＝3 000×10＋7 500×11＝112 500（元）

3 月 25 日发出 B 材料成本＝（9 000－7 500）×11＋4 500×12＝70 500（元）

3 月份发出 B 材料成本合计＝112 500＋70 500＝183 000（元）

3 月份结存 B 材料成本合计＝（6 000－4 500）×12＝18 000（元）

甲公司根据计算结果应编制如下会计分录：

3 月 10 日发出 B 材料时：

借：生产成本——基本生产成本　　112 500
　　贷：原材料——B 材料　　112 500

3 月 25 日发出 B 材料时：

借：生产成本——基本生产成本　　70 500
　贷：原材料——B材料　　70 500

假设采用月末一次加权平均法，计算B材料的成本如下：

B材料平均单位成本＝(30 000＋171 000)÷(3 000＋15 000)＝11.17(元)

本月发出B材料的成本＝16 500×11.17＝184 305(元)

月末结存B材料的成本＝30 000＋171 000－184 305＝16 695(元)

甲公司2×20年3月发出B材料用于生产产品，采用实际成本进行材料日常核算，3月31日结转3月发出B材料成本应编制如下会计分录：

借：生产成本——基本生产成本　　184 305
　贷：原材料——B材料　　184 305

假设采用移动加权平均法，计算B材料的成本如下：

第一批收货后B材料的平均单位成本＝(30 000＋99 000)÷(3 000＋9 000)＝10.75(元)

第一批发货B材料的存货成本＝10 500×10.75＝112 875(元)

当时结存的存货成本＝1 500×10.75＝16 125(元)

第二批收货后B材料的平均单位成本＝(16 125＋72 000)÷(1 500＋6 000)＝11.75(元)

第二批发货B材料的存货成本＝6 000×11.75＝70 500(元)

当时结存的存货成本＝1 500×11.75＝17 625(元)

B材料月末结存1 500千克，月末库存存货成本为17 625元；本月发出存货成本合计为183 375元(112 875＋70 500)。

甲公司2×20年3月发出B材料用于生产车间生产产品，采用实际成本进行材料日常核算，应编制如下会计分录：

3月10日发出B材料时：

借：生产成本——基本生产成本　　112 875
　贷：原材料——B材料　　112 875

3月25日发出B材料时：

借：生产成本——基本生产成本　　70 500
　贷：原材料——B材料　　70 500

计价方法一经确定，不得随意变更，如需变更，应在附注中予以说明。

做中学 2-45

甲公司根据“发料凭证汇总表”的记录，1月份基本生产车间领用K材料500 000元，辅助生产车间领用K材料40 000元，车间管理部门领用K材料5 000元，行政管理部门领用K材料4 000元，计549 000元。根据有关原始凭证，编制如下会计分录：

借：生产成本——基本生产成本　　500 000
　　　　　——辅助生产成本　　40 000
　制造费用　　5 000
　管理费用　　4 000
　贷：原材料——K材料　　549 000

（二）采用计划成本核算

1. 原材料核算应设置的会计科目

材料采用计划成本核算时，应设置“原材料”“材料采购”“材料成本差异”等科目，而不设置

“在途物资”科目。材料实际成本与计划成本的差异，通过“材料成本差异”科目核算。月末，计算本月发出材料应负担的成本差异并进行分摊，根据领用材料的用途计入相关资产的成本或者当期损益，从而将发出材料的计划成本调整为实际成本。

1）“原材料”科目。该科目属于资产类科目，用来核算企业库存各种材料的收发与结存情况。在材料采用计划成本核算时，该科目的借方登记入库材料的计划成本，贷方登记发出材料的计划成本，期末余额在借方，反映企业库存材料的计划成本。

(2)“材料采购”科目。该科目借方登记采购材料的实际成本，贷方登记入库材料的计划成本。若借方金额大于贷方金额，表示超支，则将其差额从该科目贷方转入“材料成本差异”科目的借方；若贷方金额大于借方金额，表示节约，则将其差额从该科目借方转入“材料成本差异”科目的贷方。该科目期末余额在借方，反映企业在途材料的采购成本。

(3)“材料成本差异”科目。该科目反映企业已入库各种材料的实际成本与计划成本的差异，借方登记入库材料实际成本大于计划成本的超支差异额及月末结转发出材料应负担的节约差异额，贷方登记入库材料实际成本小于计划成本的节约差异额及月末结转发出材料应负担的超支差异额。期末，该科目如为借方余额，反映企业库存材料的实际成本大于计划成本的差异(即超支差异)；如为贷方余额，反映企业库存材料实际成本小于计划成本的差异(即节约差异)。

2. 原材料的账务处理

1）原材料取得的核算

企业外购原材料时，按外购原材料实际成本记入“材料采购”科目借方，原材料到达验收入库时，按计划成本从“材料采购”科目的贷方转入“原材料”科目。月末将实际成本与计划成本的差异转入“材料成本差异”科目。对于企业购进的原材料，同样由于材料采购地点和结算方式的不同，材料入库时间和货款支付时间不一定相同，也存在如实际成本计价核算法下的几种情况，如图 2-8 所示。

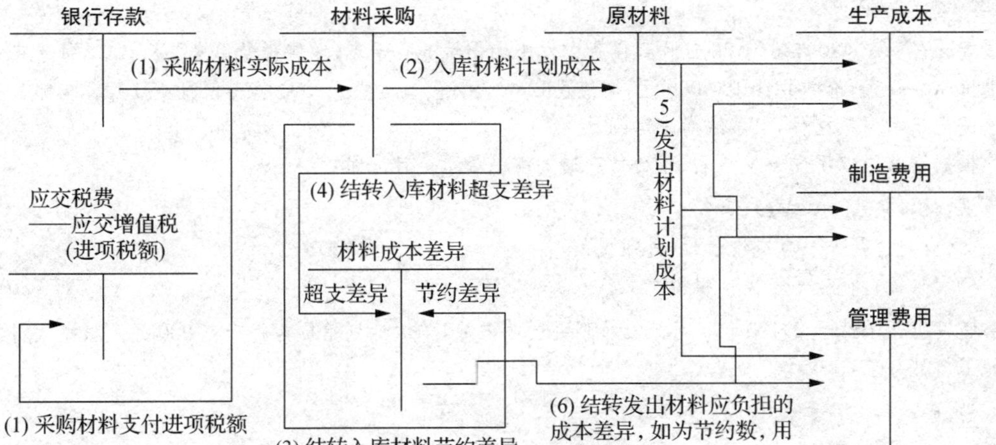

图 2-8　原材料采用计划成本核算的账务处理

(1) 结算凭证与材料同时到达。

在此情况下，企业应根据材料有关结算凭证，按采购材料的实际成本，借记“材料采购”“应交税费”等科目，贷记“银行存款”“应付票据”等科目；对验收入库的材料，再根据收料单按计划成本，借记“原材料”科目，贷记“材料采购”科目；月末结转入库材料的成本差异，若实际成本大于计划成本，则借记“材料成本差异”科目，贷记“材料采购”科目，反之，则借记“材料采购”科目，贷记“材料成本差异”科目。

做中学 2-46

天途公司 2×20 年 6 月 3 日购入羊绒一批，价款为 100 000 元，增值税额为 13 000 元，取得增值税专用发票，该发票已认证。货款已通过银行转账付讫，货物已验收入库，计划成本为 110 000 元。

购进付款时，根据增值税专用发票发票联、收料单、银行付款通知编制如下会计分录：

借：材料采购——羊绒　　100 000
　　应交税费——应交增值税（进项税额）　　13 000
　　贷：银行存款　　113 000

同时验收入库羊绒，根据收料单编制如下会计分录：

借：原材料——羊绒　　110 000
　　贷：材料采购——羊绒　　110 000

月末结转入库羊绒的成本差异时，根据材料成本差异计算表编制如下会计分录：

借：材料采购——羊绒　　10 000
　　贷：材料成本差异——羊绒　　10 000

【提示】 按计划成本计价的原材料，在月末结转入库材料的成本差异时，不是逐笔结转，而是将所有本期入库相同材料的实际成本总额与计划成本总额之间的差异一次进行结转。

（2）先收到结算凭证进行结算，后收到材料并验收入库。

在此情况下，企业先收到结算凭证，则先作购进材料处理，即根据有关结算凭证，借记“材料采购”“应交税费”等科目，贷记“银行存款”“应付票据”等科目；待收到材料验收入库后，再根据收料单按计划成本，借记“原材料”科目，贷记“材料采购”科目；月末结转入库材料的成本差异，会计处理同上述情况。

做中学 2-47

天途公司 2×20 年 6 月 26 日收到供货方发来的羊绒 500 千克，增值税专用发票已认证，每千克不含税进价为 960 元，价款共计 480 000 元，增值税62 400元；代垫运费 5 000 元，增值税 450 元。全部款项已通过民生银行网银支付，但羊绒尚未运到。

根据增值税专用发票发票联、银行付款通知编制如下会计分录：

借：材料采购——羊绒　　485 000
　　应交税费——应交增值税（进项税额）　　62 850
　　贷：银行存款——民生银行　　547 850

假设上述羊绒于 2×20 年 7 月 5 日收到并验收入库，羊绒计划单价为每千克 980 元。根据收料单编制如下会计分录：

借：原材料——羊绒　　490 000
　　贷：材料采购——羊绒　　490 000

2×20 年 7 月末结转羊绒成本差异时，根据材料成本差异计算表编制会计分录如下：

借：材料采购——羊绒　　5 000
　　贷：材料成本差异——羊绒　　5 000

（3）材料先到达并验收入库，结算凭证尚未收到。

在此情况下，由于材料验收入库时结算凭证尚未收到，所以尚未付款，通常在验收入库材料时可暂不作会计处理。若等到月末结算凭证仍未收到，则月末按计划成本估价入账，即借记“原材料”科目，贷记“应付账款”科目。下月初，作相反的会计分录予以转回，以便在下月收到结算凭证后，按结算凭证与材料同时到达的情况进行处理。

做中学 2-48

天途公司 2×20 年 7 月 25 日所购 1 500 千克的羊毛已运达并验收入库，到月末发票账单仍未收到，按计划成本每千克 100 元估价入账。

7 月 31 日，根据收料单编制如下会计分录：

借：原材料——羊毛　　150 000

　贷：应付账款——暂估应付账款　　150 000

8 月 1 日，编制如下会计分录：

借：应付账款——暂估应付账款　　150 000

　贷：原材料——羊毛　　150 000

或：

借：原材料——羊毛　　150 000（红字）

　贷：应付账款——暂估应付账款　　150 000（红字）

2）原材料发出的核算

原材料按计划成本计价，在处理发出业务时并不存在计算确定发出材料单位成本的问题，只需按事先制定的计划单位成本乘以发出材料数量计算出发出材料的计划成本。但在月末需将发出材料的计划成本调整为实际成本，即将材料成本差异额在发出材料和结存材料之间进行分配，计算出发出材料应负担的成本差异。有关计算公式为：

发出材料的实际成本 = 发出材料的计划成本 + 发出材料应分摊的材料成本差异

发出材料应分摊的材料成本差异 = 发出材料的计划成本 × 材料成本差异率

材料成本差异率是材料成本差异额与计划成本的比率，一般应按材料类别分别计算；对于生产用量大的材料，也可按材料品种计算。其计算公式为：

$$材料成本差异率=\frac{月初材料成本差异+本月收入材料成本差异}{月初结存材料计划成本+本月收入材料计划成本}\times 100\%$$

做中学 2-49

天途公司 2×20 年 7 月 1 日结存羊绒的计划成本为 40 万元，成本差异为节约差异 2 000 元；当月入库羊绒的计划成本为 60 万元，成本差异为超支差异 4 000 元；本月发出羊绒的计划成本为 50 万元。则：

材料成本差异率 =（−2 000 + 4 000）÷（400 000 + 600 000）× 100% = 0.2%

发出材料应分摊的材料成本差异 = 500 000 × 0.2% = 1 000（元）

发出材料的实际成本 = 500 000 + 1 000 = 501 000（元）

【提示】 采用上述公式计算材料成本差异率，必须是在月末根据有关部门的资料计算，虽然计算结果比较准确，但存在核算不及时的缺点。为了保证本月发出材料实际成本计算的及时性，有些企业以月初材料成本差异率来计算本月发出材料应负担的成本差异，其计算公式为：

$$月初结存材料成本差异率=\frac{月初结存材料成本差异}{月初结存材料计划成本}\times 100\%$$

按计划成本计价核算的企业在日常发出材料时，应根据材料用途，按发出材料的计划成本，借记“生产成本”“制造费用”“管理费用”“委托加工物资”“在建工程”“其他业务成本”等科目，贷记“原材料”科目；然后根据月初材料成本差异率或月末计算出的本月材料成本差异率，将发出材料的计划成本调整为实际成本。调整时，按实际成本大于计划成本的差额，借记“生产成本”“制造费用”“管理费用”“委托加工物资”“在建工程”“其他业务成本”等科目，贷记“材料成本差异”科目；按实际成本小于计划成本的差异作相反的会计分录。

做中学 2-50

天途公司 2×20 年 7 月 22 日发出羊绒一批，计划成本 25 000 元，其中，基本生产领用 20 000 元，车间一般耗用 4 000 元，管理部门领用 1 000 元。7 月末计算出本月材料成本差异率为 −2%。

(1) 7 月 22 日发出羊绒时，根据领料单、发料凭证汇总表、材料耗费分配表编制如下会计分录：

借：生产成本——基本生产成本	20 000	
制造费用	4 000	
管理费用	1 000	
贷：原材料——羊绒		25 000

(2) 7 月末结转该批材料应负担的材料成本节约差异 500 元[25 000×(−2%)]，根据材料成本差异计算表编制如下会计分录：

借：材料成本差异	500	
贷：生产成本——基本生产成本		400
制造费用		80
管理费用		20

三、周转材料

周转材料，是指企业能够多次使用、逐渐转移其价值但仍保持原有形态，不确认为固定资产的材料，如包装物和低值易耗品；企业（建造承包商）的钢模板、木模板、脚手架和其他周转材料等；在建筑工程施工中可多次利用使用的材料，如钢架杆、扣件、模板、支架等。这里以包装物和低值易耗品为例介绍周转材料的核算。

（一）包装物的核算

1. 包装物的定义和分类

包装物，是指为包装本企业产品或商品而储备的各种包装容器，如箱、桶、瓶、坛、袋等。包装物按照其具体用途分为：

(1) 生产过程中用于包装产品作为产品组成部分的包装物。

(2) 随同产品或商品出售不单独计价的包装物。

(3) 随同产品或商品出售单独计价的包装物。

(4) 出租给购货单位使用的包装物。

(5) 出借给购货单位使用的包装物。

【提示】 企业的下列物品不属于包装物的范围：① 各种包装材料，如纸、绳、铁丝、铁皮等，因其数量零星、单位价值低，应在“原材料”科目中核算；② 计划中单独列作企业商品产品的自制包装物，这类包装物是企业的产品，应在“库存商品”科目中核算。

2. 包装物的账务处理

企业应设置“周转材料——包装物”科目，反映和监督包装物的增减变动及其价值变化、结存等情况，借方登记包装物的增加，贷方登记包装物的减少，期末余额通常在借方，反映企业期末结存包装物的成本。

1) 包装物的取得

包装物取得的核算与原材料取得的核算相似，可以比照原材料取得的核算方法进行。

外购包装物分单独购进和随货购进两种。其中，随货购进又有单独计价和不单独计价两种情况。单独购进和随货购进单独计价的包装物，其账务处理方法与原材料购进相同，区别是在购进包装物时应记入“周转材料——包装物”科目。

随货购进不单独计价的包装物，因其价款包括在所包装货物的成本中而无法分离出来，因此，不涉及包装物的账务处理。

做中学 2-51

天途公司的周转材料按实际成本计价核算。本月购进包装物一批，增值税专用发票已认证，价款10 000元，增值税额1 300元。包装物已验收入库，贷款以银行存款支付。

天途公司根据收料单、增值税专用发票发票联、银行付款通知编制如下会计分录：

借：周转材料——包装物　　10 000
　　应交税费——应交增值税（进项税额）　　1 300
　　贷：银行存款　　11 300

2）包装物的发出

（1）生产领用包装物。生产领用的包装物若属于产品内包装，则包装物成为产品不可分割的组成部分，这种包装物一般不单独计价，随同产品销售后也不回收。因此，生产领用的包装物构成产品成本的组成部分，应计入产品的生产成本，借记“生产成本”科目，贷记“周转材料——包装物”科目。

做中学 2-52

天途公司2×20年7月11日为生产羊绒纱领用包装物一批，计划成本2 500元，包装物成本差异率为1%。

（1）领用包装物时，根据出库单编制如下会计分录：

借：生产成本——基本生产成本（羊绒纱）　　2 500
　　贷：周转材料——包装物　　2 500

（2）结转领用包装物成本差异时，根据材料成本差异计算表编制如下会计分录：

借：生产成本——基本生产成本（羊绒纱）　　25
　　贷：材料成本差异——包装物　　25

（2）随同产品出售不单独计价的包装物。随同产品出售不单独计价的包装物，因无独立的收入与包装物成本相配比，所以一般作为包装费用计入销售费用。在包装物发出时，借记“销售费用”科目，贷记“周转材料——包装物”科目。

做中学 2-53

天途公司2×20年7月15日销售产品时，领用不单独计价的包装物，计划成本为3 000元，包装物成本差异率为1%。

（1）发出包装物时，根据出库单编制如下会计分录：

借：销售费用——包装费　　3 000
　　贷：周转材料——包装物　　3 000

（2）结转领用包装物成本差异时，根据材料成本差异计算表编制如下会计分录：

借：销售费用——包装费　　30
　　贷：材料成本差异——包装物　　30

(3) 随同产品出售单独计价的包装物。随同产品出售单独计价的包装物，属于企业包装物销售业务，即其他销售业务，其取得的收入应作为其他业务收入，其成本应相应地作为其他业务成本。

做中学 2-54

天途公司 2×20 年 7 月 20 日销售产品时，随同产品出售单独计价的包装物一批，其售价 5 000 元，增值税 650 元，已通过银行存款收讫。该批包装物计划成本 4 000 元，成本差异率为 1%。

(1) 出售包装物，收到价款时，根据增值税专用发票记账联、银行收款通知编制如下会计分录：

借：银行存款	5 650	
贷：其他业务收入——周转材料(包装物)		5 000
应交税费——应交增值税(销项税额)		650

(2) 发出包装物时，根据出库单编制如下会计分录：

借：其他业务成本——周转材料(包装物)	4 000	
贷：周转材料——包装物		4 000

(3) 月末结转包装物成本差异时，根据材料成本差异计算表编制如下会计分录：

借：其他业务成本——周转材料(包装物)	40	
贷：材料成本差异——包装物		40

(4) 出租、出借包装物。有时企业因销售产品或商品，将包装物以出租或出借的形式，租给或借给客户暂时使用，并与客户约定一定时间内收回包装物。

企业出租、出借包装物时，应根据包装物出库等凭证列明的金额，借记“周转材料——包装物——出租包装物(或出借包装物)”科目，贷记“周转材料——包装物——库存包装物”科目。包装物如按计划成本计价，还应同时结转材料成本差异。

为了保证及时返还和承担妥善保管包装物的经管责任，企业出租或出借包装物时，一般要向客户收取一定数额的押金，即存入保证金，归还包装物时将押金退还给客户。收取包装物押金时，借记“库存现金”“银行存款”等科目，贷记“其他应付款——存入保证金”科目；退还押金时，编制相反的会计分录。

出租包装物是企业(专门经营包装物租赁除外)的一项其他业务活动。出租期间，企业按约定收取的包装物租金，应计入其他业务收入，借记“库存现金”“银行存款”“其他应收款”等科目，贷记“其他业务收入”科目。

出租或出借包装物发生的相关费用包括两个方面：一是包装物的摊销费用；二是包装物的维修费用。企业按照规定的摊销方法，对包装物进行摊销时，借记“其他业务成本”(出租包装物)、“销售费用”(出借包装物)科目，贷记“周转材料——包装物——包装物摊销”科目。企业确认应由其负担的包装物修理费用等支出时，借记“其他业务成本”(出租包装物)、“销售费用”(出借包装物)科目，贷记“库存现金”“银行存款”“原材料”“应付职工薪酬”等科目。

做中学 2-55

天途公司销售产品给天成公司时，随货出租新包装物一批，租金为 2 000 元(含税)，该包装物实际成本为 2 000 元。当即收到现金押金 4 000 元，使用期满后，租入方退还包装物，租金从押金中扣除。该包装物采用一次摊销法进行摊销。

(1) 出租包装物收到押金，根据收款收据(收款方凭证)编制如下会计分录：

借：库存现金	4 000	
贷：其他应付款——天成公司		4 000

(2) 出租的新包装物出库时,根据出库单编制如下会计分录:

借:其他业务成本　　2 000
　贷:周转材料——包装物　　2 000

(3) 收回包装物,扣除租金后退还押金,根据增值税专用发票记账联、收据(付款方凭证)编制如下会计分录:

借:其他应付款——天成公司　　4 000
　贷:其他业务收入　　1 770
　　应交税费——应交增值税(销项税额)　　230
　　库存现金　　2 000

(二) 低值易耗品的核算

1. 低值易耗品的定义和分类

低值易耗品,是指单位价值在规定的限额以下或使用期限在1年以内的不能作为固定资产管理的劳动资料,如工具、管理用具、玻璃器皿,以及在生产经营过程中周转使用的包装容器等。低值易耗品可按其用途作如下分类:一般工具、专用工具、替换设备、劳动保护用品、管理用具、其他用具等。

2. 低值易耗品的账务处理

企业应设置"周转材料——低值易耗品"科目,反映和监督低值易耗品的增减变动及其结存情况。该科目借方登记低值易耗品的增加;贷方登记低值易耗品的减少;期末余额在借方,通常反映企业期末结存低值易耗品的成本。

1) 低值易耗品的取得

低值易耗品取得的核算与原材料取得的核算基本相同,低值易耗品入库时,按照实际成本或计划成本,借记"周转材料——低值易耗品"科目,贷记"银行存款""应付账款"等科目。采用计划成本计价核算的,还需要结转材料成本差异。

做中学 2-56

天途公司的周转材料按实际成本计价核算,2×19年7月5日购进梳毛机磨针一批,增值税专用发票已认证,价款12 000元,增值税额1 560元。磨针已验收入库,货款以银行存款支付。

根据收料单、增值税专用发票发票联、银行付款通知编制如下会计分录:

借:周转材料——低值易耗品——磨针　　12 000
　应交税费——应交增值税(进项税额)　　1 560
　贷:银行存款　　13 560

2) 低值易耗品的领用

低值易耗品作为周转材料,其最主要的特征是多次循环使用,在周转使用过程中因磨损而减少的价值采用摊销的形式核算。低值易耗品的摊销可根据情况采用一次摊销法、五五摊销法或分次摊销法。

(1) 一次摊销法是指在第一次领用低值易耗品时,将其全部成本一次计入有关成本费用的方法。这种方法适用于一次领用数额较少、价值不高、使用期限不长的低值易耗品。企业采用一次摊销法摊销低值易耗品成本的,第一次领用时,按其具体用途将其全部成本转入有关的成本费用,借记"制造费用""管理费用""销售费用""其他业务成本"等科目,贷记"周转材料"科目。

做中学 2-57

天途公司低值易耗品按实际成本计价核算。7 月 8 日生产车间领用梳毛机磨针一批，采用一次摊销法，总计 3 500 元。根据出库单编制如下会计分录：

借：制造费用　　3 500

　贷：周转材料——低值易耗品——磨针　　3 500

(2) 采用五五摊销法，领用时，应将低值易耗品计划成本或实际成本从“在库低值易耗品”科目转入“在用低值易耗品”科目，同时按领用低值易耗品的计划成本或实际成本的 50%作为摊销额记入有关成本费用科目；低值易耗品报废时，再摊销剩余的 50%，同时将其残料价值冲减摊销的成本费用，并将其全部价值（计划成本或实际成本）与摊销额相互结转，即“在用低值易耗品”与“低值易耗品摊销额”科目相互转销。按计划成本计价核算的还应在低值易耗品报废月份终了，计算结转应分摊的材料成本差异。

采用五五摊销法，在低值易耗品报废前，账面上一直保持其价值的一半，因而有利于实行会计监督，防止出现大量的账外物资。该方法一般适用于使用期限较长、单位价值较高、每月领用数及报废数比较均衡的低值易耗品，并且低值易耗品按车间、部门进行数量和金额明细核算的企业，如图 2-9 所示。

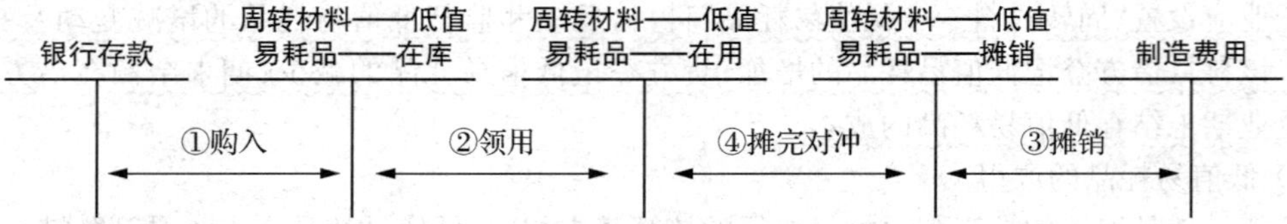

图 2-9　五五摊销法

做中学 2-58

某基本生产车间领用专用工具一批，计划成本为 8 000 元；本月报废管理用具一批，计划成本为 1 000元，残值为 100 元，作为辅助材料已验收入库。本月材料成本差异率为 2%。

(1) 根据领用凭证，编制如下会计分录：

借：周转材料——低值易耗品——在用　　8 000

　贷：周转材料——低值易耗品——在库　　8 000

同时，摊销低值易耗品成本的 50%：

借：制造费用　　4 000

　贷：周转材料——低值易耗品——摊销　　4 000

借：制造费用　　80

　贷：材料成本差异——低值易耗品　　80

(2) 报废管理用具，收回残料交库，根据有关原始凭证，编制如下会计分录：

借：制造费用　　500

　贷：周转材料——低值易耗品——摊销　　500

借：原材料——辅助材料　　100

　贷：制造费用　　100

借：周转材料——低值易耗品——摊销　　1 000

　贷：周转材料——低值易耗品——在用　　1 000

同时，结转报废管理用具应负担的材料成本差异，编制如下会计分录：

借：制造费用　　10

　贷：材料成本差异——低值易耗品　　10

(3) 分次摊销法是指在领用低值易耗品时按照使用次数分次计入成本费用的一种摊销方法。这种方法适用于一次领用低值易耗品数量较多、价值较大的情况。低值易耗品在采用分次摊销法核算时，应设置“在库”“在用”“摊销”三个明细科目进行核算。

做中学 2-59

天途公司基本生产车间领用修理工具一批，实际成本 10 000 元，预计使用 10 次报废，采用分次摊销法核算。

(1) 每次领用时，根据出库单编制如下会计分录：

借：周转材料——低值易耗品——在用(修理工具)　　10 000

　贷：周转材料——低值易耗品——在库(修理工具)　　10 000

(2) 当月月末摊销修理工具成本 1 000 元(10 000÷10)，根据低值易耗品摊销表编制如下会计分录：

借：制造费用　　1 000

　贷：周转材料——低值易耗品——摊销(修理工具)　　1 000

(3) 若上述修理工具第 10 次领用后报废，残值收入 50 元，将剩余 950 元(1 000－50)成本摊销，根据存货报废单编制如下会计分录：

借：制造费用　　950

　库存现金　　50

　贷：周转材料——低值易耗品——摊销(修理工具)　　1 000

同时：

借：周转材料——低值易耗品——摊销(修理工具)　　10 000

　贷：周转材料——低值易耗品——在用(修理工具)　　10 000

四、委托加工物资

(一) 委托加工物资的内容和成本

委托加工物资是指企业委托外单位加工的各种材料、商品等物资。与材料或商品销售不同，委托加工物资发出后，虽然其保管地点发生位移，但材料或商品仍属于企业存货范畴。经过加工，材料或商品不仅实物形态、性能和使用价值可能发生变化，加工过程中也要消耗其他材料，发生加工费、税费，导致被加工材料或商品的成本增加。

委托加工账务处理快速记忆

企业委托外单位加工物资的成本包括：① 加工中实际耗用物资的成本；② 支付的加工费用及应负担的运杂费等；③ 支付的税金，包括委托加工物资所应负担的消费税(指属于消费税应税范围的加工物资)等。核算内容主要包括拨付加工物资、支付加工费用和税金、收回加工物资和剩余物资等。

(二) 委托加工物资的账务处理

企业应设置“委托加工物资”科目，核算企业委托外单位加工的各种材料、商品等物资的实际成本，反映和监督委托加工物资的发出、收回及结存情况。该科目属于资产类科目，借方登记发出委托加工物资的实际成本以及支付的加工费、往返运杂费等；贷方登记加工完成并验收入库物资的实际成本；期末余额在借方，表示委托外单位加工尚未完成物资的实际成本。

（1）发给外单位加工的物资时，按实际成本借记“委托加工物资”科目，贷记“原材料”科目。需要说明的是，企业发给外单位加工物资时，如果采用计划成本核算的，还应同时结转材料成本差异，贷记或借记“材料成本差异”科目。

（2）支付加工费用、应承担的运杂费、增值税时，按加工费借记“委托加工物资”科目，按增值税专用发票上的金额借记“应交税费——应交增值税（进项税额）”科目，贷记“应付账款”“银行存款”科目等。支付其由受托方代收代缴的消费税，分别以下情况处理：① 收回后直接用于销售的，应将受托方代收代缴的消费税计入委托加工物资成本；② 收回后用于连续生产应税消费品，按规定准予抵扣的，按受托方代收代缴的消费税，借记“应交税费——应交消费税”科目。

（3）加工完成验收入库的物资和剩余的物资，按加工收回物资的实际成本和剩余物资的实际成本，借记“原材料”“库存商品”等科目，贷记“委托加工物资”科目。按入库物资应负担的材料成本差异，借记或贷记“材料成本差异”科目。

委托加工物资的核算如图 2-10 所示。

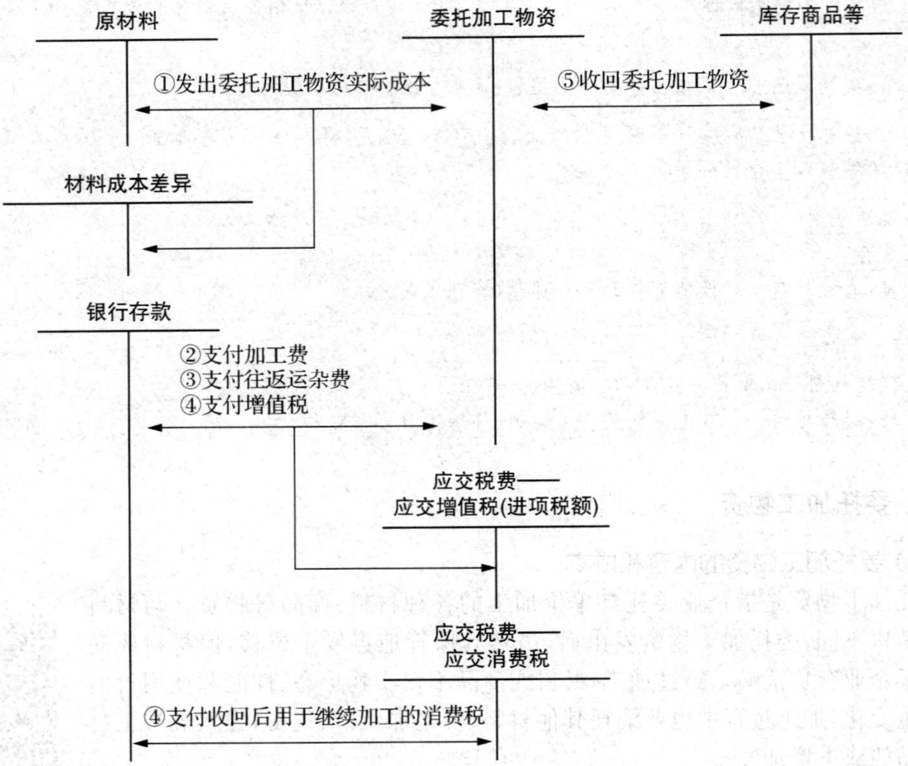

图 2-10　委托加工物资的核算

做中学 2-60

甲公司将一批原材料委托外单位代加工 H 产品（属于应税消费品），发出原材料的计划成本为 100 000 元，本月材料成本差异率为 1%。用银行存款支付加工费用 10 000 元，支付应缴纳的消费税 5 842 元和增值税1 300元。原材料加工完毕，验收入库，计划成本为 115 000 元。H 产品收回后用于连续生产应税消费品。

(1) 领用加工物资时，根据有关原始凭证，编制如下会计分录：

借：委托加工物资　　101 000

　　贷：原材料　　100 000

　　　　材料成本差异　　1 000

(2) 支付加工费时(委托加工应税消费品加工收回后用于连续生产应税消费品)，根据有关原始凭证，编制如下会计分录：

借：委托加工物资　　10 000

　　应交税费——应交增值税(进项税额)　　1 300

　　　　　　——应交消费税　　5 842

　　贷：银行存款　　17 142

(3) 原材料加工完成后验收入库时，根据有关原始凭证，编制如下会计分录：

借：库存商品　　115 000

　　贷：委托加工物资　　111 000

　　　　材料成本差异　　4 000

做中学 2-61

承[做中学 2-60]，若 H 产品收回后直接用于销售。

(1) 领用加工物资时，根据有关原始凭证，编制如下会计分录：

借：委托加工物资　　101 000

　　贷：原材料　　100 000

　　　　材料成本差异　　1 000

(2) 支付加工费时(委托加工应税消费品加工收回后直接用于销售)，根据有关原始凭证，编制如下会计分录：

借：委托加工物资　　15 842

　　应交税费——应交增值税(进项税额)　　1 300

　　贷：银行存款　　17 142

(3) 加工完成后验收入库时，根据有关原始凭证，编制如下会计分录：

借：库存商品　　115 000

　　材料成本差异　　1 842

　　贷：委托加工物资　　116 842

五、库存商品

(一) 库存商品的内容

库存商品是指企业完成全部生产过程并已验收入库、合乎标准规格和技术条件，可以按照合同规定的条件送交订货单位，或可以作为商品对外销售的产品以及外购或委托加工完成验收入库用于销售的各种商品。

库存商品具体包括库存产成品、外购商品、存放在门市部准备出售的商品、发出展览的商品、寄存在外的商品、接受来料加工制造的代制品和为外单位加工修理的代修品等。

【提示】 已完成销售手续但购买单位在月末未提取的产品，不应作为企业的库存商品，而应作为代管商品处理，单独设置代管商品备查簿进行登记。

库存商品可以采用实际成本核算，也可以采用计划成本核算，其方法与原材料相似。采用计划成本核算时，库存商品实际成本与计划成本的差异，可单独设置“产品成本差异”科目核算。

（二）库存商品的账务处理

1. 商品入库

企业应设置“库存商品”科目，反映和监督库存商品的增减变化及其结存情况。该科目属于资产类科目，借方登记验收入库的库存商品成本；贷方登记发出的库存商品成本；期末余额在借方，反映各种库存商品的实际成本或计划成本。该科目应按库存商品的种类、品种和规格设置明细科目进行核算。

【知识拓展】 商品流通企业的库存商品有按进价核算和按售价核算两种方法。在按售价核算方法下，除了设置“库存商品”科目核算库存商品的售价外，还需设置“商品进销差价”科目核算库存商品售价和进价间的差额。

企业生产的产成品一般应按实际成本核算，产成品的入库和出库平时只记数量不记金额，期（月）末计算入库产成品的实际成本。生产完成验收入库的产成品，按其实际成本，借记“库存商品”等科目，贷记“生产成本”等科目。

产成品种类较多的，也可按计划成本进行日常核算，其实际成本与计划成本的差异，可以单独设置“产品成本差异”科目，比照“材料成本差异”科目核算。

做中学 2-62

天途公司 2×20 年 7 月 15 日验收入库毛绒纱 500 千克，实际单位成本 1 000 元。

(1) 实际成本法下，根据入库单编制如下会计分录：

借：库存商品——毛绒纱	500 000	
贷：生产成本——基本生产成本——毛绒纱		500 000

(2) 如果天途公司采用计划成本核算产成品，计划成本为 505 000 元，根据入库单编制如下会计分录：

借：库存商品——毛绒纱	505 000	
贷：生产成本——基本生产成本——毛绒纱		500 000
产品成本差异		5 000

2. 商品发出

企业销售产成品按规定确认收入的同时，应计算、结转与收入相关的产成品成本。产成品销售成本的计算与结转，通常是在期（月）末进行。采用实际成本进行产成品日常核算的，应根据本期（月）销售产品数量及其相应的单位生产成本（按先进先出法、加权平均法或个别计价法计算）计算确定本期产品销售成本总额，借记“主营业务成本”科目，贷记“库存商品”科目。

做中学 2-63

天途公司 2×20 年 8 月 19 日销售毛绒纱 100 千克，实际单位成本 1 000 元。

(1) 在实际成本法下，在结转其销售成本时，根据出库单编制如下会计分录：

借：主营业务成本	100 000	
贷：库存商品——羊绒纱		100 000

(2) 假定该公司采用计划成本计价核算，计划成本为 101 000 元，发出的产成品还应结转产品成本差异，将发出产成品的计划成本调整为实际成本，根据出库单编制如下会计分录：

借：主营业务成本	100 000	
产品成本差异	1 000	
贷：库存商品		101 000

【知识拓展】 商品流通企业，尤其是商业批发企业一般采用毛利率法来计算本期商品销售成本和期末库存商品成本。

商品流通企业的库存商品，通常采用毛利率法和售价金额核算法等方法进行日常核算。

(1) 毛利率法，是指根据本期销售净额乘以上期实际(或本期计划)毛利率匡算本期销售毛利，并据以计算发出存货和期末存货成本的一种方法。其计算公式如下：

毛利率 = 销售毛利 ÷ 销售额 × 100%

销售净额 = 商品销售收入 − 销售退回与折让

销售毛利 = 销售额 × 毛利率

销售成本 = 销售额 − 销售毛利 = 销售额 × (1 − 毛利率)

期末存货成本 = 期初存货成本 + 本期购货成本 − 本期销售成本

商品发出账务处理快速记忆

这一方法是商品流通企业，尤其是商业批发企业常用的计算本期商品销售成本和期末库存商品成本的方法。商品流通企业由于经营商品的品种繁多，如果分品种计算商品成本，工作量将大大增加，而且一般来讲，商品流通企业同类商品的毛利率大致相同，采用这种存货计价方法既能减轻工作量，也能满足对存货管理的需要。

做中学 2-64

某商场采用毛利率法进行核算，2×20 年 4 月 1 日针织品库存余额1 800万元，本月购进3 000万元，本月销售收入3 400万元，上季度该类商品毛利率为 25%。本月已销商品和月末库存商品的成本计算如下：

销售毛利 = 3 400 × 25% = 850(万元)

本月销售成本 = 3 400 − 850 = 2 550(万元)

库存商品成本 = 1 800 + 3 000 − 2 550 = 2 250(万元)

(2) 售价金额核算法，是指平时商品的购入、加工收回、销售均按售价记账，售价与进价的差额通过“商品进销差价”科目核算，期末计算进销差价率和本期已销售商品应分摊的进销差价，并据以调整本期销售成本的一种方法。其计算公式如下：

商品进销差价率 = (期初库存商品进销差价 + 本期购入商品进销差价) ÷ (期初库存商品售价 + 本期购入商品售价) × 100%

本期销售商品应分摊的商品进销差价 = 本期商品销售收入 × 商品进销差价率

本期销售商品的成本 = 本期商品销售收入 − 本期销售商品应分摊的商品进销差价
　　= 本期商品销售收入 × (1 − 商品进销差价率)

期末结存商品的成本 = 期初库存商品的进价成本 + 本期购进商品的进价成本 − 本期销售商品的成本

如果企业的商品进销差价率各期之间比较均衡的，也可以采用上期商品进销差价率分摊本期的商品进销差价。年度终了，应对商品进销差价进行核实调整。

企业购入商品采用售价金额核算，按验收入库商品的售价，借记“库存商品”科目，按商品进价，贷记“银行存款”“在途物资”“委托加工物资”等科目，按商品售价与进价之间的差额，贷记“商品进销差价”科目。

对外销售发出商品时，按售价结转销售成本，借记“主营业务成本”科目，贷记“库存商品”科目。期(月)末分摊已销商品的进销差价，借记“商品进销价差”科目，贷记“主营业务成本”科目，对于从事商业零售业务的企业(如百货公司、超市等)，由于经营的商品种类、品种、规格等繁多，而且要求按商品零售价格标价，采用其他成本计算结转方法较困难，因此广泛采用这一方法。

做中学 2-65

某商场采用售价金额核算法进行核算，2×20 年 7 月期初库存商品的进价成本为 100 万元，售价总额为 110 万元，本月购进该商品的进价成本为 75 万元，售价总额为 90 万元，本月销售收入为 120 万元。有关计算如下：

商品进销差价率 = (10 + 15) ÷ (110 + 90) × 100% = 12.5%

已销商品应分摊的商品进销差价 = 120 × 12.5% = 15(万元)

本期销售商品的实际成本 = 120 − 15 = 105(万元)

期末结存商品的实际成本 = 100 + 75 − 105 = 70(万元)

六、存货清查

存货清查是指通过对存货的实地盘点，确定存货的实有数量，并与账面结存数核对，从而确定存货实存数与账面结存数是否相符的一种专门方法。

存货清查的方法采用实地盘点法。存货清查按照清查对象和范围的不同，分为全面清查与局部清查。存货清查按照清查时间的不同，分为定期清查与不定期清查。

由于存货种类繁多、收发频繁，在日常收发过程中可能发生计量错误、计算错误、自然损耗，还可能发生损坏变质以及贪污、盗窃等情况，造成账实不符，形成存货的盘盈、盘亏。对于存货的盘盈、盘亏，应填写存货盘点报告表，及时查明原因，按照规定程序报批处理。

(一) 存货盘盈的账务处理

为了反映企业在财产清查中查明的各种存货的盘盈、盘亏和毁损情况，企业应当设置“待处理财产损溢”科目，借方登记存货的盘亏、毁损金额及盘盈的转销金额，贷方登记存货的盘盈金额及盘亏的转销金额。企业清查的各种存货损益，应在期末结账前处理完毕，期末处理后，该科目应无余额。

企业发生存货盘盈时，应按盘盈存货的重置成本，借记“原材料”“库存商品”等科目，贷记“待处理财产损溢——待处理流动资产损溢”科目；在按管理权限报经批准后，借记“待处理财产损溢——待处理流动资产损溢”科目，贷记“管理费用”科目。其账务处理如图 2-11 所示。

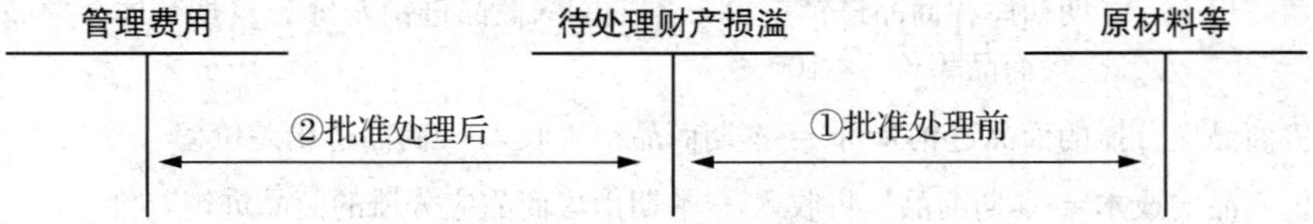

图 2-11　存货盘盈的账务处理

做中学 2-66

甲公司在财产清查中盘盈 J 材料1 000千克，实际单位成本为 60 元。经查，属于材料收发计量方面的错误。

(1) 批准处理前，根据有关原始凭证，编制如下会计分录：

借：原材料　　60 000

　　贷：待处理财产损溢——待处理流动资产损溢　　60 000

(2) 批准处理后，根据有关原始凭证，编制如下会计分录：

借：待处理财产损溢——待处理流动资产损溢　　60 000

　　贷：管理费用　　60 000

(二) 存货盘亏的账务处理

企业发生存货盘亏及损毁时，借记“待处理财产损溢”科目，贷记“原材料”“库存商品”等科目。在按管理权限报经批准后应做如下账务处理：

(1) 对于入库的残料价值，记入“原材料”等科目。

(2) 对于应由保险公司和过失人的赔款，记入“其他应收款”科目。

(3) 扣除残料价值和应由保险公司、过失人赔款后的净损失，属于一般经营损失的部分，记入“管理费用”科目，属于非常损失的部分，记入“营业外支出”科目。其账务处理如图 2-12 所示。

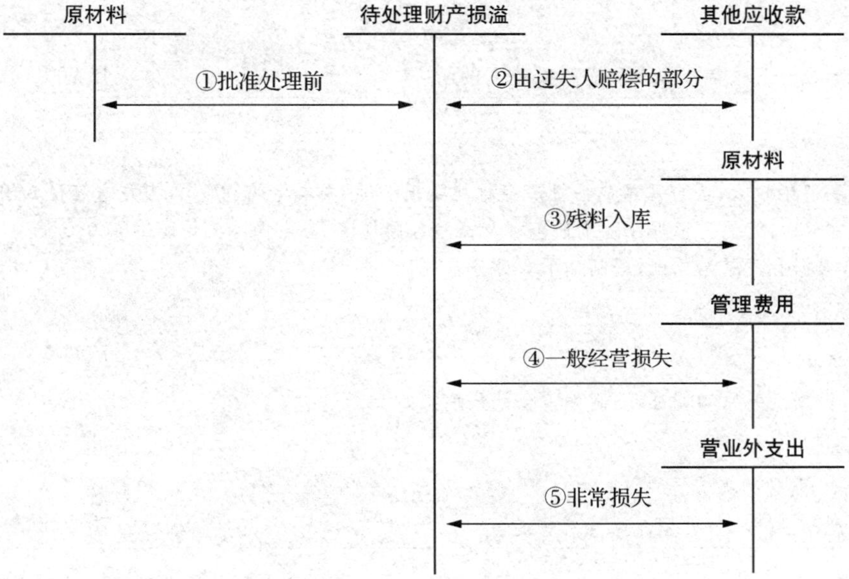

图 2-12　存货盘亏或毁损的账务处理

存货清查账务处理快速记忆

做中学 2-67

甲公司在财产清查中发现盘亏 K 材料 500 千克，实际成本为100 000元，相关增值税专用发票上注明的增值税额为13 000元，经查属于管理不善而造成的损失，属于一般经营损失。

(1) 批准处理前，根据有关原始凭证，编制如下会计分录：

借：待处理财产损溢——待处理流动资产损溢　　113 000
　　贷：原材料　　100 000
　　　　应交税费——应交增值税(进项税额转出)　　13 000

(2) 批准处理后，根据有关原始凭证，编制如下会计分录：

借：管理费用　　113 000
　　贷：待处理财产损溢——待处理流动资产损溢　　113 000

做中学 2-68

甲公司在财产清查中发现毁损 L 材料 300 千克，实际成本为30 000元，相关增值税专用发票上注明的增值税额为3 900元。经查属于材料保管员的过失造成的，按规定由其个人赔偿20 000元。

(1) 批准处理前，根据有关原始凭证，编制如下会计分录：

借：待处理财产损溢——待处理流动资产损溢　33 900
　贷：原材料　30 000
　　应交税费——应交增值税（进项税额转出）　3 900

（2）批准处理后，根据有关原始凭证，编制如下会计分录：

① 由过失人赔偿的部分：

借：其他应收款　20 000
　贷：待处理财产损溢——待处理流动资产损溢　20 000

② 结转材料毁损净损失时：

借：管理费用　13 900
　贷：待处理财产损溢——待处理流动资产损溢　13 900

做中学 2-69

甲公司为增值税一般纳税人，因台风造成一批库存材料毁损，实际成本为70 000元，相关增值税专用发票上注明的增值税额为9 100元。根据保险责任范围及保险合同规定，应由保险公司赔偿50 000元。

（1）批准处理前，根据有关原始凭证，编制如下会计分录：

借：待处理财产损溢——待处理流动资产损溢　70 000
　贷：原材料　70 000

（2）批准处理后，根据有关原始凭证，编制如下会计分录：

借：其他应收款　50 000
　营业外支出——非常损失　20 000
　贷：待处理财产损溢——待处理流动资产损溢　70 000

七、存货减值

（一）存货跌价损失的确认和计量

在会计期末，存货应当按照成本与可变现净值孰低计量。

存货按成本与可变现净值孰低计量，是指期末存货按照成本与可变现净值两者之中较低者计价的方法，即当成本低于可变现净值时，期末存货按成本计价；当成本高于可变现净值时，期末存货按可变现净值计价，即存货发生减值，确认存货跌价损失，计提存货跌价准备。

（1）成本是指期末存货的实际成本，如企业在存货成本的日常核算中采用计划成本法等简化核算方法，则成本应为调整后的实际成本。

（2）可变现净值是指日常活动中，存货的估计售价减去至完工时估计将要发生的成本、估计的销售费用以及相关税费后的金额。具体计算时要区分出售的商品存货和耗用的材料存货。

（二）账务处理

（1）“存货跌价准备”科目用于核算企业提取的存货跌价准备。该科目属于资产类科目，贷方登记存货可变现净值低于成本的差额，借方登记已计提跌价准备的存货价值以后又得以恢复的金额和其他原因冲减已计提跌价准备的金额。该科目期末贷方余额反映企业已提取的存货跌价准备。

（2）“资产减值损失”科目用于核算企业计提各项减值准备所形成的损失，属于损益类科目。

该科目借方登记提取各项准备金而增加的损失，贷方登记冲减或冲销准备金而减少的损失，期末应将该科目余额转入"本年利润"科目，结转后该科目无余额。该科目应按资产减值损失的项目进行明细核算，如图 2-13 所示。

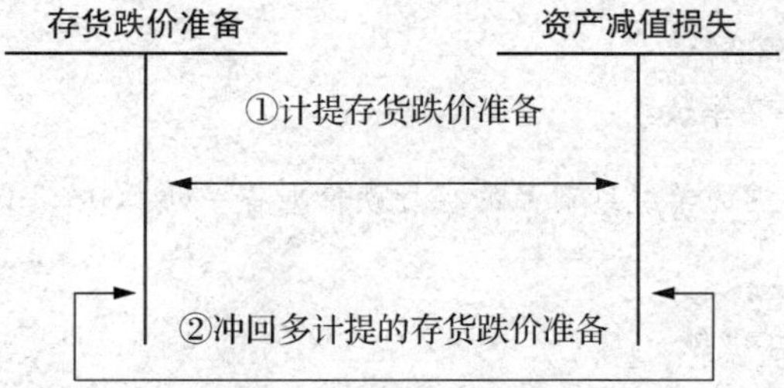

图 2-13 存货跌价准备的账务处理

当存货成本高于其可变现净值时，企业应当按照单个存货项目计算存货可变现净值低于成本的差额，借记"资产减值损失——计提的存货跌价准备"科目，贷记"存货跌价准备"科目。

转回已计提的存货跌价准备金额时，按恢复增加的金额，借记"存货跌价准备"科目，贷记"资产减值损失——计提的存货跌价准备"科目。

企业结转存货销售成本时，对于已计提存货跌价准备的，借记"存货跌价准备"科目，贷记"主营业务成本""其他业务成本"等科目。

企业应当合理地计提存货跌价准备，但不得计提秘密准备。如有确凿证据表明企业不恰当地运用谨慎性原则计提了秘密准备，应当作为重大会计差错予以更正，并在会计报表附注中说明事项的性质、调整金额，以及对企业财务状况、经营成果的影响。

【提示 1】 当以前减记存货价值的因素已经消失，减记的金额应当予以恢复，并在原已计提的存货跌价准备金额内转回，即冲减的跌价准备金额，应以"存货跌价准备"科目的余额为限冲减至零。期末按照应冲减金额，借记"存货跌价准备"科目，贷记"资产减值损失"科目。

【提示 2】 企业应在每一会计期末比较成本与可变现净值并计算出应计提的存货跌价准备，再与已提数进行比较。若应提数大于已提数，应予补提；反之，应将已提数与应提数之间的差额冲销已提数。

做中学 2-70

天途公司从 2×19 年开始采用成本与可变现净值孰低法对存货进行期末计价。有关羊绒纱商品的各年资料如表 2-5 所示。

表 2-5 存货(羊绒纱)跌价准备计算表 单位：元

项目	2×19 年年末	2×20 年年末	2×21 年年末	2×22 年年末
账面实际成本	31 000	37 000	23 000	35 000
可变现净值	26 000	29 000	21 000	37 000
存货跌价准备	5 000	8 000	2 000	0

审核：××× 制单：×××

天途公司每年年末根据存货(羊绒纱)跌价准备计算表编制如下会计分录：

2×19 年年末计提羊绒纱商品的存货跌价准备＝31 000－26 000＝5 000(元)

借：资产减值损失——存货　5 000
　贷：存货跌价准备——羊绒纱　5 000

2×20 年年末补提羊绒纱商品的存货跌价准备＝37 000－29 000－5 000＝3 000(元)

借：资产减值损失——存货　3 000
　贷：存货跌价准备——羊绒纱　3 000

2×21 年年末转回已计提的羊绒纱商品的存货跌价准备＝(5 000＋3 000)－(23 000－21 000)＝6 000(元)

借：存货跌价准备——羊绒纱　6 000
　贷：资产减值损失——存货　6 000

2×22 年年末转回已不存在叠加的羊绒纱商品的存货跌价准备＝(5 000＋3 000)－6 000＝2 000(元)

借：存货跌价准备——羊绒纱　2 000
　贷：资产减值损失——存货　2 000

【知识拓展】 根据《小企业会计准则》的规定，小企业存货年末按历史成本进行计量，不计提减值准备。

任务五　固定资产

一、固定资产概述

(一) 固定资产的概念和特征

固定资产是指同时具有以下特征的有形资产：

(1) 为生产商品、提供劳务、出租或经营管理而持有的。

(2) 使用寿命超过一个会计年度。

从这一定义可以看出，作为企业的固定资产应具备以下特征：

第一，企业持有固定资产的目的是满足生产商品、提供劳务、出租或经营管理的需要，而不像商品一样为了对外出售。这一特征是固定资产区别于商品等流动资产的重要标志。

第二，企业使用固定资产的期限较长，使用寿命一般超过一个会计年度。这一特征表明企业固定资产的收益期超过 1 年，能在 1 年以上的时间里为企业创造经济利益。

(二) 固定资产的分类

根据不同的管理需要和核算要求以及不同的分类标准，可以对固定资产进行以下分类：

(1) 按经济用途，固定资产可分为：① 生产经营用固定资产。它是指直接服务于企业生产、经营过程的各种固定资产，如生产经营用的房屋、建筑物、机器、设备、器具、工具等。② 非生产经营用固定资产。它是指不直接服务于生产、经营过程的各种固定资产，如职工宿舍等使用的房屋、设备和其他固定资产等。

(2) 按经济用途和使用情况等，固定资产可分为：① 生产经营用固定资产；② 非生产经营用固定资产；③ 租出固定资产(指在经营租赁方式下出租给外单位使用的固定资产)；④ 不需用固定资产；⑤ 未使用固定资产；⑥ 土地(指过去已经估价单独入账的土地。因征地而支付的补偿费，应计入与土地有关的房屋、建筑物的价值内，不单独作为土地价值入账。企业取得的土地使用权，应作为无形资产管理，不作为固定资产管理)；⑦ 租入固定资产(指企业除短期租赁和低价值资产租赁租入的固定资产，在租赁期内，应视同自有固定资产进行管理）。

由于企业的经营性质不同，经营规模各异，对固定资产的分类不可能完全一致。但实际工作中，企业大多采用综合分类的方法作为编制固定资产目录，进行固定资产核算的依据。

【提示】 以经营租赁方式出租的建筑物属于投资性房地产。

【注意】 ① 融资租入的固定资产，视为承租方资产，承租方按自有资产进行管理。经营租入的固定资产属于出租方的固定资产，不属于承租方的固定资产。② 企业以经营租赁方式出租的房屋建筑物，按照投资性房地产核算。企业以经营租赁方式出租的机器、设备，按照固定资产核算。

（三）固定资产核算应设置的会计科目

为了反映和监督固定资产的取得、计提折旧和处置等情况，企业一般需要设置“工程物资”“在建工程”“固定资产”“累计折旧”“固定资产清理”等科目。

（1）“工程物资”科目，核算企业为在建工程而准备的各种物资的实际成本，借方登记企业购入工程物资的成本，贷方登记领用工程物资的成本，期末借方余额，反映企业为在建工程准备的各种物资的成本。

（2）“在建工程”科目，核算企业基建、更新改造等在建工程发生的支出，借方登记企业各项在建工程的实际支出，贷方登记完工工程转出的成本，期末借方余额，反映企业尚未达到预定可使用状态的在建工程的成本。

（3）“固定资产”科目，核算企业固定资产的原价，借方登记企业增加的固定资产原价，贷方登记企业减少的固定资产原价，期末借方余额，反映企业期末固定资产的账面原价。企业应当设置“固定资产登记簿”和“固定资产卡片”，按固定资产类别、使用部门和每项固定资产进行明细核算。

（4）“累计折旧”科目，属于“固定资产”的调整（备抵）科目，核算企业固定资产的累计折旧，贷方登记企业计提的固定资产折旧额，借方登记处置固定资产时转出的累计折旧额，期末贷方余额，反映企业固定资产的累计折旧额。

（5）“固定资产清理”科目，核算企业因出售、报废、毁损、对外投资、非货币性资产交换、债务重组等原因转入清理的固定资产价值以及在清理过程中发生的清理费用和清理收益，借方登记转出的固定资产账面价值、清理过程中应支付的相关税费及其他费用，贷方登记出售固定资产取得的价款、残料价值和变价收入。期末借方余额，反映企业尚未清理完毕的固定资产清理净损失，期末如为贷方余额，则反映企业尚未清理完毕的固定资产清理净收益。固定资产清理完成时，借记登记转出的清理净收益，贷方登记转出的清理净损失，结转清理净收益、净损失后，该科目无余额。企业应当按照被清理的固定资产项目设置明细账，进行明细核算。

此外，企业固定资产、在建工程、工程物资发生减值的，还应当设置“固定资产减值准备”“在建工程减值准备”“工程物资减值准备”等科目进行核算。固定资产核算账户记录情况，如图2-14所示。

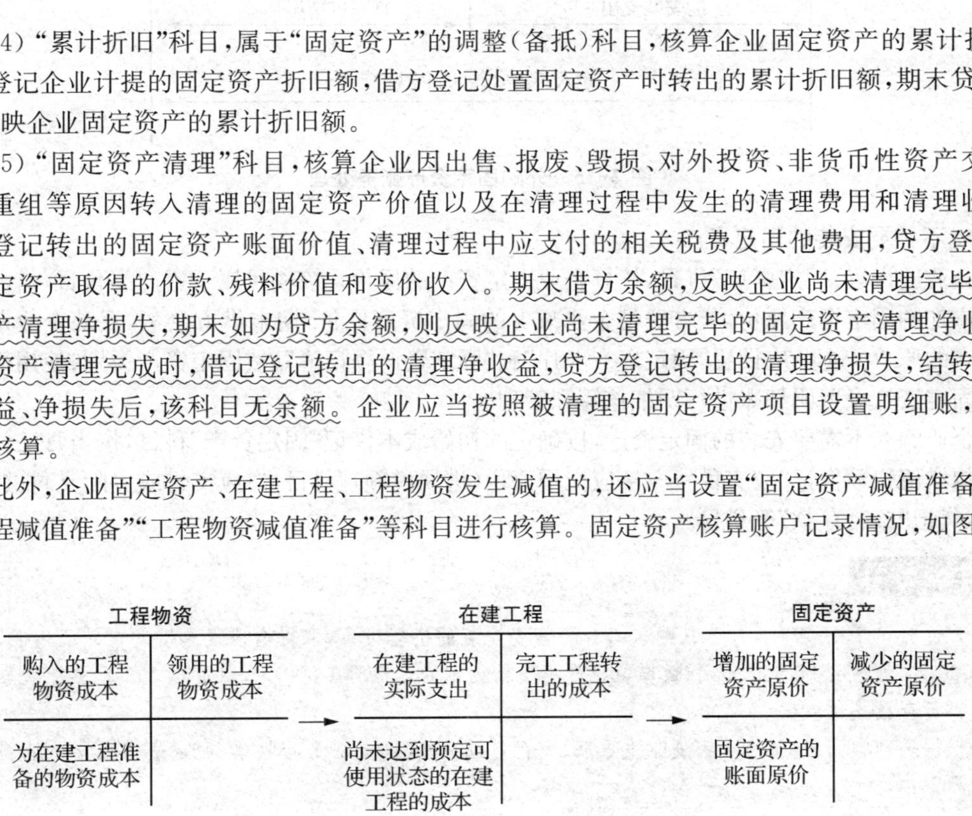

图 2-14 固定资产核算账户记录情况

二、取得固定资产

固定资产取得时应当按照成本进行初始计量。固定资产的成本，是指企业购建某项固定资产达到预定可使用状态前发生的一切合理、必要的支出。由于固定资产的来源渠道不同，其成本构成的具体内容也有所差异。

(一) 外购的固定资产

外购固定资产的成本包括买价、进口关税等相关税费，以及为使固定资产达到预定可使用状态前所发生的可归属于该资产的其他支出，如运输费、装卸费、安装费和专业人员服务费等。增值税一般纳税人购进(包括接受捐赠、实物投资)或者自制(包括改扩建、安装)固定资产发生的进项税额，以及支付运输费发生的进项税额，可根据《中华人民共和国增值税暂行条例》和《中华人民共和国增值税暂行条例实施细则》的有关规定，凭增值税专用发票、海关进口增值税专用缴款书等单据从销项税额中抵扣。

【知识拓展】 企业购买资产有可能延期支付有关价款。如果延期支付的购买价款超过正常信用的条件，实质上具有融资性质，所购资产的成本应当以购买价款的现值为基础确定，实际支付的价款与购买价款的现值之间的差额，应当在信用期间内采用实际利率法进行摊销，计入相关资产成本或当期损益。

外购固定资产账务处理如图 2-15 所示。

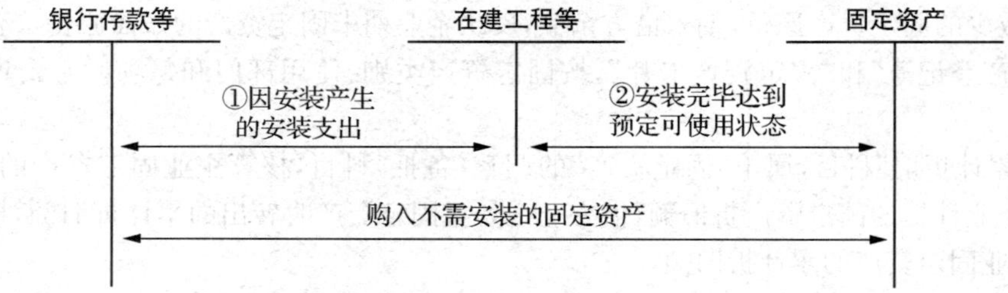

图 2-15 外购固定资产账务处理

1. 不需要安装的固定资产

企业应设置"固定资产"科目，核算企业固定资产的原价。该科目属于资产类科目，借方登记企业增加的固定资产原价，贷方登记企业减少的固定资产原价，期末借方余额，反映企业期末固定资产的原价。企业应设置"固定资产卡片"和"固定资产登记簿"，按固定资产类别、使用部门和每项固定资产设置明细账进行明细核算和管理。

企业购入不需要安装的固定资产，按确定的初始成本借记"固定资产"科目，按当月已认证的可抵扣增值税额借记"应交税费——应交增值税(进项税额)"科目，按应支付或实际支付的价款、税款，贷记"银行存款"等科目。

做中学 2-71

天途公司 2×20 年 6 月 7 日购入一台不需要安装的机器设备，取得增值税专用发票并已认证，价款 220 000 元，增值税 28 600 元，货运增值税专用发票列示的运费为 1 800 元，增值税 162 元。货款与运费均以银行存款支付。

根据采购合同、增值税专用发票发票联、银行付款通知、固定资产验收单、固定资产交接单编制会计分录如下：

借:固定资产 221 800
　应交税费——应交增值税(进项税额) 28 762
　贷:银行存款 250 562

【提示】 小规模纳税人购入固定资产支付的增值税不予抵扣,应将购买价款和增值税一并计入固定资产的初始成本。

2. 需要安装的固定资产

企业购入需要安装的固定资产时,通过"在建工程"科目核算。安装过程中发生的、达到预定可使用状态前发生的材料费、人工费等一切合理必要的支出,记入"在建工程"科目,安装完毕,达到预定可使用状态时再转入"固定资产"科目。

做中学 2-72

天途公司 2×20 年 5 月 8 日购入需要安装的设备一台,取得增值税专用发票已认证,设备价款 180 000元,增值税额 23 400 元;安装费 6 500 元,增值税 585 元。货运增值税专用发票列示的运输费为 5 000元,增值税额为 450 元。贷款、运输费和安装费均已通过银行结算,设备已验收。

(1) 购买设备时,根据购买设备增值税专用发票发票联、银行付款通知编制如下会计分录:

借:在建工程——安装工程 180 000
　应交税费——应交增值税(进项税额) 23 400
　贷:银行存款 203 400

(2) 支付运输费时,根据增值税专用发票发票联、银行付款通知编制如下会计分录:

借:在建工程——安装工程 5 000
　应交税费——应交增值税(进项税额) 450
　贷:银行存款 5 450

(3) 支付设备的安装费用时,根据安装费增值税专用发票发票联、银行付款通知编制如下会计分录:

借:在建工程——安装工程 6 500
　应交税费——应交增值税(进项税额) 585
　贷:银行存款 7 085

(4) 设备安装完工投入使用时,根据固定资产验收单、固定资产交接单编制如下会计分录:

借:固定资产 191 500
　贷:在建工程——安装工程 191 500

3. 以一笔款项购入多项没有单独标价的固定资产

企业以一笔款项购入多项没有单独标价的固定资产,按确定的初始成本分项登记固定资产,借记"固定资产——××""在建工程——××"等科目,按允许抵扣的增值税额借记"应交税费——应交增值税(进项税额)"科目,按应支付或实际支付的价款、税款,贷记"银行存款"等科目。

做中学 2-73

2×20 年 10 月 12 日,天途公司向华强机械设备制造有限责任公司一次性购入三套不同型号且具有不同生产能力的设备 A、B 和 C。天途公司取得增值税专用发票已认证,该批设备价款 6 000 000 元,增值税 780 000 元。货运增值税专用发票列示运输费 18 000 元,增值税 1 620 元;装卸费 4 000 元,增值税 240 元。货款、运输费、装卸费全部以银行转账支付。假定设备 A、B 和 C 分别满足固定资产确认条件,公允价值分别为 1 920 000 元、2 880 000 元和 1 600 000 元。假定不考虑其他相关税费。

(1) 确认计入固定资产成本的金额：

固定资产成本 = 6 000 000 + 18 000 + 4 000 = 6 022 000(元)

(2) 确定设备A、B和C的分配比例：

设备A应分配的固定资产价值比例 = 1 920 000 ÷ (1 920 000 + 2 880 000 + 1 600 000) × 100% = 30%

设备B应分配的固定资产价值比例 = 2 880 000 ÷ (1 920 000 + 2 880 000 + 1 600 000) × 100% = 45%

设备C应分配的固定资产价值比例 = 1 600 000 ÷ (1 920 000 + 2 880 000 + 1 600 000) × 100% = 25%

(3) 分别确定设备A、B和C的成本：

设备A的成本 = 6 022 000 × 30% = 1 806 600(元)

设备B的成本 = 6 022 000 × 45% = 2 709 900(元)

设备C的成本 = 6 022 000 × 25% = 1 505 500(元)

(4) 根据增值税专用发票发票联、银行付款通知、固定资产验收单、固定资产交接单、固定资产价值计算单编制如下会计分录：

借：固定资产——A	1 806 600	
——B	2 709 900	
——C	1 505 500	
应交税费——应交增值税(进项税额)	781 860	
贷：银行存款		6 803 860

(二) 自行建造的固定资产

自行建造的固定资产，按建造该项资产达到预定可使用状态前所发生的必要支出，作为固定资产的成本。

自行建造的固定资产，按其建造实施方式的不同，可分为自营工程和出包工程。

自营工程，是指企业自行组织工程物资采购，自行组织施工人员从事工程施工完成固定资产建造。以自营方式建造固定资产，其成本应当按照直接材料、直接人工、直接机械施工费等计量。

出包工程，是指企业通过招标方式将工程项目发包给建造承包商，由建造承包商组织施工的建筑工程和安装工程。企业以出包方式建造固定资产，其成本包括发生的建筑工程支出、安装工程支出，以及需分摊计入各项固定资产价值的间接支出。

1. 自营工程

企业应设置"在建工程"科目，核算企业基建、更新改造等在建工程发生的支出。该科目属于资产类科目，借方登记企业各项在建工程的实际支出；贷方登记完工工程转出的成本；期末借方余额反映企业尚未达到预定可使用状态的在建工程的成本。该科目可以按照工程项目设置明细科目进行明细核算。

企业应设置"工程物资"科目，核算企业为在建工程准备的各种物资的实际成本，包括工程用材料、尚未安装的设备以及为生产准备的工具器具等。该科目属于资产类科目，借方登记企业取得工程物资的成本；贷方登记领用各种物资的成本，期末借方余额反映企业为在建工程准备的各种物资的成本。该科目可以按照物资类别设置明细账，进行明细核算。

(1) 企业为自营工程购入工程物资，借记"工程物资"科目，按当期允许抵扣的增值税额借记"应交税费——应交增值税(进项税额)"科目，贷记"银行存款"等科目。

(2) 自营工程发生实际支出，借记"在建工程"科目，贷记"工程物资""应付职工薪酬""银行存款"等科目；工程达到预定可使用状态时，借记"固定资产"科目，贷记"在建工程"科目。

(3) 由于自然灾害等原因造成的在建工程报废或毁损，减去残料价值和过失人或保险公司等赔款后的净损失，借记“营业外支出——非常损失”科目，贷记“在建工程”科目。

(4) 建设期间发生的工程物资盘亏、报废及毁损净损失加上不能抵扣的增值税进项税额，借记“在建工程”科目，贷记“工程物资”“应交税费——应交增值税(进项税额转出)”科目；盘盈的工程物资或处置净收益作相反的会计分录。

(5) 在建工程完工已领出的剩余物资应办理退库手续，借记“工程物资”科目，贷记“在建工程”科目。

自营工程的账务处理如图 2-16 所示。

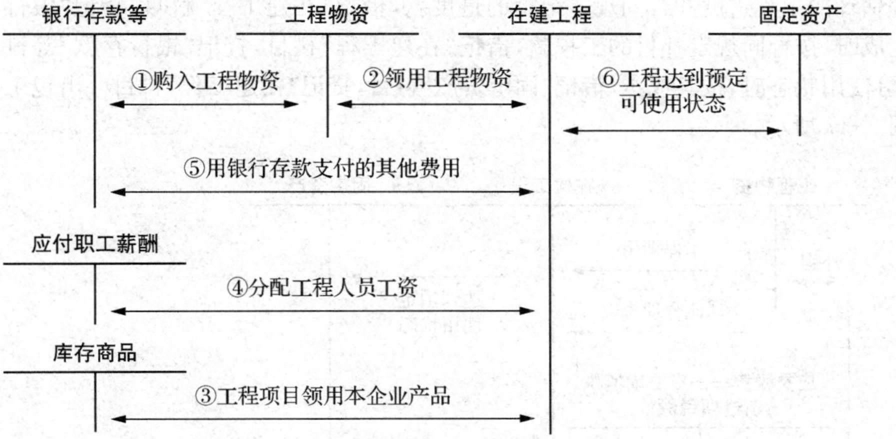

自营账务处理快速记忆

图 2-16 自营工程的账务处理

做中学 2-74

天途公司自行组织力量建造一座仓库以存放公司生产的产品，2×20 年 5 月发生如下经济业务：

(1) 购进工程用物资，增值税专用发票列示的价款为 86 万元，增值税额11.18万元，物资已验收入库，货款通过开户银行转账付讫。

根据增值税专用发票发票联、银行付款通知、工程物资验收单编制如下会计分录：

借：工程物资 860 000
　应交税费——应交增值税(进项税额) 111 800
　贷：银行存款 971 800

(2) 基建部门将上述工程用物资全部领用进行工程建造。根据工程物资领用单编制如下会计分录：

借：在建工程——仓库 860 000
　贷：工程物资 860 000

(3) 工程建设期间发放建筑工程职工工资 51 600 元，基建管理部门职工工资 24 000 元。根据职工薪酬分配表编制如下会计分录：

借：在建工程——仓库 75 600
　贷：应付职工薪酬 75 600

(4) 本月企业辅助生产车间为工程提供的水、电、设备安装的费用共计 18 000 元。根据辅助生产费用分配表编制如下会计分录：

借：在建工程——仓库 18 000
　贷：生产成本——辅助生产成本 18 000

(5) 仓库建造工程已完工，达到预定可使用状态并交付使用，结转工程成本95.36万元。根据固定资产决算单、固定资产验收单编制如下会计分录：

借：固定资产　953 600
　　贷：在建工程——仓库　953 600

2. 出包工程

企业采用出包方式进行的固定资产工程，其工程的具体支出主要由建造承包商核算，因而，“在建工程”科目主要反映企业与建造承包商办理工程价款结算的情况。企业支付给建造承包商的工程价款作为工程成本也通过“在建工程”科目核算。

企业应按合理估计的工程进度和合同规定结算的进度款，借记“在建工程”科目，贷记“银行存款”科目；工程完成时，按合同规定补付的工程款，借记“在建工程”科目，贷记“银行存款”等科目；工程达到预定可使用状态时，按其成本，借记“固定资产”科目，贷记“在建工程”科目。出包工程的账务处理如图 2-17 所示。

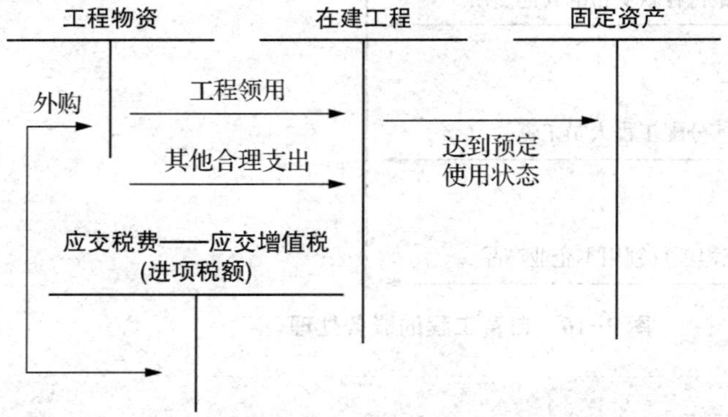

图 2-17　出包工程的账务处理

做中学 2-75

天途公司将一台大型生产设备的安装工程出包给浩强公司，有关业务如下：

(1) 2×20 年 3 月 1 日，按照合同预付工程款 80 000 元。根据建造合同、银行付款凭证编制如下会计分录：

借：预付账款　80 000
　　贷：银行存款　80 000

(2) 2×20 年 5 月 31 日，根据合理估计的发包工程进度和合同规定向浩强公司结算进度款 72 000 元，增值税 6 480 元。根据工程结算单、增值税专用发票发票联编制如下会计分录：

借：在建工程　72 000
　　应交税费——应交增值税(进项税额)　6 480
　　贷：预付账款　78 480

(3) 2×20 年 8 月 31 日，收到浩强公司有关工程结算单据，结算工程款 40 000 元和增值税税款 3 600 元，天途公司转账支付尾款 42 080 元。根据建造合同、工程结算单、增值税专用发票发票联、银行付款通知编制如下会计分录：

借：在建工程　40 000
　　应交税费——应交增值税(进项税额)　3 600
　　贷：预付账款　43 600

借：预付账款　42 080
　　贷：银行存款　42 080

(4) 2×20 年 8 月 31 日,工程完工并达到预定可使用状态,结转工程成本,根据固定资产决算单、固定资产验收单编制如下会计分录:

借:固定资产 112 000

贷:在建工程 112 000

【知识拓展】 以其他方式取得的固定资产,分别按照下列方法确定固定资产的初始入账价值:

(1) 购入固定资产超过正常信用条件延期支付价款,实质上具有融资性质的,按照购买价款的现值为基础确定固定资产的初始入账价值。

(2) 投资者投入的固定资产,其初始入账价值应当按照投资合同或协议约定的价值确定,但合同或协议约定的价值不公允的除外。

(3) 融资租入固定资产视同本企业自有固定资产核算,其初始入账价值按《企业会计准则第21号——租赁》的规定确定。

(4) 企业接受其他单位捐赠的固定资产,应根据捐赠方提供的有关凭据金额或该项资产的公允价值为基础确定固定资产的初始入账价值。

(5) 非货币性资产交换取得的固定资产,其初始入账价值按《企业会计准则第 7 号——非货币性资产交换》的规定确定。

(6) 债务重组取得的固定资产,其初始入账价值按《企业会计准则第 12 号——债务重组》的规定确定。

三、对固定资产计提折旧

(一) 固定资产折旧概述

企业应在固定资产使用寿命内,按照确定的方法对应计折旧额进行系统分摊。应计折旧额是指应当计提折旧的固定资产的原价扣除其预计净残值后的金额,已计提减值准备的固定资产,还应当扣除已计提的固定资产减值准备累计金额。企业应当根据固定资产的性质和使用情况,合理确定固定资产的使用寿命和预计净残值。固定资产的使用寿命和预计净残值一经确定,不得随意变更。

1. 影响固定资产折旧的因素

影响固定资产折旧的因素主要有:

(1) 固定资产原价,是指固定资产的成本。

(2) 预计净残值,是指假定固定资产预计使用寿命已满并处于使用寿命终了时的预期状态,企业目前从该项资产处置中获得的扣除预计处置费用后的金额。

(3) 固定资产减值准备,是指固定资产已计提的固定资产减值准备累计金额。

(4) 固定资产的使用寿命,是指企业使用固定资产的预计期间,或者该固定资产所能生产产品或提供劳务的数量。

企业确定固定资产使用寿命时,应当考虑下列因素:该项资产预计生产能力或实物产量;该项资产预计有形损耗,如设备使用中发生磨损、房屋建筑物受到自然侵蚀等;该项资产预计无形损耗,如因新技术的出现而使现有的资产技术水平相对陈旧、市场需求变化使产品过时等;法律或者类似规定对该项资产使用的限制。

2. 固定资产的折旧范围

除以下情况外,企业应当对所有固定资产计提折旧:

第一,已提足折旧仍继续使用的固定资产。

第二,单独计价入账的土地。

【注意】

(1) 固定资产应当按月计提折旧，当月增加的固定资产，当月不计提折旧，从下月起计提折旧；当月减少的固定资产，当月仍计提折旧，从下月起不计提折旧。

(2) 固定资产提足折旧后，不论能否继续使用，均不再计提折旧；提前报废的固定资产，也不再补提折旧。所谓提足折旧，是指已经提足该项固定资产的应计折旧额。

(3) 已达到预定可使用状态但尚未办理竣工决算的固定资产，应当按照估计价值确定其成本，并计提折旧；待办理竣工决算后，再按实际成本调整原来的暂估价值，但不需要调整原已计提的折旧额。

3. 固定资产使用寿命、预计净残值和折旧方法的复核

企业至少应当于每年年度终了，对固定资产的使用寿命、预计净残值和折旧方法进行复核。使用寿命预计数与原先估计数有差异的，应当调整固定资产使用寿命。预计净残值预计数与原先估计数有差异的，应当调整预计净残值。与固定资产有关的经济利益预期实现方式有重大改变的，应当改变固定资产折旧方法。

固定资产使用寿命、预计净残值和折旧方法的改变应当作为会计估计变更进行会计处理。

(二) 固定资产的折旧方法

企业应当根据与固定资产有关的经济利益的预期实现方式，合理选择折旧方法。固定资产折旧方法包括年限平均法、工作量法、双倍余额递减法和年数总和法等。企业选用不同的固定资产折旧方法，将影响固定资产使用寿命期间内不同时期的折旧费用，因此，固定资产的折旧方法一经确定，不得随意变更。

1. 年限平均法

年限平均法又称直线法，是将固定资产的应计折旧额均衡地分摊到各期的一种方法。采用这种方法计算的每期折旧额是相等的。其计算公式为：

$$\text{固定资产年折旧额}=\frac{\text{固定资产原价}-(\text{预计残值收入}-\text{预计清理费用})}{\text{固定资产预计使用年限}}=\frac{\text{固定资产原价}-\text{预计净残值}}{\text{固定资产预计使用年限}}$$

$$\text{固定资产月折旧额}=\text{固定资产年折旧额}\div 12$$

在会计实务中，通常以折旧率这个相对数来反映固定资产在单位时间的折旧程度，每月应计提的折旧额，一般是根据固定资产原价乘以月折旧率计算的。折旧率即一定期间内固定资产折旧额与固定资产原价的比率。其计算公式为：

$$\text{年折旧率}=\text{固定资产年折旧额}\div\text{固定资产原价}\times 100\%$$

或者：

$$\text{年折旧率}=(1-\text{预计净残值率})\div\text{预计使用寿命(年)}\times 100\%$$
$$\text{月折旧率}=\text{年折旧率}\div 12$$
$$\text{月折旧额}=\text{固定资产原价}\times\text{月折旧率}$$

做中学 2-76

晋华公司有厂房一幢，原价 2 000 000 元，预计可使用 5 年，预计净残值率为 2%。该厂房的折旧率和折旧额的计算如下：

$$\text{年折旧率}=(1-2\%)\div 5\times 100\%=19.6\%$$
$$\text{月折旧率}=19.6\%\div 12\approx 1.63\%$$
$$\text{月折旧额}=2\,000\,000\times 1.63\%=32\,600(\text{元})$$

2. 工作量法

工作量法是根据实际工作量计算每期应提折旧额的一种方法。其计算公式如下：

$$单位工作量折旧额 = \frac{固定资产原价 \times (1 - 预计净残值率)}{预计总工作量}$$

某项固定资产月折旧额 = 该项固定资产当月工作量 × 单位工作量折旧额

做中学 2-77

晋华公司有一辆卡车，原价 160 000 元，预计总行驶里程 500 000 千米，预计净残值率 5%。2×20 年 3 月份行驶 8 000 千米。该汽车 3 月份折旧额计算如下：

单位里程折旧额 = 160 000 ×(1 − 5%) ÷ 500 000 = 0.304(元 / 千米)

月折旧额 = 8 000 × 0.304 = 2 432(元)

3. 双倍余额递减法

双倍余额递减法是指在不考虑固定资产预计净残值的情况下，根据每期期初固定资产原价减去累计折旧后的金额和双倍的直线法折旧率计算固定资产折旧的一种方法。应用这种方法计算折旧额时，由于每年年初固定资产净值没有扣除预计净残值，所以在计算固定资产折旧额时，应在其折旧年限到期前两年内，将固定资产净值扣除预计净残值后的余额平均摊销。计算公式如下：

年折旧率 = 2 ÷ 预计使用寿命(年) × 100%

年折旧额 = 每个折旧年度年初固定资产账面净值 × 年折旧率

月折旧率 = 年折旧率 ÷ 12

月折旧额 = 年折旧额 ÷ 12

【提示 1】 折旧年度是指“以固定资产开始计提折旧的月份为始计算的 1 个年度期间”，如某公司 3 月份取得某项固定资产，其折旧年度为“从 4 月至第 2 年 3 月的期间”。

【提示 2】 采用这种方法时折旧率是固定不变的，而折旧额逐年递减。

做中学 2-78

承[做中学 2-76]资料，按双倍余额递减法计提折旧，每年的折旧额计算如下：

年折旧率 = 2 ÷ 5 × 100% = 40%

第 1 年应提折旧额 = 2 000 000 × 40% = 800 000(元)

第 2 年应提折旧额 = (2 000 000—800 000) × 40% = 480 000(元)

第 3 年应提折旧额 = (1 200 000—480 000) × 40% = 288 000(元)

从第 4 年起改用年限平均法(直线法)计提折旧。

第 4 年、第 5 年应提折旧额 = [(720 000 − 288 000) − 20 000] ÷ 2 = 196 000(元)

每年各月折旧额根据年折旧额除以 12 来计算。

4. 年数总和法

年数总和法是指将固定资产的原价减去预计净残值后的余额，乘以一个以固定资产尚可使用寿命为分子、以预计使用寿命逐年数字之和为分母的逐年递减的分数计算每年的折旧额。其计算公式如下：

年折旧率 = (预计使用年限 − 已使用年限) ÷ [预计使用年限 × (预计使用年限 + 1) ÷ 2] × 100%

或者：

年折旧率＝尚可使用寿命÷预计使用寿命的年数总和×100%

年折旧额＝(固定资产原价－预计净残值)×年折旧率

【提示】 这种方法下，折旧率是逐年递减的，而计提折旧的基数是固定不变的。

做中学 2-79

承[做中学 2-76]资料，按年数总和法计提折旧，每年的折旧额计算如表 2-6 所示。

表 2-6　固定资产折旧计算表　　金额单位：元

年份	应提折旧总额（原值－预计净残值）	尚可使用年限	年折旧率	年折旧额	累计折旧
1	1 960 000	5	5/15	653 333	653 333
2	1 960 000	4	4/15	522 667	1 176 000
3	1 960 000	3	3/15	392 000	1 568 000
4	1 960 000	2	2/15	261 333	1 829 333
5	1 960 000	1	1/15	130 667	1 960 000

每年各月折旧额根据年折旧额除以 12 来计算。

(三) 固定资产折旧的账务处理

企业应设置“累计折旧”科目，核算企业计提的固定资产折旧。该科目贷方登记企业计提的折旧，借方登记冲减的折旧，期末贷方余额反映企业计提的累计折旧额。该科目可以按照与“固定资产”项目一致的类别进行明细核算。

固定资产应当按月计提折旧，根据固定资产使用部门和用途计入相关资产的成本或当期损益。企业基本生产车间使用的固定资产计提的折旧，应记入“制造费用”科目；辅助生产车间使用的固定资产计提的折旧，应记入“生产成本——辅助生产成本”科目；企业管理部门使用的固定资产计提的折旧，应记入“管理费用”科目；经营租出的固定资产计提的折旧，应记入“其他业务成本”科目；为销售本企业产品而专设销售机构的固定资产计提的折旧，应记入“销售费用”科目；工程施工所使用的固定资产计提的折旧，应记入“在建工程”科目；企业对未使用、不需用的固定资产计提的折旧，应记入“管理费用”科目等。

实际工作中，企业提取固定资产折旧时，遵循当月增加的固定资产当月不提折旧，当月减少的固定资产当月照提折旧的原则，因而当月计提折旧额的依据是月初可提取折旧的固定资产原价。当月应提折旧额是在上月已提折旧额的基础上，对上月固定资产的增减情况进行调整后计算的。其计算公式为：

当月固定资产应计提的折旧额＝上月计提的固定资产折旧额＋上月增加固定资产应计提的折旧额－上月减少固定资产应计提的折旧额

固定资产折旧账务处理快速记忆

企业计提固定资产折旧，由会计部门编制“固定资产折旧计算表”，或先由各使用单位编制“固定资产折旧计算表”，再由会计部门汇总编制“固定资产折旧计算汇总表”。

做中学 2-80

天途公司 2×20 年 6 月的固定资产折旧计算汇总表如表 2-7 所示。

表 2-7 **固定资产折旧计算汇总表(简表)**

2×20 年 6 月

单位:元

使用部门	固定资产项目	上月折旧额	上月增加固定资产		上月减少固定资产		本月折旧额
			原价	折旧额	原价	折旧额	
基本生产一车间	厂房	50 000					50 000
	机器设备	200 000	50 000	2 500			202 500
	其他设备	10 000					10 000
	小计	260 000					262 500
基本生产二车间	厂房	20 000					20 000
	机器设备	150 000			400 000	2 200	147 800
	小计	170 000					167 800
企业管理部门	房屋	15 000					15 000
	机器设备	25 000					25 000
	小计	40 000					40 000
合计		470 000					470 300

2×20 年 6 月末,根据“固定资产折旧计算汇总表”编制如下会计分录:

借:制造费用——一车间　　262 500
　　　　　——二车间　　167 800
　管理费用　　40 000
　贷:累计折旧　　470 300

做中学 2-81

宏业公司 2×20 年 3 月份固定资产计提折旧情况如下:一车间厂房计提折旧 4 800 000 元,机器设备计提折旧 4 500 000 元;管理部门房屋计提折旧 7 500 000 元,运输工具计提折旧 2 400 000 元;销售部门房屋计提折旧 3 200 000 元,运输工具计提折旧 2 630 000 元。当月新购置机器设备一台,价值为 5 400 000 元,预计使用寿命为 10 年,该公司同类设备计提折旧采用年限平均法。

本例中,新购置的机器设备本月不计提折旧。宏业公司应编制如下会计分录:

借:制造费用——一车间　　9 300 000
　管理费用　　9 900 000
　销售费用　　5 830 000
　贷:累计折旧　　25 030 000

四、固定资产后续支出核算

固定资产的后续支出是指固定资产在使用过程中发生的更新改造支出、修理费用等。

固定资产的更新改造等后续支出,满足固定资产确认条件的,应当资本化计入固定资产成本，如有被替换的部分，应扣除其账面价值；不满足固定资产确认条件的固定资产修理费用等，应当在发生时计入当期损益。

（一）资本化后续支出的核算

企业通过固定资产的更新改造，使其更加坚固耐用，延长了厂房等固定资产的使用寿命，提高了其单位时间内产品的产出数量，提高了机器设备等固定资产的生产能力等。该类支出满足固定资产确认条件，应当资本化计入固定资产成本。

固定资产资本化的后续支出应当通过“在建工程”科目核算。在发生资本化的后续支出时，企业应将固定资产的原价、已计提的累计折旧和减值准备转销，将固定资产的账面价值转入在建工程，并停止计提折旧；发生的后续支出，计入在建工程，在固定资产完工并达到预定可使用状态时，再从在建工程转为固定资产，并按重新确定的使用寿命、预计净残值和折旧方法计提折旧。

【提示】 已提足折旧的固定资产和以经营租赁方式租入的固定资产发生的改良支出，应予资本化，作为长期待摊费用，合理进行摊销。

做中学 2-82

甲航空公司为增值税一般纳税人，2×10年12月份，购入一架飞机总计花费8 000万元（含发动机），发动机当时的购价为500万元。该公司未将发动机作为一项单独的固定资产进行核算。2×19年6月末，甲航空公司开辟新航线，航程增加。为延长飞机的空中飞行时间，该公司决定更换一部性能更为先进的发动机。新发动机购价为700万元，增值税专用发票上注明的增值税额为91万元，另需支付安装费并取得增值税专用发票，注明安装费10万元，税率9%，增值税额0.9万元。假定飞机的年折旧率为3%，不考虑预计净残值的影响，替换下的老发动机报废且无残值收入。甲航空公司应编制如下会计分录：

(1) 2×19年6月末飞机的累计折旧金额=80 000 000×3%×8.5=20 400 000(元)，将固定资产转入在建工程：

借：在建工程	59 600 000	
累计折旧	20 400 000	
贷：固定资产		80 000 000

(2) 购入并安装新发动机：

借：工程物资	7 000 000	
应交税费——应交增值税(进项税额)	910 000	
贷：银行存款		7 910 000
借：在建工程	7 000 000	
贷：工程物资		7 000 000

(3) 支付安装费用时：

借：在建工程	100 000	
应交税费——应交增值税(进项税额)	9 000	
贷：银行存款		109 000

(4) 2×19年年初老发动机的账面价值=5 000 000−5 000 000×3%×8.5=3 725 000(元)，终止确认老发动的账面价值：

借：营业外支出——非流动资产处置损失	3 725 000	
贷：在建工程		3 725 000

(5) 新发动机安装完毕，投入使用，固定资产的入账价值＝59 600 000＋7 000 000＋100 000－3 725 000＝62 975 000(元)：

借：固定资产　　62 975 000

　贷：在建工程　　62 975 000

(二) 费用化后续支出的核算

如果固定资产的后续支出不符合资本化的条件，应在其发生时计入当期损益，如固定资产的修理支出。固定资产投入使用之后，由于固定资产磨损且各组成部分耐用程度不同，可能导致固定资产的局部损坏，为了维持固定资产的正常运转和使用，充分发挥其使用效能，企业会对固定资产进行必要的维护。固定资产的日常维护支出通常不满足固定资产的确认条件，应在发生时直接计入当期损益。企业生产车间和行政管理部门等发生的固定资产修理费用等后续支出计入管理费用；企业专设销售机构发生的与其相关的固定资产修理费用等后续支出，计入销售费用。

固定资产更新改造支出不满足固定资产确认条件的，也应在发生时直接计入当期损益。

做中学 2-83

天途公司为增值税一般纳税人，2×20 年 8 月 1 日，自行对管理部门使用的设备进行日常修理，发生修理费并取得增值税专用发票，注明修理费 5 000 元，税率 13%，增值税额 650 元。甲公司应编制如下会计分录：

借：管理费用　　5 000

　　应交税费——应交增值税(进项税额)　　650

　贷：银行存款　　5 650

【知识拓展】 根据《小企业会计准则》的规定，小企业的固定资产日常修理费，应当在发生时根据固定资产的受益对象计入相关资产成本或者当期损益；固定资产的改建支出，应当计入固定资产的成本。

固定资产的后续支出账务处理快速记忆

五、处置固定资产

固定资产处置，即固定资产的终止确认，具体包括固定资产的出售、报废、毁损、对外投资、非货币性资产交换、债务重组等。

(一) 固定资产处置的范围

企业在生产经营过程中，对那些不适用或不需用的固定资产，可以出售转让。对那些由于使用而不断磨损直至最终报废，或由于技术进步等原因发生提前报废，或由于遭受自然灾害等发生毁损的固定资产应及时进行清理。由于对外投资、捐赠、债务重组、非货币性资产交换等原因减少固定资产，也属于固定资产的处置。

(二) 固定资产处置的账务处理

企业因固定资产处置而减少的固定资产，一般应通过“固定资产清理”科目进行核算。“固定资产清理”科目是计价对比科目，该科目核算企业因出售、报废、毁损、对外投资、非货币性资产交换、债务重组等原因转出的固定资产价值以及在清理过程中发生的费用等。其借方反映转入清理的固定资产的价值和发生的清理费用，贷方反映转入清理的资产的变价收入和应由保险公司或过失人承担的损失等。清理结束，将该科目的余额转入当期损益。该科目可按被清理的固定资产项目进行明细核算。

企业应设置“资产处置损益”科目，核算企业出售划分为持有待售的非流动资产(金融工具、长期股权投资和投资性房地产除外）或处置组（子公司和业务除外）时确认的处置利得或损失，以及处置未划分为持有待售的固定资产、在建工程、生产性生物资产及无形资产而产生的处置利得或损失。该科目可以按照处置的资产类别或处置组进行明细核算。债务重组中因处置非流动资产产生的利得或损失和非货币性资产交换中换出非流动资产产生的利得或损失也计入该科目。

固定资产处置账务处理如图 2-18 所示。

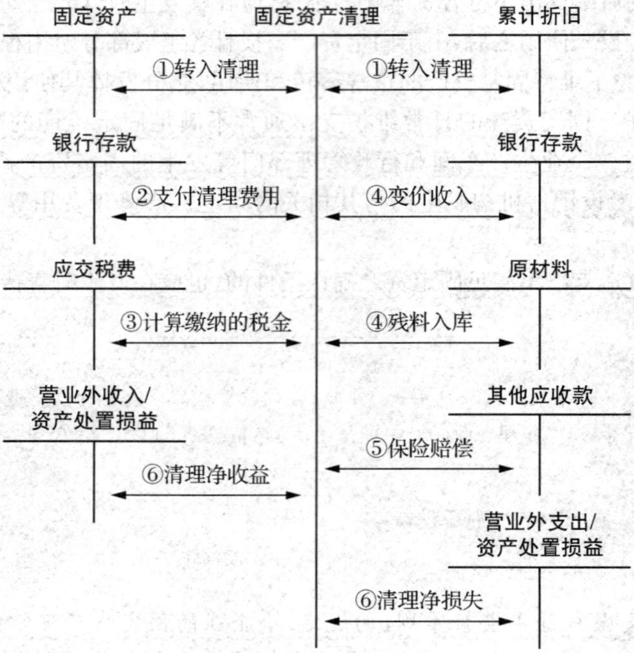

图 2-18　固定资产处置账务处理

1. 固定资产转入清理

固定资产转入清理时，按固定资产账面价值，借记“固定资产清理”科目，按已计提的累计折旧，借记“累计折旧”科目，按已计提的减值准备，借记“固定资产减值准备”科目，按固定资产原价，贷记“固定资产”科目。

2. 确认发生的清理费用

固定资产清理过程中发生的有关费用以及应支付的相关税费，借记“固定资产清理”“应交税费——应交增值税（进项税额）”科目，贷记“银行存款”等科目。

3. 确认出售价款和残料、保险赔偿等变价收入

企业出售固定资产的价款、残料价值以及应由保险公司或过失人赔偿的报废、毁损固定资产的损失等，应冲减清理支出，借记“原材料”“银行存款”或“其他应收款”等科目，贷记“固定资产清理”“应交税费——应交增值税（销项税额）”科目。

4. 结转清理净损益

1）处置无使用价值的固定资产净损益结转

（1）属于报废、毁损等原因处置固定资产发生的净损失，借记“营业外支出——处置非流动资产损失”科目，贷记“固定资产清理”科目。

（2）属于报废、毁损等原因处置固定资产发生的净收益，借记“固定资产清理”科目，贷记“营业外收入——处置非流动资产利得”科目。

(3) 属于生产经营期间由于自然灾害等非正常原因造成的损失，借记“营业外支出——非常损失”科目，贷记“固定资产清理”科目。

2) 处置有使用价值的固定资产净损益结转

(1) 属于出售、对外投资等原因处置固定资产发生的净损失，借记“资产处置损益——××资产”科目上，贷记“固定资产清理”科目。

(2) 属于出售、对外投资等原因处置固定资产发生的净收益，借记“固定资产清理”科目，贷记“资产处置损益——××资产”科目。

做中学 2-84

2×20 年 8 月 12 日，天途公司将一台使用期满的设备予以报废，该设备原始价值为 580 000 元，预计残值收入为 22 000 元，预计清理费用为 5 000 元，已提折旧 563 000 元。在拆卸搬运中实际发生的清理费用为 4 000 元(分摊的人工费)，设备清理实际所得零部件作价24 000元入库备用。

(1) 固定资产报废清理时，根据固定资产报废申请审批单编制如下会计分录：

借:固定资产清理　　17 000
　累计折旧　　563 000
　贷:固定资产　　580 000

(2) 支付清理费用时，根据职工薪酬分配表编制如下会计分录：

借:固定资产清理　　4 000
　贷:应付职工薪酬　　4 000

(3) 收回残料入库时，根据材料入库单编制如下会计分录：

借:原材料　　24 000
　贷:固定资产清理　　24 000

(4) 固定资产清理完毕结转净收益时，根据固定资产处置损益计算表编制如下会计分录：

借:固定资产清理　　3 000
　贷:营业外收入——处置非流动资产利得　　3 000

做中学 2-85

2×20 年 6 月，海达公司出售自建的一幢厂房，原价为 1 200 000 元，已提折旧 200 000 元。用银行存款支付清理费用 8 000 元，出售的含税款共计 1 526 000 元，海达公司选择一般计税方法计税，适用的增值税税率为 9%。根据上述资料，应进行如下会计处理：

(1) 将厂房转入清理：

借: 固定资产清理　　1 000 000
　累计折旧　　200 000
　贷: 固定资产　　1 200 000

(2) 支付清理费用：

借: 固定资产清理　　8 000
　贷: 银行存款　　8 000

(3) 收到出售价款：

借：银行存款　　　　　　　　　　　　　　　　1 526 000
　　贷：固定资产清理　　　　　　　　　　　　　　　　1 400 000
　　　　应交税费——应交增值税(销项税额)　　　　　　126 000

(4) 预缴增值税＝1 526 000÷(1＋9%)×5%＝70 000(元)

借：应交税费——应交增值税(已交税金)　　　　70 000
　　贷：银行存款　　　　　　　　　　　　　　　　　　70 000

(5) 结转清理净收益：

借：固定资产清理　　　　　　　　　　　　　　392 000
　　贷：资产处置损益　　　　　　　　　　　　　　　　392 000

做中学 2-86

海达公司因遭受台风袭击毁损一座仓库，该仓库原价 8 000 000 元，已计提折旧 2 000 000 元，未计提减值准备。其残料估计价值 100 000 元，残料已办理入库。发生清理费用并取得增值税专用发票，注明的运输费为 20 000 元，增值税额为 1 800 元，以银行存款支付。经保险公司核定应赔偿损失 3 000 000 元，增值税额为 0，款项已存入银行。假定不考虑其他相关税费。该公司应编制如下会计分录：

(1) 将毁损的仓库转入清理时：

借：固定资产清理　　　　　　　　　　　　　6 000 000
　　累计折旧　　　　　　　　　　　　　　　2 000 000
　　贷：固定资产　　　　　　　　　　　　　　　　　8 000 000

(2) 残料入库时：

借：原材料　　　　　　　　　　　　　　　　100 000
　　贷：固定资产清理　　　　　　　　　　　　　　　100 000

(3) 支付清理费用时：

借：固定资产清理　　　　　　　　　　　　　20 000
　　应交税费——应交增值税(进项税额)　　　　1 800
　　贷：银行存款　　　　　　　　　　　　　　　　　21 800

(4) 确定并收到保险公司理赔款项时：

借：其他应收款　　　　　　　　　　　　　　3 000 000
　　贷：固定资产清理　　　　　　　　　　　　　　　3 000 000
借：银行存款　　　　　　　　　　　　　　　3 000 000
　　贷：其他应收款　　　　　　　　　　　　　　　　3 000 000

(5) 结转毁损固定资产发生的损失时：

借：营业外支出——非常损失　　　　　　　　2 920 000
　　贷：固定资产清理　　　　　　　　　　　　　　　2 920 000

六、固定资产清查

企业应定期或至少于每年年末对固定资产进行清查盘点，清查过程中，若发现盘盈、盘亏的固定资产,应填制固定资产盘存盈亏报告表。清查固定资产的损益,应及时查明原因,并按照规定程序报批处理。

(一)固定资产的盘盈

企业在财产清查中盘盈的固定资产,根据《企业会计准则第 28 号——会计政策、会计估计变更和差错更正》的规定,应当作为重要的前期差错进行会计处理,在按管理权限报经批准处理前应按重置成本,借记"固定资产"科目,贷记"以前年度损益调整"科目。报经批准后,借记"以前年度损益调整"科目,贷记"盈余公积——法定盈余公积""利润分配——未分配利润"等科目。

固定资产盘盈的账务处理,如图 2-19 所示。

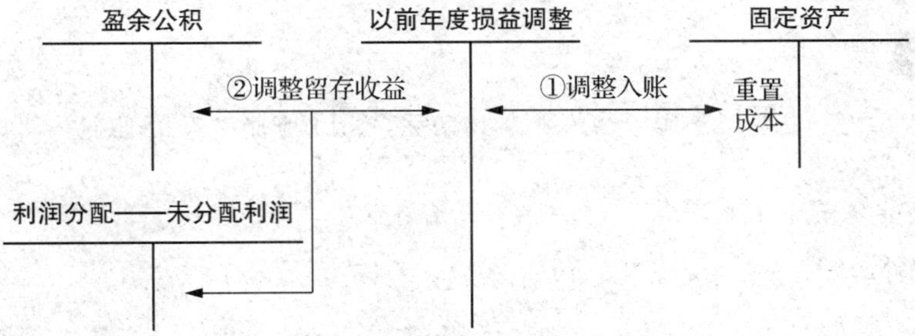

图 2-19 固定资产盘盈的账务处理

做中学 2-87

天途公司盘盈设备一台,该设备八成新,该设备市场价格为 10 万元。假定该公司按净利润的 10% 提取法定盈余公积,不考虑相关税费及其他因素的影响。

(1) 盘盈时,根据固定资产清查报告单编制如下会计分录:

借:固定资产	80 000	
贷:以前年度损益调整		80 000

(2) 查明原因并经董事会批准,根据固定资产清查审批单编制如下会计分录:

借:以前年度损益调整	80 000	
贷:盈余公积——法定盈余公积		8 000
利润分配——未分配利润		72 000

【提示】 如果盘盈、盘亏或毁损的固定资产在期末结账前未经批准的,在对外提供财务会计报告时应先按上述规定进行处理,并在财务报表附注中作出说明;如果其后批准处理的金额与已处理的金额不一致,应按其差额调整财务报表相关项目的年初数。

(二)固定资产的盘亏

盘亏的固定资产,按其账面价值,借记"待处理财产损溢"科目,按已提折旧,借记"累计折旧"科目,按固定资产原价,贷记"固定资产"科目。需要转出增值税的,贷记"应交税费——应交增值税(进项税额转出)"科目;已提固定资产减值准备的,还需转出已计提的减值准备。报经批准后,借记"营业外支出——盘亏损失"科目,贷记"待处理财产损溢"科目。

固定资产盘亏的账务处理如图 2-20 所示。

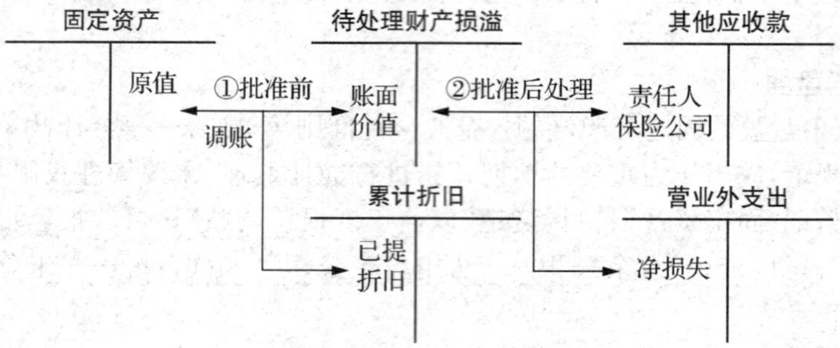

固定资产清查账务处理快速记忆

图 2-20 固定资产盘亏的账务处理

做中学 2-88

天途公司盘亏电子设备一台，该设备原价为 10 万元，已计提折旧 2 万元，取得该设备时增值税额为 1.60万元。

(1) 盘亏固定资产时，根据固定资产清查报告单编制如下会计分录：

借：待处理财产损溢——待处理固定资产损溢	92 800	
累计折旧	20 000	
贷：固定资产		100 000
应交税费——应交增值税(进项税额转出)		12 800

(2) 查明原因并经董事会批准，根据固定资产清查审批单编制如下会计分录：

借：营业外支出——盘亏损失	92 800	
贷：待处理财产损溢——待处理固定资产损溢		92 800

七、固定资产减值

固定资产减值是指固定资产的可收回金额低于其账面价值。

企业应当在资产负债表日判断固定资产是否存在可能发生减值的迹象。当固定资产出现减值的迹象时，估计固定资产可收回金额，固定资产的可收回金额低于其账面价值时，该项固定资产即发生了减值。固定资产减值损失一经确认，不得转回。

固定资产减值的迹象，主要可从外部信息来源和内部信息来源两方面加以判断。

【提示】 资产存在减值迹象是资产是否需要进行减值测试的必要前提。

(一) 固定资产减值损失的确认和计量

固定资产的可收回金额低于其账面价值时，表明该项固定资产发生了减值，将固定资产的账面价值减记至可收回金额，确认固定资产减值损失，计提固定资产减值准备。固定资产计提资产减值准备以后，其折旧费用应当按照新的账面价值予以计算。

1. 资产可收回金额的确定

资产可收回金额应当根据其公允价值减去处置费用后的净额与资产预计未来现金流量的现值两者之间较高者确定。但是在下列情况下，可以有例外或者作特殊考虑：

(1) 资产的公允价值减去处置费用后的净额与资产预计未来现金流量的现值，只要有一项超过了资产的账面价值，就表明资产没有发生减值，不需再估计另一项金额。

(2) 没有确凿证据或者理由表明，资产预计未来现金流量现值显著高于其公允价值减去处置费用后的净额的，可以将资产的公允价值减去处置费用后的净额视为资产的可收回金额。

(3) 资产的公允价值减去处置费用后的净额如果无法可靠估计的，应当以该资产预计未来现金流量的现值作为其可收回金额。

2. 资产减值损失的计量

固定资产的账面价值与可收回金额之间的差额，确认为减值损失。

(二) 固定资产减值的账务处理

企业应设置“固定资产减值准备”科目，核算固定资产的可收回金额低于其账面价值的金额。该科目是“固定资产”科目的备抵科目，贷方登记计提的固定资产减值准备；借方登记转出的固定资产减值准备；期末为贷方余额，反映企业已计提但尚未转销的固定资产减值准备。

当企业固定资产的可收回金额低于其账面价值时，即表明固定资产发生了减值，企业应当把固定资产的账面价值减记至可收回金额。减记的金额确认为资产减值损失，计入当期损益，借记“资产减值损失”科目，同时计提相应的资产减值准备，贷记“固定资产减值准备”科目。

做中学 2-89

天途公司 2×19 年 12 月 30 日购入一项生产用设备，取得增值税专用发票并已认证，价款 86 万元，增值税11.18万元，款项已转账支付。该设备预计净残值为 2 万元，使用年限为 10 年，采用年限平均法计提折旧。2×21年年末，由于经济因素的不利影响，该设备预计可收回金额为 65 万元。

(1) 2×19 年 12 月 30 日购入设备时，根据增值税专用发票发票联、银行付款通知、固定资产验收单、固定资产交接单编制如下会计分录：

借：固定资产	860 000	
应交税费——应交增值税(进项税额)	111 800	
贷：银行存款		971 800

(2) 2×20年 1 月至2×21年 12 月，每月末计提折旧时，根据固定资产折旧计算表编制如下会计分录：

借：制造费用	7 000	
贷：累计折旧		7 000

(3) 2×21年 12 月 31 日，计提资产减值准备，根据资产减值准备计提及审批单编制如下会计分录：

设备的账面价值 = 860 000 − 7 000 × 24 = 692 000(元)

计提减值准备金额 = 692 000 − 650 000 = 42 000(元)

借：资产减值损失——固定资产减值损失	42 000	
贷：固定资产减值准备		42 000

2×21年年末，该设备账面价值为 65 万元。2×22 年开始按照账面价值 65 万元计算折旧额。

(4) 2×22年每月应提折旧额=(650 000−20 000)÷8÷12=6 562.50(元)

每月末，根据固定资产折旧计算表编制如下会计分录：

借：制造费用	6 562.50	
贷：累计折旧		6 562.50

【知识拓展】 根据《小企业会计准则》的规定，小企业的固定资产不计提减值准备。固定资产发生的减值损失，待固定资产处置时一并处理，计入营业外支出。

任务六　无形资产和长期待摊费用

一、无形资产

(一) 无形资产概述

1. 无形资产的定义和特征

无形资产，是指企业拥有或控制的没有实物形态的可辨认非货币性资产。无形资产与其他类别的资产相比具有以下特征：

1) 无形资产不具有实物形态

无形资产通常表现为某种权利、某项技术或某种获取超额利润的综合能力，比如土地使用权、非专利技术等。它没有实物形态，却能够为企业带来经济利益，或使企业获取超额收益。

2) 无形资产属于可辨认的非货币性资产

满足下列条件之一的，应当认定为其具有可辨认性：

(1) 能够从企业中分离或者划分出来，并能单独或者与相关合同、资产或负债一起，用于出售、转移、授予许可、租赁或交换。

(2) 源自合同性权利或其他法定权利，无论这些权利是否可以从企业或其他权利和义务中转移或者分离。如一方通过与另一方签订特许权合同而获得的特许使用权，通过法律程序申请获得的商标权、专利权等。

3) 属于非货币性长期资产

无形资产属于非货币性资产，且能够在多个会计期间为企业带来经济利益。无形资产的使用年限在 1 年以上，其价值将在各个受益期间逐渐摊销。

2. 无形资产的内容

无形资产主要包括专利权、商标权、土地使用权、非专利技术、著作权、特许权等。

(1) 专利权。它是指国家专利主管机关依法授予发明创造专利申请人对其发明创造在法定期限内所享有的专有权利，包括发明专利权、实用新型专利权和外观设计专利权。它给予持有者独家使用或控制某项发明的特殊权利。

一般而言，只有从外单位购入的专利或者自行开发并按法律程序申请取得的专利，才能作为无形资产管理和核算。这种专利可以降低成本，或者提高产品质量，或者将其转让出去获得转让收入。

企业从外单位购入的专利权，应按实际支付的价款作为专利权的成本。企业自行开发并按法律程序申请取得的专利权，应按照无形资产准则确定的金额作为成本。

(2) 商标权。商标是用来辨认特定的商品或劳务的标记。商标权是指专门在某类指定的商品或产品上使用特定的名称或图案的权利。商标经过注册登记，就获得了法律上的保护。《中华人民共和国商标法》明确规定，经商标局核准注册的商标为注册商标，商标注册人享有商标专用权，受法律的保护。

企业自创的商标并将其注册登记，所花费用一般不大，是否将其资本化并不重要。能够给拥有者带来获利能力的商标，往往是通过多年的广告宣传和其他传播商标名称的手段，以及客户的信赖等树立起来的。广告费一般不作为商标权的成本，而是在发生时直接计入当期损益。

按照《中华人民共和国商标法》的规定，商标可以转让，但受让人应保证使用该注册商标的产品质量。如果企业购买他人的商标，一次性支出费用较大的，可以将其资本化，作为无形资产管理。这时，应根据购入商标的价款、支付的手续费及有关费用作为商标的成本。

(3) 土地使用权。它是指国家准许某一企业或单位在一定期间内对国有土地享有开发、利用、经营的权利。土地属于国家和集体所有,任何社会组织或个人都不能以任何理由侵占、买卖土地。企业取得土地的使用权通常是有偿的,企业为获得土地使用权向政府支付的土地出让金应作为无形资产。

(4) 非专利技术,即专有技术,或技术秘密、技术诀窍,是指先进的、未公开的、未申请专利、可以带来经济效益的技术及诀窍。其主要内容包括:一是工业专有技术,即在生产上已经采用,仅限于少数人知道,不享有专利权或发明权的生产、装配、修理、工艺或加工方法的技术知识;二是商业(贸易)专有技术,即具有保密性质的市场情报、原材料价格情报以及用户、竞争对象的情况和有关知识;三是管理专有技术,即生产组织的经营方式、管理方式、培训职工方法等保密知识。非专利技术并不是专利法的保护对象,专有技术所有人依靠自我保密的方式来维持其独占权,可以用于转让和投资。

企业的非专利技术,有些是自己开发研究的,有些是根据合同规定从外部购入的。如果是企业自己开发研究的,应将符合《企业会计准则第 6 号——无形资产》规定的开发支出资本化条件的,确认为无形资产。对于从外部购入的非专利技术,应将实际发生的支出予以资本化,作为无形资产入账。

(5) 著作权。它又称版权,是指制作者对其创作的文学、科学和艺术作品依法享有的某种特殊权利。著作权包括两方面的权利,即精神权利(人身权利)和经济权利(财产权利)。前者是指作品署名权、发表作品、确认作者身份、保护作品完整性、修改已经发表的作品等各项权利,包括发表权、署名权、修改权和保护作品完整权;后者是指以出版、表演、广播、展览、录制唱片、摄制影片等方式使用作品以及因授权他人使用作品而获得经济利益的权利。

(6) 特许权。它又称经营特许权、专营权,是指企业在某一地区经营或销售某种特定商品的权利或是一家企业接受另一家企业使用其商标、商号、技术秘密等的权利。前者一般是指政府机关授权、准许企业使用或在一定地区享有经营某种业务的特权,如水、电、邮电通信等专营权、烟草专卖权等;后者是指企业间依照签订的合同,有期限或无期限使用另一家企业的某些权利,如连锁店分店使用总店的名称等。

(二) 无形资产的账务处理

1. 无形资产核算应设置的科目

为了核算无形资产的取得、摊销和处置等情况,企业应当设置"无形资产""研发支出""累计摊销"等科目。

(1) "无形资产"科目用来核算持有无形资产的成本。其借方登记取得无形资产的成本,贷方登记处置结转的无形资产成本,期末借方余额反映无形资产的成本。该科目可按无形资产项目进行明细核算。

(2) "研发支出"科目用来核算企业进行研究与开发无形资产的过程中发生的各项支出。其借方登记企业自行研发无形资产发生的研发支出,贷方登记结转达到预定用途的研究开发项目已资本化的金额和期末结转该科目归集的费用化金额,期末借方余额反映无形资产研发项目满足资本化条件的支出。该科目可按研发项目分别"费用化支出"和"资本化支出"进行明细核算。

(3) "累计摊销"科目用来核算对使用寿命有限的无形资产计提的累计摊销。其贷方登记企业计提的无形资产摊销,借方登记处置无形资产转出的累计摊销,期末贷方余额反映无形资产的累计摊销额。

此外,企业无形资产发生减值的,还应设置"无形资产减值准备"科目进行核算。无形资产账务处理如图 2-21 所示。

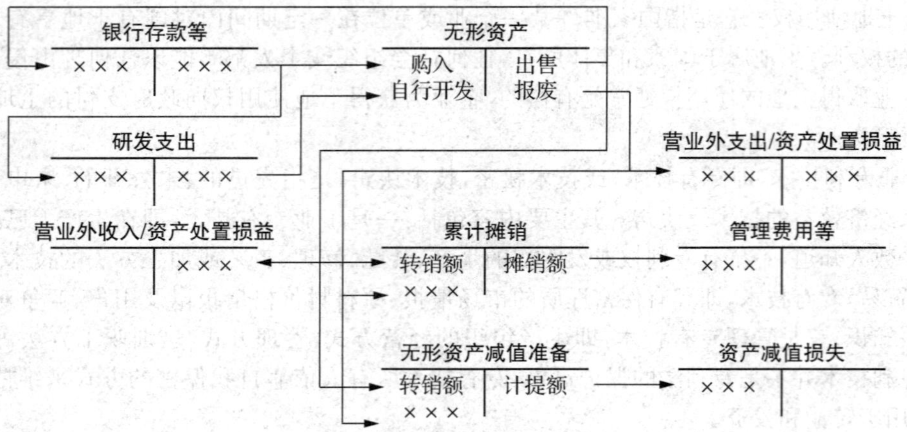

图 2-21　无形资产账务处理

2. 取得无形资产

无形资产应当按照成本进行初始计量。无形资产取得的方式不同，其成本构成也不同。

(1) 外购无形资产

外购无形资产的成本，包括购买价款、进口关税和其他相关税费以及直接归属于使该项资产达到预定用途所发生的律师费、咨询费、公证费、鉴定费、注册登记费等其他支出。企业应根据购入无形资产的实际成本，借记“无形资产”科目，按当月已认证的可抵扣增值税额，借记“应交税费——应交增值税(进项税额)”科目，按当月未认证的可抵扣增值税额，借记“应交税费——待认证进项税额”科目，按应付或实际支付的金额，贷记“应付账款”“银行存款”等科目。

做中学 2-90

天途公司于 2×20 年 6 月购入一项非专利技术，取得增值税专用发票已认证可抵扣，价款 90 万元，进项税额5.40万元，共计95.40万元，开出转账支票支付。

天途公司根据增值税专用发票发票联、转账支票存根、银行付款通知、无形资产验收单、无形资产交接单编制如下会计分录(可抵扣进项税额按不含税价款的 6%计算)：

借：无形资产	900 000	
应交税费——应交增值税(进项税额)	54 000	
贷：银行存款		954 000

(2) 自主研发无形资产的核算

企业内部研究开发项目所发生的支出应区分研究阶段支出和开发阶段支出，企业自行开发无形资产发生的研发支出，不满足资本化条件的，借记“研发支出——费用化支出”科目，满足资本化条件的，借记“研发支出——资本化支出”科目，贷记“原材料”“银行存款”“应付职工薪酬”等科目。自行研究开发无形资产发生的支出取得增值税专用发票可抵扣的进项税额，借记“应交税费——应交增值税(进项税额)”科目。

研究开发项目达到预定用途形成无形资产的，应按“研发支出——资本化支出”科目的余额，借记“无形资产”科目，贷记“研发支出——资本化支出”科目。

期(月)末，应将“研发支出——费用化支出”科目归集的金额转入“管理费用”科目，借记“管理费用”科目，贷记“研发支出——费用化支出”科目。

研发支出的分类如图 2-22 所示。

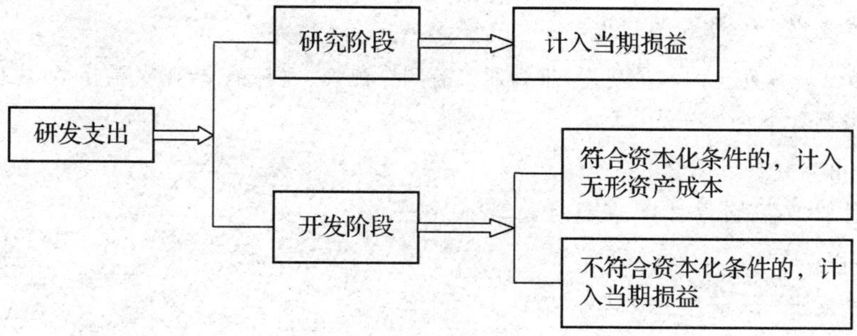

图 2-22 研发支出的分类

无形资产研发支出账务处理如图 2-23 所示。

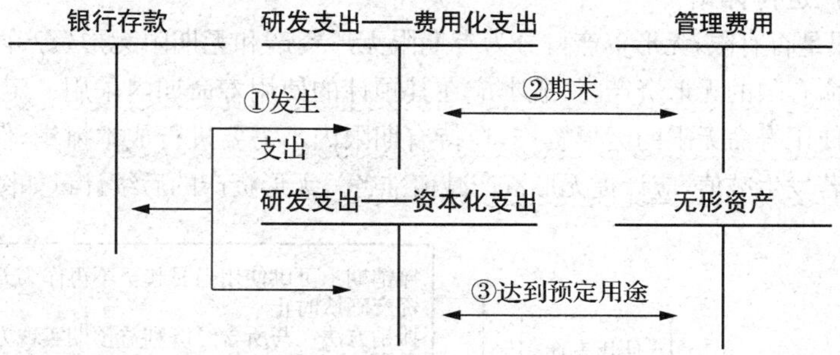

图 2-23 无形资产研发支出账务处理

【提示 1】 自行开发的无形资产，其研发支出能够形成企业的无形资产时，将其达到预定用途前发生的支出总额确认为无形资产的成本，但对以前期间已经费用化的支出不再调整。

【提示 2】 研发费用作为利润表项目单独列示，即管理费用中的研发支出(费用化支出)作为研发费用单独反映。

做中学 2-91

凯盛公司是一家高科技软件实业公司，2×20 年开发了一种新的应用程序软件。软件开发分三个阶段进行。第一阶段为市场调研阶段，主要是通过中介公司进行市场调查，本阶段发生的调研费用为 10 万元。第二阶段为研究阶段，对产品进行可行性研究，并提出具体开发产品的初步方案，本阶段发生科研人员的工资、各种耗材费用、办公费用等 100 万元。第三阶段为开发阶段，使研究的产品具有商业价值，能直接上市出售。企业这一阶段发生的费用为 300 万元，均符合资本化条件。以上支出均已转账支付，假定研发过程中不考虑相关税费。

(1) 确认第一阶段发生的相关费用，根据转账支票存根或其他付款手续、取得的费用发票等编制如下会计分录：

借：研发支出——费用化支出	100 000	
贷：银行存款		100 000
借：管理费用	100 000	
贷：研发支出——费用化支出		100 000

(2) 确认第二阶段发生的相关费用，根据职工薪酬分配表、领料单、转账支票存根等编制如下会计分录：

借：研发支出——费用化支出	1 000 000	
贷：应付职工薪酬(原材料、银行存款等)		1 000 000

借：管理费用　　1 000 000
　　贷：研发支出——费用化支出　　1 000 000

(3) 确认第三阶段发生的相关费用，根据职工薪酬分配表、领料单、转账支票存根、费用发票、取得的专利权证书等编制如下会计分录：

借：研发支出——资本化支出　　3 000 000
　　贷：应付职工薪酬(原材料、银行存款等)　　3 000 000

借：无形资产　　3 000 000
　　贷：研发支出——资本化支出　　3 000 000

【提示】 对以上发生的研发支出，如果企业取得增值税专用发票，作为一般纳税人，其进项税额是可以抵扣的。

3. 对无形资产进行摊销

根据使用期限是否有限，无形资产可分为有期限无形资产和无期限无形资产两类。企业会计准则规定，对使用寿命有限的无形资产，其成本应在其预计的使用寿命期内采用一定的方法进行摊销，计入当期损益；对使用寿命无限的无形资产，在持有期限内不需要进行成本摊销，但应在每个会计期末进行减值测试，若发生减值，应计提无形资产减值准备。无形资产的后续计量如图 2-24 所示。

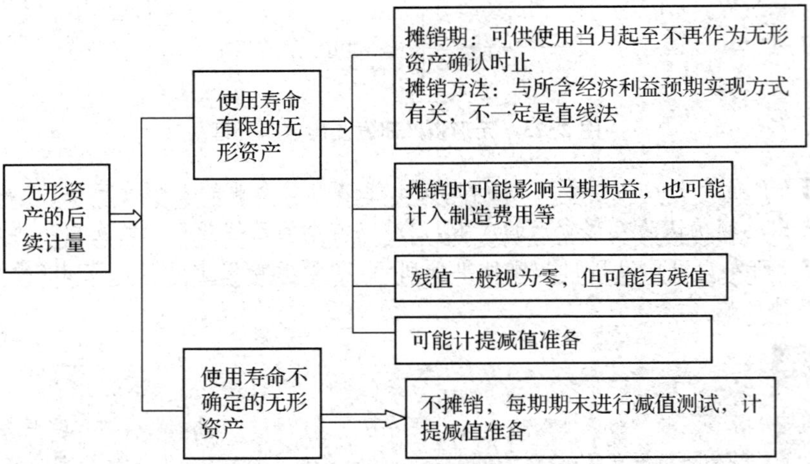

图 2-24　无形资产的后续计量

1) 科目设置

企业无形资产的成本摊销应通过“累计摊销”科目核算。该科目属于资产类科目，也是“无形资产”科目的备抵调整科目，贷方登记企业计提的无形资产摊销额；借方登记处置无形资产转出的累计摊销额；期末余额在贷方，反映企业期末无形资产的累计摊销额。本科目应按无形资产项目进行明细核算。

2) 使用寿命有限的无形资产摊销

企业应当于取得无形资产时分析判断其使用寿命。使用寿命有限的无形资产应进行摊销，并且其残值应当视为零。对于使用寿命有限的无形资产应当自可供使用(即其达到预定用途)当月起开始摊销，处置当月不再摊销。

无形资产摊销方法包括直线法、生产总量法等。企业选择的无形资产的摊销方法，应当反映与该项无形资产有关的经济利益的预期实现方式。无法可靠确定预期实现方式的，应当采用直线法摊销。

企业应当按月对无形资产进行摊销。无形资产的摊销额一般应当计入当期损益：① 企业自用的无形资产，其摊销金额计入管理费用；② 出租的无形资产，其摊销金额计入其他业务成本；③ 某项无形资产包含的经济利益通过所生产的产品或其他资产实现的，其摊销金额应当计入相关资产成本。

无形资产摊销的会计处理如图 2-25 所示。

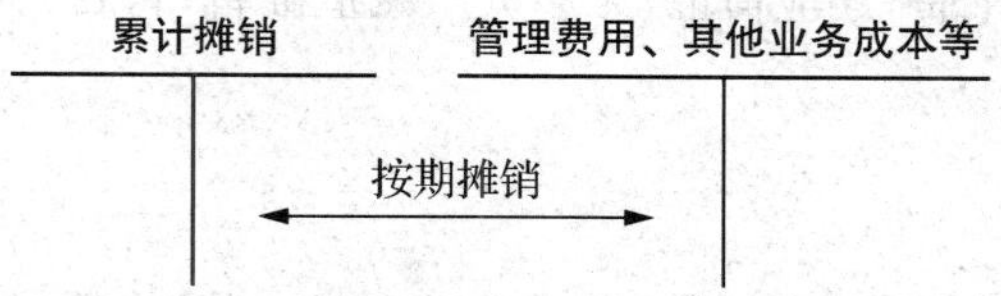

图 2-25 无形资产摊销的会计处理

做中学 2-92

甲公司购买了一项管理用的特许权，成本为9 600 000元，合同规定受益年限为 10 年，甲公司每月应摊销80 000元(9 600 000÷10÷12)。每月摊销时，甲公司应编制如下会计分录：

借：管理费用 80 000

贷：累计摊销 80 000

做中学 2-93

2×20年 1 月 1 日，甲公司将其自行开发完成的非专利技术出租给丁公司，该非专利技术成本为7 200 000元，双方约定的租赁期限为 10 年，甲公司每月应摊销60 000元(7 200 000÷10÷12)。每月摊销时，甲公司应编制如下会计分录：

借：其他业务成本 60 000

贷：累计摊销 60 000

做中学 2-94

2×20年 1 月 1 日，天途公司将其自行研发完成的非专利技术出租给凯盛公司，租期 6 年，每年年末收取租金 18 万元。该项非专利技术成本为 36 万元，租赁期满该技术将失去使用价值，2×20年 12 月 31 日，天途公司收到当年租金 18 万元，并开具增值税专用发票。2×20年每月该项非专利技术的摊销额为 5 000 元(360 000÷6÷12)。

(1) 2×20年 12 月 31 日，根据租赁合同、增值税专用发票记账联编制如下会计分录：

借：银行存款 180 000.00

贷：其他业务收入 169 811.32

应交税费——应交增值税(销项税额) 10 188.68

(2) 2×20年每月月底，根据无形资产摊销计算表编制如下会计分录：

借：其他业务成本 5 000

贷：累计摊销 5 000

【提示】 企业出租无形资产取得的收入，应作为其他业务收入处理。取得收入时，应借记“银行存款”等科目，贷记“其他业务收入”“应交税费——应交增值税(销项税额)”科目。

企业在出租无形资产的过程中发生的律师费、咨询费等费用，按实际发生额，借记“其他业务成本”科目，贷记“银行存款”等科目；出租无形资产的摊销额，借记“其他业务成本”科目，贷记“累计摊销”科目。

4. 处置无形资产

企业处置无形资产，应当将取得的价款扣除该无形资产账面价值以及应交税费的差额作为资产处置损益进行会计处理。

（1）企业应按出售无形资产价款，借记“银行存款”等科目；按应缴纳的税费，贷记“应交税费”科目；按无形资产的累计摊销额，借记“累计摊销”科目；按无形资产的账面余额，贷记“无形资产”科目（如果计提了减值准备，还应借记“无形资产减值准备”科目）；按其差额，借记或贷记“资产处置损益”科目。

做中学 2-95

2×20 年 6 月 12 日，天途公司出售一项无形资产（专利权），收取价税合计 10 万元，用银行存款支付律师费0.25万元，该无形资产的成本为 15 万元，累计摊销额为 4 万元，已计提减值准备 2 万元。

天途公司根据转让协议、银行进账单、增值税专用发票记账联编制如下会计分录：

借：银行存款	97 500	
无形资产减值准备	20 000	
累计摊销	40 000	
贷：无形资产——专利权		150 000
应交税费——应交增值税（销项税额）		5 660
资产处置损益——无形资产处置收益		1 840

做中学 2-96

甲公司为增值税一般纳税人，将其购买的一项专利权转让给乙公司，开具增值税专用发票，注明价款 500 000 元，税率 6%，增值税额 30 000 元，款项 530 000 元已存入银行。该专利权的成本为 600 000 元，已摊销 220 000 元。

甲公司应编制如下会计分录：

借：银行存款	530 000	
累计摊销	220 000	
贷：无形资产		600 000
应交税费——应交增值税（销项税额）		30 000
资产处置损益		120 000

（2）无形资产报废是指无形资产由于已被其他新技术所代替或不受法律保护等原因，预期不能为企业带来未来经济利益而进行的处置。无形资产报废时，应按照累计摊销额，借记“累计摊销”科目；按照已计提的减值准备，借记“无形资产减值准备”科目；按照其账面余额，贷记“无形资产”科目；按其差额，借记“营业外支出”科目。

做中学 2-97

2×21 年年底，海达公司某项专利技术的账面余额为 600 万元，摊销期限为 10 年，采用直线法摊销，已摊销了 5 年，假定该项专利权的残值为 0，年底确认用其生产的产品已没有市场，应予转销。假定不考虑其他因素，海达公司根据经批准的无形资产报废申请单编制会计分录如下：

借：累计摊销	3 000 000	
营业外支出——无形资产处置损失	3 000 000	
贷：无形资产——专利权		6 000 000

5. 无形资产的减值

无形资产在资产负债表日存在可能发生减值的迹象，经过减值测试，其可收回金额低于账面价值的，企业应当将无形资产的账面价值减记至可收回金额，减记的金额确认为减值损失，计入当期损益，同时计提相应的资产减值准备，按照应减记的金额，借记“资产减值损失——无形资产减值准备”科目，贷记“无形资产减值准备”科目。无形资产减值损失一经确认，不得转回。

做中学 2-98

2×20 年 12 月 31 日，市场上某项新技术生产的产品销售势头较好，对天途公司的产品销售产生重大不利影响。与该产品生产相关的天途公司的某项外购专利技术的账面余额为 80 万元，剩余摊销年限为 4 年，经减值测试，该专利技术的可收回金额为 75 万元。假定该项资产之前未计提过减值准备。天途公司根据资产减值计算表编制如下会计分录：

借：资产减值损失——无形资产减值准备　　50 000

　贷：无形资产减值准备　　50 000

【提示】 无形资产减值的确认和计量，与固定资产减值的确认和计量的原则相一致。

二、长期待摊费用

长期待摊费用，是指企业已经发生但应由本期和以后各期负担的分摊期限在 1 年以上的各项费用，如以经营租赁方式租入的固定资产发生的改良支出等。

企业应设置“长期待摊费用”科目进行总分类核算，核算应由本期和以后各期分担的分摊期限在 1 年以上的各项费用。该科目属于资产类科目，借方登记各项长期待摊费用的支出金额；贷方登记各期摊销的金额；期末借方反映尚未摊销完毕的长期待摊费用。

(1) 企业发生的长期待摊费用，借记“长期待摊费用”科目，取得可在当期抵扣的增值税进项税额，借记“应交税费——应交增值税（进项税额）”科目，贷记“原材料”“银行存款”等科目。

(2) 摊销长期待摊费用，借记“管理费用”“销售费用”等科目，贷记“长期待摊费用”科目。

“长期待摊费用”科目期末借方余额，反映企业尚未摊销完毕的长期待摊费用。

做中学 2-99

2×20 年 4 月 1 日，甲公司对以经营租赁方式新租入的办公楼进行装修，发生以下有关支出：领用生产用材料 800 000 元，购进该批原材料时支付的增值税进项税额为 104 000 元；有关人员工资等职工薪酬 400 000 元。

2×20 年 11 月 30 日，该办公楼装修完工，达到预定可使用状态并交付使用，并按租赁期 10 年进行摊销。

假定不考虑其他因素，甲公司应编制如下会计分录：

(1) 装修领用原材料时：

借：长期待摊费用　　800 000

　贷：原材料　　800 000

(2) 确认工程人员职工薪酬时：

借：长期待摊费用　　400 000

　贷：应付职工薪酬　　400 000

(3) 2×20 年 12 月摊销装修支出时：

借：管理费用　　10 000

　贷：长期摊销费用[(800 000+400 000)÷10÷12]　　10 000

应知应会考核

一、单项选择题

1. 下列各项中，企业确认应收账款减值损失应记入的会计科目是（　　）。（2020 年）
   A. 营业外支出　　B. 管理费用
   C. 信用减值损失　　D. 资产减值损失
2. 下列各项中，企业通过“待处理财产损溢”科目核算的业务是（　　）。（2020 年）
   A. 固定资产报废　　B. 固定资产减值
   C. 固定资产盘盈　　D. 固定资产盘亏
3. 2019 年 1 月 1 日，大地公司将一项专利技术出租，每月租金 10 万元，租赁期 2 年。该无形资产是 2016 年 3 月 31 日研发成功并达到预定可使用状态，成本为 300 万元，预计使用年限为 10 年，预计净残值为零。该项业务对大地公司 2019 年度损益的影响为（　　）万元。（2020 年）
   A. 120　　B. 90　　C.150　　D.300
4. 2019 年 12 月 31 日，某企业有关科目期末借方余额如下：原材料 55 万元，库存商品 35 万元，生产成本 65 万元，材料成本差异 8 万元。不考虑其他因素，2019 年 12 月 31 日，该企业资产负债表中“存货”项目的期末余额填列的金额为（　　）万元。（2020 年）
   A. 163　　B. 155　　C. 90　　D. 147
5. 某企业年初“坏账准备”科目的贷方余额为 20 万元，本年收回上年已确认为坏账的应收账款 5 万元，经减值测试并确定“坏账准备”科目年末贷方余额应为 30 万元。不考虑其他因素，该企业年末应计提的坏账准备为（　　）万元。（2018 年）
   A. 5　　B. 30　　C. 15　　D. 10
6. 甲公司购入乙公司股票并划分为交易性金融资产，共支付价款 3 600 000 元（其中包含已宣告但尚未发放的现金股利 100 000 元），另支付相关交易费用 10 000 元，取得并经税务机关认证的增值税专用发票上注明的增值税额为 600 元。不考虑其他因素，甲公司取得乙公司股票时应借记“交易性金融资产”科目的金额为（　　）元。（2019 年）
   A. 3 610 000　　B. 3 510 000　　C. 3 600 000　　D. 3 500 000
7. 2018 年 12 月 1 日，某企业“交易性金融资产——A 上市公司股票”借方余额为 1 000 000 元，12 月 31 日，A 上市公司股票的公允价值为 1 050 000 元。不考虑其他因素，下列各项中，该企业关于持有 A 上市公司股票相关会计科目处理正确的是（　　）。（2019 年）
   A. 贷记“营业外收入”科目 50 000 元　　B. 贷记“资本公积”科目 50 000 元
   C. 贷记“公允价值变动损益”科目 50 000 元　　D. 贷记“投资收益”科目 50 000 元
8. 下列各项中，应记入“应收票据”科目借方的是（　　）。（2019 年）
   A. 提供劳务收到的商业承兑汇票　　B. 提供劳务收到的银行本票
   C. 销售商品收到的银行汇票　　D. 销售原材料收到的转账支票
9. 某商场库存商品采用售价金额核算法进行核算。2019 年 5 月初，库存商品的进价成本为 30 万元，售价总额为 46 万元。当月购进商品的进价成本为 40 万元，售价总额为 54 万元，当月销售收入为 70 万元。月末结存商品的实际成本为（　　）万元。（2020 年）
   A. 21　　B. 41　　C. 31　　D.11
10. 某公司自行研发非专利技术共发生支出 460 万元，其中研究阶段发生支出 160 万元，开发阶段发生支出 300 万元，符合资本化条件的支出为 180 万元，不考虑其他因素，该研发活动应计入当期损益的金额为（　　）万元。（2019 年）
    A. 340　　B. 160　　C. 280　　D. 180

二、多项选择题

1. 下列各项中，关于企业现金溢余的会计处理表述正确的有（　　）。（2018 年）
   A. 无法查明原因的现金溢余计入营业外收入　　B. 应支付给有关单位的现金溢余计入其他应付款

C. 无法查明原因的现金溢余冲减管理费用　　D. 应支付给有关单位的现金溢余计入应付账款

2. 以下固定资产不应计提折旧的有（　　）。(2018 年)

A. 改扩建的固定资产　　B. 日常修理的固定资产

C. 经营租入的设备　　D. 融资租出的设备

3. 下列各项中，企业应通过“其他货币资金”科目核算的有（　　）。(2017 年)

A. 存入证券公司指定银行的存出投资款　　B. 申请银行汇票划转出票银行的款项

C. 开具信用证存入银行的保证金款项　　D. 汇往采购地银行开立采购专户的款项

4. 下列各项中，企业摊销管理用的无形资产应计入的会计科目有（　　）。(2019 年)

A. 管理费用　　B. 累计摊销　　C. 其他业务成本　　D.制造费用

5. 下列各项中，应计入专利权入账价值的有（　　）。(2018 年)

A. 无法区分研究阶段和开发阶段的设备折旧费　　B.研究阶段支付的研发人员薪酬

C. 依法取得专利权发生的注册费　　D. 开发阶段满足资本化条件的材料支出

6. 某企业采用备抵法核算应收账款的减值损失。下列各项中，该企业应贷记“坏账准备”科目的有（　　）。(2019 年)

A. 转销坏账损失

B. 计提坏账准备

C. 收回已转销的应收账款而恢复的坏账准备

D. 冲减多计提的坏账准备

7. 下列各项中，导致企业固定资产账面价值减少的事项有（　　）。(2019 年)

A. 确认固定资产减值损失　　B. 提前报废固定资产

C. 盘亏固定资产　　D. 计提固定资产

8. 下列各项中应通过固定资产清理科目核算的有（　　）。(2018 年)

A. 固定资产出售的账面价值　　B. 固定资产盘亏的账面价值

C. 固定资产毁损净损失　　D. 固定资产更新改造支出

9. 下列各项中，关于制造业企业无形资产的会计处理表述正确的有（　　）。(2018 年)

A. 使用寿命有限的无形资产自使用当月起开始摊销

B. 已计提的无形资产减值准备在以后期间可以转回

C. 出租无形资产的摊销额应计入其他业务成本

D. 使用寿命不确定的无形资产不进行摊销

10. 某企业为改进技术自行研究开发一项无形资产。研究阶段发生支出 50 万元，开发阶段发生符合资本化条件的支出 120 万元，不符合资本化条件的支出 80 万元，研发结束形成无形资产。不考虑其他因素，下列各项关于上述研发支出的会计处理中，结果正确的有（　　）。(2016 年)

A. 计入管理费用的金额为 130 万元　　B. 无形资产的入账价值为 120 万元

C. 计入制造费用的金额为 80 万元　　D. 无形资产的入账价值为 170 万元

三、判断题

1. 某企业由于预付账款业务不多，不单独设置“预付账款”科目，对于预付的款项应通过“应付账款”科目核算。(2019年)　　（　　）

2. 企业因经营业务调整出售固定资产而发生的处置净损失，应计入“营业外支出”科目。(2019年)　　（　　）

3. 企业对固定资产进行更新改造时，应当将该固定资产的账面价值转入在建工程，并将被替换部件的变价收入冲减在建工程。(2020 年)　　（　　）

4. 如果企业采用先进先出法核算发出存货成本，则在物价持续上升时会高估企业当期利润。(2020 年)　　（　　）

5. 企业原材料采用计划成本计价，购入原材料无论是否入库，其实际成本都应通过“材料采购”科目核算。(2019年)　　（　　）

6. 企业收到退回的银行汇票对于款项，应计入“其他货币资金”科目借方。(2019年)　　（　　）

7. 委托加工应税消费品，收回之后用于连续生产应税消费品的，不需要再缴消费税。（2018年） （ ）
8. 应收账款附有现金折扣条件的，企业应按照扣除现金折扣后的总额入账。（2018年） （ ）
9. 企业销售商品确认收入后，因商品质量问题发生的销售折让，应计入财务费用。（2018年） （ ）
10. 销售商品过程中代垫的运杂费应计入其他应收款。（2018年） （ ）

四、不定项选择题

（一）背景与情境：甲企业为增值税一般纳税人，2010 年度至 2012 年度发生的与无形资产有关业务如下：

(1) 2010 年 1 月 10 日，甲企业开始自行研发一项行政管理用非专利技术，截至 2010 年 5 月 31 日，用银行存款支付外单位协作费 74 万元，领用本单位原材料成本 26 万元（不考虑增值税因素）。经测试，该项研发活动已完成研究阶段。

(2) 2010 年 6 月 1 日，该项研发活动进入开发阶段，该阶段发生研究人员的薪酬支出 35 万元，领用材料成本 85 万元（不考虑增值税因素），全部符合资本化条件。2010 年 12 月 1 日，该项研发活动结束，最终开发形成一项非专利技术投入使用，该非专利技术预计可使用年限为 5 年，预计净残值为零，采用直线法摊销。

(3) 2011 年 1 月 1 日，甲企业将该非专利技术出租给乙企业，双方约定租赁期限为 2 年，每月末以银行转账结算方式收取租金 1.5 万元。

(4) 2012 年 12 月 31 日，租赁期限届满，经减值测试，该非专利技术的可回收金额为 52 万元。

要求：根据上述资料，不考虑其他因素，分析回答下列小题。（答案中的金额单位用万元表示）

1. 根据资料(1)和(2)，甲企业自行研究开发无形资产的入账价值是（ ）万元。

A. 100　　B. 120　　C. 146　　D. 220

2. 根据资料(1)至(3)，下列各项中，关于甲企业该非利技术摊销的会计处理表述正确的是（ ）。

A. 应当自可供使用的下月起开始摊销
B. 应当自可供使用的当月起开始摊销
C. 该非专利技术出租前的摊销额应计入管理费用
D. 摊销方法应当反映与该非专利技术有关的经济利益的预期实现方式

3. 根据资料(3)，下列各项中，甲企业 2011 年 1 月出租无形资产和收取租金的会计处理正确的是（ ）。

A. 借：其他业务成本　2
　　贷：累计摊销　2

B. 借：管理费用　2
　　贷：累计摊销　2

C. 借：银行存款　1.5
　　贷：其他业务收入　1.5

D. 借：银行存款　1.5
　　贷：营业外收入　1.5

4. 根据资料(4)，甲企业非专利技术的减值金额是（ ）万元。

A. 0　　B. 18　　C. 20　　D. 35.6

5. 根据资料(1)至(4)，甲企业 2012 年 12 月 31 日应列入资产负债表“无形资产”项目的金额是（ ）万元。

A. 52　　B. 70　　C. 72　　D. 88

（二）背景与情境：甲公司为从事机械设备加工生产与销售的一般纳税人，适用的增值税税率为 13%，所得税税率为 25%，2019 年度至 2020 年度发生的有关固定资产业务如下：

(1) 2019 年 12 月 20 日，甲公司从乙公司一次购进三台不同型号且具有不同生产能力的 A 设备、B 设备和 C 设备，共支付价款 4 000 万元，增值税额为 520 万元，包装费及运输费 30 万元，另支付 A 设备安装费 18 万元，B、C 设备不需要安装，同时，支付购置合同签订、差旅费等相关费用 2 万元，全部款项已由银行存款支付。

(2) 2019 年 12 月 28 日，三台设备均达到预定可使用状态，三台设备的公允价值分别为 2 000 万元、1 800 万元和 1 200 万元。该公司按每台设备公允价值的比例对支付的价款进行分配，并分别确定其入账价值。

(3) 三台设备预计的使用年限均为5年,预计净残值率为2%,使用双倍余额递减法计提折旧。

(4) 2020年3月份,支付A设备、B设备和C设备日常维修费用分别为1.2万元、0.5万元和0.3万元。

(5) 2020年12月31日,对固定资产进行减值测试,发现B设备实际运行效率和生产能力验证已完全达到预计的状态,存在减值迹象,其预计可收回金额低于账面价值的差额为120万元,其他各项固定资产未发生减值迹象。

要求:根据上述资料,不考虑其他因素,分析回答下列小题。(2012年改编)

1. 根据资料(1)(2),下列各项中,计算结果正确的是(　　)。

A. A设备的入账价值为1 612万元　　B. B设备的入账价值为1 450.8万元

C. C设备的入账价值为967.2万元　　D. A设备分配购进固定资产总价款的比例为40%

2. 根据资料(1)(2),固定资产购置业务引起下列科目增减变动正确的是(　　)。

A. "银行存款"减少4 050万元

B. "管理费用"增加2万元

C. "制造费用"增加2万元

D. "应交税费——应交增值税(进项税额)"增加520万元

3. 根据资料(3),下列各项中,关于甲公司固定资产折旧表述正确的是(　　)。

A. 前3年计提折旧所使用的折旧率为40%

B. A设备2020年度应计提折旧额为652万元

C. B设备2020年度应计提折旧额为580.32万元

D. 计提前3年折旧额时不需要考虑残值的影响

4. 根据资料(4),甲公司支付设备日常维修费引起下列科目变动正确的是(　　)。

A. "固定资产"增加2万元　　B. "管理费用"增加2万元

C. "在建工程"增加2万元　　D. "营业外支出"增加2万元

5. 根据资料(5),甲公司计提资产减值准备对其利润表项目的影响是(　　)。

A. 资产减值损失增加120万元　　B. 营业利润减少120万元

C. 利润总额减少120万元　　D. 净利润减少120万元

(三) 背景与情境:2019年12月1日,某企业无形资产账面价值为800万元,采用直线法摊销。12月份有关业务如下:

(1) 1日,出租一项商标权的使用权,账面余额为600万元,已摊销120万元,本月应摊销5万元,本月租金10万元、增值税额0.6万元,款项存入银行。

(2) 5日,某项非专利技术自行研发成功并投入使用,其资本化支出为200万元,符合无形资产确认条件,但无法确定其预计使用年限。

(3) 20日,以有偿方式取得一项专利权,直接用于对外出租,实际成本为5 000万元,增值税额300万元,预计使用年限为50年。

(4) 30日,出售一项管理用专利权,取得收入200万元,增值税额12万元。该专利权账面余额为300万元,已摊销50万元,未计提减值准备。

(5) 31日,资料(2)中非专利技术的可收回金额为190万元。

要求:根据以上资料,假定不考虑其他因素,分析回答下列小题。

1. 根据资料(1),下列各项中,该企业出租商标权的会计处理结果正确的是(　　)。

A. 确认其他业务成本5万元　　B. 确认管理费用5万元

C. 确认营业外收入10万元　　D. 确认其他业务收入10万元

2. 根据资料(2),下列各项中,该企业非专利技术会计处理正确的是(　　)。

A. 该非专利技术采用直线法按10年进行摊销

B. 该非专利技术的初始入账价值为200万元

C. 该非专利技术计提的减值准备,以后期间不得转回

D. 该非专利技术不进行摊销

3. 根据资料(3)，下列各项中，有偿取得专利权的会计处理表述正确的是(　　)。

A. 出租的专利权不通过"无形资产"科目核算

B. 出租的专利权收入不计入其他业务收入

C. 出租的专利权摊销额计入其他业务成本

D. 土地使用权不进行摊销

4. 根据资料(4)，下列各项中，该企业出售专利权对当期利润总额的影响是(　　)。

A. 利润总额减少 50 万元　　B. 利润总额减少 38 万元

C. 利润总额不变　　D. 利润总额减少 100 万元

5. 根据资料(5)，下列各项中，该企业会计处理结果正确的是(　　)。

A. 无形资产期末账面价值 200 万元　　B. 无形资产期末账面价值 190 万元

C. 影响当期营业利润减少 10 万元　　D. 影响当期利润总额减少 10 万元

(四) 背景与情境：甲公司为增值税一般纳税人，与固定资产相关的资料如下：

(1) 2019 年 5 月 5 日，甲公司开始建造一条生产线，为建造该生产线领用自产产品 100 万元，这部分自产产品的市场售价为 200 万元，同时领用以前外购的原材料一批，该批原材料的实际购入成本为 50 万元，购入时的增值税为 6.5 万元，领用时该批原材料市价为 100 万元。

(2) 2019 年 5 月至 6 月，应付建造该条生产线的工程人员的工资 40 万元，用银行存款支付其他费用 10 万元。

(3) 2019 年 8 月 30 日，该条生产线达到预定可使用状态。该条生产线的预计使用年限为 5 年，预计净残值为 0，采用双倍余额递减法计提折旧。

(4) 2021 年 8 月 30 日，甲公司对该生产线的某一重要部件进行更换，合计发生支出 100 万元，(改造支出符合准则规定的固定资产确认条件)，已知该部件的账面原值为 80 万元，被替换部件的变价收入为 10 万元，2021 年 12 月 31 日，达到预定可使用状态。更新改造后的生产线预计使用年限和计提折旧的方法并未发生改变，预计净残值为 0。

要求：根据上述资料，不考虑其他条件，回答下列问题。

1. 下列固定资产中，需要计提折旧的是(　　)。

A. 经营租出的机器设备　　B. 单独估价入账的土地

C. 融资租入的生产设备　　D. 闲置不用的厂房

2. 根据资料(1)，关于领用自产产品用于在建工程的相关说法中，正确的是(　　)。

A. 应计入在建工程的金额为 200 万元　　B. 应计入在建工程的金额为 100 万元

C. 应计入在建工程的金额为 226 万元　　D. 应计入在建工程的金额为 113 万元

3. 根据资料(1)，关于领用外购的材料用于在建工程的相关说法中，正确的是(　　)。

A. 应计入在建工程的金额为 50 万元　　B. 应计入在建工程的金额为 56.5 万元

C. 应计入在建工程的金额为 43.5 万元　　D. 应计入在建工程的金额为 100 万元

4. 根据资料(1)至(3)，该条生产线的入账价值为(　　)万元。

A. 216　　B. 200　　C. 232　　D. 332

5. 该条生产线在更换重要部件后，重新达到预定可使用状态时的入账价值为(　　)万元。

A. 153.2　　B. 123.2　　C. 138.2　　D. 143.2

(五) 背景与情境：甲公司为增值税一般纳税人，2019 年发生相关业务如下：

(1) 10 月 8 日，甲公司自行建造厂房，购入工程物资，取得的增值税专用发票上注明的销售价格为 98 万元，增值税额为 12.74 万元，另支付安装费 2 万元，增值税额为 0.18 万元，全部款项以银行存款支付；领用生产用材料 10 万元，相关税费 1.3 万元。该设备预计可使用年限为 5 年，预计净残值为 4 万元，当月达到预定可使用状态。

(2) 11 月，甲公司对其一条生产线进行更新改造，该生产线的原价为 200 万元，已计提折旧为 120 万元，改造过程中发生支出 70 万元，被替换部件的账面价值为 10 万元。

(3) 12 月，甲公司某仓库因火灾发生毁损，该仓库原价为 400 万元，已计提折旧 100 万元，其残料估计价值为 5 万元，残料已办理入库，发生的清理费用 2 万元，增值税额为 0.26 万元，经保险公司核定应赔偿损失 150 万元，尚未收到赔款。

(4) 12 月末，甲公司对固定资产进行盘点，发现短缺一台笔记本电脑，原价为 1 万元，已计提折旧 0.8 万元，购入时增值税额为 0.13 万元，损失中应由相关责任人赔偿 0.1 万元。

要求：根据上述资料，假定不考虑其他因素，分析回答下列问题(答案中的金额单位用万元表示)。

1. 根据资料(1)，甲公司购入设备的入账成本是(　　)万元。

A. 111.7　　B. 128.58　　C. 110　　D. 100

2. 根据资料(1)，下列关于该设备计提折旧的表述中正确的是(　　)。

A. 2019 年 10 月该设备不应计提折旧

B. 如采用直线法，该设备 2019 年第四季度应计提折旧额为 3.53 万元

C. 如采用双倍余额递减法，其年折旧率应为 5/15

D. 如采用年数总和法，其第一年的年折旧率应为 40%

3. 根据资料(2)，更新改造后该生产线的入账成本是(　　)万元。

A. 140　　B. 150　　C. 260　　D. 270

4. 根据资料(3)，下列各项中，甲公司毁损固定资产的会计处理正确的是(　　)。

A. 支付清理费用时：

借：固定资产清理　　2

　贷：银行存款　　2

B. 确定应由保险公司理赔的损失时：

借：其他应收款　　150

　贷：营业外收入　　150

C. 将毁损的仓库转入清理时：

借：固定资产清理　　300

　　累计折旧　　100

　贷：固定资产　　400

D. 残料入库时：

借：原材料　　5

　贷：固定资产清理　　5

5. 根据资料(4)，应记入“营业外支出”科目借方的金额是(　　)万元。

A. 1　　B. 0.2　　C. 0.1　　D. 0.126

(六) 背景与情境：甲企业为增值税一般纳税人，2020 年发生下列与交易性金融资产相关的经济业务：

(1) 4 月 12 日，从深圳证券交易所购入乙企业股票 20 000 股，该股票公允价值为 900 000 元，另支付相关交易费 3 000 元，取得增值税专用发票上注明的增值税额 180 元，发票已通过税务机关认证，甲企业将该股票划分为交易性金融资产。

(2) 6 月 30 日，甲企业持有乙企业股票的市价为 920 000 元。

(3) 7 月 6 日，乙企业宣告以每股 0.2 元发放上年度的现金股利；7 月 10 日，甲企业收到乙企业向其发放的现金股利，假定股利不考虑相关税费。

(4) 7 月 18 日，将持有的乙企业股票全部出售，售价 1 006 000 元，转让该金融商品应交增值税 6 000 元。

要求：根据上述资料，不考虑其他因素，分析回答下列小题。

1. 根据资料(1)，甲企业购入交易性金融资的初始入账金额是(　　)元。

A. 903 180　　B. 902 820　　C. 903 000　　D. 900 000

2. 根据资料(1)和(2)，下列各项中，甲企业 6 月 30 日应计入公允价值变动损益的金额是(　　)元。

A. 17 180　　B. 16 820　　C. 20 000　　D. 17 000

3. 根据资料(1)和(3)，下列各项中，关于甲企业现金股利的会计处理结果表述正确的是(　　)

A. 实际收到股利时，冲减交易性金融资产成本 4 000 元

B. 宣告发放股利时，确认投资收益 4 000 元

C. 宣告发放股利时，确认公允价值变动损益 4 000 元

D. 实际收到股利时，确认投资收益 4 000 元

4. 根据资料(1)至(4)，下列各项中用企业出售乙企业股票的会计处理正确的是(　　)。

A. 借：投资收益　　20 000
　　贷：公允价值变动损益　　20 000

B. 借：公允价值变动损益　　20 000
　　贷：投资收益　　20 000

C. 借：投资收益　　6 000
　　贷：应交税费——转让金融商品应交增值税　　6 000

D. 借：其他货币资金——存出投资款　　1 006 000
　　贷：交易性金融资产——成本　　900 000
　　　　——公允价值变动　　20 000
　　　　投资收益　　86 000

5. 根据资料(1)和(4)，该交易性金融资产业务引起甲企业 2019 年营业利润增加的金额是(　　)元。

A. 104 000　　B. 107 000　　C. 81 000　　D. 101 000

(七) 背景与情境：甲公司(一般纳税人)存货采用计划成本核算，2020 年 2 月份发生如下事项：

(1) 期初结存原材料计划成本为 25 万元，材料成本差异借方余额为 3 万元，存货跌价准备贷方余额为 3 万元。

(2) 2 日，购入原材料一批，实际支付价款为 50 万元，取得增值税专用发票上注明的增值税额为 6.5 万元；采购过程中发生运杂费 0.3 万元，保险费 1 万元，入库前挑选整理费 0.2 万元。该批材料的计划成本为 58 万元。

(3) 10 日，生产领用该原材料一批，领用材料计划成本 30 万元。管理部门领用原材料一批，领用材料计划成本 5 万元。

(4) 15 日，收回之前委托 A 公司加工的半成品一批，委托加工时发出半成品的实际成本为 15 万元，加工过程中支付加工费 2 万元，装卸费 0.8 万元，受托方代收代缴消费税 4.5 万元。甲公司收回该委托加工物资后准备继续加工生产，该批半成品的计划成本为 20 万元。

(5) 月末，甲公司结存原材料的市场价格为 42 万元。

要求：根据上述资料，不考虑其他因素，分析回答下列小题(答案中金额单位用万元表示，有小数点的保留两位小数)。

1. 甲公司本月材料成本差异率为(　　)。

A. −4.22%　　B. 1.2%　　C. 6.02%　　D. 11.45%

2. 甲公司本月发出原材料的实际成本为(　　)万元。

A. 28.73　　B. 33.52　　C. 37.11　　D. 39.01

3. 下列有关甲公司委托加工业务的说法中，正确的是(　　)。

A. 甲公司将发出的委托加工物资仍作为存货进行核算

B. 收回委托加工物资时，支付的装卸费应计入管理费用核算

C. 收回委托加工物资的实际成本为 17.8 万元

D. 收回委托加工物资的实际成本为 22.3 万元

4. 期末，甲公司结存存货的实际成本为(　　)万元。

A. 42　　B. 45.98　　C. 63.78　　D. 97.3

5. 根据事项(5)，甲公司本月针对原材料应计提的存货跌价准备为(　　)万元。

A. 0.98　　B. 3.98　　C. 18.78　　D. 37.5

(八) 背景与情境：甲公司是生产多种产品的制造企业，为增值税一般纳税人，适用的增值税税率为

13%，原材料采用实际成本核算，材料发生成本采用月末一次加权平均法计算。2019 年 12 月 1 日，M 材料库存数量为 500 千克，每千克实际成本为 200 元。该公司 12 月份发生有关存货业务如下：

(1) 2 日，以面值为 250 000 元的银行汇票购买 M 材料 800 千克，每千克不含增值税销售价格为 250 元，价款共计 200 000 元，增值税专用发票上注明的增值税额为 26 000 元，由销货方代垫运杂费 3 000 元（不考虑增值税）。材料验收入库，银行汇票多余款项通过银行退回并已收妥。

(2) 10 日，收到乙公司作为资本投入的 M 材料 3 000 千克，并验收入库，同时收到乙公司开具的增值税发票。投资合同约定该批材料不含增值税价格为 600 000 元，与公允价值相同，允许抵扣的增值税为 78 000 元，乙公司在甲公司注册资本中享有份额的金额为 580 000 元。

(3) 31 日，发料凭证汇总表中列明 M 材料的耗用情况如下：生产产品领用 1 600 千克，车间管理部门领用 300 千克，行政管理部门领用 200 千克，销售部门领用 100 千克。

(4) 31 日，财产清查中盘亏 M 材料的成本为 15 000 元，相应转出增值税进项税额为 1 950 元，经查属于材料保管人员过失造成的，按规定由其赔偿 6 000 元，其他损失由公司承担，款项尚未收到。

要求：依据上述材料，不考虑其他因素，分析回答下列小题（答案中的金额单位用元表示，计算结果出现小数的，保留小数点后两位小数）。（2017 年）

1. 根据材料(1)，下列各项中，甲公司会计处理正确的是（　　）。

A. 退回银行汇票的多余款项时：

借：银行存款　　21 000

　贷：其他货币资金　　21 000

B. 用银行汇票购买材料时：

借：原材料　　203 000

　应交税费——应交增值税　　26 000

　贷：银行存款　　229 000

C. 申请签发银行汇票时：

借：其他货币资金　　250 000

　贷：银行存款　　250 000

D. 用银行汇票购买材料时：

借：原材料　　203 000

　应交税费——应交增值税　　26 000

　贷：其他货币资金　　229 000

2. 根据材料(2)，下列各项中，甲公司会计处理结果正确的是（　　）。

A. “资本公积”科目贷方登记 98 000 元　　B. “原材料”科目借方登记 600 000 元

C. “应交税费”科目借方登记 78 000 元　　D. “实收资本”科目贷方登记 696 000 元

3. 根据材料资料(1)至(2)，甲公司当月发出 M 材料平均单价是（　　）元。

A. 205.35　　B. 210　　C. 209.3　　D. 204.65

4. 根据材料(3)，下列各项中，甲公司会计处理表述正确的是（　　）。

A. 车间管理部门领用的材料计入制造费用　　B. 生产产品领用的材料计入生产成本

C. 销售部门领用的材料计入销售费用　　D. 行政管理部门领用的材料计入管理费用

5. 根据材料(4)，下列各项中，甲公司会计处理正确的是（　　）。

A. 应收账款增加 6 000 元　　B. 原材料减少 15 000 元

C. 其他应收款增加 6 000 元　　D. 管理费用增加 15 000 元

项目三 负 债

知识目标

了解：负债的概念和分类。

熟悉：应付利息、应付股利和其他应付款的核算；其他应交税费的核算。

掌握：短期借款、应付票据、应付账款和预收账款的核算；职工薪酬的内容及短期薪酬和设定提存计划的核算；应交增值税、应交消费税的核算。

技能目标

能用所学的实务知识规范“负债”相关技能活动。

素质目标

运用所学的负债理论与实务知识研究相关案例，培养和提高学生在特定业务情境中分析问题与决策设计的能力；能结合“负债”教学内容，结合行业规范或标准，分析会计行为的善恶，强化学生的职业道德素质，从而做到学思用贯通，知信行统一。

项目引例

负债核算

背景与情境：2×20 年 1 月 1 日，华盛公司向银行借入一笔生产经营用短期借款，共计 1 800 000 元，期限为 6 个月，年利率为 6%，利息按月计提，按季支付。根据借款合同，银行已将款项划拨到账。7 月 1 日，借款到期，企业将款项归还银行。

请会计张红作出相关账务处理。相关原始凭证：

① 与工商银行签订的流动资金借款合同；② 为生产经营需要，向银行提供与供应商的采购合同；③ 取得贷款时，银行的借款凭证；④ 月末计提利息时自制的利息计提表；⑤ 支付利息时，银行利息扣取回执单；⑥ 到期还本时，打入贷款专用户的进账单与还款业务凭证。

引例解析

业务产生：企业在日常经营中，由于流动资金短缺或利用融资手段扩大企业生产，而向银行或其他金融机构按照规定的贷款期限与利率取得资金。

请针对上述背景与情境内容，作出相关处理程序。

引例导学

负债，是指企业过去的交易或者事项形成的预期会导致经济利益流出企业的现时义务。现时义务是指企业在现行条件下已承担的义务。未来发生的交易或者事项形成的义务，不属于现时义务，不应当确认为负债。

负债按其流动性不同，分为流动负债和非流动负债。

流动负债，是指预计在一个正常营业周期中清偿，或者主要为交易目的而持有，或者自资产负债表日起 1 年内(含 1 年)到期应予以清偿，或者企业无权自主地将清偿推迟至资产负债表日后 1 年以上的负债。流动负债主要包括短期借款、应付票据、应付账款、预收账款、应付职工薪酬、应交税费、应付利息、应付股利、其他应付款等。

非流动负债，是指除流动负债以外的负债，主要包括长期借款、应付债券、长期应付款等。

知识精讲

任务一 短期借款

短期借款是指企业向银行或其他金融机构等借入的期限在 1 年以下(含 1 年)的各种借款，

通常是为了满足正常生产经营的需要。无论借入款项的来源如何，企业均需要向债权人按期偿还借款的本金及利息。在会计核算上，企业要及时、如实地反映短期借款的借入、利息的发生和本金及利息的偿还情况。

一、借入短期借款

企业应通过“短期借款”科目，核算短期借款的取得及偿还情况。该科目贷方登记取得借款的本金数额，借方登记偿还借款的本金数额，余额在贷方，表示尚未偿还的短期借款。本科目可按借款种类、贷款人和币种进行明细核算。

企业从银行或其他金融机构取得短期借款时，借记“银行存款”科目，贷记“短期借款”科目。

在实际工作中，银行一般于每季度末收取短期借款利息，为此，企业的短期借款利息一般采用月末预提的方式进行核算。短期借款利息属于筹资费用，应记入“财务费用”科目。企业应当在资产负债表日按照计算确定的短期借款利息费用，借记“财务费用”科目，贷记“应付利息”科目；实际支付利息时，根据已预提的利息，借记“应付利息”科目，根据应计利息，借记“财务费用”科目，根据应付利息总额，贷记“银行存款”科目。

二、归还短期借款

企业短期借款到期偿还本金时，借记“短期借款”科目，贷记“银行存款”科目。如果利息是在借款到期时连同本金一起归还的，企业应将归还的利息通过“应付利息”或“财务费用”科目核算。

做中学 3-1

华扬股份有限公司于2×20年1月1日向银行借入一笔生产经营用短期借款，共计120 000元，期限为9个月，年利率为6%。根据与银行签署的借款协议，该项借款的本金到期后一次归还；利息分月预提，按季支付。华扬股份有限公司的有关会计处理如下：

(1) 1月1日，借入短期借款时：

借：银行存款	120 000	
贷：短期借款		120 000

(2) 1月末，计提1月份应计利息时：

本月应计提的利息金额＝120 000×6%÷12＝600(元)。本例中，短期借款利息600元属于企业的筹资费用，应记入“财务费用”科目。

借：财务费用	600	
贷：应付利息		600

2月末，计提2月份利息费用的处理与1月份相同。

(3) 3月末，支付第一季度银行借款利息时：

借：财务费用	600	
应付利息	1 200	
贷：银行存款		1 800

本例中，1月和2月已经计提的利息为1 200元，应借记“应付利息”科目，3月份应当计提的利息为600元，应借记“财务费用”科目；实际支付利息1 800元，贷记“银行存款”科目。

第二、第三季度的会计处理同上。

(4) 10月1日，偿还银行借款本金时：

借：短期借款　　120 000

　　贷：银行存款　　120 000

如果上述借款期限是8个月，则到期日为9月1日，8月末之前的会计处理与上述相同。9月1日偿还银行借款本金，同时支付7月和8月已提未付利息：

借：短期借款　　120 000

　　应付利息　　1 200

　　贷：银行存款　　121 200

【提示】 如果企业的短期借款利息是按月支付的，或者利息是在借款到期时连同本金一起偿还但数额不大的，可以不采用预提的方法，而在实际支付或收到银行的计息通知时，直接计入当期损益，借记"财务费用"科目，贷记"银行存款""库存现金"科目。

任务二　应付及预收款项

一、应付票据

（一）应付票据的确认和计量

应付票据，是指企业购买材料、商品和接受劳务供应等而开出、承兑的商业汇票。

应付票据按承兑人的不同分为商业承兑汇票和银行承兑汇票。如承兑人是银行的商业汇票，为银行承兑汇票；承兑人为购货单位的商业汇票，则为商业承兑汇票。应付票据按是否带息分为带息应付票据和不带息应付票据两种。带息票据是指在票面注明利率的商业汇票，到期承兑时，承兑人除支付票面金额外，还要支付利息。

由于我国商业汇票的付款期限最长不超过6个月，因此，将应付票据归于流动负债进行管理和核算。同时，由于应付票据的偿付时间较短，在会计实务中，一般均按照开出、承兑的应付票据的面值入账。

（二）应付票据的账务处理

企业应设置"应付票据"科目，核算应付票据的发生、偿还等情况。该科目属于负债类科目，贷方登记开出、承兑的商业汇票的票面金额；借方登记到期兑付的票面金额；期末余额在贷方，反映企业尚未到期的商业汇票的票面金额。该科目可以按债权人设置明细账进行明细核算。

为了详细反映应付票据的有关情况，企业应设置"应付票据备查簿"，详细登记商业汇票的种类、号数、出票日期、到期日、票面金额、交易合同号和收款人姓名或单位名称以及付款日期和金额等资料。应付票据到期结清时，在备查簿中应予注销。

1. 应付票据的发生与兑付

企业因购买材料、商品或接受劳务等而开出、承兑商业汇票，应将票面金额作为应付票据的入账金额，借记"材料采购""原材料""库存商品""应交税费——应交增值税（进项税额）"等科目，贷记"应付票据"科目。

企业因开出银行承兑汇票而支付的银行承兑手续费，计入当期财务费用，借记"财务费用"科目，贷记"银行存款"科目。

商业汇票（包括商业承兑汇票和银行承兑汇票）到期时，如果企业有能力支付票据款，则企业的开户银行在收到商业汇票付款通知时无条件支付票据款，借记“应付票据”科目，贷记“银行存款”科目。

做中学 3-2

2×20 年 5 月 6 日，天途公司从凯盛公司购入甲材料一批（假定天途公司的甲材料按实际成本核算），增值税专用发票上注明的价款为 60 000 元，增值税额为7 800元，材料已验收入库。天途公司开出商业汇票一张并经开户银行承兑，面值67 800元、期限 5 个月，支付银行承兑手续费为33.9元，其中增值税为 1.92 元。10 月 6 日商业汇票到期，天途公司通知开户银行以银行存款支付票款。

（1）开出商业汇票购入材料时，根据增值税专用发票发票联、银行承兑汇票复印件编制如下会计分录：

借：原材料——甲材料	60 000	
应交税费——应交增值税（进项税额）	7 800	
贷：应付票据——凯盛公司		67 800

（2）支付承兑手续费，根据银行承兑手续费回单编制如下会计分录：

借：财务费用	31.98	
应交税费——应交增值税（进项税额）	1.92	
贷：银行存款		33.90

（3）票据到期付款时，根据银行特种委托收款凭证（付款通知）编制如下会计分录：

借：应付票据——凯盛公司	67 800	
贷：银行存款		67 800

2. 应付票据的转销

商业汇票到期时，如果企业无力支付票据款，则应根据不同情况进行处理：

（1）若企业采用商业承兑汇票进行结算，企业即为承兑人，也就是付款人，银行将把商业承兑汇票退还给收款人，由收付款双方协商解决。由于商业承兑汇票已经失效，企业应将应付票据款转为应付账款，按票面价值借记“应付票据”科目，贷记“应付账款”科目。

（2）若采用银行承兑汇票进行结算，承兑人为承兑银行，承兑银行将代为支付票款，并将其转为对企业的逾期贷款。由于商业汇票已经失效，企业应将应付票据款转为短期借款，按票面价值借记“应付票据”科目，贷记“短期借款”科目。

【提示】 企业支付的罚息，应计入财务费用。

做中学 3-3

沿用[做中学 3-2]的资料，假设上述银行承兑汇票到期，天途公司无力支付票款，则天途公司根据特种转账传票编制如下会计分录：

借：应付票据——凯盛公司	67 800	
贷：短期借款		67 800

二、应付账款

（一）应付账款的确认和计量

应付账款，是指企业因购买材料、商品或接受劳务供应等经营活动而应付给供应单位的款项。

1. 应付账款入账时间的确定

(1) 在货物与发票账单同时到达的情况下，应付账款一般待货物验收入库后，按发票账单登记入账。这主要是为了确认所购货物的品种、数量及质量是否与合同条款相符，避免先入账而在验收入库时发现购入物资错、漏、破损等问题再进行调账的情况。

(2) 在货物与发票账单非同时到达，且两者间隔较长时间的情况下，应付账款的入账时间以收到发票账单为准。但对于货物已到而发票账单在月末仍未到达的情况，为了在资产负债表上客观反映企业所拥有的资产和承担的债务，月末编制资产负债表时，企业应将所购货物和应付账款暂估入账，待下月初作方向相反的分录，将上月末暂估入账的应付账款予以冲回。

2. 应付账款入账金额的确定

应付账款一般按未来应付金额入账，而不是按到期应付金额的现值入账。在购货存在现金折扣的情况下，应付账款入账金额采用总价法，即按发票上记载的应付金额(不扣除折扣)记账，享受的现金折扣，冲减财务费用。

(二) 应付账款的账务处理

企业应设置"应付账款"科目，核算应付账款的形成、偿还和转销等情况。该科目属于负债类科目，贷方登记企业购买材料、商品或接受劳务等而发生的应付账款；借方登记归还的应付账款，或开出商业汇票抵付的应付账款，或冲销的无法支付的应付账款；期末余额一般在贷方，表示尚未支付的应付账款余额。该科目可以按债权人设置明细账进行明细核算。

1. 应付账款的发生和偿还

企业购入材料、商品或接受劳务等所发生的应付账款，应按应付金额入账。购入材料、商品等验收入库，但货款尚未支付，根据有关凭证(发票账单、随货同行发票上记载的实际价款或暂估价值)，借记"材料采购"或"在途物资"等科目，按照可抵扣的增值税进项税额，借记"应交税费——应交增值税(进项税额)"科目，按应付的款项，贷记"应付账款"科目。企业接受供应单位提供劳务而发生的应付未付的款项，根据供应单位的发票账单，借记"生产成本""管理费用"等科目，贷记"应付账款"科目。

企业偿还应付账款或开出商业汇票抵付应付账款时，借记"应付账款"科目，贷记"银行存款""应付票据"等科目。

做中学 3-4

天途公司 2×20 年 6 月 1 日从凯盛公司购入材料一批，价款 10 万元，增值税1.30万元。材料当日验收入库(该公司材料按实际成本计价核算)，款项尚未支付。2×20 年 6 月 10 日，天途公司以银行存款支付购入材料相关款项11.30万元。

(1) 6 月 1 日购入材料，确认应付账款时，根据增值税专用发票发票联、材料入库单编制如下会计分录：

借：原材料	100 000	
应交税费——应交增值税(进项税额)	13 000	
贷：应付账款——凯盛公司		113 000

(2) 6 月 10 日偿还应付账款时，根据银行付款通知编制如下会计分录：

借：应付账款——凯盛公司	113 000	
贷：银行存款		113 000

应付账款附有现金折扣条件的，应按照扣除现金折扣前的应付款总额入账。因在折扣期限内付款而享受的现金折扣，应在偿付应付账款时冲减财务费用。

做中学 3-5

天途公司 2×20 年 6 月 1 日从凯盛公司购入甲商品一批，价款 60 万元，增值税税率 13%，商品当日验收入库；付款条件为“2/10，1/30，n/60”。假定天途公司于 2×20 年 6 月 10 日付款，计算现金折扣时不考虑增值税。

(1) 6 月 1 日购入商品入库时，根据增值税专用发票发票联、商品入库单编制如下会计分录：

借：库存商品——甲商品　　600 000
　　应交税费——应交增值税(进项税额)　　78 000
　　贷：应付账款——凯盛公司　　678 000

(2) 6 月 10 日付款时，享受现金折扣 12 000 元(600 000×2%)。根据银行付款通知编制如下会计分录：

借：应付账款——凯盛公司　　678 000
　　贷：银行存款　　666 000
　　　　财务费用　　12 000

【知识拓展】 实务中，企业外购电力、燃气等动力一般也通过“应付账款”科目核算。在每月付款时先做暂付款处理，借记“应付账款”科目，贷记“银行存款”等科目；月末按照外购动力的用途，借记“生产成本”“制造费用”“管理费用”等科目，贷记“应付账款”科目。

做中学 3-6

2×20 年 8 月 2 日，天途公司收到 7 月份电费增值税专用发票，电费 38 000 元、增值税 4 940 元。8 月末，经计算，本月应付电费 38 400 元，其中生产车间电费 25 600 元，行政管理部门电费 12 800 元，款项尚未支付。

(1) 8 月 2 日支付电费时，根据增值税专用发票发票联、银行特种委托收款凭证(付款通知)编制如下会计分录：

借：应付账款——××电力公司　　38 000
　　应交税费——应交增值税(进项税额)　　4 940
　　贷：银行存款　　42 940

(2) 月末分配外购动力费时，根据外购动力费用分配表编制如下会计分录：

借：制造费用　　25 600
　　管理费用　　12 800
　　贷：应付账款——××电力公司　　38 400

2. 应付账款的转销

应付账款一般在较短期限内支付，但有时由于债权单位撤销或其他原因而使应付账款无法清偿。企业应将确实无法支付的应付账款予以转销，按其账面余额计入营业外收入，借记“应付账款”科目，贷记“营业外收入”科目。

做中学 3-7

2×20 年 12 月 31 日，天途公司确定一笔 6 000 元的应付账款为无法支付的应付款项，应予转销。天途公司根据公司董事会或法律机构作出的书面决议编制如下会计分录：

借：应付账款　　6 000
　　贷：营业外收入　　6 000

三、预收账款

预收账款，是指企业按照合同规定向购货单位预收的款项。预收账款与应付账款同为企业短期债务，但与应付账款不同的是，预收账款所形成的负债不是以货币偿付，而是以货物偿付。

企业应设置"预收账款"科目，核算预收账款的取得、偿付等情况。该科目属于负债类科目，贷方登记预先收取的货款和购货单位补付的货款；借方登记销售实现时结转的货款和退回的多余款；期末若为贷方余额，表示尚未结清的预收账款，若为借方余额，表示应收的货款（即应由购货单位补付的货款）。该科目可以按购货单位设置明细账进行明细核算。

企业预收款项时，按实际收到的全部预收款，借记"库存现金""银行存款"科目，涉及增值税的，按照预收款计算的应交增值税，贷记"应交税费——应交增值税（销项税额）"科目，全部预收款扣除应交增值税的差额，贷记"预收账款"科目。

企业分期确认有关收入时，按照实现的收入，借记"预收账款"科目，贷记"主营业务收入""其他业务收入"科目。

企业收到客户补付款项时，借记"库存现金""银行存款"科目，贷记"预收账款""应交税费——应交增值税（销项税额）"科目；退回客户多预付的款项时，借记"预收账款"科目，贷记"库存现金""银行存款"科目。涉及增值税的，还应进行相应的会计处理。

做中学 3-8

2×20 年 12 月 31 日，甲公司与乙公司签订经营租赁（非主营业务）吊车合同，向乙公司出租吊车三台，期限为 6 个月，起租日为 2×21 年 1 月 1 日，三台吊车租金（含税）共计 67 800 元。合同签订日，甲公司收到租金并存入银行，开具的增值税专用发票注明租金 20 000 元、增值税 2 600 元。租赁期满日，甲公司收到租金余款及相应的增值税。该项业务适用增值税税率为 13%。

（1）收到乙公司预付租金，应编制如下会计分录：

借：银行存款	22 600	
贷：预收账款——乙公司		20 000
应交税费——应交增值税（销项税额）		2 600

（2）每月末确认租金收入，应编制如下会计分录：

借：预收账款——乙公司	10 000	
贷：其他业务收入		10 000

（3）租赁期满收到租金余款及增值税，应编制如下会计分录：

借：银行存款	45 200	
贷：预收账款——乙公司		40 000
应交税费——应交增值税（销项税额）		5 200

【提示】 预收账款业务不多的企业，可以不单独设置"预收账款"科目，而是将其合并在"应收账款"科目中核算。采用这种方法，"应收账款"科目能够完整地反映与购货单位的结算情况，但在填列会计报表时需要根据"应收账款"科目的明细账分析填列。

做中学 3-9

沿用[做中学 3-8]的资料，假设天途公司不单独设置"预收账款"科目，其预收的款项通过"应收账款"科目核算。

(1) 收到乙公司预付租金,应编制如下会计分录:

借:银行存款　　22 600

　贷:应收账款——乙公司　　20 000

　　应交税费——应交增值税(销项税额)　　2 600

(2) 每月末确认租金收入,应编制如下会计分录:

借:应收账款——乙公司　　10 000

　贷:其他业务收入　　10 000

(3) 租赁期满收到租金余款及增值税,应编制如下会计分录:

借:银行存款　　45 200

　贷:应收账款——乙公司　　40 000

　　应交税费——应交增值税(销项税额)　　5 200

四、应付股利、应付利息

(一) 应付股利

应付股利,是指企业根据股东大会或类似机构审议批准的利润分配方案确定分配给投资者的现金股利或利润。

企业根据股东大会或类似机构审议批准的利润分配方案,确认应付给投资者的现金股利或利润时,借记“利润分配——应付股利”科目,贷记“应付股利”科目;向投资者实际支付股利或利润时,借记“应付股利”科目,贷记“银行存款”等科目。

【提示】 企业董事会或类似机构通过的利润分配方案中拟分配的现金股利或利润,不做账务处理,但应在附注中披露。企业分配的股票股利不通过“应付股利”科目核算。

做中学 3-10

A有限责任公司有甲、乙两个股东,分别占注册资本的40%和60%。2×20年度该公司实现净利润8 000 000元,经过股东会批准,决定2×20年分配股利5 000 000元。股利已经用银行存款支付。A有限责任公司应编制如下会计分录:

借:利润分配——应付股利　　5 000 000

　贷:应付股利——甲股东　　2 000 000

　　　　　　——乙股东　　3 000 000

借:应付股利——甲股东　　2 000 000

　　　　　——乙股东　　3 000 000

　贷:银行存款　　5 000 000

甲股东应分配的股利=5 000 000×40%=2 000 000(元)

乙股东应分配的股利=5 000 000×60%=3 000 000(元)

(二) 应付利息

应付利息是指企业按照合同规定支付的利息,包括分期付息到期还本的长期借款、企业债券等应支付的利息。企业应当设置“应付利息”科目,按照债权人设置明细账进行明细核算,该科目期末余额为企业按照合同规定应支付的利息。

企业采用合同约定的名义利率计算确定利息费用时，应按合同约定名义利率计算确定的应付利息的金额，记入“应付利息”科目；实际支付利息时，借记“应付利息”科目，贷记“银行存款”等科目。

做中学 3-11

星海公司 2×20 年 12 月借入 3 年期到期还本每年付息的长期借款 1 000 000 元，合同约定年利率为 7.5%，假定该利息不符合资本化条件。该公司应编制如下会计分录：

(1) 每年计算确定利息费用时：

借：财务费用	75 000	
贷：应付利息		75 000

(2) 每年实际支付利息时：

借：应付利息	75 000	
贷：银行存款		75 000

五、其他应付款的核算

其他应付款，是指企业除应付票据、应付账款、预收账款、应付职工薪酬、应付利息、应付股利、应交税费等以外的其他各种应付、暂收款项，如应付经营租赁固定资产租金、应付租入包装物租金、存入保证金（如收取的出租、出借包装物押金等）、应付或暂收所属单位或个人的款项、应付赔偿和罚款等。这些应付、暂收款项也构成企业的一项流动负债。

企业应设置“其他应付款”科目，核算其他应付款的增减变动及其结存情况。该科目属于负债类科目，贷方登记发生的各种应付、暂收款项；借方登记偿还或转销的各种应付、暂收款项；期末余额在贷方，表示企业应付未付的其他应付款项。该科目可以按照其他应付款的项目和对方单位（或个人）设置明细账进行明细核算。

企业发生其他应付、暂收款项时，借记“管理费用”等科目，贷记“其他应付款”科目。实际支付或退回其他应付、暂收款项时，借记“其他应付款”科目，贷记“银行存款”等科目。

做中学 3-12

天途公司为增值税一般纳税人，从 2×20 年 7 月 1 日起，以经营租赁方式租入管理用办公设备一批，每月租金 8 000 元（不含税），按季支付。9 月 30 日，公司以银行存款支付了租金 24 000 元及增值税 3 120 元。

(1) 7 月 31 日计提经营租入固定资产租金时，根据租赁合同（副本）、固定资产租金计算表编制如下会计分录：

借：管理费用	8 000	
贷：其他应付款		8 000

8 月末计提经营租入固定资产租金的会计处理同上。

(2) 9 月 30 日支付本季度租入固定资产租金时，根据增值税专用发票、转账支票存根编制如下会计分录：

借：其他应付款	16 000	
管理费用	8 000	
应交税费——应交增值税（进项税额）	3 120	
贷：银行存款		27 120

任务三　应付职工薪酬

一、职工薪酬的内容

职工薪酬，是指企业为获得职工提供的服务或解除劳动关系而给予的各种形式的报酬或补偿。企业提供给职工配偶、子女、受赡养人、已故员工遗属及其他受益人等的福利，也属于职工薪酬。

这里所说的职工，是指与企业订立劳动合同的所有人员，含全职、兼职和临时职工，也包括虽未与企业订立劳动合同但由企业正式任命的人员。未与企业订立劳动合同或未由其正式任命，但向企业所提供服务与职工所提供服务类似的人员，也属于职工的范畴，包括通过企业与劳务中介公司签订用工合同而向企业提供服务的人员。

职工薪酬主要包括短期薪酬、离职后福利、辞退福利和其他长期职工福利。

（一）短期薪酬

短期薪酬，是指企业预期在职工提供相关服务的年度报告期间结束后12个月内将全部予以支付的职工薪酬，因解除与职工的劳动关系给予的补偿除外。因解除与职工的劳动关系给予的补偿属于辞退福利的范畴。短期薪酬主要包括：

（1）职工工资、奖金、津贴和补贴，是指按照构成工资总额的计时工资、计件工资、支付给职工的超额劳动报酬和增收节支的劳动报酬、为补偿特殊或额外的劳动消耗和因其他特殊原因支付给职工的津贴，以及为保证职工工资水平不受物价影响支付给职工的物价补贴等。

（2）职工福利费。其主要是尚未实行医疗统筹企业职工的医疗费用、职工因公伤赴外地就医路费、职工生活困难补助，以及按照国家规定开支的其他职工福利支出。

（3）医疗保险费、养老保险费、失业保险费、工伤保险费和生育保险费等社会保险费。社会保险费，是指企业按照国务院、各地方政府规定的基准和比例计算，向社会保险经办机构缴纳的医疗保险费、养老保险费、失业保险费、工伤保险费和生育保险费。

【提示】 为职工缴纳的养老、失业保险费调整至离职后福利中。

（4）住房公积金。它是指企业按照国家规定的基准和比例计算，向住房公积金管理机构缴存的住房公积金。

（5）工会经费和职工教育经费。它是指企业为了改善职工文化生活、促使职工学习先进技术和提高文化水平和业务素质，用于开展工会活动和职工教育及职业技能培训等的相关支出。

（6）短期带薪缺勤。它是指职工虽然缺勤但企业仍向其支付报酬的安排，包括年休假、病假、婚假、产假、丧假、探亲假等。长期带薪缺勤属于其他长期职工福利。

（7）短期利润分享计划。它是指因职工提供服务而与职工达成的基于利润或其他经营成果提供薪酬的协议。长期利润分享计划属于其他长期职工福利。

（8）其他短期薪酬。它是指除上述薪酬以外的其他为获得职工提供的服务而给予的短期薪酬。

（二）离职后福利

离职后福利，是指企业为获得职工提供的服务而在职工退休或与企业解除劳动关系后，提供的各种形式的报酬和福利，属于短期薪酬和辞退福利的除外。企业将离职后的福利计划分类为设定提存计划和设定受益计划。

(1) 设定提存计划，是指向独立的基金缴存固定费用后，企业不再承担进一步支付的离职后福利计划。现有养老保险和失业保险等大多采取这种方式。

(2) 设定受益计划，是指除设定提存计划以外的离职职工福利计划。企业应当采用预期累计福利单位法和适当的精算假设计算确定企业应承担的义务金额。

(三) 辞退福利

辞退福利，是指企业在职工劳动合同到期之前解除与职工的劳动关系，或者为鼓励职工自愿接受裁减而给予职工的补偿。

(四) 其他长期职工福利

其他长期职工福利，是指除短期薪酬、离职后福利、辞退福利之外所有的职工薪酬，包括长期带薪缺勤、长期残疾福利、长期利润分享计划等。

二、应付职工薪酬科目设置

为了反映企业职工薪酬的情况，应当设置“应付职工薪酬”科目进行核算。“应付职工薪酬”科目核算应付职工薪酬的提取、结算、使用等情况。该科目贷方登记已分配计入有关成本费用项目的职工薪酬的数额，借方登记实际发放职工薪酬的数额；该科目期末贷方余额，反映企业应付未付的职工薪酬。

可以根据职工薪酬的项目分别设置“工资”“职工福利”“社会保险费”“住房公积金”“工会经费”“职工教育经费”“带薪缺勤”“利润分享计划”“设定提存计划”“设定受益计划义务”“非货币性福利”“辞退福利”等明细账进行明细核算。

三、短期薪酬的核算

(一) 货币性职工薪酬

1. 工资、津贴和补贴

工资的核算分为工资结算的核算和工资分配的核算。在实务中，企业本期应付的工资往往是在下一期期初支付，在尚未支付之前，应付未付的工资实质上构成企业对职工的债务，因此，企业应在每个会计期间结束时将本期应付的工资确认为一项流动负债。

为了反映职工工资的结算及分配情况，企业应在“应付职工薪酬”科目下设置“工资”明细科目。该明细科目集中核算应付给职工的工资总额，凡属工资总额的各项内容，不论是否在当月支付，都应通过该明细科目核算。该明细科目贷方登记应付给职工的工资，借方登记实际支付给职工的工资及代扣款项。如果企业当月的应付工资在当月支付，则该明细科目的借方与贷方金额一致，月末没有余额；如果企业当月的应付工资在下月初支付，则该明细科目月末有贷方余额，表示尚未支付的工资。

1) 工资结算

工资结算包括工资的计算和工资的发放。企业应按照劳动工资制度的规定，根据考勤记录、工时记录、产量记录、工资标准、工资等级等，编制“工资结算单”(见表 3-1)，计算当月应付的工资。在此基础上，扣除应由职工个人负担而需要由企业代扣代缴的款项，如企业为职工代垫的房租、水电费，由企业代扣代缴的个人所得税、社会保险费及住房公积金等，应付职工的工资总额减去代扣款项，即为职工的实发工资。

做中学 3-13

宏业公司 2×20 年 6 月份“工资结算单”(见表 3-1)、“工资结算汇总表”(见表 3-2)及相关资料如下：

表 3-1　　工资结算单

部门：一车间　　2×20 年 6 月　　单位：元

姓名	应付工资						各项扣款					实发工资
	岗位工资	奖金	补助	加班工资	请假扣款	应付工资合计	社会保险费	住房公积金	个人所得税	其他(水电费)	扣款合计	
程浩	4 200	1 600	200	1 000	240	6 760	140	676	24	60	900	5 860
王力	3 780	200	1 200	800	360	5 620	100	562	18	20	700	4 920
合计	60 000	15 400	6 500	13 000	4 400	90 500	3 000	9 050	700	950	13 700	76 800

为了反映企业工资总额的构成，便于进行工资结算的会计处理，财会部门应将“工资结算单”进行汇总，编制“工资结算汇总表”(见表 3-2)。工资结算汇总表应按照职工类别和工资总额的构成项目分别反映。

企业发放工资，通常通过银行转账方式直接转入职工的银行存款账户，应按照实发工资数额，借记“应付职工薪酬——工资”科目，贷记“库存现金”“银行存款”科目；结转代扣款项(如水电费等)，若先扣后缴，则借记“应付职工薪酬——工资”科目，贷记“其他应付款”科目；若先缴后扣，则借记“应付职工薪酬——工资”科目，贷记“其他应收款”科目。结转代扣款项(如个人所得税、社会保险费及住房公积金等)见本任务相关内容。

表 3-2　　工资结算汇总表

2×20 年 6 月　　单位：元

部门			应付工资						各项扣款					实发工资
			岗位工资	奖金	补助	加班工资	请假扣款	应付工资合计	社会保险费	住房公积金	个人所得税	其他(水电费)	扣款合计	
基本生产车间	一车间	生产工人	60 000	15 400	6 500	13 000	4 400	90 500	3 000	9 050	700	950	13 700	76 800
		管理人员	9 000	2 300	900		100	12 100	400	1 210	150	140	1 900	10 200
	二车间	生产工人	170 000	56 000	21 000	38 000	6 500	278 500	6 300	27 850	1 050	100	35 300	243 200
		管理人员	14 000	4 200	1 600		500	19 300	800	1 930	270	500	3 500	15 800
辅助生产车间			32 000	10 800	4 000	7 200	1 200	52 800	1 100	5 280	440	80	6 900	45 900
管理部门			62 000	16 600	6 400		1 200	83 800	2 000	8 380	680	140	11 200	72 600
专设销售机构			8 000		1 000			9 000	500	900	120	180	1 700	7 300
合计			355 000	105 300	41 400	58 200	13 900	546 000	14 100	54 600	3 410	2 090	74 200	471 800

做中学 3-14

承[做中学 3-13]，宏业公司 2×20 年 6 月份依据“工资结算汇总表”(见表 3-2)发放工资。

通过银行转账方式发放工资时，根据特色业务批量转账凭证编制如下会计分录：

借：应付职工薪酬——工资 471 800
　　贷：银行存款 471 800

结转代扣水电费（假定先扣后缴）时，根据代扣款凭证编制如下会计分录：

借：应付职工薪酬——工资 2 090
　　贷：其他应付款 2 090

2）工资分配

为了便于进行工资费用的分配，在月份终了时，企业应根据“工资结算汇总表”编制“工资费用分配表”。

做中学 3-15

沿用[做中学 3-14]的资料，宏业公司 2×20 年 6 月末根据“工资分配表”（见表 3-3）进行工资费用的分配。

表 3-3　工资费用分配表

2×20 年 6 月　　单位：元

应借账户	基本生产车间	辅助生产车间	管理部门	专设销售机构	合计
生产成本（基本生产成本）	369 000				369 000
生产成本（辅助生产成本）		52 800			52 800
制造费用	31 400				31 400
管理费用			83 800		83 800
销售费用				9 000	9 000
合计	400 400	52 800	83 800	9 000	546 000

月末分配工资费用时，根据工资费用分配表编制如下会计分录：

借：生产成本——基本生产成本 369 000
　　　　　——辅助生产成本 52 800
　　制造费用 31 400
　　管理费用 83 800
　　销售费用 9 000
　　贷：应付职工薪酬——工资 546 000

2. 职工福利费

对于企业发生的职工福利费，应当在实际发生时根据实际发生额计入当期损益或相关资产成本。企业应设置“职工福利费”明细账进行明细分类核算。

（1）职工福利费的支出。企业发生职工福利费支出时，应借记“应付职工薪酬——职工福利费”科目，贷记有关科目。

（2）职工福利费的分配。月末，企业应按照用途对实际发生的职工福利费支出进行分配，借记“生产成本”“制造费用”“管理费用”“销售费用”“在建工程”“研发支出”等科目，贷记“应付职工薪酬——职工福利费”科目。

做中学 3-16

宏业公司下设一所职工食堂，每月根据在岗职工数量及岗位分布情况、相关历史经验数据等计算需要补贴食堂的金额，从而确定每期因职工食堂而需要承担的福利费金额。2020 年 6 月，晋华公司在岗职工共计 100 人，其中管理部门 20 人，生产车间 80 人。历史经验数据表明，对每个职工晋华公司每月需补贴食堂 120 元。晋华公司的有关会计分录如下：

借：生产成本	9 600	
管理费用	2 400	
贷：应付职工薪酬——职工福利		12 000

丙企业应当提取的职工福利＝120×100＝12 000(元)

2×20 年 7 月支付时，编制如下会计分录：

借：应付职工薪酬——职工福利	12 000	
贷：银行存款		12 000

3. 国家规定计提标准的职工薪酬

1）社会保险费和住房公积金

企业为职工缴纳的医疗保险费、工伤保险费、生育保险费等社会保险费和住房公积金，应当在职工为其提供服务的会计期间，根据规定的计提基础和计提比例计算确定相应的职工薪酬金额，并确认相应负债，计入当期损益或相关资产成本。

企业应设置“社会保险费”“住房公积金”明细账进行明细核算。

应由职工个人负担的社会保险费和住房公积金，属于职工工资的组成部分，应根据职工工资的一定比例计算，并在职工工资中扣除，借记“应付职工薪酬——工资”科目，贷记“应付职工薪酬——社会保险费(或住房公积金)”科目。

住房公积金分为职工所在单位为职工缴存和职工个人缴存两部分，但其全部属于职工个人所有。

期末，对于企业应缴纳的社会保险费(不含基本养老费和失业保险费)和住房公积金，应按照国家规定的计提基础和比例，在职工提供服务期间根据受益对象计入当期损益或相关资产成本，并确认相应的应付职工薪酬金额，借记“生产成本”“制造费用”“管理费用”“销售费用”“在建工程”“研发支出”等科目，贷记“应付职工薪酬——社会保险费、住房公积金”科目；对于职工个人承担的社会保险费和住房公积金，由职工所在企业每月从其工资中代扣代缴，借记“应付职工薪酬——社会保险费、住房公积金”科目，贷记“其他应付款——社会保险费(医疗保险、工伤保险)、住房公积金”科目。

做中学 3-17

沿用[做中学 3-15]的资料，宏业公司职工住房公积金由企业负担 50%，职工个人负担 50%。企业为职工缴纳的住房公积金，按职工工资总额的 10%确定，职工个人负担部分由企业代扣代缴。

企业按受益对象进行分配时，根据住房公积金计提表编制如下会计分录：

借：生产成本——基本生产成本	36 900	
——辅助生产成本	5 280	
制造费用	3 140	
管理费用	8 380	
销售费用	900	
贷：应付职工薪酬——住房公积金		54 600

企业应计提的住房公积金＝546 000×10%＝54 600(元)

企业代扣代缴由职工个人负担的住房公积金时，根据个人住房公积金计算表编制如下会计分录：

借：应付职工薪酬——工资　　54 600

　贷：应付职工薪酬——住房公积金　　54 600

本期缴纳住房公积金时，根据住房公积金汇(缴)书、转账支票存根编制如下会计分录：

借：应付职工薪酬——住房公积金　　109 200

　贷：其他应付款——住房公积金　　109 200

2）工会经费和职工教育经费

企业按照规定提取的工会经费和职工教育经费，应当在职工提供服务的会计期间，分别按照国家规定的职工工资总额的2%和8%的计提标准，计量应付职工薪酬(工会经费、职工教育经费)义务金额，并按受益对象计入当期损益或相关资产成本。

企业应设置"工会经费""职工教育经费"明细账进行明细核算。

企业计提工会经费和职工教育经费时，应根据受益对象进行分配，借记"生产成本""制造费用""管理费用""销售费用""在建工程""研发支出"等科目，贷记"应付职工薪酬——工会经费(或职工教育经费)"科目。

企业支付工会经费用于工会活动时，根据转账支票存根、工会专用结算凭证、电子缴税付款凭证等，借记"应付职工薪酬——工会经费"科目，贷记"银行存款"科目。

企业支付职工教育经费用于职工培训等时，根据转账支票存根、增值税专用发票等，借记"应付职工薪酬——职工教育经费""应交税费——应交增值税(进项税额)"科目，贷记"银行存款"科目。

【提示】《财政部　税务总局关于企业职工教育经费税前扣除政策的通知》(财税〔2018〕51号)规定，自2018年1月1日起，企业发生的职工教育经费支出，不超过工资、薪金总额8%的部分，准予在计算企业所得税应纳税所得额时扣除；超过部分，准予在以后纳税年度结转扣除。

做中学 3-18

2×20年5月，海达公司当月应发工资936万元，其中：生产部门直接生产人员工资600万元；生产部门管理人员工资120万元；管理部门人员工资216万元。根据所在地政府的规定，海达公司分别按照职工工资总额的10%和8%计提医疗保险费和住房公积金，缴纳给当地社会保险经办机构和住房公积金管理机构。海达公司分别按照职工工资总额的2%和8%计提工会经费和职工教育经费。

假定不考虑所得税影响。

应计入生产成本的职工薪酬金额＝600＋600×(10%＋8%＋2%＋8%)＝768(万元)

应计入制造费用的职工薪酬金额＝120＋120×(10%＋8%＋2%＋8%)＝153.6(万元)

应计入管理费用的职工薪酬金额＝216＋216×(10%＋8%＋2%＋8%)＝276.48(万元)

海达公司应根据上述业务，编制如下会计分录：

借：生产成本	7 680 000	
制造费用	1 536 000	
管理费用	2 764 800	
贷：应付职工薪酬——工资		9 360 000
——医疗保险费		936 000
——住房公积金		748 800
——工会经费		187 200
——职工教育经费		748 800

4. 短期带薪缺勤

带薪缺勤应当根据其性质及其职工享有的权利，分为累积带薪缺勤和非累积带薪缺勤两类。企业应当对累积带薪缺勤和非累积带薪缺勤分别进行会计处理。如果带薪缺勤属于长期带薪缺勤的，企业应当作为其他长期职工福利处理。

1）累积带薪缺勤

累积带薪缺勤，是指带薪权利可以结转至下期的带薪缺勤，如果本期的权利没有用完，可以在未来期间使用。企业应当在职工提供了服务从而增加了其享有的未来带薪缺勤的权利时，确认与累积带薪缺勤相关的职工薪酬，并以累积未行使权利而增加的预期支付金额计量。有些累积带薪缺勤在职工离开企业时，职工对未行使的权利有权获得现金支付。如果职工在离开企业时能够获得现金支付，企业就应当确认企业必须支付的、职工全部累积未使用权利的金额。如果职工在离开企业时不能获得现金支付，则企业应当根据资产负债表日因累积未使用权利而导致的预期支付的追加金额，作为累积带薪缺勤费用进行预计。

为了反映企业因职工未使用累积带薪缺勤权利而增加的预期支付金额和实际支付情况，企业应设置“累积带薪缺勤”明细账进行明细核算。

（1）企业应当在职工提供了服务从而增加了其享有的未来带薪缺勤的权利时，确认和计量预期支付的金额，并按照带薪缺勤计划予以支付。

做中学 3-19

晋华公司从 2×19 年 1 月 1 日起实行累积带薪缺勤制度，制度规定，该公司每名职工每年有权享受 12 个工作日的带薪休假，休假权利可以向后结转 2 个日历年度。在第 2 年年末，晋华公司将对职工未使用的带薪休假权利支付现金。假定该公司每名职工平均每月工资为 2 000 元，每名职工每月工作日为 20 个，每个工作日平均工资为 100 元。以该公司一名直接参与生产的职工为例。

假定 2×19 年 1 月，该名职工没有休假。该公司应当在职工为其提供服务的当月累积相当于 1 个工作日工资的带薪休假权利，根据累积带薪缺勤预期支付金额计算表编制如下会计分录：

借：生产成本　　2 100
　贷：应付职工薪酬——工资　　2 000
　　　　——累积带薪缺勤　　100

假定 2×19 年 2 月，该名职工休了 1 天假。晋华公司应当在职工为其提供服务的当月累积相当于 1 个工作日工资的带薪休假权利，反映职工使用累积带薪休假权利的情况，根据累积带薪缺勤预期支付金额计算表、职工已使用上期累积的带薪缺勤权利金额计算表编制如下会计分录：

借：生产成本　　2 100
　贷：应付职工薪酬——工资　　2 000
　　　　——累积带薪缺勤　　100

借：应付职工薪酬——累积带薪缺勤　　100
　贷：生产成本　　100

上述第 1 笔会计分录反映的是晋华公司因职工提供服务而应付的工资和累积的带薪休假权利，第 2 笔分录反映的是该名职工使用上期累积的带薪休假权利。

假定第 2 年年末（2×20 年 12 月 31 日），该名职工有 5 个工作日的未使用带薪休假，晋华公司以银行存款支付了未使用的带薪休假权利金额，根据累积带薪缺勤支付金额计算表编制如下会计分录：

借：应付职工薪酬——累积带薪缺勤　　500
　贷：银行存款　　500

（2）如果职工在离开企业时对未行使的权利不能获得现金支付，企业应当根据资产负债表日因累积未使用权利而导致的预期支付的追加金额，作为累积带薪缺勤费用进行预计。

做中学 3-20

华能公司共有 1 000 名职工。该公司从 2×19 年 1 月 1 日起实行累积带薪缺勤制度。该制度规定，每个职工每年可享受 5 个工作日带薪年休假，未使用的年休假只能向后结转 1 个日历年度，超过 1 年未使用的权利作废；职工休年休假时，首先使用当年可享受的权利，不足部分再从上年结转的带薪年休假余额中扣除；职工离开公司时，公司对职工未使用的累积带薪年休假权利不支付现金。2×19 年 12 月 31 日，每个职工当年平均未使用带薪年休假为 2 个工作日。华能公司预计2×20年有 950 名职工将享受不超过 5 个工作日的带薪年休假，剩余 50 名职工平均每人将享受6.5个工作日的带薪年休假，假定这 50 名职工全部为总部各部门经理，该公司平均每名职工每个工作日工资为 300 元。

华能公司 2×19 年的会计处理：

2×19 年 12 月 31 日，根据累积带薪缺勤预期支付金额计算表确认由于职工累积未使用的带薪年休假权利而导致预期支付的金额编制如下会计分录：

借：管理费用　　22 500
　贷：应付职工薪酬——累积带薪缺勤　　22 500

$$\begin{matrix}\text{企业预期支付}\\\text{的追加金额}\end{matrix}=50(\text{人})\times\begin{matrix}1.5(\text{预计结转下年}\\\text{使用的休假天数})\end{matrix}\times300(\text{日工资})=22\ 500(\text{元})$$

华能公司2×20年的会计处理：

分析 1：假定2×20年上述 50 名部门经理中有 40 名享受了6.5个工作日的带薪年休假，并随同正常工资以银行存款支付。

在职工享受了上年转入的年休假的当月，根据累积带薪缺勤支付金额计算表编制如下会计分录：

借：应付职工薪酬——累积带薪缺勤　　18 000
　贷：银行存款(40×1.5×300)　　18 000

分析 2：另有 10 名部门经理只享受了 5 个工作日的带薪年休假，由于该公司的带薪缺勤制度规定，未使用的权利只能结转 1 年，超过 1 年未使用的权利将作废。

2×20年 12 月 31 日，根据累积带薪缺勤未使用权利金额计算表编制如下会计分录：

借：应付职工薪酬——累积带薪缺勤　　4 500
　贷：管理费用(10×1.5×300)　　4 500

（3）如果职工在离开企业时能够获得现金支付，企业就应当确认企业必须支付的职工全部累积未使用权利的金额。

做中学 3-21

沿用[做中学 3-20]的资料，若该公司的带薪缺勤制度规定，职工累积未使用的带薪缺勤权利可以无限期结转，且可以于职工离开企业时以现金支付。华能公司 1 000 名职工中，50 名为总部各部门经理，100 名为总部各部门职员，800 名为直接生产工人，50 名工人正在建造一幢自用办公楼。

分析：华能公司在 2×19 年 12 月 31 日应当预计由于职工累积未使用的带薪休假权利而导致的全部金额，相当于 2 000 天(1 000×2)的年休假工资 600 000 元(2 000×300)。

2×19 年 12 月 31 日，根据累积带薪缺勤预期支付金额计算表编制如下会计分录：

借：管理费用(150×2×300)　　90 000
　　生产成本(800×2×300)　　480 000
　　在建工程(50×2×300)　　30 000
　　贷：应付职工薪酬——累积带薪缺勤　　600 000

2）非累积带薪缺勤

非累积带薪缺勤，是指带薪缺勤权利不能结转下期的带薪缺勤，本期尚未用完的带薪缺勤权利将予以取消，并且职工离开企业时也无权获得现金支付。根据《中华人民共和国劳动法》的规定，国家实行带薪年休假制度，劳动者在法定休假日和婚丧假期间以及依法参加社会活动期间，用人单位应当依法支付工资。因此，我国企业职工休婚假、产假、丧假、探亲假、病假期间的工资通常属于非累积带薪缺勤。由于职工提供服务本身不能增加其能够享受的福利金额，企业应当在职工缺勤时确认负债和相关资产成本或当期损益。实务中，我国企业一般是在缺勤期间计提应付工资时一并处理。

（二）非货币性职工薪酬

1. 非货币性福利的确认和计量

（1）企业以其自产产品作为非货币性福利发放给职工的，应当根据受益对象，按照该产品的公允价值和相关税费确定应付职工薪酬金额，并计入当期损益或相关资产成本。相关收入的确定、销售成本的结转以及相关税费的处理与企业正常商品销售的会计处理相同。

（2）企业以外购的商品作为非货币性福利提供给职工的，应当按照该商品的公允价值和相关税费确定应付职工薪酬金额，并计入当期损益或相关资产成本。

（3）企业将拥有的房屋等资产无偿提供给职工使用的，应当根据受益对象，按照房屋每期应计提的折旧确定应付职工薪酬金额，并计入当期损益或相关资产成本。

（4）企业租赁住房等资产供职工无偿使用的，应当根据受益对象，按照每期应付的租金确定应付职工薪酬金额，并计入当期损益或相关资产成本。

【提示】 对于难以认定受益对象的非货币性福利，应直接计入当期损益，并确认应付职工薪酬。

2. 非货币性福利的账务处理

企业应设置“非货币性福利”明细账进行明细分类核算。

（1）企业以其自产产品发放给职工作为非货币性福利的，应当作为正常商品销售处理，按照该产品的公允价值加相关税费确定非货币性福利金额，借记“应付职工薪酬——非货币性福利”科目，贷记“主营业务收入”“应交税费——应交增值税（销项税额）”科目。

（2）企业以外购商品发放给职工作为非货币性福利的，应当在外购商品时按照该商品的公允价值加相关税费确定非货币性福利金额，借记“应付职工薪酬——非货币性福利”科目，贷记“银行存款”科目。

（3）企业将拥有的房屋等资产无偿提供给职工使用的，应当根据房屋每期应计提的折旧确定非货币性福利金额，借记“应付职工薪酬——非货币性福利”科目，贷记“累计折旧”科目。

（4）企业租赁住房等资产供职工无偿使用的，应当根据每期支付的租金确定非货币性福利金额，借记“应付职工薪酬——非货币性福利”科目，贷记“银行存款”等科目。

（5）企业应按照受益对象对实际发生的非货币性福利进行分配，借记“生产成本”“制造费用”“管理费用”“销售费用”“在建工程”“研发支出”等科目，贷记“应付职工薪酬——非货币性福利”科目。

做中学 3-22

甲公司共有职工 200 人，其中生产工人 170 人，管理人员 30 人。2×20 年 5 月，甲公司决定将自己生产的羊绒衫作为福利发放给公司职工(每人一件)。该羊绒衫的单位生产成本为 1 500 元，售价为每件 2 800 元，晋华公司适用的增值税税率为 13%。

(1) 决定发放非货币性福利(羊绒衫)时，根据福利费用分配表编制如下会计分录：

借：生产成本　　537 880
　　管理费用　　94 920
　　贷：应付职工薪酬——非货币性福利　　632 800

计入生产成本的金额 = 170 × 2 800 × (1 + 13%) = 537 880(元)

计入管理费用的金额 = 30 × 2 800 × (1 + 13%) = 94 920(元)

(2) 实际发放非货币性福利(羊绒衫)时，根据福利费用汇总表、产成品出库单编制如下会计分录：

借：应付职工薪酬——非货币性福利　　632 800
　　贷：主营业务收入　　560 000
　　　　应交税费——应交增值税(销项税额)　　72 800

借：主营业务成本　　300 000
　　贷：库存商品　　300 000

计入主营业务收入的金额 = 200 × 2 800 = 560 000(元)

计入增值税销项税额的金额 = 200 × 2 800 × 13% = 72 800(元)

计入主营业务成本的金额 = 1 500 × 200 = 300 000(元)

做中学 3-23

甲公司共有职工 200 人，其中生产工人 170 人，管理人员 30 人。2×20 年 5 月，甲公司决定外购电暖气作为福利发放给公司职工(每人一台)。外购电暖气每台不含税价为 1 000 元，增值税税率为 13%。甲公司以银行存款支付了外购电暖气的价款和增值税进项税额。

(1) 决定发放非货币性福利(外购的电暖气)时，根据福利费用分配表编制如下会计分录：

借：生产成本　　192 100
　　管理费用　　33 900
　　贷：应付职工薪酬——非货币性福利　　226 000

计入生产成本的金额 = 170 × 1 000 × (1 + 13%) = 192 100(元)

计入管理费用的金额 = 30 × 1 000 × (1 + 13%) = 33 900(元)

(2) 外购电暖气时，根据增值税专用发票(或普通发票)、转账支票存根、福利费用汇总表编制如下会计分录：

借：应付职工薪酬——非货币性福利　　226 000
　　贷：银行存款　　226 000

做中学 3-24

晋华公司为远途上班的生产一线工人免费提供职工集体宿舍，该集体宿舍楼每月计提折旧2 000元。每月计提折旧时，根据固定资产折旧计算表编制如下会计分录：

借：制造费用　　2 000
　　贷：应付职工薪酬——非货币性福利　　2 000

借：应付职工薪酬——非货币性福利　　2 000
　　贷：累计折旧　　2 000

做中学 3-25

晋华公司为其高级管理人员、高级工程师及科研人员租赁几套公寓免费使用，公司每月需支付租金共计 3 万元。由于为上述人员发生的 3 万元租金费用无法认定受益对象，按规定直接计入管理费用。

（1）确认住房租金费用时，根据租金费用分配表编制如下会计分录：

借：管理费用　　30 000
　　贷：应付职工薪酬——非货币性福利　　30 000

（2）实际支付租金时，根据转账支票存根编制如下会计分录：

借：应付职工薪酬——非货币性福利　　30 000
　　贷：银行存款　　30 000

四、设定提存计划的核算

设定提存计划，是指企业向单独主体（如基金等）缴存固定费用后，不再承担进一步支付义务的离职后福利计划（如职工缴纳的养老、失业保险）。设定提存计划的会计处理比较简单，因为企业在每一期间的义务取决于该期间将要提存的金额。因此，在计量义务或费用时不需要精算假设，通常也不存在精算利得或损失。

对于设定提存计划，企业应当根据在资产负债表日为换取职工在会计期间提供的服务而应向单独主体缴存的提存金，确认为职工薪酬负债，并计入当期损益或相关资产成本。

做中学 3-26

甲公司根据所在地政府规定，按照职工工资总额的 12%计提基本养老保险费，缴存当地社会保险经办机构。2×20 年 7 月，甲公司缴存的基本养老保险费，应计入生产成本的金额为 120 万元，应计入制造费用的金额为 24 万元，应计入管理费用的金额为43.2万元。

借：生成成本　　120.0
　　制造费用　　24.0
　　管理费用　　43.2
　　贷：应付职工薪酬——设定提存计划　　187.2

任务四　应交税费

一、应交税费概述

企业根据税法规定应缴纳的各种税费包括：增值税、消费税、城市维护建设税、资源税、企业所得税、土地增值税、房产税、车船税、城镇土地使用税、教育费附加、矿产资源补偿费、印花税、耕地占用税、契税等。

企业应通过“应交税费”科目，总括反映各种税费的缴纳情况，并按照应交税费项目进行明细核算。该科目贷方登记应缴纳的各种税费等，借方登记实际缴纳的税费；期末余额一般在贷方，反映企业尚未缴纳的税费，期末余额如在借方，反映企业多交或尚未抵扣的税费。

【提示】 企业代扣代缴的个人所得税，通过"应交税费"科目核算。企业缴纳的印花税、耕地占用税等不需要预计应交数的税金，不通过"应交税费"科目核算。

二、应交增值税

（一）增值税概述

增值税是对我国境内销售货物、进口货物，或提供加工、修理修配劳务以及销售服务、无形资产或者不动产的增值额征收的一种流转税。它是我国流转税中的一个主要税种。

按照纳税人的经营规模及会计核算的健全程度，增值税的纳税人分为一般纳税人和小规模纳税人两类，与此相应，增值税的计算与会计核算也不相同。

增值税的计税方法，包括一般计税方法和简易计税方法。一般纳税人发生应税行为适用一般计税方法计税；一般纳税人发生财政部和国家税务总局规定的特定应税行为，可以选择适用简易计税方法计税，但一经选择，36个月内不得变更。小规模纳税人发生应税行为适用简易计税方法计税。

1. 一般计税方法应纳税额的计算

一般计税方法应纳税额的计算公式如下：

$$\text{应纳税额} = \text{当期销项税额} - \text{当期进项税额}$$

一般纳税人选择一般计税方法核算增值税时需要注意以下几点：

（1）增值税属于价外税，销项税额按不含税的销售额及适用税率计算。这里的销售额，是指纳税人向购买方收取的全部价款及价外费用，如手续费、包装费、集资费、违约金等。对应税货物或劳务采用销售额和销项税额合并定价的（如零售企业），应将其换算为不含税的销售额。将含税销售额换算为不含税销售额的计算公式为：

$$\text{不含税销售额} = \text{含税销售额} \div (1 + \text{税率})$$

（2）进项税额的抵扣，必须以合法的扣税凭证为依据，包括增值税专用发票、进口货物的完税凭证，以及收购免税农产品的凭证等。可以抵扣的金额一般以专用发票或完税凭证上注明的税额为准，收购免税农产品则以相关凭证所列金额及规定的扣除率计算进项税额。企业如果未按规定取得并保存增值税扣税凭证，或扣税凭证上未注明增值税额及其他有关事项，其进项税额不能从销项税额中抵扣，只能计入所购入货物或所接受劳务的成本。

（3）当期销项税额小于当期进项税额不足抵扣时，其不足部分可以结转下期继续抵扣。

（4）增值税一般纳税人适用税率为13%、9%、6%和0共4档。增值税税率的具体适用范围如表3-4所示。

表3-4　　增值税适用税率表　　单位：元

类型	税率	适用范围
基本税率	13%	（1）销售或进口货物（除低税率适用范围外）； （2）加工、修理修配劳务； （3）有形动产租赁服务
低税率	9%	（1）销售或者进口下列货物：① 农产品、粮食、食用植物油、鲜奶；② 自来水、暖气、冷气、热水、煤气、石油液化气、天然气、沼气、居民用煤炭制品；③ 图书、报纸、杂志；④ 饲料、化肥、农药、农机、农膜；⑤ 二甲醚、食用盐；⑥ 国务院规定的其他货物。 （2）音像制品、电子出版物。 （3）交通运输服务（包括陆路、水路、航空、管道运输）。 （4）邮政服务（包括邮政普遍服务、邮政特殊服务和其他邮政服务）。

（续表）

类型	税率	适用范围
低税率	9%	(5) 基础电信服务。 (6) 建筑服务，包括：① 工程服务；② 安装服务；③ 修缮服务；④ 装饰服务；⑤ 其他建筑服务。 (7) 销售不动产。 (8) 不动产租赁服务。 (9) 转让土地使用权
	6%	(1) 增值电信服务。 (2) 金融服务，包括：① 贷款服务；② 直接收费金融服务；③ 保险服务；④ 金融商品转让服务。 (3) 生活服务，包括：① 文化体育服务；② 教育医疗服务；③ 旅游娱乐服务；④ 餐饮住宿服务；⑤ 居民日常服务；⑥ 其他生活服务。 (4) 现代服务，包括：① 研发和技术服务；② 信息技术服务；③ 文化创意服务；④ 物流辅助服务；⑤ 鉴证咨询服务；⑥ 广播影视服务；⑦ 商务辅助服务；⑧其他现代服务。 (5) 销售无形资产(不含转让土地使用权)
零税率	0	(1) 出口货物(国务院另有规定的除外)； (2) 在境内载运旅客或者货物出境； (3) 在境外载运旅客或者货物入境； (4) 在境外载运旅客或者货物； (5) 航天运输服务； (6) 向境外单位提供的完全在境外消费的研发服务、设计服务、软件服务、合同能源管理服务、信息系统服务、业务流程管理服务、离岸服务外包业务、电路设计及测试服务、转让技术、广播影视节目(作品)的制作和发行服务； (7) 财政部和国家税务总局规定的其他服务

【注意】 ① 自2018年5月1日起，对进口抗癌药品，减按3%征收进口环节增值税；② 自2018年5月1日起，增值税一般纳税人生产销售和批发、零售抗癌药品，可选择按照简易办法依照3%征收率计算缴纳增值税。

2019年4月1日调整后税率和调整前税率对比，如表3-5所示。

表3-5　　2019年4月1日调整后税率和调整前税率对比

税率变化应税行为	调整前				调整后			
	税率	扣除率	出口退税率	退税率	税率	扣除率	出口退税率	退税率
应税销售行为或者进口货物	16%				13%			
	10%				9%			
购进农产品		10%				9%		
		12%				10%		
出口货物劳务	16%		16%		13%		13%	
	10%		10%		9%		9%	
跨境应税行为	10%		10%		9%		9%	
境外旅客购物离境退税物品	16%			11%	13%			11%
	10%			11%	9%			8%

2. 简易计税方法应纳税额的计算

简易计税方法应纳税额的计算公式为：

应纳税额 = 销售额 × 征收率

【提示】 采用简易计税方法的纳税人，不得抵扣进项税额。简易计税方法的销售额不包括增值税应纳税额，纳税人采用销售额和应纳税额合并定价方法的，按照下列公式计算销售额：

销售额 = 含税销售额 ÷（1 + 征收率）

（二）一般纳税人应交增值税的核算

1. 科目设置

为了核算企业应交增值税的发生、抵扣、缴纳、转出等情况，增值税一般纳税人应设置“应交增值税”“未交增值税”“预交增值税”“待抵扣进项税额”“待认证进项税额”“待转销项税额”“增值税留抵税额”“简易计税”“转让金融商品应交增值税”“代扣代交增值税”等明细科目进行核算。

（1）“应交增值税”明细科目。该明细科目核算增值税进项税额、销项税额抵减、已交税金、出口抵减内销产品应纳税额、减免税款、转出未交增值税、销项税额、出口退税、进项税额转出、转出多交增值税等内容，并采用多栏式账页。应交增值税明细账的格式如表 3-6 所示。

表 3-6 应交增值税明细账

年		凭证		摘要	借方							贷方					借或贷	余额
月	日	种类	编号		合计	进项税额	销项税额抵减	已交税金	出口抵减内销产品应纳税额	减免税款	转出未交增值税	合计	销项税额	出口退税	进项税额转出	转出多交增值税		

“进项税额”专栏，记录一般纳税人购进货物、加工修理修配劳务、服务、无形资产或者不动产等而支付或负担的、准予从当期销项税额中抵扣的增值税税额。企业购进货物或接受应税劳务和服务等支付的进项税额，用蓝字登记；退回所购货物等应冲销的进项税额，用红字登记。

“销项税额抵减”专栏，记录一般纳税人按照现行增值税制度规定因扣减销售额而减少的销项税额。

“已交税金”专栏，记录一般纳税人当月已缴纳的应交增值税额。

“出口抵减内销产品应纳税额”专栏，记录实行“免、抵、退”办法的一般纳税人按规定计算的出口货物的进项税额抵减内销产品的应纳税额。

“减免税款”专栏，记录一般纳税人按现行增值税制度规定准予减免的增值税额。

“转出未交增值税”专栏，记录一般纳税人月度终了转出当月应交未交的增值税额。

“销项税额”专栏，记录企业销售货物、加工修理修配劳务、服务、无形资产或者不动产等而向购买方收取的增值税额。企业销售货物、提供应税劳务和服务等应收取的销项税额，用蓝字登记；退回销售货物等应冲销的销项税额，用红字登记。

“出口退税”专栏，记录一般纳税人出口货物、加工修理修配劳务、服务、无形资产按规定退回的增值税额。

"进项税额转出"专栏，记录一般纳税人购进货物、加工修理修配劳务、服务、无形资产或不动产等发生非正常损失及其他原因而不应从销项税额中抵扣、按规定转出的进项税额。

"转出多交增值税"专栏，记录一般纳税人月度终了转出当月多交的增值税额。

(2)"未交增值税"明细科目。该明细科目核算一般纳税人月终从"应交增值税"或"预交增值税"明细科目转入当月应交未交、多交或预交的增值税额，以及当月缴纳以前期间未交的增值税税额。"未交增值税"明细科目如图 3-1 所示。

借方	未交增值税 贷方
发生额： ① 缴纳上月应交未交的增值税额 ② 月度终了转入当月多交的增值税额	发生额： 月度终了转入当月应交未交的增值税额
借方余额：多交的增值税	贷方余额：未交的增值税

图 3-1 "未交增值税"明细科目

(3)"预交增值税"明细科目。该科目核算一般纳税人转让不动产、提供不动产经营租赁服务、提供建筑服务、采用预收款方式销售自行开发的房地产项目等，以及其他按现行增值税制度规定应预交的增值税额。

(4)"待抵扣进项税额"明细科目。该明细科目核算一般纳税人已取得增值税扣税凭证并经税务机关认证，按照现行增值税制度规定准予以后期间从销项税额中抵扣的进项税额，包括实行纳税辅导期管理的一般纳税人取得的尚未交叉稽核比对的增值税扣税凭证上注明或计算的进项税额。

(5)"待认证进项税额"明细科目。该明细科目核算一般纳税人由于未经税务机关认证而不得从当期销项税额中抵扣的进项税额。该明细科目可采用一般的三栏式账页，借方登记一般纳税人已取得增值税扣税凭证、按照现行增值税制度规定准予从销项税额中抵扣，但尚未经税务机关认证的进项税额，贷方登记经税务机关认证后的转出数或购进货物等退回时的转出数，期末借方余额，表示尚未经税务机关认证的进项税额。

【提示】 一般纳税人已申请稽核但尚未取得稽核相符结果的海关缴款书进项税额也通过该明细科目核算。

(6)"待转销项税额"明细科目。该明细科目核算一般纳税人销售货物、加工修理修配劳务、服务、无形资产或不动产，已确认相关收入(或利得)但尚未发生增值税纳税义务而需要在以后期间确认为销项税额的增值税额。

(7)"简易计税"明细科目。该明细科目核算一般纳税人采用简易计税方法发生的增值税计提、扣减、预缴、缴纳等业务。

(8)"转让金融商品应交增值税"明细科目。该明细科目核算增值税纳税人转让金融商品发生的增值税额。

(9)"代扣代缴增值税"明细科目。该明细科目核算纳税人购进在境内未设经营机构的境外单位或个人在境内的应税行为代扣代缴的增值税。

2. 取得货物或接受劳务、服务

一般纳税人购进货物、加工修理修配劳务、服务、无形资产或不动产等，按应计入相关货物成本的金额，借记"在途物资"或"原材料""材料采购""无形资产""固定资产"等科目，按当月已认证的可抵扣增值税进项税额，借记"应交税费——应交增值税(进项税额)"科目，按当月未认证的可抵扣增值税进项税额，借记"应交税费——待认证进项税额"科目，按应付或实际支付的金额，贷记"应付账款""应付票据""银行存款"等科目。

原未认证的可抵扣增值税额，经税务机关认证后，应借记"应交税费——应交增值税(进项税额)"科目，贷记"应交税费——待认证进项税额"科目。

(1) 一般购进货物进项税额的账务处理。一般纳税人在购进货物时，会计处理上实行价与税的分离，分离的依据为销售方提供的增值税专用发票，发票上注明的价款计入货物的成本，发票上注明的增值税作为进项税额抵扣。

做中学 3-27

天途公司2×20年5月购入甲材料一批，增值税专用发票上注明的材料价款为2万元，增值税税率为13%，增值税额为0.26万元，货款已经支付，材料已经到达并验收入库，增值税专用发票已经过税务机关认证。

购入材料时，根据增值税专用发票发票联、银行付款凭证、材料入库单编制如下会计分录：

借：原材料——甲材料	20 000	
应交税费——应交增值税(进项税额)	2 600	
贷：银行存款		22 600

(2) 购入免税农产品进项税额的账务处理。购进农产品，除取得增值税专用发票或者海关进口增值税专用缴款书外，按照农产品收购发票或者销售发票上注明的农产品买价和9%的扣除率计算的进项税额；如用于生产销售或委托加工13%税率货物的农产品，按照农产品收购发票或者销售发票上注明的农产品买价和10%的扣除率计算的进项税额。

做中学 3-28

天途公司收购免税农产品作为企业的原材料使用，支付的农产品价款为8万元，购买的农产品用于生产税率为9%的产品，农产品已验收入库。

购入时，根据农产品收购发票、银行付款凭证、材料入库单编制如下会计分录：

借：原材料	72 800	
应交税费——应交增值税(进项税额)	7 200	
贷：银行存款		80 000

进项税额 = 80 000 × 9% = 7 200(元)

(3) 支付运输费、装卸费、搬运费、仓储费等进项税额的账务处理。支付的运输费用，取得一般纳税人开具的增值税专用发票的，可以按取得的增值税专用发票上注明的金额(买价)乘以9%计算进项税额；支付的装卸费、搬运费、仓储费等，可以按取得的增值税专用发票上注明的金额(买价)乘以6%计算进项税额。

做中学 3-29

天途公司2×20年6月份购进原材料一批，增值税专用发票上注明价款500 000元、增值税额65 000元。另取得运费、装卸费增值税专用发票，注明运费8 000元、装卸费4 000元，税额分别为720元、240元，价税合计12 960元，材料已验收入库，货款未付，增值税专用发票已经过税务机关认证。

购入材料时，根据增值税专用发票发票联、材料入库单编制如下会计分录：

借：原材料	512 000	
应交税费——应交增值税(进项税额)	65 960	
贷：应付账款		577 960

(4) 进货退出进项税额的账务处理。一般纳税人购进货物发生退货时，购货方应区别下列

两种不同情况进行具体处理：

① 购货方未付货款也未作账务处理。在这种情况下，购货方只需将增值税专用发票发票联和抵扣联退还给销货方即可，既然购货方进货后还未作账务处理，退货时也无须进行账务处理。如果是部分退货，将发票联和抵扣联退还给销货方后，由销货方按实际数量重新开具增值税专用发票，购货方也不用对退货进行账务处理，只要按实购数量、金额进行正常的购货账务处理即可。

② 购货方已付货款，或者货款未付但已作账务处理。这种情况下，如果原增值税专用发票已认证，发票联及抵扣联无法退还，购货方必须取得当地主管税务机关开具的"进货退出及索取折让证明单"送交销货方，作为销货方开具红字增值税专用发票的合法依据。购货方根据销货方转来的红字增值税专用发票发票联、抵扣联，应将原账务处理冲回。在办理退货时，借记"应付账款""应付票据""银行存款"等科目，贷记"应交税费——应交增值税（进项税额）"（实际登账时，应以红字记入借方）"材料采购""在途物资"等科目。如果原增值税专用发票未认证，应将发票退回并作相反的账务处理。在办理退货时，借记"应付账款""应付票据""银行存款"等科目，贷记"应交税费——待认证进项税额""材料采购""在途物资"等科目。

做中学 3-30

天途公司2×20年5月份购进甲材料一批，2×20年6月份因上述材料存在质量问题退回部分材料，取得当地主管税务机关开具的"进货退出及索取折让证明单"送交销货方，退回价款 20 000 元、增值税税款 2 600 元，已收到对方开具的红字增值税专用发票。

根据红字增值税专用发票发票联、材料出库单编制如下会计分录：

借：银行存款	22 600	
贷：原材料——甲材料		20 000
应交税费——应交增值税（进项税额）		2 600

（5）接受投资转入货物进项税额的账务处理。一般纳税人接受投资转入的货物，按照增值税专用发票上注明的增值税额，借记"应交税费——应交增值税（进项税额）"或"应交税费——待认证进项税额"科目，按照双方确认的货物价值，借记"原材料"等科目，按其在注册资本中所占的份额，贷记"实收资本"科目，按其差额，贷记"资本公积——资本溢价"科目。

做中学 3-31

天途公司接受大华公司投资转入的原材料一批，取得防伪税控系统开具的增值税专用发票并已认证，双方确认的价值为 120 000 元，增值税额为 15 600 元。该项投资占天途公司 20% 的股份，天途公司注册资本为 500 000 元。

天途公司接受大华公司投资转入原材料时，根据增值税专用发票发票联、材料入库单、投资协议编制如下会计分录：

借：原材料	120 000	
应交税费——应交增值税（进项税额）	15 600	
贷：实收资本		100 000
资本公积——资本溢价		35 600

（6）接受应税劳务进项税额的账务处理。一般纳税人接受加工修理修配劳务，按增值税专用发票上注明的增值税税额，借记"应交税费——应交增值税（进项税额）"或"应交税费——待认证进项税额"科目，按受益对象，借记"生产成本""委托加工物资""管理费用"等科目，按应付或实际支付的金额，贷记"应付账款""银行存款"等科目。

做中学 3-32

天途公司以银行存款支付汽车修理厂小汽车修理费 4 520 元，取得增值税专用发票已认证，修理费为 4 000 元，增值税额为 520 元。

支付修理费时，根据增值税专用发票发票联、银行付款通知编制如下会计分录：

借：管理费用	4 000	
应交税费——应交增值税（进项税额）	520	
贷：银行存款		4 520

（7）进项税额转出。企业已单独确认进项税额的购进货物、加工修理修配劳务或者服务、无形资产或者不动产发生非常损失（不含自然灾害造成的），以及将购进货物改变用途（如用于简易计税方法计税项目、免征增值税项目等），其进项税额应通过“应交税费——应交增值税（进项税额转出）”科目转入有关科目，借记“待处理财产损溢”“应付职工薪酬”等科目，贷记“应交税费——应交增值税（进项税额转出）”科目。

做中学 3-33

A 股份有限公司的一批库存材料因管理不善发生毁损，有关增值税专用发票确认的成本为 30 000 元，增值税税额为 3 900 元。查明原因并经过批准应由过失人赔偿损失 10 000 元，其余部分为净损失。A 股份有限公司应编制如下会计分录：

（1）借：待处理财产损溢——待处理流动资产损溢	33 900	
贷：原材料	30 000	
应交税费——应交增值税（进项税额转出）		3 900
（2）借：其他应收款	10 000	
管理费用	23 900	
贷：待处理财产损溢——待处理流动资产损溢		33 900

做中学 3-34

A 股份有限公司所属的职工医院维修领用原材料 50 000 元，其购入时支付的增值税为 6 500 元。A 股份有限公司应编制如下会计分录：

借：应付职工薪酬——职工福利	56 500	
贷：原材料	50 000	
应交税费——应交增值税（进项税额转出）		6 500

做中学 3-35

A 股份有限公司 2×19 年 7 月 20 日购买一批水泥，增值税专用发票上注明的价款（不含税）为 500 000 元，增值税为 65 000 元。材料已验收入库，款项已经支付。2×19 年 12 月 30 日，A 股份有限公司将该批材料全部用于建造一座办公楼。

本例中，A 股份有限公司将外购的材料用于不动产建造，按现行增值税制度的规定，自 2×19 年 4 月 1 日起，纳税人取得不动产或者不动产在建工程的进项税额可一次性全部抵扣。A 股份有限公司应编制如下会计分录：

（1）2×19 年 7 月 20 日购入原材料时：

借：原材料 500 000
　应交税费——应交增值税(进项税额) 65 000
　贷：银行存款 565 000

(2) 2×19 年 12 月 30 日建造不动产领用原材料时：

借：在建工程 500 000
　贷：原材料 500 000

3. 销项税额的核算

一般纳税人在销售阶段应以企业自己开出的增值税专用发票为依据进行账务处理，其中不含税的价款作为销售收入，向购买方收取的增值税作为销项税额。

根据《增值税暂行条例实施细则》的规定，企业将货物交付其他单位或个人代销，销售代销货物，将自产、委托加工或购进的货物作为投资提供给其他单位或个体工商户，将自产、委托加工或购进的货物分配给股东或投资者，将自产、委托加工的货物用于集体福利或个人消费，将自产、委托加工或购进的货物无偿赠送其他单位或个人等行为，应视同销售货物，计算缴纳增值税。会计方面是否需要确认收入，要看其是否满足销售收入的确认条件。在会计上符合收入确认条件的行为，应确认收入；不符合收入确认条件的行为，只按成本结转。

做中学 3-36

天途公司用托收承付结算方式向异地某公司销售货物一批，货款 30 000 元，增值税额 3 900 元，另支付运费并取得增值税专用发票，注明运输费 2 000 元、增值税额 180 元，价税合计2 180 元。托收手续已办理完毕。

(1) 销售货物确认收入时，根据销售合同、增值税专用发票记账联、托收承付结算凭证回单编制如下会计分录：

借：应收账款 33 900
　贷：主营业务收入 30 000
　　应交税费——应交增值税(销项税额) 3 900

(2) 支付运费时，根据增值税专用发票发票联、银行付款凭证编制如下会计分录：

借：销售费用 2 000
　应交税费——应交增值税(进项税额) 180
　贷：银行存款 2 180

做中学 3-37

天途公司将自产产品 1 000 件提供给本公司职工作为节日礼物，每件成本 1 400 元，市场同类产品售价为 2 500 元。

根据非货币性福利发放表、产成品出库单编制如下会计分录：

借：应付职工薪酬——非货币性福利 2 825 000
　贷：主营业务收入 2 500 000
　　应交税费——应交增值税(销项税额) 325 000

借：主营业务成本 1 400 000
　贷：库存商品 1 400 000

做中学 3-38

天途公司将自己生产的产品作为股利分给股东或投资者，其账面成本价为 40 万元，销售价为 70 万元，增值税税率为 13%。

(1) 利润分配时，根据公司会议决议书、应付股利计算表编制如下会计分录：

借：利润分配——应付现金股利或利润　　791 000
　　贷：应付股利　　791 000

(2) 实际分给投资者时，根据增值税专用发票编制如下会计分录：

借：应付股利　　791 000
　　贷：主营业务收入　　700 000
　　　　应交税费——应交增值税(销项税额)　　91 000

(3) 结转销售成本时，根据产成品出库单编制如下会计分录：

借：主营业务成本　　400 000
　　贷：库存商品　　400 000

4. 视同销售行为

企业的有些交易和事项从会计角度看不属于销售行为，不能确认销售收入，但是按照税法规定，应视同对外销售处理，计算应交增值税。视同销售需要交纳增值税的事项包括企业将自产或委托加工的货物用于集体福利或个人消费，将自产、委托加工或购买的货物作为投资、分配给股东或投资者、无偿赠送他人等。在这些情况下，企业应当借记“长期股权投资”“应付职工薪酬”“营业外支出”等科目，贷记“应交税费——应交增值税(销项税额)”科目等。

【注意】 企业发生非货币性资产交换，将自产的货物、劳务用于偿债、赞助、集资、广告、样品、职工福利以及利润分配，一般应当确认收入并结转成本；而将自产的货物、劳务用于捐赠、管理部门、非生产性机构等一般按成本结转而不需要确认收入，但要按计税价格交纳相关流转税。

做中学 3-39

A 股份有限公司购入甲材料用于生产乙产品，成本 100 000 元，市价 120 000 元；乙产品的成本为 200 000 元，售价为 300 000 元。该企业适用的增值税税率为 13%。假设除了甲材料的已经抵扣的增值税进项税额外，乙产品没有其他的增值税进项税额，不考虑其他因素。假设 A 股份有限公司分别将甲材料和乙产品用于以下几种情况。

(1) 将乙产品用于职工集体福利(假设用于集体福利时全部给管理部门职工)，应编制如下会计分录：

① 借：应付职工薪酬　　339 000
　　贷：主营业务收入　　300 000
　　　　应交税费——应交增值税(销项税额)　　39 000

② 借：主营业务成本　　200 000
　　贷：库存商品　　200 000

③ 借：管理费用　　339 000
　　贷：应付职工薪酬　　339 000

(2) 将购进材料直接投资，应编制如下会计分录：

① 借：长期股权投资　　135 600
　　贷：其他业务收入　　120 000
　　　　应交税费——应交增值税（销项税额）（120 000×13%）　　15 600

② 借：其他业务成本　　100 000
　　贷：原材料　　100 000

(3) 将购进材料直接对外捐赠，应编制如下会计分录：

借：营业外支出　　115 600
　贷：原材料　　100 000
　　应交税费——应交增值税（销项税额）（120 000×13%）　　15 600

(4) 将乙产品用于投资，应编制如下会计分录：

① 借：长期股权投资　　339 000
　　贷：主营业务收入　　300 000
　　　　应交税费——应交增值税（销项税额）　　39 000

② 借：主营业务成本　　200 000
　　贷：库存商品　　200 000

(5) 将乙产品用于捐赠，应编制如下会计分录：

借：营业外支出　　239 000
　贷：库存商品　　200 000
　　应交税费——应交增值税（销项税额）（300 000×13%）　　39 000

(6) 将乙产品用于发放股利，应编制如下会计分录：

① 借：应付股利　　339 000
　　贷：主营业务收入　　300 000
　　　　应交税费——应交增值税（销项税额）　　39 000

② 借：主营业务成本　　200 000
　　贷：库存商品　　200 000

(7) 将甲材料用于发放股利，应编制如下会计分录：

① 借：应付股利　　135 600
　　贷：其他业务收入　　120 000
　　　　应交税费——应交增值税（销项税额）（120 000×13%）　　15 600

② 借：其他业务成本　　100 000
　　贷：原材料　　100 000

企业出口产品按规定退税的，按应收的出口退税额，借记“其他应收款”科目，贷记“应交税费——应交增值税（出口退税）”科目。

5. 计算缴纳增值税的核算

月份终了，纳税人应根据“应交税费——应交增值税”明细账各专栏本期发生额，计算企业当期应缴纳的增值税额，并在规定期限内申报缴纳。其计算公式为：

$$\text{当期应纳税额} = \text{当期销项税额} - \left(\text{当期发生的允许抵扣的进项税额} - \text{当期进项税额转出}\right) - \text{上期留抵的进项税额}$$

企业计算出当月应交而未交的增值税时，借记“应交税费——应交增值税（转出未交增值税）”科目，贷记“应交税费——未交增值税”科目；计算出当月多交的增值税时，借记“应交税费——未交增值税”科目，贷记“应交税费——应交增值税（转出多交增值税）”科目。

企业缴纳当月的增值税，通过“应交税费——应交增值税（已交税金）”科目反映；缴纳以前各期未交的增值税，通过“应交税费——未交增值税”科目反映。

做中学 3-40

天途公司1月份购进商品允许抵扣的进项税额合计20万元，1月初“应交税费——应交增值税”明细科目借方余额为3万元，当月销售商品发生的销项税额合计31万元。该公司2月份发生允许抵扣的进项税额合计10万元，销项税额合计7万元，公司依法申报缴纳上月应交未交的增值税8万元、本月的增值税9 000元。除此以外，该公司没有发生其他涉及增值税的业务。

（1）天途公司1月份的账务处理。1月末，根据未交增值税计算表编制如下会计分录：

借：应交税费——应交增值税（转出未交增值税）　　80 000
　贷：应交税费——未交增值税　　80 000

1月份应纳增值税额＝310 000－(200 000＋30 000)＝80 000(元)

（2）天途公司2月份的账务处理。

① 缴纳增值税时，根据银行电子缴税付款凭证编制如下会计分录：

借：应交税费——未交增值税　　80 000
　　　　　——应交增值税（已交税金）　　9 000
　贷：银行存款　　89 000

② 天途公司2月份应纳增值税额为－30 000元(70 000－100 000)，即2月末“应交税费——应交增值税”科目为借方余额30 000元，作为留抵的进项税额，抵减以后月份的销项税额。

③ 转出2月份多交的增值税时，根据未交增值税计算表编制如下会计分录：

借：应交税费——未交增值税　　9 000
　贷：应交税费——应交增值税（转出多交增值税）　　9 000

（三）小规模纳税人应交增值税的核算

小规模纳税人应当按照不含税销售额和规定的征收率计算缴纳增值税。实行销售额与应纳增值税合并定价的，应将含税销售额还原为不含税销售额后，再计算应纳税额。其计算公式如下：

不含税销售额＝含税销售额÷(1＋征收率)

小规模纳税人销售货物、劳务等时，一般只能开具普通发票，不能开具增值税专用发票。小规模纳税人发生的进项税额不允许抵扣，其购进货物、劳务等支付的增值税直接计入有关货物或劳务等的成本。

小规模纳税人增值税的核算比较简单，只需在“应交税费”科目下设置“应交增值税”明细科目。该明细科目贷方登记应纳税额的增加；借方登记实际缴纳的增值税；余额一般在贷方，表示应交未交的增值税，若为借方余额，则表示多交的增值税。

做中学 3-41

某工业企业为小规模纳税人，增值税征收率为3%。该企业本期购入原材料一批，增值税普通发票上注明的价款为5万元，增值税额为0.65万元，企业开出一张商业承兑汇票，材料尚未到达。同期销售产品一批，含税价格为6.18万元，货款尚未收到。

（1）购进货物时，根据增值税普通发票、商业承兑汇票复印件编制如下会计分录：

借:在途物资　　56 500
　贷:应付票据　　56 500

(2) 销售货物时,根据销售合同、普通销售发票编制如下会计分录:

借:应收账款　　61 800
　贷:主营业务收入　　60 000
　　应交税费——应交增值税　　1 800

不含税价＝61 800÷(1＋3%)＝60 000(元)

应交增值税＝60 000×3%＝1 800(元)

(3) 小规模纳税人期末"应交税费——应交增值税"科目的贷方余额,即为本月应交增值税。按规定缴纳时,根据银行电子缴税付款凭证编制如下会计分录:

借:应交税费——应交增值税　　1 800
　贷:银行存款　　1 800

(四) 差额征税的账务处理

根据财政部和国家税务总局"营改增"试点政策的规定,对于企业发生的某些业务(金融商品转让、经纪代理服务、融资租赁和融资性售后回租业务、一般纳税人提供客运场站服务、试点纳税人提供旅游服务、选择简易计税方法提供建筑服务等)无法通过抵扣机制避免重复征税的,应采用差额征税方式计算缴纳增值税。

1. 企业按规定相关成本费用允许扣减销售额的账务处理

按现行增值税制度规定,企业发生相关成本费用允许扣减销售额的,发生成本费用时,按应付或实际支付的金额,借记"主营业务成本""工程施工"等科目,贷记"应付账款""应付票据""银行存款"等科目。待取得合规增值税扣税凭证且纳税义务发生时,按照允许抵扣的税额,借记"应交税费——应交增值税(销项税额抵减)"或"应交税费——简易计税"科目(小规模纳税人应借记"应交税费——应交增值税"科目),贷记"主营业务成本""工程施工"等科目。

做中学 3-42

某旅行社为增值税一般纳税人,应交增值税采用差额征税方式核算。2×20年7月份,该旅行社为乙公司提供职工境内旅游服务,向乙公司收取含税价款318 000元,其中增值税18 000元,全部款项已收妥入账。旅行社以银行存款支付其他接团旅游企业的旅游费用和其他单位相关费用共计254 400元,其中,因允许扣减销售额而减少的销项税额14 400元。该旅行社应编制如下会计分录:

(1) 支付住宿费等旅游费用:

借:主营业务成本　　254 400
　贷:银行存款　　254 400

(2) 根据增值税扣税凭证抵减销项税额,并调整成本:

借:应交税费——应交增值税(销项税额抵减)　　14 400
　贷:主营业务成本　　14 400

上述会计分录(1)(2)可合并编制如下会计分录:

借:主营业务成本　　240 000
　应交税费——应交增值税(销项税额抵减)　　14 400
　贷:银行存款　　254 400

(3) 确认旅游服务收入：

借：银行存款	318 000	
贷：主营业务收入		300 000
应交税费——应交增值税（销项税额）		18 000

2. 企业转让金融商品按规定以盈亏相抵后的余额作为销售额

按现行增值税制度规定，企业实际转让金融商品，月末，如产生转让收益，则按应纳税额，借记“投资收益”等科目，贷记“应交税费——转让金融商品应交增值税”科目；如产生转让损失，则按可结转下月抵扣税额，借记“应交税费——转让金融商品应交增值税”科目，贷记“投资收益”等科目。

缴纳增值税时，应借记“应交税费——转让金融商品应交增值税”科目，贷记“银行存款”科目。

年末，“应交税费——转让金融商品应交增值税”科目如有借方余额，则借记“投资收益”等科目，贷记“应交税费——转让金融商品应交增值税”科目。

（五）增值税税控系统专用设备和技术维护费用抵减增值税额的账务处理

按现行增值税制度规定，企业初次购买增值税税控系统专用设备支付的费用以及缴纳的技术维护费允许在增值税应纳税额中全额抵减。

增值税税控系统专用设备，包括增值税防伪税控系统设备（如金税卡、IC卡、读卡器或金税盘和报税盘）、货物运输业增值税专用发票税控系统设备（如税控盘和报税盘）、机动车销售统一发票税控系统和公路、内河货物运输业发票税控系统的设备（如税控盘和传输盘）。

企业初次购入增值税税控系统专用设备，按实际支付或应付的金额，借记“固定资产”科目，贷记“银行存款”“应付账款”等科目。按规定抵减的增值税应纳税额，借记“应交税费——应交增值税（减免税款）”科目（小规模纳税人应借记“应交税费——应交增值税”科目），贷记“管理费用”等科目。

企业发生增值税税控系统专用设备技术维护费，应按实际支付或应付的金额，借记“管理费用”科目，贷记“银行存款”等科目。按规定抵减的增值税应纳税额，借记“应交税费——应交增值税（减免税款）”科目（小规模纳税人应借记“应交税费——应交增值税”科目），贷记“管理费用”等科目。

做中学 3-43

某公司为增值税一般纳税人，初次购买数台增值税税控系统专用设备作为固定资产核算，取得增值税专用发票上注明的价款为38 000元，增值税额为4 940元，价款和税款以银行存款支付。

该公司应编制如下会计分录：

(1) 取得设备，支付价款和税款时：

借：固定资产	42 940	
贷：银行存款		42 940

(2) 按规定抵减增值税应纳税额时：

借：应交税费——应交增值税（减免税款）	42 940	
贷：管理费用		42 940

【知识拓展】 根据小微企业免征增值税的相关规定，小微企业在取得销售收入时，应当按照税法的规定计算应交增值税，并确认为应交税费，在达到现行增值税制度规定的免征增值税条件时，应将有关应交增值税转入当期损益，借记“应交税费——应交增值税”科目，贷记“其他收益”科目。

三、应交消费税

(一) 消费税概述

消费税，是指在我国境内生产、委托加工和进口应税消费品的单位和个人，按其流转额缴纳的一种税。消费税有从价定率、从量定额、从价定率和从量定额复合计税(简称复合计税)三种征收方法。采取从价定率方法征收的消费税，以不含增值税的销售额为税基，按照税法规定的税率计算。企业的销售收入包含增值税的，应将其换算为不含增值税的销售额。采取从量定额计征的消费税，按税法确定的企业应税消费品的数量和单位应税消费品应缴纳的消费税计算确定。采取复合计税计征的消费税，由以不含增值税的销售额为税基，按照税法规定的税率计算的消费税和根据按税法确定的企业应税消费品的数量和单位应税消费品应缴纳的消费税计算的消费税合计确定。

消费税并非在应税消费品的所有环节征收，只在其生产、委托加工或进口环节实行单环节征收。除金银首饰和卷烟外，批发及零售环节不征收消费税。

消费税的计算有从价定率、从量定额、从价定率和从量定额复合计算三种方法。其计算公式分别为：

$$\text{从价定率下的消费税应纳税额} = \text{销售额} \times \text{比例税率}$$

$$\text{从量定额下的消费税应纳税额} = \text{销售数量} \times \text{定额税率}$$

$$\begin{matrix}\text{从价定率和从量定额复合}\\ \text{计算下的消费税应纳税额}\end{matrix} = \text{销售额} \times \begin{matrix}\text{比例}\\ \text{税率}\end{matrix} + \begin{matrix}\text{销售}\\ \text{数量}\end{matrix} \times \begin{matrix}\text{定额}\\ \text{税率}\end{matrix}$$

【提示】 消费税计算公式中的销售额，与计征增值税的销售额口径一致，是指销售应税消费品向购买方收取的不含增值税的全部价款和价外费用。

(二) 消费税的账务处理

企业应在“应交税费”科目下设置“应交消费税”明细科目，核算应交消费税的发生、缴纳情况。“应交消费税”明细科目的贷方发生额，反映按规定应缴纳的消费税；借方发生额，反映实际缴纳的消费税以及准予抵扣的消费税。期末一般为贷方余额，表示应交未交的消费税；如为借方余额，则表示多交或待抵扣的消费税。

1. 销售产品的应交消费税

生产应税消费品的企业销售产品应缴纳的消费税，应借记“税金及附加”科目，贷记“应交税费——应交消费税”科目；实际缴纳消费税时，应借记“应交税费——应交消费税”科目，贷记“银行存款”科目。

做中学 3-44

甲企业2×20年 6 月份销售摩托车 20 辆，每辆售价 5 000 元(不含向购买方收取的增值税)，货款尚未收到，每辆摩托车成本为 3 000 元。适用的增值税税率为 13%，消费税税率为 10%。

该企业销售摩托车时，根据增值税专用发票记账联、产成品出库单、销售成本计算表、消费税计算表编制如下会计分录：

借：应收账款	113 000	
贷：主营业务收入		100 000
应交税费——应交增值税(销项税额)		13 000
借：税金及附加	10 000	
贷：应交税费——应交消费税		10 000

借：主营业务成本　　60 000
　　贷：库存商品　　60 000

应向购买方收取的增值税 ＝ 5 000 × 20 × 13% ＝ 13 000（元）

应缴纳的消费税 ＝ 5 000 × 20 × 10% ＝ 10 000（元）

2. 自产自销应税消费品的应交消费税

企业将生产的应税消费品用于在建工程等非生产性机构时，按应交的消费税，借记“在建工程”等科目，贷记“应交税费——应交消费税”科目。

做中学 3-45

海达公司为增值税一般纳税人。2×20 年 6 月将自产的一批应税消费品用于一项工程。该批产品的成本为 60 000 元，售价为 80 000 元，该产品适用的消费税税率为 20%。工程项目领用自产产品应视同销售，按售价计算消费税。

应交消费税＝80 000×20%＝16 000（元）

海达公司的有关会计分录如下：

借：在建工程　　76 000
　　贷：库存商品　　60 000
　　　　应交税费——应交消费税　　16 000

注：营改增后，由于购进环节可以抵扣进项税额，故在建工程领用自产产品或外购商品均不再需要计算确定销项税额。

做中学 3-46

海达公司下设的职工食堂享受企业提供的补贴，本月领用自产产品一批，该产品的账面价值为 40 000 元，市场价格为 60 000 元（不含增值税），适用的消费税税率为 10%，增值税税率为 13%。海达公司的有关会计分录如下：

① 借：管理费用　　67 800
　　贷：应付职工薪酬——非货币性福利　　67 800

② 借：应付职工薪酬——非货币性福利　　67 800
　　贷：主营业务收入　　60 000
　　　　应交税费——应交增值税（销项税额）　　7 800

③ 借：主营业务成本　　40 000
　　贷：库存商品　　40 000

④ 借：税金及附加　　6 000
　　贷：应交税费——应交消费税　　6 000

3. 委托加工应税消费品的应交消费税

企业委托外单位加工应税消费品，按税法规定应由受托方在向委托方交货时代收代缴消费税。

企业收回委托加工收回的应税消费品，如果不再加工，而是直接销售的，应将受托方代收代缴的消费税计入委托加工物资的成本，借记“委托加工物资”科目，贷记“应付账款”“银行存款”等科目，该产品销售时不再缴纳消费税。

企业收回委托加工收回的应税消费品，如果用于连续生产应税消费品，受托方代收代缴的消费税按规定准予抵扣的，应按其金额，借记“应交税费——应交消费税”科目，贷记“应付账款”“银行存款”等科目；在企业最终销售应税消费品时，再根据其销售额计算应交的全部消费税，借记

“税金及附加”科目，贷记“应交税费——应交消费税”科目；应交的全部消费税扣除收回委托加工应税消费品时受托方代收代缴的消费税的消费税，为应补交的消费税，缴纳消费税时，借记“应交税费——应交消费税”科目，贷记“银行存款”科目。

做中学 3-47

某卷烟厂委托甲公司加工烟丝，发出材料（烟叶）的总成本为9万元，加工费为5 000元，加工完毕收回入库，加工费以及受托方代收代缴的消费税已通过银行支付。该公司没有同类烟丝的售价，经计算，该烟丝的组成计税价格为10万元，烟丝的消费税税率为30%，增值税税率为13%。

(1) 假定收回的烟丝用于连续生产卷烟后再销售，委托方的会计处理如下：

① 发出委托加工材料时，根据委托加工材料领料单编制如下会计分录：

借：委托加工物资	90 000	
贷：原材料		90 000

② 支付加工费及代收代缴的消费税时，根据增值税专用发票发票联、代收代缴税款凭证、银行付款凭证编制如下会计分录：

借：委托加工物资	5 000	
应交税费——应交增值税（进项税额）	650	
——应交消费税	30 000	
贷：银行存款		35 650

应纳消费税 $= 100\ 000 \times 30\% = 30\ 000$（元）

应纳增值税 $= 5\ 000 \times 13\% = 650$（元）

③ 烟丝验收入库时，根据材料入库单编制如下会计分录：

借：原材料	95 000	
贷：委托加工物资		95 000

(2) 假定收回的烟丝直接对外销售，委托方的会计处理如下：

① 发出委托加工材料时：

借：委托加工物资	90 000	
贷：原材料		90 000

② 支付加工费及代收代缴的消费税时，根据增值税专用发票发票联、代收代缴税款凭证、银行付款凭证编制如下会计分录：

借：委托加工物资	35 000	
应交税费——应交增值税（进项税额）	650	
贷：银行存款		35 650

③ 烟丝验收入库时，根据材料入库单编制如下会计分录：

借：原材料	125 000	
贷：委托加工物资		125 000

4. 进口货物应交消费税

企业进口应税物资在进口环节应交的消费税，由海关代征，于报关进口时纳税。因而，企业应当将进口应税消费品的消费税计入该项物资的成本，借记“在途物资”“材料采购”“库存商品”“固定资产”等科目，贷记“银行存款”“应付账款”科目。

做中学 3-48

海达公司从国外进口一批需要交消费税的商品，商品价值为 2 000 000 元，进口环节需要交关税为 200 000 元，增值税税率为 13%，消费税税率为 20%，采购的商品已经验收入库，货款尚未支付，相关税款已经用银行存款支付。

分析：

消费税＝(关税完税价格＋关税)÷(1－消费税税率)×消费税税率

＝(2 000 000＋200 000)÷(1－20%)×20%＝550 000(元)

商品入账成本＝商品进口价＋关税＋消费税

＝2 000 000＋200 000＋550 000＝2 750 000(元)

增值税进项税额＝商品入账成本×增值税税率

＝(2 000 000＋200 000＋550 000)×13%＝357 500(元)

海达公司的有关会计分录如下：

借：库存商品	2 750 000	
应交税费——应交增值税(进项税额)	357 500	
贷：应付账款		2 000 000
银行存款		1 107 500

四、其他应交税费

其他应交税费，是指除上述应交税费以外的其他各种应上交国家的税费，包括应交资源税、应交城市维护建设税、应交土地增值税、应交企业所得税、应交房产税、应交城镇土地使用税、应交车船税、应交教育费附加、应交矿产资源补偿费、应交个人所得税等。

企业应当在“应交税费”科目下设置相应的明细科目进行核算，贷方登记应缴纳的有关税费，借方登记已缴纳的有关税费。期末贷方余额，反映企业尚未缴纳的有关税费。

(一) 应交资源税

资源税是对在我国境内开采矿产品或者生产盐的单位和个人征收的税。资源税在应税产品的销售或自用环节计算缴纳。

资源税的计算实行从价定率计征和从量定额计征两种办法。对原油，天然气，海盐，稀土矿、钨矿、钼矿、铁矿、金矿、铜矿、铝土矿、铅锌矿、镍矿、锡矿及其他金属矿产品，煤炭、石墨、硅藻土、高岭土、萤石、石灰石、硫铁矿、磷矿、氯化钾，硫酸钾，井矿盐、湖盐、提取地下卤水晒制的盐、煤层(成)气、海盐等实行从价定率计征的办法。对经营分散、多为现金交易且难以控管的黏土、砂石，按照便利征管原则，实行从量定额计征的办法。其计算公式为：

从价定率下的资源税应纳税额＝销售额×适用税率

从量定额下的资源税应纳税额＝课税数量×单位税额

【提示】 资源税应纳税额计算公式中的销售额，是指纳税人销售应税产品向购买方收取的全部价款和价外费用，不包括收取的增值税销项税额和从坑口或洗选(加工)地到车站、码头或购买方指定地点的运输费用。

对外销售应税产品应缴纳的资源税应记入“税金及附加”科目，借记“税金及附加”科目，贷记“应交税费——应交资源税”科目；自产自用应税产品应缴纳的资源税应记入“生产成本”“制造费用”等科目，借记“生产成本”“制造费用”等科目，贷记“应交税费——应交资源税”科目。

做中学 3-49

甲企业本期对外销售资源税应税矿产品 3 600 吨、将自产资源税应税矿产品 800 吨用于非应税矿产品生产，税法规定每吨矿产品应交资源税 5 元。甲企业应编制如下会计分录：

(1) 计算对外销售应税矿产品应交资源税：

借：税金及附加　　18 000
　贷：应交税费——应交资源税　　18 000

对外销售应税产品而应交的资源税 = 3 600 × 5 = 18 000(元)

(2) 计算自用应税矿产品应交资源税：

借：生产成本　　4 000
　贷：应交税费——应交资源税　　4 000

自产自用应税矿产品而应交的资源税 = 800 × 5 = 4 000(元)

(3) 缴纳资源税：

借：应交税费——应交资源税　　22 000
　贷：银行存款　　22 000

(二) 应交城市维护建设税

城市维护建设税是为了加强城市的维护和建设，扩大和稳定城市建设资金的来源，对缴纳消费税、增值税的单位和个人征收的一种税。城市维护建设税与消费税、增值税同时缴纳。

城市维护建设税是一种附加税，应按纳税人实际缴纳的消费税、增值税额之和乘以适用税率计算。其计算公式为：

城市维护建设税应纳税额 =（增值税额 + 消费税额）× 适用税率

企业应交的城市维护建设税通过“应交税费——应交城市维护建设税”科目核算。

城市维护建设税属于价内税，应由形成应交税费的各种收入来补偿。企业按规定计算应交的城市维护建设税，应借记“税金及附加”等科目，贷记“应交税费——应交城市维护建设税”科目；实际缴纳时，借记“应交税费——应交城市维护建设税”科目，贷记“银行存款”科目。

做中学 3-50

甲公司本期实际应交增值税 36 万元、消费税 24 万元，适用的城市维护建设税税率为 7%。

(1) 计算应交城市维护建设税时，根据城市维护建设税和教育费附加计算表编制如下会计分录：

借：税金及附加　　42 000
　贷：应交税费——应交城市维护建设税　　42 000

应交的城市维护建设税 =（360 000 + 240 000）× 7% = 42 000(元)

(2) 实际缴纳时，根据银行电子缴税付款凭证编制如下会计分录：

借：应交税费——应交城市维护建设税　　42 000
　贷：银行存款　　42 000

(三) 应交教育费附加

教育费附加是国家为了发展教育事业而征收的一项费用。这项费用是一种附加的费用，应按照企业实际缴纳的增值税额、消费税额的一定比例计算，与流转税一起缴纳。其计算公式为：

应交教育费附加＝(增值税额＋消费税额)×征收比率

企业应交的教育费附加在“应交税费”科目下设置“应交教育费附加”明细科目进行核算。

企业计算应交的教育费附加，借记“税金及附加”科目，贷记“应交税费——应交教育费附加”科目；实际缴纳时，借记“应交税费——应交教育费附加”科目，贷记“银行存款”科目。

做中学 3-51

沿用[做中学 3-50]的资料，甲公司适用的教育费附加征收比率为 3%。

(1) 计算应交的教育费附加时，根据城市维护建设税和教育费附加计算表编制如下会计分录：

借：税金及附加　　18 000

　贷：应交税费——应交教育费附加　　18 000

应交的教育费附加＝(360 000＋240 000)×3%＝18 000(元)

(2) 实际缴纳时，根据银行电子缴税付款凭证编制如下会计分录：

借：应交税费——应交教育费附加　　18 000

　贷：银行存款　　18 000

(四) 应交土地增值税

土地增值税是对转让国有土地使用权、地上的建筑物及其附着物(以下简称转让房地产)并取得增值性收入的单位和个人所征收的一种税。土地增值税按照转让房地产所取得的增值额和规定的税率计算征收。

转让房地产的增值额是转让收入减去税法规定扣除项目金额后的余额，其中，转让收入包括货币收入、实物收入和其他收入；扣除项目主要包括取得土地使用权所支付的金额、开发土地的成本及费用、新建房及配套设施的成本及费用、与转让房地产有关的税金、旧房及建筑物的评估价格、财政部确定的其他扣除项目等。

土地增值税采用四级超率累进税率，其中最低税率为 30%，最高税率为 60%。

根据企业对房地产核算方法不同，企业应交土地增值税的账务处理也有所区别：

(1) 企业转让的土地使用权连同地上建筑物及其附着物一并在“固定资产”科目核算的，转让时应交的土地增值税，借记“固定资产清理”科目，贷记“应交税费——应交土地增值税”科目。

(2) 土地使用权在“无形资产”科目核算的，借记“银行存款”“累计摊销”“无形资产减值准备”科目，按应交的土地增值税，贷记“应交税费——应交土地增值税”科目，同时冲销土地使用权的账面价值，贷记“无形资产”科目，按其差额，借记或贷记“资产处置损益”科目。

(3) 房地产开发经营企业销售房地产应缴纳的土地增值税，借记“税金及附加”科目，贷记“应交税费——应交土地增值税”科目。

(4) 缴纳土地增值税，借记“应交税费——应交土地增值税”科目，贷记“银行存款”科目。

做中学 3-52

甲企业对外转让一栋厂房，根据税法规定计算的应交土地增值税为 25 000 元。甲企业应编制如下会计分录：

(1) 计算应交土地增值税：

借：固定资产清理　　25 000
　贷：应交税费——应交土地增值税　　25 000

(2) 用银行存款缴纳土地增值税：

借：应交税费——应交土地增值税　　25 000
　贷：银行存款　　25 000

(五) 应交房产税、城镇土地使用税、车船税和矿产资源补偿费

房产税是国家对在城市、县城、建制镇和工矿区征收的由产权所有人缴纳的税。房产税依照房产原值一次扣减10%～30%后的余额计算缴纳。没有房产原值作为依据的，由房产所在地税务机关参考同类房产核定。房产出租的，以房产租金收入为房产税的计税依据。

城镇土地使用税是以城市、县城、建制镇、工矿区范围内使用土地的单位和个人为纳税人，以其实际占用的土地面积和规定税额计算征收。

车船税是以车辆、船舶(简称车船)为课征对象，向车船的所有人或者管理人征收的一种税。

矿产资源补偿费是对在我国领域和管辖海域开采矿产资源而征收的费用。矿产资源补偿费按照矿产品销售收入的一定比例计征，由采矿人缴纳。

企业应交的房产税、城镇土地使用税、车船税、矿产资源补偿费，借记“税金及附加”科目，贷记“应交税费——应交房产税(或城镇土地使用税、车船税、矿产资源补偿费)”科目；实际缴纳时，借记“应交税费——应交房产税(或城镇土地使用税、车船税、矿产资源补偿费)”科目，贷记“银行存款”科目。

做中学 3-53

按税法规定，天途公司本期应缴纳房产税16万元、城镇土地使用税4.50万元、车船税3.80万元。

(1) 计算应缴纳的上述税金时，根据应交财产税计算表编制如下会计分录：

借：税金及附加　　243 000
　贷：应交税费——应交房产税　　160 000
　　　　　　——应交城镇土地使用税　　45 000
　　　　　　——应交车船税　　38 000

(2) 实际缴纳时，根据银行电子缴税付款凭证编制如下会计分录：

借：应交税费——应交房产税　　160 000
　　　　　——应交城镇土地使用税　　45 000
　　　　　——应交车船税　　38 000
　贷：银行存款　　243 000

(六) 应交个人所得税的核算

职工按规定应缴纳的个人所得税通常由单位代扣代缴。企业按规定计算应代扣代缴的职工个人所得税，借记“应付职工薪酬——职工工资、奖金、津贴和补贴”科目，贷记“应交税费——应交个人所得税”科目；实际缴纳时，借记“应交税费——应交个人所得税”科目，贷记“银行存款”科目。

做中学 3-54

天途公司结算本月应付职工工资总额300 000元，按税法规定应代扣代缴的职工个人所得税共计42 080元，实发工资257 920元。该公司应编制如下会计分录：

(1) 代扣个人所得税：

借：应付职工薪酬——职工工资、奖金、津贴和补贴　42 080

　贷：应交税费——应交个人所得税　42 080

(2) 缴纳个人所得税：

借：应交税费——应交个人所得税　42 080

　贷：银行存款　42 080

应知应会考核

一、单项选择题

1. 某企业2020年1月1日短期经营租入管理用办公设备一批，月租金为2 000元(含增值税)，每季度末一次性支付本季度租金，不考虑其他因素。该企业1月31日计提租入设备租金时相关会计科目处理正确的是(　　)。(2019年)

A. 贷记"预收账款"科目2 000元　B. 贷记"应付账款"科目2 000元

C. 贷记"预付账款"科目2 000元　D. 贷记"其他应付款"科目2 000元

2. 下列事项中，不记入"其他应付款"科目的是(　　)。(2016年)

A. 无力支付到期的银行承兑汇票　B. 销售商品收取的包装物押金

C. 应付租入包装物的租金　D. 应付经营租赁固定资产租金

3. 某家电生产企业，2020年1月以其生产的每台成本为800元的微波炉作为非货币性福利发放给职工，发放数量为100台，该型号的微波炉不含增值税的市场售价为1 000元，适用的增值税税率为13%。不考虑其他因素，该企业确认职工薪酬的金额应该(　　)元。(2019年)

A. 92 800　B. 80 000　C. 100 000　D. 113 000

4. 企业开出的银行承兑汇票到期无力支付时，正确的会计处理是将应付票据(　　)。(2018年、2020年)

A. 转入短期借款　B. 转入应付账款

C. 转入其他应付款　D. 仅做备查登记

5. 转销企业无法支付的应付账款，应贷记的科目是(　　)。(2018年)

A. "营业外收入"　B. "其他业务收入"　C. "其他应付款"　D. "资本公积"

6. 某企业向客户收取了一笔服务费后承诺在后面两年内为其提供相应的技术咨询服务。不考虑其他因素，该企业收取服务费时应记入的会计科目是(　　)。(2018年)

A. "主营业务收入"　B. "预收账款"　C. "其他业务收入"　D. "其他应收款"

7. 某小规模纳税人购入一台不需安装的设备，发生增值税进项税额20000元。下列关于增值税的会计处理正确的是(　　)。(2020年)

A. 借记"在建工程"科目20 000

B. 借记"固定资产"科目20 000

C. 借记"管理费用"科目20 000

D. 借记"应交税费——应交增值税(进项税额)"科目20 000

8. 下列各项中，不属于职工薪酬的是(　　)。(2018年)

A. 为职工缴纳的医疗保险　B. 为职工缴存的住房公积金

C. 为职工报销因公差旅费　D. 支付职工技能培训费

9. 下列各项中，企业确认当期销售部门使用车辆应交的车船税，应借记的会计科目是(　　)。(2018年)

A. "税金及附加"　B. "其他业务成本"　C. "管理费用"　D. "销售费用"

10. 企业委托加工应税消费品收回后直接对外销售，下列各项中，属于由受托方代收代缴的消费税应记入的会计科目是(　　)。(2018年)

A. "发出商品"　B. "委托加工物资"

C.“税金及附加”　　　　D.“应交税费”

二、多项选择题

1. 下列各项中，关于制造业企业预提短期借款利息的会计科目处理正确的有（　　）。（2019 年）

A. 贷记“应付账款”科目　　　　B. 借记“制造费用”科目

C. 贷记“应付利息”科目　　　　D. 借记“财务费用”科目

2. 应付商业汇票到期，企业无力支付，应把应付票据账面余额转入（　　）科目。

A.“预收账款”　　　　B.“应付账款”

C.“其他应付款”　　　　D.“短期借款”

3. 下列各项关于“应付利息”科目的表述中，正确的有（　　）。（2018 年）

A. 企业开出银行承兑汇票支付银行手续费，应记入“应付利息”科目借方

B.“应付利息”科目期末贷方余额反映企业应付未付的利息

C. 按照短期借款合同约定计算的应付利息，应记入“应付利息”科目借方

D. 企业支付已经预提的利息，应记入“应付利息”科目借方

4. 下列各项中，企业应记入“应付职工薪酬”科目贷方的有（　　）（2019 年）

A. 发放职工工资　　　　B. 确认因解除与职工劳动关系应给予的补偿

C. 支付职工的培训费　　　　D. 缴存职工基本养老保险费

5. 下列各项中，引起“应付票据”科目金额发生增减变动的有（　　）。（2016年）

A. 开出商业承兑汇票购买原材料　　　　B. 转销已到期无力支付票款的商业承兑汇票

C. 转销已到期无力支付票款的银行承兑汇票　　　　D. 支付银行承兑汇票手续费

6. 下列各项中，工业企业应通过“其他应付款”科目核算的有（　　）。（2017年）

A. 应付融资租入设备的租金　　　　B. 应缴纳的教育费附加

C. 应付经营租入设备的租金　　　　D. 应付租入包装物的租金

7. 下列各项中，属于“其他应付款”科目核算内容的有（　　）。（2018 年）

A. 应付投资者的现金股利

B. 应退回出租包装物收取的押金

C. 应付经营租入固定资产的租金

D. 应付购货方代垫的运杂费

8. 下列各项中，企业应通过“应付职工薪酬”科目核算的有（　　）。（2018 年）

A. 支付给职工的生活困难补助

B. 为职工缴存的养老保险费

C. 为职工支付的业务培训费用

D. 支付为企业高管人员提供免费住房的房租

9. 下列各项中，属于“应付职工薪酬”科目核算内容的有（　　）。（2018 年）

A. 正式任命并聘请的独立董事津贴

B. 已订立劳动合同的全职职工的工资

C. 已订立劳动合同的临时职工的工资

D. 向住房公积金管理机构缴存的住房公积金

10. 下列各项中，属于企业流动负债的有（　　）。（2019 年）

A. 收取客户的购货订金　　　　B. 本期从银行借入的三年期借款

C. 赊购材料应支付的货款　　　　D. 销售应税消费品应交的消费税

三、判断题

1. 应付商业承兑汇票到期，企业无力支付票款的，应将应付票据按账面余额转入应付账款。（2013年）（　　）

2. 应付账款附有现金折扣条款的，应按照扣除现金折扣前的应付账款总额入账。（2014年）（　　）

3. 企业向投资者宣告发放现金股利，应在宣告时确认为费用。（2016年）（　　）

4. 企业在职工提供了服务从而增加了其未来享有的带薪缺勤权利时，确认与非累积带薪缺勤相关的职工薪酬。(2017年) （　）
5. 企业在资产负债表日为换取职工在会计期间提供的服务而应向单独主体缴存的提存金，确认为其他应付款。(2016年) （　）
6. 企业转销无法支付的应付账款时，应按其账面余额冲减管理费用。(2019年) （　）
7. 企业提前解除劳动合同给予职工解除劳动关系的补偿，应通过“应付职工薪酬——辞退福利”科目核算。(2018 年) （　）
8. 企业在职工提供了服务从而增加了其未来享有的带薪缺勤权利时，确认与非累积带薪缺勤相关的职工薪酬。(2017 年) （　）
9. 企业代扣代缴的个人所得税，不通过“应交税费”科目进行核算。(2017年) （　）
10. 小规模纳税人在销售货物采用销售额和应纳增值税合并定价的方法向客户结算款项时，应按照不含税销售额确认收入。(2018 年) （　）

四、不定项选择题

(一) 背景与情境：明华股份有限公司为增值税一般纳税人，2019年 8 月 18 日从乙公司购入生产用一批原材料，取得货物增值税专用发票注明的价款为 200 万元，增值税额为 26 万元。按照购买协议规定，明华股份有限公司可以享受现金折扣的条件为“2/10，1/20，n/30”(现金折扣不考虑增值税)。明华股份有限公司以银行存款支付运费并取得运费增值税专用发票注明的运费为 1 万元，增值税额为0.09万元。8 月 27 日，明华股份有限公司将扣除现金折扣的货款支付给乙公司。

要求：根据上述资料，不考虑其他因素，回答下列各小题(答案中金额单位用万元表示)。

1. 购入货物，款项尚未支付，应记入的科目是(　　)。

A. “应付账款”　　B. “其他应付款”　　C. “长期待摊费用”　　D. “预收账款”

2. 明华股份有限公司在购入原材料时的会计处理中，正确的是(　　)。

A. 借：原材料　200
　　应交税费——应交增值税(进项税额)　26
　　贷：应付账款　226

B. 借：原材料　200
　　应交税费——应交增值税(进项税额)　26
　　贷：应付账款　222
　　　　财务费用　4

C. 借：原材料　226
　　贷：应付账款　226

D. 借：原材料　201.00
　　应交税费——应交增值税(进项税额)　26.09
　　贷：应付账款　2 226.00
　　　　银行存款　1.09

3. 明华股份有限公司 8 月 27 日支付乙公司购货款的下列会计处理表述中，正确的是(　　)。

A. 应付账款冲减 226 万元　　B. 实际支付 222 万元
C. 冲减财务费用 4 万元　　D. 计入销售费用 4 万元

4. 下列关于应付账款的表述中，正确的是(　　)。

A. 应付账款是企业因购买材料，商品或接受劳务供应等经营活动而应付给供应单位的款项
B. 购买商品享受商业折扣的，应按扣除商业折扣后的金额作为应付账款的入账金额
C. 应付账款附有现金折扣条件的，确认应付账款时应不考虑将来可能会发生的现金折扣金额
D. 在实务中，企业外购的电力、燃气等动力一般通过“应付账款”科目核算

5. 下列关于现金折扣的表述中，正确的是(　　)。

A. 现金折扣又称销售折扣

B. 现金折扣是为敦促顾客尽早付清货款而提供的一种价格优惠

C. 现金折扣发生在销货之后，是一种融资性质的理财费用，因此销售折扣不得从销售额中减除

D. 现金折扣有两方面的积极意义：缩短收款时间，减少坏账损失

（二）背景与情境：华强股份有限公司为增值税一般纳税人，适用的增值税税率是13%。2019年7月1日，"应付职工薪酬"科目贷方余额为516 000元（全部为职工工资）。该公司2019年7月份发生的有关职工薪酬业务如下：

（1）1日，企业租入房屋4套，供管理人员免费使用，月租金共计12 000元。每月月末支付租金，企业于7月31日以银行存款支付本月租金12 000元。

（2）5日，从月初应付职工薪酬中扣除企业代扣由职工承担的个人所得税8 900元（尚未缴纳），为职工代垫的家庭医药费5 000元，通过银行转账实际发放工资502 100元。

（3）24日，企业以其生产的毛巾被作为福利发放给直接从事生产活动的职工，该批毛巾被市场售价总额为45 000元（不含价格），成本总额为30 000元。

（4）31日，本月各部门工资计算结果如表3-7所示。

表3-7　　2019年7月份各部门工资计算结果　　单位：元

部门	车间生产部门	车间管理部门	行政管理部门	销售部门	施工部门	合计
金额	258 000	297 000	63 400	74 100	59 800	752 300

假定该企业社会保险费的计提比例为工资总额的20%，住房公积金的计提比例为工资总额的15%。

要求：根据上述资料，不考虑其他因素，回答下列各小题（答案中的金额单位用元表示）。

1. 根据资料(1)，下列各项关于该企业会计处理中，正确的是(　　)。

A. 借：管理费用　　12 000
　　贷：银行存款　　12 000

B. 借：管理费用　　12 000
　　贷：应付职工薪酬——非货币性福利　　12 000

C. 借：应付职工薪酬——非货币性福利　　12 000
　　贷：银行存款　　12 000

D. 借：应付职工薪酬——非货币性福利　　12 000
　　贷：管理费用　　12 000

2. 根据资料(3)，下列各项关于该企业会计处理结果中，正确的是(　　)。

A. 库存商品减少45 000元　　B. 应付职工薪酬增加50 850元

C. 制造费用增加37 650元　　D. 主营业务成本增加30 000元

3. 根据资料(2)至资料(4)，下列项目中，应通过"应付职工薪酬"科目核算的是(　　)。

A. 企业为职工缴纳的社会保险费　　B. 企业为职工家属代垫的医药费

C. 企业为职工缴纳的住房公积金　　D. 企业将自产毛巾被作为福利发放给职工

4. 根据资料(4)，该企业分配职工薪酬会计处理结果中，正确的是(　　)。

A. 制造费用增加40 095元　　B. 管理费用增加85 590元

C. 销售费用增加100 035元　　D. 管理费用增加125 685元

5. 根据资料(4)，该企业3月份分配职工薪酬直接影响利润表"营业利润"项目的金额为(　　)元。

A. 125 685　　B. 140 130　　C. 185 625　　D. 225 720

（三）背景与情境：华强股份有限公司为增值税一般纳税人，适用的增值税税率为13%。2019年12月1日"应付职工薪酬"科目的贷方余额为258万元（其中工资122万元、工会经费2.5万元、职工教育经费12万元、设定提存计划121.5万元）。该公司2019年12月份发生的有关职工薪酬业务如下：

（1）12月5日，以银行转账方式支付上月工资120万元（已扣除代扣代缴个人所得税2万元），工会经费2.5万元及会计继续教育培训费1.5万元。

(2) 12月10日，购入2辆小汽车，购买价款合计为120万元，增值税额为15.6万元，支付的相关税费为12万元，以上款项通过银行转账方式支付。华强股份有限公司购入的2辆小汽车供总裁及财务总监免费使用。

(3) 12月15日，以现金为职工家属代垫医药费1.2万元。

(4) 12月22日，外购一批商品，取得增值税专用发票注明的价款为10万元，增值税额为1.6万元，华强股份有限公司以银行承兑汇票支付上述款项。该批商品用于发放给生产车间工人作为元旦福利。

(5) 12月30日，以自产的30件产品作为企业行政管理人员的元旦福利，该产品成本为1万元/件，市场售价为1.5万元/件(假定不考虑个人所得税)。

(6) 12月31日，本月各部门工资计算统计表如表3-8所示。

表3-8　本月各部门工资计算统计表　单位：万元

部门	生产车间	车间管理部门	行政管理部门	销售部门	研发部门	合计
金额	55.2	10.8	33.8	22.3	55.5	177.6

华强股份有限公司按工资总额的2.5%计提职工教育经费。

(7) 12月31日，根据设定提存计划，当月行政管理部门人员计提的金额为22万元。

要求：根据上述资料，假定不考虑其他因素，回答下列各小题(答案中的金额单位用万元表示)。

1. 根据资料(1)，下列会计处理中，正确的是(　　)。

A. 借：应付职工薪酬——工资、奖金、津贴和补贴　122
　　贷：银行存款　120
　　　　应交税费——应交个人所得税　2

B. 借：应付职工薪酬——工会经费和职工教育经费(工会经费)　2.5
　　贷：银行存款　2.5

C. 借：应付职工薪酬——工会经费和职工教育经费(职工教育经费)　1.5
　　贷：银行存款　1.5

D. 借：管理费用　1.5
　　贷：应付职工薪酬——工会经费和职工教育经费(职工教育经费)　1.5

2. 根据资料(1)至资料(7)，下列各项中，属于职工薪酬的是(　　)。

A. 代职工家属垫付医药费　B. 外购商品用于职工福利
C. 自产产品用于职工福利　D. 设定提存计划金

3. 根据资料(4)和资料(5)，下列会计处理中，正确的是(　　)。

A. 借：应付职工薪酬——非货币性福利　11.3
　　贷：应付票据　11.3

B. 借：生产成本　11.3
　　贷：应付职工薪酬——非货币性福利　11.3

C. 借：管理费用　30
　　贷：应付职工薪酬——非货币性福利　30

D. 借：应付职工薪酬——非货币性福利　30
　　贷：库存商品　30

4. 华强股份有限公司12月31日"应付职工薪酬"科目的贷方余额为(　　)万元。

A. 275.74　B. 272.8　C. 336.08　D. 253.74

5. 下列各项关于"职工薪酬"的表述中，不正确的是(　　)。

A. 企业支付的工资、职工福利费及社会保险费属于短期薪酬

B. 企业计提的设定受益计划属于离职后福利

C. 企业以外购商品作为职工福利的，应当以外购商品的实际成本与增值税进项税额之和作为应付职工薪酬的确认额

D. 企业将自有资产无偿提供给企业职工使用属于非货币性职工福利

（四）背景与情境：某棉纺企业为增值税一般纳税人，适用的增值税税率为13%，2019年12月该企业发生有关交易或事项如下：

(1) 5日，计提供专设销售机构职工免费使用的10辆小汽车的折旧，每辆小汽车每月折旧费为1 000元。

(2) 14日，以自产的毛巾作为非货币性福利发放给生产工人，该批毛巾的市场售价总额为80 000元（不含增值税），成本总额为55 000元。

(3) 31日，预计由于职工累积未使用的带薪休假权利而导致的预期支付的金额为15 000元。假定该企业实行累积带薪缺勤制度，使用范围仅限于中层以上管理人员。

(4) 31日，除上述职工薪酬外，本月确认的工资如下：生产车间人员工资750 000元，车间管理人员工资400 000元，行政管理人员工资125 000元，销售人员的工资150 000元。该企业职工基本医疗保险费和基本养老保险费计提的比例分别为工资总额的10%和12%。

要求：根据上述资料，不考虑其他因素，回答下列各小题。

1. 根据资料(1)，对小汽车计提折旧的账务处理中，正确的是（　　）。

A. 借：管理费用　　10 000
　　贷：累计折旧　　10 000

B. 借：销售费用　　10 000
　　贷：应付职工薪酬　　10 000

C. 借：销售费用　　10 000
　　贷：累计折旧　　10 000

D. 借：管理费用　　10 000
　　贷：应付职工薪酬　　10 000

2. 根据资料(2)，下列各项关于该企业职工非货币性福利的处理中，正确的是（　　）。

A. 主营业务收入增加80 000元

B. 生产成本增加92 800元

C. 主营业务成本增加55 000元

D. 库存商品减少80 000元

3. 根据资料(2)至(4)，下列各项关于该企业“应付职工薪酬”处理结果中，正确的是（　　）。

A. 确认“应付职工薪酬——非货币性福利”92 800元

B. 确认“应付职工薪酬——社会保险费”313 500元

C. 确认“应付职工薪酬——设定提存计划”171 000元

D. 确认“应付职工薪酬——带薪缺勤”15 000元

4. 根据资料资料(4)，下列判断中，正确的是（　　）。

A. 生产成本确认金额165 000元

B. 制造费用确认金额488 000元

C. 管理费用确认金额152 500元

D. 销售费用确认金额183 000元

（五）背景与情境：甲企业为增值税一般纳税人，适用的增值税税率为13%。发出商品成本按月末一次加权平均法计算确定，原材料采用计划成本法核算。2019年12月该企业发生如下经济业务：

(1) 1日，库存商品结存数量为1 000件，单位生产成本为21元/件；本月生产完工验收入库商品2 000件，单位生产成本为24元/件；本月发出商品2 800件，其中2 000件符合收入确认条件并已确认收入，其余部分未满足收入确认条件。

(2) 15日，将仓库积压的一批原材料出售，开具的增值税专用发票上注明的售价为20 000元，增值税税额为2 600元，款项已存入银行。该批原材料的计划成本为18 000元，材料成本差异率为−2%。

(3) 20日，将自产的空气净化器作为福利发放给专设销售机构的30名职工，每人1台，每台不含增值税的市场售价为15 000元，生产成本为10 000元。

(4) 31日，确认劳务收入，本月月初与乙企业签订一项安装工程合同，合同总价款为160 000元，合同签订时预收劳务款50 000元，至月末累计发生劳务支出60 000元，工程尚未完工，预计至完工还需要发生劳务支出40 000元，当年年末乙企业发生财务困难，余款能否支付难以确定。

要求：根据上述资料，不考虑其他因素，回答下列各小题（答案中的金额单位用元表示）。

1. 根据资料(1)，甲企业会计处理结果中，正确的是（　　）。

A. 月末结转的商品销售成本为64 400元

B. 本月发出商品的单位成本为23元

C. 本月发出商品的单位成本为21元

D. 月末结转的商品销售成本为46 000元

2. 根据资料(2)，甲企业应结转的原材料实际成本是(　　)元。

A. 18 000　　B. 17 640　　C. 18 360　　D. 20 000

3. 根据资料(3)，甲企业会计处理中，正确的是(　　)。

A. 确认空气净化器产品作为福利时：

借：销售费用　　376 500

　贷：应付职工薪酬——非货币性福利　　376 500

B. 发放空气净化器产品时：

借：应付职工薪酬——非货币性福利　　376 500

　贷：库存商品　　300 000

　　应交税费——应交增值税(销项税额)　　76 500

C. 发放空气净化器产品时：

借：应付职工薪酬——非货币性福利　　508 500

　贷：主营业务收入　　450 000

　　应交税费——应交增值税(销项税额)　　58 500

借：主营业务成本　　300 000

　贷：库存商品　　300 000

D. 确认空气净化器产品作为福利时：

借：销售费用　　508 500

　贷：应付职工薪酬——非货币性福利　　508 500

4. 根据资料(4)，甲企业安装工程业务的会计处理中，正确的是(　　)。

A. 结转劳务成本60 000元　　B. 确认劳务收入50 000元

C. 确认劳务收入96 000元　　D. 结转劳务成本31 250元

(六) 背景与情境：山河股份有限公司为增值税一般纳税人，材料按实际成本核算，存货适用的增值税税率为13%，2019年8月发生下列经济业务：

(1) 8月1日，建造仓库领用自产产品6万元，该批产品的计税价格为8万元。

(2) 8月3日，购入一批原材料，增值税专用发票上注明的材料价款为300万元(不含增值税)，增值税额为39万元。货款已付，材料已验收入库。

(3) 8月9日，出售一项无形资产，价税合计53万元已存入银行，该项无形资产的账面余额为60万元，已累计摊销40万元，适用的增值税税率为6%。

(4) 8月13日，购入一栋办公楼，价款为3 000万元，增值税额为270万元，款项已由银行支付。

(5) 8月16日，出售一台机器，该机器原价为100万元，已提折旧40万元，出售价款120万元(不含增值税)，增值税销项税额为15.6万元，收到款项135.6万元存入银行。

(6) 8月18日，销售产品一批，销售收入为200万元(不含税)，货款尚未收到，该批产品成本为170万元。

(7) 8月20日，销售应交增值税的一批产品给小规模纳税企业，收取款项(价税合计)为56.5万元存入银行收妥，该批产品成本为30万元。

(8) 8月25日，购入一批免税农产品作为原材料，价款100万元，规定的扣除率为9%，货物尚未到达，货款已用银行存款支付。

要求：根据上述资料，不考虑其他因素，回答下列各小题(答案中金额单位用万元表示)。

1. 根据资料(1)，下列说法中，不正确的是(　　)。

A. 建造仓库领用自产产品应确认增值税销项税额

B. 建造仓库领用自产产品应确认销售收入

C. 建造仓库领用自产产品应将产品成本和增值税销项税额转入在建工程

D. 建造仓库领用自产产品应将产品售价和增值税销项税额转入在建工程

2. 根据资料(2)至资料(4)，下列各项会计处理中，正确的是(　　)。

A. 8月3日

借:原材料 300

应交税费——应交增值税(进项税额) 39

贷:银行存款 339

B. 8月9日

借:银行存款 53

累计摊销 40

贷:无形资产 60

应交税费——应交增值税(销项税额) 3

营业外收入 30

C. 8月13日

借:税金及附加 3

贷:应交税费——应交增值税(销项税额) 3

借:银行存款 50

累计摊销 40

贷:无形资产 60

营业外收入 30

D. 8月13日

借:固定资产 3 000

应交税费——应交增值税(进项税额) 270

贷:银行存款 3 270

3. 根据资料(5),下列说法中,正确的是(　　)。

A. 出售固定资产收取的增值税销项税额不影响当期损益

B. 出售固定资产收取的增值税销项税额影响营业外收支

C. 出售固定资产不属于日常活动

D. 出售固定资产净收益计入营业外收入

4. 根据资料(6)至资料(8),下列各项会计处理中,正确的是(　　)。

A. 8月18日

借:应收账款 226

贷:主营业务收入 200

应交税费——应交增值税(销项税额) 26

借:主营业务成本 170

贷:库存商品 170

B. 8月20日

借:银行存款 56.5

贷:主营业务收入 50.0

应交税费——应交增值税(销项税额) 6.5

借:主营业务成本 30

贷:库存商品 30

C. 8月18日

借:银行存款 56.5

贷:主营业务收入 56.5

借:主营业务成本 30

贷:库存商品 30

D. 8月25日

借：在途物资　90

　应交税费——应交增值税(进项税额)　10

　贷：银行存款　100

5. 根据资料(1)至资料(8)，下列关于山河股份有限公司增值税的表述中，正确的是(　　)。

A. 进项税额合计为 440 万元

B. 销项税额合计为51.3万元

C. 进项税额合计为 347 万元

D. 销项税额合计为 71 万元

项目四 所有者权益

知识目标

了解:所有者权益的概念和特征。

熟悉:利润分配的内容;盈余公积和未分配利润的概念及内容。

掌握:实收资本的核算、资本公积的来源及核算、留存收益的核算。

技能目标

能用所学的实务知识规范"所有者权益"相关技能活动。

素质目标

运用所学的所有者权益理论与实务知识研究相关案例,培养和提高学生在特定业务情境中分析问题与决策设计的能力;能结合"所有者权益"教学内容,结合行业规范或标准,分析会计行为的善恶,强化学生的职业道德素质,从而做到学思用贯通,知信行统一。

项目引例

所有者权益核算

引例解析

背景与情境:2020年1月1日,华盛公司增资扩股,将注册资本由10 000万元增加到12 000万元。东海、南科、奥华同意投资者方太公司投入4 000万元,取得华盛公司25%的股份。

请会计张红作出相关账务处理。相关原始凭证:① 原股东的股东大会决议;② 修改后的公司章程;③ 评估公司的评估报告;④ 聘请会计师事务所出具的验资报告;⑤ 方太公司缴存投资款的银行回单。

业务产生:企业为引进新的战略投资者,以及扩大股本,对现注册资本进行增加,在扩资过程中产生的资本溢价。

请针对上述背景与情境内容,作出相关处理程序。

引例导学

所有者权益,是指企业资产扣除负债后由所有者享有的剩余权益,其金额为资产减去负债后的余额。公司所有者权益又称为股东权益。

所有者权益包括实收资本(或股本)、其他权益工具、资本公积(含资本溢价或股本溢价、其他资本公积)、其他综合收益、盈余公积和未分配利润。其中,盈余公积和未分配利润又合称为留存收益。

所有者权益具有以下特征:

(1) 除非发生减资、清算或分派现金股利,企业不需要偿还所有者权益。

(2) 企业清算时,只有在清偿所有的负债后,所有者权益才返还给所有者。

(3) 所有者凭借所有者权益能够参与企业利润的分配。

【注意】

(1) 企业的所有者可以凭借对企业的所有权参与企业的经营管理,而债权人往往无权参与企业的经营管理。

(2) 企业的所有者根据出资比例,可以以股利或利润的形式参与企业的利润分配。而债权人不能参与企业的利润分配,只有按规定的条件得到偿付并获得利息收入。

(3) 对于所有者来说,在企业持续经营的情况下,除按法律程序减资外,一般不能提前撤资。而负债一般都有规定的偿还期限,因此,债权人可以到期收回本金和利息。

(4) 当企业进行清算时,资产在支付了破产、清算费用后将优先用于偿还负债,如有剩余资产,才能在投资者之间按照出资比例等进行分配,因此债权人对企业资产的要求权优先于所有者权益。

知识精讲

任务一　实收资本或股本

一、实收资本概述

实收资本，是指企业按照章程规定或合同、协议约定，接受投资者投入企业的资本。实收资本的构成比例或股东的股权比例，是确定所有者在企业所有者权益中份额的基础，也是企业进行利润或股利分配的主要依据。

【知识拓展】 根据我国《公司法》规定，股东可以用货币出资，也可以用实物、知识产权、土地使用权等可以用货币估价并可以依法转让的非货币财产作价出资；但是，法律、行政法规规定不得作为出资的财产除外。企业应当对作为出资的非货币财产评估作价，核实财产，不得高估或者低估作价。法律、行政法规对评估作价有规定的，从其规定。股东应当按期足额缴纳公司章程中规定的各自所认缴的出资额。股东以货币出资的，应当将货币出资足额存入有限责任公司在银行开设的账户；以非货币财产出资的，应当依法办理其财产权的转移手续。股东不按照前款规定缴纳出资的，除应当向公司足额缴纳外，还应当向已按期足额缴纳出资的股东承担违约责任。

二、实收资本或股本的账务处理

设置“实收资本”或“股本”科目，核算企业接受投资者投入的实收资本。该科目属于所有者权益类科目，贷方登记实收资本的增加额，借方登记实收资本的减少额，期末贷方余额表示企业实有的注册资本金额。企业可以按照投资者设置明细账进行明细核算。投资者出资额超过投资者在企业注册资本中享有份额的部分，通过“资本公积——资本溢价”科目核算。

（一）接受现金资产投资

1. 股份有限公司以外的企业接受现金资产投资

企业接受现金资产投资时，应以实际收到的金额或存入企业开户银行的金额，借记“银行存款”等科目，按投资合同或协议约定的投资者在企业注册资本中所占份额的部分，贷记“实收资本”科目，企业实际收到或存入开户银行的金额超过投资者在企业注册资本中所占份额的部分，贷记“资本公积——资本溢价”科目。

做中学 4-1

天途公司收到甲公司投入的资金400万元存入银行，按照合同规定，甲公司投入资本在注册资本中所占的份额为320万元。天途公司根据银行进账单收账通知、投资协议副本编制如下会计分录：

借：银行存款	4 00 000
贷：实收资本——甲公司	3 200 000
资本公积——资本溢价	800 000

【提示】 资本溢价，是指投资者投入资本超过其在注册资本中享有份额的那部分资金。股本溢价，是指股份有限公司溢价发行股票时实际收到的款项超过股票面值总额的定额。资本（股本）溢价属于资本公积，其唯一的用途是转增资本。一般情况下，企业在初始成立时，投资者的投资都形成实收资本，不会产生资本溢价。

借:银行存款(发行价款、手续费、佣金)

贷:实收资本(有限责任公司按照双方约定的份额)、股本(股份有限公司按面值)

资本公积——资本溢价、股本溢价(差额倒挤)

【注意】 发行股票发生的手续费、佣金,冲减资本公积——股本溢价。

做中学 4-2

甲、乙、丙共同投资设立A有限责任公司,注册资本为2000 000元,甲、乙、丙持股比例分别为60%、25%和15%。按照章程规定,甲、乙、丙投入资本分别为1 200 000元、500 000和300 000元。A有限责任公司已如期收到各投资者一次缴足的款项。A有限责任公司应编制如下会计分录:

借:银行存款	2 000 000	
贷:实收资本——甲		1 200 000
——乙		500 000
——丙		300 000

实收资本的构成比例即投资者的出资比例或股东的股份比例,通常是确定所有者在企业所有者权益中所占的份额和参与企业生产经营决策的基础,也是企业进行利润分配或股利分配的依据,同时还是企业清算时确定所有者对净资产的要求权的依据。

2. 股份有限公司接受现金资产投资

为了反映和监督股份有限公司的股本情况,股份有限公司应设置"股本"科目。该科目贷方登记已发行的股票面值;借方登记经批准核销的股票面值;期末贷方余额反映发行在外的股票面值。"股本"科目应当按照股票的类别设置明细账进行明细核算。

公司收到股东出资额超过其在股本中所占份额的部分,通过"资本公积——股本溢价"科目核算。

(1) 平价发行股票的核算。平价发行股票,是指股份有限公司按股票的面值发行股票。当公司发行股票收到现金等资产时,应按照实际收到的金额,借记"银行存款"等科目;按照票面值和核定的股份总额的乘积计算的金额,贷记"股本"科目。股份有限公司发行股票支付的手续费或佣金等发行费用,减去发行股票冻结期间产生的利息收入后的余额,依次冲减盈余公积和未分配利润。

做中学 4-3

天途公司委托东南证券公司代理发行普通股6 000万股,每股面值为1元,按面值发行。经双方约定,按发行收入的4%收取手续费。发行收入在冻结期间产生的利息收入为8 000元,天途公司实际收到5 760.8万元并存入银行。假定天途公司"盈余公积"科目余额为500万元。

天途公司根据委托合同、招股说明书、电子转账凭证、利息通知书编制如下会计分录:

借:银行存款	57 608 000	
盈余公积	2 392 000	
贷:股本		6 000 000

(2) 溢价发行股票的核算。溢价发行股票,是指股份有限公司按高于股票面值的价格发行股票。当公司发行股票收到现金等资产时,应按照实际收到的金额,借记"银行存款"等科目,按股票面值和核定的股份总额的乘积计算的金额,贷记"股本"科目,差额部分,贷记"资本公积——股本溢价"科目;发行股票支付的手续费或佣金等发行费用,减去发行股票冻结期间产生的利息收入后的余额,先冲抵溢价,溢价不足抵扣的部分依次冲减盈余公积和未分配利润。

做中学 4-4

沿用[做中学 4-3]的资料，假定天途公司在发行股票时，每股发行价为 3 元，股票发行收入总额 18 000 万元，东南证券公司代扣手续费 720 万元，发行收入在冻结期间产生的利息收入为2.4万元，天途公司实际收到 17 282.4万元。

天途公司根据委托合同、招股说明书、电子转账凭证、利息通知书编制如下会计分录：

借：银行存款	172 824 000	
贷：股本		60 000 000
资本公积——股本溢价		112 824 000

做中学 4-5

B 股份有限公司发行普通股 10 000 000 股，每股面值 1 元，每股发行价格 5 元。假定股票发行成功，股款 50 000 000 元已全部收到，不考虑发行过程中的税费等因素。根据上述资料，B 股份有限公司应编制如下会计分录：

借：银行存款	50 000 000	
贷：股本		10 000 000
资本公积——股本溢价		40 000 000

(二) 接受非现金资产投资

企业收到投资者以非现金资产投入资本时，应按照投资合同或协议约定的价值作为非现金资产的入账价值，借记“库存商品”“固定资产”“无形资产”等科目，按可以抵扣的增值税，借记“应交税费——应交增值税(进项税额)”科目，按照投资合同或协议约定的其在注册资本中所占的份额，贷记“实收资本”科目。

借：固定资产、原材料、无形资产(按资产的公允价值)
　　应交税费——应交增值税(进项税额)
　　贷：实收资本(按照双方约定的份额)
　　　　资本公积——资本溢价(差额倒挤)

1. 接受投入固定资产

企业接受投资者作价投入的房屋、建筑物、机器设备等固定资产，应按投资合同或协议约定的价值(不公允的除外)作为固定资产的入账价值，按投资合同或协议约定的投资者在企业注册资本或股本中所占份额的部分作为实收资产或股本入账，投资合同或协议约定的价值(不公允的除外)超过投资者在企业注册资本或股本中所占份额的部分，计入资本公积(资本溢价或股本溢价)。

做中学 4-6

天途公司为增值税一般纳税人，收到乙公司投入的设备一台，增值税专用发票注明的价款为 70 万元，增值税额为9.1万元，投资双方在协议中约定的价值也是79.1万元，已办理产权转移手续。

天途公司根据固定资产验收单、固定资产交接单、增值税专用发票、投资协议、资产评估报告编制如下会计分录：

借：固定资产	700 000	
应交税费——应交增值税(进项税额)	91 000	
贷：实收资本——乙公司		791 000

2. 接受投入材料物资

企业接受投资者作价投入的材料物资，应按投资合同或协议约定的价值(不公允的除外)作为材料物资的入账价值，按投资合同或协议约定的投资者在企业注册资本或股本中所占份额的部分作为实收资本或股本入账，投资合同或协议约定的价值(不公允的除外)超过投资者在企业注册资本或股本中所占份额的部分，计入资本公积(资本溢价或股本溢价)。

做中学 4-7

乙有限责任公司为增值税一般纳税人，于设立时收到B公司作为资本投入的原材料一批，该批原材料投资合同或协议约定价值(不含可抵扣的增值税进项税额部分)为100 000元，增值税进项税额为13 000元(由投资方支付税款，并提供或开具增值税专用发票)。合同约定的价值与公允价值相符，不考虑其他因素。乙有限责任公司对原材料按实际成本进行日常核算。

借：原材料	100 000	
应交税费——应交增值税(进项税额)	13 000	
贷：实收资本——B公司		113 000

3. 接受投入无形资产

企业收到以无形资产方式投入的资本，应按投资合同或协议约定的价值(不公允的除外)作为无形资产的入账价值，按投资合同或协议约定的投资者在企业注册资本或股本中所占份额的部分作为实收资本或股本入账，投资合同或协议约定的价值(不公允的除外)超过投资者在企业注册资本或股本中所占份额的部分，计入资本公积(资本溢价或股本溢价)。

做中学 4-8

晋华公司收到丙公司自行研发投入的专利权一项，投资双方在协议中约定该专利权的价值为100万元，丙公司在晋华公司注册资本中占有的份额为80万元，已办理产权转移手续。假定不考虑相关税费。

晋华公司根据专利权产权转让手续、投资协议、资产评估报告编制如下会计分录：

借：无形资产——专利权	10 000 000	
贷：实收资本——丙公司		800 000
资本公积——资本溢价		200 000

(三) 实收资本(或股本)的增减变动

一般情况下，企业的实收资本应相对固定不变，但在某些特定情况下，实收资本也可能发生增减变化。我国《企业法人登记管理条例施行细则》规定，除国家另有规定外，企业的注册资金应当与实收资本相一致，当实收资本比原注册资金增加或减少超过20%时，应持资金使用证明或者验资证明，向原登记主管机关申请变更登记。如擅自改变注册资本或抽逃资金，要受到市场监督管理部门的处罚。

1. 实收资本(或股本)增加的核算

一般企业增加资本主要有三个途径：接受投资者追加投资、资本公积转增资本和盈余公积转增资本。

(1) 企业按规定接受投资者追加投资时，核算原则与投资者初次投入时相同，借记“银行存款”等科目，贷记“实收资本”科目。

(2) 企业采用资本公积或盈余公积转增资本时，应按转增的资本金额确认实收资本或股本。

① 用资本公积转增资本时，借记“资本公积——资本溢价（或股本溢价）”科目，贷记“实收资本”（或“股本”）科目。② 用盈余公积转增资本时，借记“盈余公积”科目，贷记“实收资本”（或“股本”）科目。

实收资本增加的账务处理

【注意】 由于资本公积和盈余公积均属于所有者权益，用其转增资本时，如果是独资企业比较简单，直接结转即可。如果是股份有限公司或有限责任公司应该按照原投资者各自出资比例相应增加各投资者的出资额。

做中学 4-9

甲、乙、丙三人共同投资设立A有限责任公司，原注册资本为4 000 000元，甲、乙、丙分别出资500 000元、2 000 000元和1 500 000元。为扩大经营规模，经批准，A有限责任公司注册资本扩大为5 000 000元，甲、乙、丙按照原出资比例分别追加投资125 000元、500 000元和375 000元。A有限责任公司如期收到甲、乙、丙追加的现金投资。A有限责任公司编制如下会计分录：

借：银行存款	1 000 000	
贷：实收资本——甲		125 000
——乙		500 000
——丙		375 000

做中学 4-10

承[做中学4-9]，因扩大经营规模需要，经批准，A有限责任公司按原出资比例将资本公积1 000 000元转增资本。该企业应编制如下会计分录：

借：资本公积	100 000	
贷：实收资本——甲		125 000
——乙		500 000
——丙		375 000

做中学 4-11

承[做中学4-9]，因扩大经营规模需要，经批准，A有限责任公司按原出资将盈余公积1 000 000元转增资本。该公司应编制如下会计分录：

借：盈余公积	1 000 000	
贷：实收资本——甲		125 000
——乙		500 000
——丙		375 000

2. 实收资本(或股本)减少的核算

企业减少实收资本应按法定程序报经批准。一般情况下，企业资本过剩或发生重大亏损就需要减少实收资本。企业因资本过剩而减资，按要返还的投资款，借记“实收资本”科目，贷记“库存现金”“银行存款”等科目。企业因发生重大亏损而减少实收资本时，借记“实收资本”科目，贷记“利润分配”科目。

股份有限公司由于采用的是发行股票的方式筹集股本，由于各种原因发还股款时，则要回购发行的股票。① 股份有限公司因减少注册资本而回购本公司股票的，应按实际支付的金额，借记“库存股”科目，贷记“银行存款”等科目。② 注销库存股时，应按股票面值和注销股数计算的股票面值总额，借记“股本”科目；按所注销库存股的账面余额，贷记“库存股”科目；按其差额冲减股票发行时原计入资本公积的溢价部分，借记或贷记“资本公积——股本溢价”科目，如果股本溢价不足以冲减，依次冲减盈余公积、未分配利润，借记“盈余公积”“利润分配——未分配利润”科目。

【注意】 如果回购股票支付的价款低于面值总额的，应按股票面值总额，借记“股本”科目，按所注销的库存股账面余额，贷记“库存股”科目，按其差额，贷记“资本公积——股本溢价”科目。

做中学 4-12

A上市公司2×20年12月31日的股本为100 000 000股，面值为1元，资本公积（股本溢价）30 000 000元，盈余公积40 000 000元。经股东大会批准，A上市公司以银行存款回购本公司股票20 000 000股并注销。假定A上市公司按每股2元回购股票，不考虑其他因素，A上市公司编制如下会计处理：

（1）回购本公司股份时：

借：库存股　　40 000 000
　贷：银行存款　　40 000 000

库存股成本＝20 000 000×2＝40 000 000（元）

（2）注销本公司股票时：

借：股本　　20 000 000
　资本公积——股本溢价　　20 000 000
　贷：库存股　　40 000 000

应冲减的资本公积＝20 000 000×2－20 000 000×1＝20 000 000（元）

做中学 4-13

承［做中学 4-12］，假定A上市公司按每股3元回购股票，其他条件不变，A公司编制如下会计处理：

（1）回购本公司股票时：

借：库存股　　60 000 000
　贷：银行存款　　60 000 000

库存股成本＝20 000 000×3＝60 000 000（元）

（2）注销本公司股票时：

借：股本　　20 000 000
　资本公积——股本溢价　　30 000 000
　盈余公积　　10 000 000
　贷：库存股　　60 000 000

由于冲减的资本公积大于公司现有的资本公积，所以只能冲减资本公积30 000 000元，剩余的10 000 000元应冲减盈余公积。

做中学 4-14

承［做中学 4-12］，假定A上市公司按每股0.9元回购股票，其他条件不变，A上市公司编制如下会计处理：

（1）回购本公司股票时：

借：库存股　　18 000 000
　贷：银行存款　　18 000 000

库存股成本＝20 000 000×0.9＝18 000 000（元）

(2) 注销本公司股票时：

借：股本　　20 000 000

　　贷：库存股　　18 000 000

　　　　资本公积——股本溢价　　2 000 000

应增加的资本公积 $= 20\ 000\ 000 \times 1 - 20\ 000\ 000 \times 0.9 = 2\ 000\ 000$(元)

由于折价回购，股本与库存股成本的差额 2 000 000 元应作增加资本公积处理。

实收资本减少的账务处理

任务二 资本公积

一、资本公积概述

(一) 资本公积的来源

资本公积，是指企业收到投资者出资额超出其在注册资本(或股本)中所占份额的部分，以及其他资本公积等。资本公积包括资本溢价(或股本溢价)和其他资本公积等。形成资本溢价(或股本溢价)的原因有溢价发行股票和投资者超额缴入资本等。

(1) 资本溢价(或股本溢价)，是指企业收到投资者的超出其在企业注册资本(或股本)中所占份额的投资。形成资本溢价(或股本溢价)的原因有溢价发行股票、投资者超额缴入资本等。

(2) 其他资本公积，是指除资本溢价(股本溢价)、净损益、其他综合收益和利润分配以外的所有者权益的其他变动。如企业的长期股权投资采用权益法核算时，因被投资单位除净损益、其他综合收益和利润分配以外的所有者权益的其他变动，投资企业按照应享有份额而增加或减少的资本公积。

企业根据国家有关规定实行股权激励的，如果在等待期内取消了授予的权益工具，企业应在进行权益工具加速行权处理时，将剩余等待期内应确认的金额立即计入当期损益，并同时确认资本公积。

资本公积的核算包括资本溢价(或股本溢价)的核算、其他资本公积的核算和资本公积转增资本的核算等内容。

(二) 资本公积与实收资本(或股本)、留存收益的区别

1. 资本公积与实收资本(或股本)的区别

(1) 从来源和性质看。实收资本(或股本)，是指投资者按照企业章程或合同、协议的约定，实际投入企业并依法进行注册的资本，它体现了企业所有者对企业的基本产权关系。资本公积是投资者的出资中超出其在注册资本中所占份额的部分，以及直接计入所有者权益的利得和损失，它不直接表明所有者对企业的基本产权关系。

(2) 从用途看。实收资本(或股本)的构成比例是确定所有者参与企业财务经营决策的基础，也是企业进行利润分配或股利分配的依据，同时还是企业清算时确定所有者对净资产的要求权的依据。资本公积的用途主要是用来转增资本(或股本)。资本公积不体现各所有者的占有比例，也不能作为所有者参与企业财务经营决策或进行利润分配(或股利分配)的依据。

2. 资本公积与留存收益的区别

留存收益，是指企业从历年实现的利润中提取或形成的留存于企业的内部积累，来源于企业生产经营活动实现的利润。资本公积的来源不是企业实现的利润，而主要来自资本溢价(或股本溢价)等。

【提示】 资本公积的用途是转增资本。其他资本公积不能转增资本，处置资产时，按照与处置资产相一致的原则进行结转。

二、资本公积的账务处理

3. 资本公积和其他综合收益的区别

其他综合收益是指企业根据企业会计准则规定未在当期损益中确认的各项利得和损失。

资本公积和其他综合收益都会引起企业所有者权益发生增减变动。资本公积不会影响企业的损益，而部分其他综合收益项目则在满足企业会计准则规定的条件时，可以重分类进损益，从而成为企业利润的一部分。

为了反映和监督企业资本公积的增减变动情况，企业应设置“资本公积”科目。该科目贷方登记资本公积的增加额；借方登记资本公积的减少额；期末贷方余额反映企业资本公积结余额。该科目的明细账按资本公积的类别设置。企业应分别设置“资本(股本)溢价”“其他资本公积”明细账进行明细核算。

(一) 资本溢价(或股本溢价)

1. 资本溢价

除股份有限公司外的其他类型的企业，在企业创立时，投资者认缴的出资额与注册资本一致，一般不会产生资本溢价。但在企业重组或有新的投资者加入时，常常会出现资本溢价。因为在企业进行正常生产经营后，其资本利润率通常要高于企业初创阶段，另外，企业有内部积累，新投资者加入企业后，也要分享这些积累，因此，新加入的投资者往往要付出大于原投资者的出资额，才能取得与原投资者相同的出资比例。投资者多缴的部分就形成了资本溢价。

做中学 4-15

甲有限责任公司有两位投资者投资200 000元设立，每人各出资100 000元。1年后，为扩大经营规模，经批准，甲有限责任公司注册资本增加到300 000元，并引入第三位投资者加入。按照投资协议，新投资者需缴入现金120 000元，同时享有该公司三分之一的股份。甲有限责任公司已收到该货币投资。假定不考虑其他因素，甲有限责任公司编制如下会计分录：

借：银行存款	120 000	
贷：实收资本		100 000
资本公积——资本溢价		20 000

2. 股本溢价

股份有限公司是以发行股票的方式筹集股本的，股票可按面值发行，也可按溢价发行，我国目前不准折价发行。与其他类型的企业不同，股份有限公司在成立时可能会溢价发行股票，因而在成立之初，就可能会产生股本溢价。股本溢价的数额等于股份有限公司发行股票时实际收到的款额超过股票面值总额的部分。

在按面值发行股票的情况下，企业发行股票取得的收入，应全部作为股本处理；在溢价发行股票的情况下，企业发行股票取得的收入，等于股票面值部分作为股本处理，超出股票面值的溢价收入应作为股本溢价处理。

发行股票相关的手续费、佣金等交易费用，如果是溢价发行股票的，应从溢价中抵扣，冲减资本公积(股本溢价)；无溢价发行股票或溢价金额不足以抵扣的，应将不足抵扣的部分冲减盈余公积和未分配利润。

做中学 4-16

宏业股份有限公司首次公开发行了普通股5 000 000股，每股面值1元，每股发行价格为2元。该公司以银行存款支付发行手续费、咨询费等费用共计400 000元。假定发行收入已全部收到，发行费用已全部支付，不考虑其他因素，宏业公司的账务处理如下：

收到发行收入时，编制如下会计分录：

借：银行存款　　10 000 000
　贷：股本　　5 000 000
　　资本公积——股本溢价　　5 000 000

支付发行费用时，编制如下会计分录：

借：资本公积——股本溢价　　400 000
　贷：银行存款　　400 000

（二）其他资本公积的核算

其他资本公积，是指除资本溢价（股本溢价）、净损益、其他综合收益和利润分配以外所有者权益的其他变动，如企业的长期股权投资采用权益法核算时，因被投资单位除净损益、其他综合收益和利润分配以外所有者权益的其他变动，投资企业按应享有份额而增加或减少的资本公积。

企业产生计入其他资本公积的利得，借记有关科目，贷记“资本公积——其他资本公积”科目；产生计入其他资本公积的损失，借记“资本公积——其他资本公积”科目，贷记有关科目。处置资产时，按照与处置资产相一致的原则结转其他资本公积。

做中学 4-17

天途公司持有甲企业25%的股份，具有重大影响，采用权益法核算长期股权投资。当期甲企业因股东增资导致其资本公积增加280万元，天途公司确认应享有被投资单位所有者权益变动（其他权益变动）份额70万元。

天途公司根据股权投资计算表编制如下会计分录：

借：长期股权投资——甲公司（其他权益变动）　　700 000
　贷：资本公积——其他资本公积　　700 000

当处置采用权益法核算的长期股权投资时，应当将原计入其他资本公积的金额相应转入投资收益。编制如下会计分录：

借：资本公积——其他资本公积　　700 000
　贷：投资收益　　700 000

（三）资本公积转增资本

根据我国《公司法》的规定，资本公积不得用于弥补公司亏损，资本公积的用途主要是用来转增资本。

做中学 4-18

由甲有限责任公司A、B、C三人共同出资设立，三人的持股比例分别为50%、30%、20%。2019年5月1日，因扩大经营规模需要，决定按原持股比例将资本公积4 000 000元转增资本。假定已按法定程序办理增资和变更手续。甲公司应编制如下会计分录：

借：资本公积	4 000 000
贷：实收资本——A	2 000 000
——B	1 200 000
——C	800 000

【提示】 用于转增资本的资本公积仅指“股本溢价或资本溢价”，“其他资本公积”不得用于转增资本。

任务三 留存收益

一、留存收益概述

留存收益，是指企业从历年实现的利润中提取或形成的留存于企业内部的积累，主要包括盈余公积和未分配利润两部分。

(1) 盈余公积，是指企业按规定从税后利润中提取的、存留于企业内部、具有特定用途的收益积累。按照《公司法》的规定，公司制企业必须提取法定盈余公积，自主选择提取任意盈余公积。企业提取的盈余公积经批准可用于弥补亏损、转增资本、发放现金股利或利润以及扩大生产经营。

法定盈余公积，是指企业按照规定的比例从净利润中提取的盈余公积。法定盈余公积按照净利润的10%提取，提取的法定盈余公积累计额达到注册资本的50%以后，可以不再提取。

任意盈余公积，是指企业经股东大会或类似机构批准按照一定的比例从净利润中提取的盈余公积。其提取比例由企业投资者决议。国有企业可以将任意盈余公积与法定盈余公积合并提取。

【提示】 提取盈余公积时，先考虑企业是否有以前年度未弥补的亏损，如果有以前年度未弥补的亏损，弥补亏损后再按规定提取盈余公积。

(2) 未分配利润，是指企业实现的净利润经过弥补亏损、提取盈余公积和向投资者分配利润后留存于企业的历年结存的利润。

二、留存收益的账务处理

(一) 盈余公积核算

盈余公积的使用

盈余公积，是指企业按规定从净利润中提取的企业积累资金。公司制企业的盈余公积包括法定盈余公积和任意盈余公积。

按照《公司法》有关规定，公司制企业应当按照净利润(减弥补以前年度亏损，下同)的10%提取法定盈余公积。非公司制企业法定盈余公积的提取比例可超过净利润的10%。法定盈余公积累计额已达注册资本的50%时可以不再提取。

【提示】 在计算提取法定盈余公积的基数时，不应包括企业年初未分配利润。

公司制企业可根据股东大会的决议提取任意盈余公积。非公司制企业经类似权力机构批准，也可提取任意盈余公积。法定盈余公积和任意盈余公积的区别在于其各自计提的依据不同，前者以国家的法律、法规为依据；后者由企业的权力机构自行决定。

为了反映和监督盈余公积的形成和使用情况，企业应设置“盈余公积”科目。该科目贷方登记按规定提取的盈余公积数额；借方登记用盈余公积弥补亏损和转增资本的实际数额；贷方余额反映企业的盈余公积。“盈余公积”科目应按照盈余公积形成的来源分设“法定盈余公积”和“任意盈余公积”两个明细科目。

1. 提取盈余公积

企业按规定提取盈余公积时，应通过“利润分配”和“盈余公积”等科目处理。

做中学 4-19

昌盛股份有限公司本年实现净利润为7 000 000元，年初未分配利润为0。经股东大会批准，昌盛股份有限公司按当年净利润的10%提取法定盈余公积。假定不考虑其他因素，昌盛股份有限公司编制如下会计处理：

借：利润分配——提取法定盈余公积　　700 000

　　贷：盈余公积——法定盈余公积　　700 000

本年提取盈余公积金额 = 7 000 000 × 10% = 700 000(元)

2. 盈余公积补亏

做中学 4-20

经股东大会批准，盛大股份有限公司用以前年度提取的盈余公积弥补当年亏损，当年弥补亏损的数额为600 000元。假定不考虑其他因素，盛大股份有限公司编制如下会计处理：

借：盈余公积　　600 000

　　贷：利润分配——盈余公积补亏　　600 000

3. 盈余公积转增资本

做中学 4-21

因扩大经营规模需要，经股东大会批准，亚太股份有限公司将盈余公积500 000元转增股本。假定不考虑其他因素，亚太股份有限公司编制如下会计处理：

借：盈余公积　　500 000

　　贷：股本　　500 000

4. 以盈余公积发放现金股利或利润

做中学 4-22

盛大股份有限公司2×19年12月31日普通股股本为50 000 000股，每股面值1元，可供投资者分配的利润为5 000 000元，盈余公积20 000 000元。2×20年3月20日，股东大会批准了2×19年度利润分配方案，以2×19年12月31日为登记日，按每股0.2元发放现金股利。盛大股份有限公司共需要分派10 000 000元现金股利，其中动用可供投资者分配的利润5 000 000元、盈余公积5 000 000元。假定不考虑其他因素，盛大股份有限公司编制如下会计处理：

(1) 宣告分派股利时：

借：利润分配——应付现金股利　　5 000 000

　　盈余公积　　5 000 000

　　贷：应付股利　　10 000 000

(2) 支付股利时：

借：应付股利　　10 000 000

　　贷：银行存款　　10 000 000

本例中，盛大股份有限公司经股东大会批准，以未分配利润和盈余公积发放现金股利，属于以未分配利润发放现金股利的部分5 000 000元应记入“利润分配——应付现金股利”科目，属于以盈余公积发放现金股利的部分5 000 000元应记入“盈余公积”科目。

(二) 利润分配的核算

利润分配，是指企业根据国家有关规定和企业章程、投资者协议等，对企业当年可供分配的利润所进行的分配。

可供分配的利润 ＝ 当年实现的净利润(或净亏损) ＋ 年初未分配利润(或 － 年初未弥补亏损) ＋ 其他转入

利润分配的顺序依次是：① 提取法定盈余公积；② 提取任意盈余公积；③ 向投资者分配利润。

未分配利润是经过弥补亏损、提取法定盈余公积、提取任意盈余公积和向投资者分配利润等利润分配之后剩余的利润，它是企业留待以后年度进行分配的历年结存的利润。

企业应通过“利润分配”科目，核算企业利润的分配(或亏损的弥补)和历年分配(或弥补)后的未分配利润(或未弥补亏损)。企业应分别“提取法定盈余公积”“提取任意盈余公积”“应付现金股利或利润”“盈余公积补亏”“未分配利润”等进行明细核算。企业未分配利润通过“利润分配——未分配利润”明细科目进行核算。

企业在期末结转利润时，应将所有损益类科目的余额转入“本年利润”科目，结平各损益类科目。结转后“本年利润”科目如果出现贷方余额，则表示当期实现了净利润；如果出现借方余额，则表示当期发生了净亏损。

年度终了，企业应将全年实现的净利润或发生的净亏损，自“本年利润”科目转入“利润分配——未分配利润”科目。

同时，将“利润分配”科目所属的其他明细科目的余额，转入“未分配利润”明细科目。结转后，“利润分配——未分配利润”科目如为贷方余额，表示累积未分配的利润数额；如为借方余额，则表示累积未弥补的亏损数额。

做中学 4-23

晋华公司2×20年度缴纳所得税后净利润为 240 万元，按规定提取 10%的法定盈余公积、提取 5%的任意盈余公积，向股东分派现金股利 70 万元。

晋华公司根据公司董事会决议、股东大会表决方案等编制如下会计分录：

(1) 年末结转本年利润：

借：本年利润	2 400 000	
贷：利润分配——未分配利润		2 400 000

(2) 提取法定盈余公积：

借：利润分配——提取法定盈余公积	240 000	
贷：盈余公积——法定盈余公积		240 000

(3) 提取任意盈余公积：

借：利润分配——提取任意盈余公积	120 000	
贷：盈余公积——任意盈余公积		120 000

(4) 向股东分配股利：

借：利润分配——应付现金股利　　700 000
　贷：应付股利　　700 000

(5) 结平"利润分配"各明细科目：

借：利润分配——未分配利润　　1 060 000
　贷：利润分配——提取法定盈余公积　　240 000
　　　　——应付现金股利　　700 000
　　　　——提取任意盈余公积　　120 000

若该公司年初未分配利润为118万元，本年从"本年利润"科目转入的净利润为240万元，利润分配了106万元，则该公司本年度的年末未分配利润为252万元(118+240−106)，可留待以后年度向投资人分配，从而形成了所有者权益的一部分。

【提示】 "利润分配"明细科目期末要进行结转，只有"未分配利润"明细科目才可以有余额。

【知识拓展】 根据《小企业会计准则》的规定，小企业的所有者权益包括实收资本、资本公积、盈余公积和未分配利润，其中资本公积只来源于投资者的投资；投资者以非货币性资产出资的，应当按照资产的评估价值确定其入账价值。

应知应会考核

一、单项选择题

1. 2019年6月30日，某股份有限公司的股本为5000万元(面值为1元)，资本公积(股本溢价)为1000万元，盈余公积为1600万元。经股东大会批准，该公司回购本公司股票200万股并注销，回购价格为每股3元。不考虑其他因素，下列各项关于该公司注销全部库存股的会计处理结果中，正确的是(　　)。(2018年)

A. 盈余公积减少600万元　　B. 股本减少600万元
C. 资本公积减少400万元　　D. 盈余公积减少400万元

2. 某股份有限公司依法采用收购本公司股票方式减资。自购股票支付的价款低于股票面值总额。下列各项中，注销股本时，冲减股本后的差额应贷记的会计科目是(　　)。(2017年)

A. "利润分配——未分配利润"　　B. "盈余公积"
C. "资本公积"　　D. "营业外收入"

3. 某上市公司经股东大会批准以现金回购并注销本公司股票1 000万股，每股1元，回购价款每股为1.5元。该公司注销股份时"资本公积——股本溢价"科目余额为2 000万元，"盈余公积"科目余额为1000万元，不考虑其他因素，该公司注销股份的会计科目处理正确的是(　　)。(2019年)

A. 借记"资本公积——股本溢价"科目500万元
B. 借记"股本"科目1 500万元
C. 借记"盈余公积"500万元
D. 借记"库存股"科目1 000万元

4. 某公司公开发行普通股100万股，每股面值1元，每股发行价格为10元，按发行收入的3%向证券公司支付佣金，从发行收入中扣除，收到的款项已存入银行。不考虑其他因素，该公司发行股票应计入资本公积的金额为(　　)万元。(2020年)

A. 893　　B. 970　　C. 870　　D. 900

5. 下列各项关于股份公司溢价发行股票的相关会计处理表述中，正确的是(　　)。(2017年)

A. 发行股票溢价计入盈余公积　　B. 发行股票相关的印花税计入股票成本

C. 发行股票相关的手续费应从溢价中抵扣　　D. 发行股票取得的款项全部计入股本

6. 某公司委托证券公司发行普通股 400 000 股，每股面值为 1 元，每股发行价格为 16 元。双方协议约定，证券公司按发行收入的 2%收取佣金，并直接从发行收入中扣除。不考虑其他因素，该公司发行股票应计入资本公积的金额为(　　)元。(2018 年)

A. 6 272 000　　B. 5 880 000　　C. 5 872 000　　D. 6 000 000

7. 下列各项中，导致企业所有者权益总额增加的事项是(　　)。(2018 年)

A. 以盈余公积发放现金股利

B. 以盈余公积弥补以前年度亏损

C. 资本公积转增资本

D. 当年实现净利润

8. 某公司年初未分配利润为 1 000 万元，当年实现净利润 500 万元，按 10%提取法定盈余公积，按 5%提取任意盈余公积，宣告发放现金股利 100 万元。不考虑其他因素，该公司年末未分配利润为(　　)万元。(2017 年)

A. 1 450　　B. 1 475　　C. 1 325　　D. 1 400

9. 2019 年 1 月 1 日，某股份有限公司未分配利润为 100 万元，2019 年度实现净利润 400 万元，法定盈余公积的提取率为 10%。不考虑其他因素，下列各项关于盈余公积的账务处理中，正确的是(　　)。(2018 年)

A. 借：利润分配——提取法定盈余公积　400 000

　　贷：盈余公积　400 000

B. 借：本年利润——提取法定盈余公积　400 000

　　贷：盈余公积　400 000

C. 借：本年利润——提取法定盈余公积　500 000

　　贷：盈余公积　500 000

D. 借：利润分配——提取法定盈余公积　500 000

　　贷：盈余公积　500 000

10. 下列各项中，导致企业所有者权益总额发生增减变动的业务事项是(　　)。(2016 年)

A. 当年实现净利润　　B. 盈余公积转实收资本

C. 资本公积转实收资本　　D. 盈余公积补亏

二、多项选择题

1. 下列各项中，会导致企业实收资本增加的有(　　)。(2015年)

A. 资本公积转增资本　　B. 接受投资者追加投资

C. 盈余公积转增资本　　D. 接受非流动资产捐赠

2. 下列各项中，属于企业留存收益的有(　　)。(2020 年)

A. 按规定从净利润中提取的法定盈余公积

B. 累积未分配的利润

C. 按股东大会决议从净利润中提取的任意盈余公积

D. 发行股票的溢价收入

3. 某公司期初的所有者权益为：股本 5 000 万元(每股面值 1 元)，资本公积 1 000 万元(其中，股本溢价 800 万元)，盈余公积 500 万元，未分配利润 600 万元。本期经董事会批准以每股 7 元的价格回购本公司股票 200 万股并按期注销。下列各项中，该公司回购并注销股票的相关会计处理结果正确的有(　　)。(2018 年)

A. 注销时，借记“股本”科目 1 400 万元

B. 回购时，借记“库存股”科目 1 400 万元

C. 注销时，借记“盈余公积”科目 400 万元

D. 注销时，借记“资本公积——股本溢价”科目 800 万元

4. 下列各项中，应计入资本公积的有(　　)。(2017年)

A. 投资者投入的资本
B. 投资者超额投入的资本
C. 股票发行的溢价
D. 注销的库存股账面余额低于所冲减股本的差额

5. 下列选项中，会导致所有者权益总额减少的有（　　）。（2019 年）
A. 向投资者宣告分派现金股利
B. 出售固定资产发生净损失
C. 向投资者实际发放股票股利
D. 盈余公积补亏

6. 下列各项中，属于企业留存收益的有（　　）。（2015年）
A. 发行股票的溢价收入
B. 按规定从净利润中提取的法定盈余公积
C. 按股东大会决议从净利润中提取的任意盈余公积
D. 累计未分配利润

7. 下列项中，应通过“利润分配”科目核算的有（　　）。（2019年）
A. 用盈余公积弥补亏损
B. 用可供分配利润分配现金股利
C. 提取法定盈余公积
D. 用盈余公积转增资本

8. 下列各项中，不会使盈余公积减少的有（　　）。（2014年）
A. 计提盈余公积
B. 资本公积转增资本
C. 盈余公积转增资本
D. 盈余公积补亏

9. 下列各项关于留存收益的表述中，正确的有（　　）。（2015年）
A. 留存收益包括盈余公积和未分配利润
B. 法定盈余公积经批准可用于转增资本
C. 任意盈余公积可用于发放现金股利
D. “未分配利润”明细科目年末借方余额表示累积的亏损额

10. 下列各项中，不会引起留存收益总额发生增减变动的有（　　）。（2013年）
A. 资本公积转增资本
B. 盈余公积转增资本
C. 盈余公积弥补亏损
D. 本年实现的净利润

三、判断题

1. 除投资合同或协议约定价值不公允的以外，企业接受投资者作为资本投入的固定资产，应按投资合同或协议的约定价值确定其入账价值。（2017年）　（　　）
2. 有限责任公司以资本公积转增资本，应当按照原出资者各自出资比例相应增加各出资者的出资金额。（2017年）　（　　）
3. 企业接受投资者投资，投资者超额缴入的资本应该计入资本公积。（2017年）　（　　）
4. 期初未分配利润有贷方余额，期末获利的情况下，计提盈余公积时要包含期初未分配利润的贷方余额。（2015年）　（　　）
5. 企业向投资者宣告发放现金股利，应在宣告时确认为费用。（2016年）　（　　）
6. 年度终了，除“未分配利润”明细科目外，“利润分配”科目下的其他明细科目应当无余额。　（　　）
7. 企业以资本公积转增资本会导致实收资本增加，从而导致企业所有者权益总额增加。　（　　）
8. 股份有限公司溢价发行股票时，按股票面值计入股本，溢价收入扣除发行手续费，佣金等发行费用后的金额计入资本公积。（2016年）　（　　）
9. 企业年末资产负债表中的未分配利润金额一定等于“本年利润”科目的年末余额。　（　　）
10. 企业在计算确定提取法定盈余公积的基数时，不应包括年初未分配利润的贷方余额。（2014年）（　　）

四、不定项选择题

（一）背景与情境：某公司适用的所得税税率为 25%，2019年有关交易或事项如下：

（1）2019年 1 月初，公司股东权益总额是 20 500 万元，其中股本为 10 000 万元（股数 10 000 万股，每股 1 元），资本公积为 3 000 万元，盈余公积为 6 000 万元，未分配利润为 1 500 万元。

(2) 经股东大会决议并报有关部门核准，2019年6月28日，该公司以银行存款回购本公司股票100万股，每股回购的价格为5元，7月3日将回购的股票100万股注销。

(3) 2019年实现利润总额为1 800万元，其中相关会计处理与税法规定存在差异的事项有：① 支付税收滞纳金300万元已计入营业外支出；② 本年取得的国债利息收入100万元已经计入投资收益，不考虑递延所得税。

(4) 根据股东大会批准的2019年利润分配方案，该公司按实现净利润的10%提取法定盈余公积；按实现净利润的10%提取任意盈余公积；向股东分配现金股利400万元。

要求：根据上述资料，不考虑其他因素，分析回答下列小题(答案中的金额单位用万元表示)。(2015年)

1. 根据资料(1)，2019年1月初，该公司留存收益的金额是(　　)万元。

A. 10 500　　B. 9 000　　C. 4 500　　D. 7 500

2. 根据资料(2)，下列各项关于回购与注销本公司股票的会计处理结果中，正确的是(　　)。

A. 6月28日回购股票确认库存股增加500万元　B. 6月28日回购股票确认库存股增加100万元

C. 7月3日注销库存股冲减股本100万元　　D. 7月3日注销库存股冲减资本公积200万元

3. 根据资料(3)，下列各项关于该公司的会计处理中，正确的是(　　)。

A. 计算所得税：

借：所得税费用　　500

　　贷：应交税费——应交所得税　　500

B. 计算所得税：

借：所得税费用　　450

　　贷：应交税费——应交所得税　　450

C. 将本年利润结转至未分配利润时：

借：本年利润　　1 300

　　贷：利润分配——未分配利润　　1 300

D. 将本年利润结转至未分配利润时：

借：本年利润　　1 350

　　贷：利润分配——未分配利润　　1 350

4. 根据资料(4)，下列各项中，该公司2019年未分配利润的年末余额是(　　)万元。

A. 640　　B. 2 140　　C. 670　　D. 2 170

5. 根据资料(1)至资料(4)，2019年12月31日，该公司资产负债表"股东权益"下列项目期末余额填列正确的是(　　)。

A. 库存股无余额　　B. 资本公积2 600万元

C. 股本9 900万元　　D. 盈余公积6 260万元

(二) 背景与情境：2019年年初，甲股份有限公司(以下简称甲公司)所有者权益总额为3 000万元，其中股本800万元，资本公积1 600万元，盈余公积300万元，未分配利润300万元，甲公司适用的所得税税率为25%。

2019年甲公司发生如下事项：

(1) 1月13日，甲公司委托证券公司代理发行普通股200万股，每股面值1元，每股发行价4元，按协议约定，证券公司从发行收入中提取2%的手续费。

(2) 3月5日，经股东大会批准，甲公司以每股3元价格回购本公司股票100万股并予以注销。

(3) 4月1日，经股东大会批准，甲公司将资本公积100万元、盈余公积100万元转增股本。

(4) 2019年度，甲公司共实现利润总额2 000万元，假定不存在纳税调整事项及递延所得税；甲公司按净利润的10%提取盈余公积，分配现金股利50万元。

要求：根据上述资料，不考虑其他因素，分析回答下列小题(答案中的金额单位用万元表示)。(2016年)

1. 根据资料(1)，甲公司发行普通股应计入资本公积的金额为(　　)万元。

A. 600　　B. 584　　C. 588　　D. 616

2. 根据资料(2)，下列关于该公司注销库存股的会计处理中，正确的是(　　)。

A. 借：股本　100
　　资本公积——股本溢价　200
　　贷：库存股　300

B. 借：股本　100
　　资本公积——股本溢价　150
　　盈余公积　50
　　贷：银行存款　300

C. 借：库存股　300
　　贷：银行存款　300

D. 借：股本　300
　　贷：银行存款　300

3. 根据上述资料，下列各项中会引起甲公司所有者权益总额发生增减变动的是(　　)。

A. 回购股票　B. 提取盈余公积　C. 实现净利润　D. 分配现金股利

4. 根据资料(4)，甲公司2019年度应提取盈余公积(　　)万元。

A. 50　B. 100　C. 150　D. 200

5. 根据以上资料，甲公司2019年年末所有者权益总额为(　　)万元。

A. 3 500　B. 4 934　C. 4 984　D. 5 800

项目五 收入、费用和利润

知识目标

了解:常见交易的会计处理。

熟悉:营业成本的组成、税金及附加的内容。

掌握:收入确认的原则和前提条件;收入确认和计量的步骤以及收入核算应设置的会计科目;在某一时点和某一时段履行履约义务并确认收入的账务处理;合同取得成本和合同履约成本的内容及账务处理;营业成本的账务处理;税金及附加的账务处理;期间费用的内容及账务处理;营业外收入、营业外支出的核算内容及账务处理;应交所得税、所得税费用的计算及账务处理;利润的构成、本年利润的结转方法及账务处理。

技能目标

能用所学的实务知识规范"收入、费用和利润"相关技能活动。

素质目标

运用所学的收入、费用和利润理论与实务知识研究相关案例,培养和提高学生在特定业务情境中分析问题与决策设计的能力;能结合"收入、费用和利润"教学内容,结合行业规范或标准,分析会计行为的善恶,强化学生的职业道德素质,从而做到学思用贯通,知信行统一。

项目引例

销售业务的核算

背景与情境:2019年9月21日,华盛公司销售给上海机械公司1 500吨线材,开出的增值税专用发票上注明的销售价格为540万元,增值税额为70.2万元,款项尚未收到;该批产品的成本为350万元,华盛公司已将线材发出,纳税义务已发生。

引例解析

请会计张红作出相关账务处理。相关原始凭证:① 与上海机械公司签订的销售合同;② 经销售部门确认后仓库开具的发货单;③ 给上海机械公司开具的增值税专用发票两联。

业务产生:将所生产的产品线材1 500吨销售给上海机械公司,形成一笔销售业务,财务部门按合同条款收款,并结转成本。

请针对上述背景与情境内容,作出相关处理程序。

引例导学

按照我国2017年7月修订发布的《企业会计准则第14号——收入》规定,企业应当在履行了合同中的履约义务,即在客户取得相关商品控制权时确认收入。收入准则采用了统一的收入确认模型来规范所有与客户之间的合同产生的收入,设定了"五步法"来确认和计量收入,即识别与客户订立的合同、识别合同中的单项履约义务、确定交易价格、将交易价格分摊至各单项履约义务、履行每一单项义务时确认收入。您能理解并正确应用"五步法"吗?

收入确认的时点,应区分是在某一时段内履行的履约义务还是在某一时点履行的履约义务。对于在某一时段内履行的履约义务,企业该如何确认收入?如何进行账务处理?对于在某一时点履行的履约义务,企业又该如何确认收入?如何进行账务处理?

知识精讲

任务一 收 入

企业在确认和计量收入时,应遵循的基本原则是:确认收入的方式应当反映其向客户转让商品或提供服务的模式，收入的金额应当反映企业因转让商品或提供服务而预期有权收取的对价金额。通过收入确认和计量能进一步如实地反映企业的生产经营成果，准确核算企业实现的损益。

《企业会计准则第14号——收入》（2017年修订，以下简称“新收入准则”），已于2017年7月由财政部修订发布，自2018年1月1日起，在境内外同时上市的企业以及在境外上市并采用国际财务报告准则或企业会计准则编制财务报表的企业施行；自2020年1月1日起，在其他境内上市企业施行；自2021年1月1日起，在执行企业会计准则的非上市企业施行。本任务将按新收入准则介绍收入核算的有关内容。

一、收入的确认与计量

（一）收入的确认原则

企业应当在履行了合同中的履约义务，即在客户取得相关商品控制权时确认收入。取得相关商品控制权，是指客户能够主导该商品的使用并从中获得几乎全部经济利益，也包括有能力阻止其他方主导该商品的使用并从中获得经济利益。

取得商品控制权包括三个要素：

一是客户必须拥有现时权利，能够主导该商品的使用并从中获得几乎全部经济利益。如果客户只能在未来的某一期间主导该商品的使用并从中获益，则表明其尚未取得该商品的控制权。

二是客户有能力主导该商品的使用，即客户在其活动中有权使用该商品，或者能够允许或阻止其他方使用该商品。

三是客户能够获得商品几乎全部的经济利益。商品的经济利益是指商品的潜在现金流量，既包括现金流入的增加，也包括现金流出的减少。客户可以通过使用、消耗、出售、处置、交换、抵押或持有等多种方式直接或间接地获得商品的经济利益。

（二）收入确认的前提条件

企业与客户之间的合同同时满足下列条件时，企业应当在客户取得相关商品控制权时确认收入：

（1）合同各方已批准该合同并承诺将履行各自义务。

（2）该合同明确了合同各方与所转让商品或提供劳务（以下简称转让商品）相关的权利和义务。

（3）该合同有明确的与所转让商品相关的支付条款。

（4）该合同具有商业实质，即履行该合同将改变企业未来现金流量的风险、时间分布或金额。

（5）企业因向客户转让商品而有权取得的对价很可能收回。

【提示】 企业与客户签订的合同符合上述五个条件是企业确认收入的前提。企业应当在合同开始日（通常是合同生效日）评估合同是否符合上述全部条件。在合同开始日不符合上述全部条件的合同，企业不能确认收入，应当将已收取的对价作为负债进行会计处理。

（三）收入确认和计量的步骤

根据《企业会计准则第14号——收入》（2018），收入的确认和计量大致分为五步：

第一步，识别与客户订立的合同。合同是指双方或多方之间订立有法律约束力的权利义务的协议。合同有书面形式、口头形式以及其他形式。合同的存在是企业确认客户合同收入的前提，企业与客户之间的合同一经签订，企业即享有从客户取得与转移商品和服务对价的权利，同时负有向客户转移商品和服务的履约义务。

第二步，识别合同中的单项履约义务。履约义务是指合同中企业向客户转让可明确区分商品或服务的承诺。企业应当将向客户转让可明确区分商品（或者商品的组合）的承诺以及向客户转让一系列实质相同且转让模式相同的、可明确区分商品的承诺作为单项履约义务。例如，企业与客户签订合同向其销售商品并提供安装服务，该安装服务简单，除该企业外其他供应商也可以提供此类安装服务，该合同中销售商品和提供安装服务为两项单项履约义务。若该安装服务复杂且商品需要按客户定制要求修改，则合同中销售商品和提供安装服务合并为单项履约义务。

第三步，确定交易价格。交易价格是指企业因向客户转让商品而预期有权收取的对价金额，不包括企业代第三方收取的款项（如增值税）以及企业预期将退还给客户的款项。合同条款所承诺的对价，可能是固定金额、可变金额或两者兼有。例如，甲公司与客户签订合同为其建造一栋厂房，约定的价款为 100 万元，4 个月完工，交易价格就是固定金额 100 万元；假如合同中约定若提前 1 个月完工，客户将额外奖励甲公司 10 万元，甲公司对合同估计工程提前 1 个月完工的概率为 95%，则甲公司预计有权收取的对价为 110 万元，因此交易价格包括固定金额 100 万元和可变金额 10 万元，总计为 110 万元。

第四步，将交易价格分摊至各单项履约义务。当合同中包含两项或多项履约义务时，需要将交易价格分摊至各单项履约义务，分摊的方法是在合同开始日，按照各单项履约义务所承诺商品的单独售价（企业向客户单独销售商品的价格）的相对比例，将交易价格分摊至各单项履约义务。通过分摊交易价格，使企业分摊至各单项履约义务的交易价格能够反映其因向客户转让已承诺的相关商品而有权收取的对价金额。例如，企业与客户签订合同，向其销售 A、B、C 三件产品，不含增值税的合同总价款为 10 000 元。A、B、C 产品的不含增值税单独售价分别为 5 000 元、3 500 元和 7 500 元，合计 16 000 元。按照交易价格分摊原则，A 产品应当分摊的交易价格为 3 125 元（5 000÷16 000×10 000），B 产品应当分摊的交易价格为 2 187.5 元（3 500÷16 000×10 000），C 产品应当分摊的交易价格为 4 687.5 元（7 500÷16 000×10 000）。

第五步，履行各单项履约义务时确认收入。当企业将商品转移给客户，客户取得了相关商品的控制权，意味着企业履行了合同履约义务，此时，企业应确认收入。企业将商品控制权转移给客户，可能是在某一时段内（即履行履约义务的过程中）发生，也可能在某一时点（即履约义务完成时）发生。企业应当根据实际情况，首先判断履约义务是否满足在某一时段内履行的条件，如不满足，则该履约义务属于在某一时点履行的履约义务。

收入确认和计量的五个步骤中，第一步、第二步和第五步主要与收入的确认有关，第三步和第四步主要与收入的计量有关。

需要说明的是，一般而言，确认和计量任何一项合同收入应考虑全部的五个步骤。但履行某些合同义务确认收入不一定都经过五个步骤，如企业按照第二步确定某项合同仅为单项履约义务时，可以从第三步直接进入第五步确认收入，不需要经过第四步（分摊交易价格）。

二、收入核算应设置的会计科目

为了核算企业与客户之间的合同产生的收入及相关的成本费用，一般需要设置“主营业务收入”“其他业务收入”“主营业务成本”“其他业务成本”“合同取得成本”“合同履约成本”“合同资产”“合同负债”等科目。

（1）“主营业务收入”科目，核算企业确认的销售商品、提供服务等主营业务的收入。该科目贷方登记主营业务收入的增加，借方登记期末转入“本年利润”科目的主营业务收入，结转后该科目应无余额。该科目可按主营业务的种类进行明细核算。

（2）“其他业务收入”科目，核算企业确认的除主营业务活动以外的其他经营活动实现的收入，包括出租固定资产、出租无形资产、出租包装物和商品、销售材料、用材料进行非货币性交换（具有商业实质且公允价值能够可靠计量）或债务重组等实现的收入。该科目贷方登记其他业务收入的增加，借方登记期末转入“本年利润”科目的其他业务收入，结转后该科目应无余额。该科目可按其他业务的种类进行明细核算。

(3)“主营业务成本”科目，核算企业确认销售商品、提供服务等主营业务收入时应结转的成本。该科目借方登记企业应结转的主营业务成本，贷方登记期末转入“本年利润”科目的主营业务成本，结转后该科目应无余额。该科目可按主营业务的种类进行明细核算。

(4)“其他业务成本”科目，核算企业确认的除主营业务活动以外的其他经营活动所形成的成本，包括出租固定资产的折旧额、出租无形资产的摊销额、出租包装物的成本或摊销额、销售材料的成本等。该科目借方登记企业应结转的其他业务成本，贷方登记期末转入“本年利润”科目的其他业务成本，结转后该科目应无余额。该科目可按其他业务的种类进行明细核算。

(5)“合同取得成本”科目，核算企业为取得合同发生的、预期能够收回的增量成本。该科目借方登记发生的合同取得成本，贷方登记摊销的合同取得成本；期末借方余额，反映企业尚未结转的合同取得成本。该科目可按合同进行明细核算。

(6)“合同履约成本”科目，核算企业为履行当前或预期取得的合同所发生的、不属于其他企业会计准则规范范围且按照收入准则应当确认为一项资产的成本。该科目借方登记发生的合同履约成本，贷方登记摊销的合同履约成本；期末借方余额，反映企业尚未结转的合同履约成本。该科目可按合同分别“服务成本”“工程施工”等进行明细核算。

(7)“合同资产”科目，核算企业已向客户转让商品而有权收取对价的权利，且该权利取决于时间流逝之外的其他因素(如履行合同中的其他履约义务)。该科目借方登记因已转让商品而有权收取的对价金额，贷方登记取得无条件收款权的金额；期末借方余额，反映企业已向客户转让商品而有权收取的对价金额。该科目按合同进行明细核算。

(8)“合同负债”科目，核算企业已收或应收客户对价而应向客户转让商品的义务。该科日贷方登记企业在向客户转让商品之前，已经收到或已经取得无条件收取合同对价权利的金额；借方登记企业向客户转让商品时冲销的金额；期末贷方余额，反映企业在向客户转让商品之前，已经收到的合同对价或已经取得的无条件收取合同对价权利的金额。该科目按合同进行明细核算。

此外，合同发生减值的，还应当设置“合同履约成本减值准备”“合同取得成本减值准备”“合同资产减值准备”等科目进行核算。

三、履行履约义务确认收入的账务处理

(一) 在某一时点履行的履约义务确认收入

对于不属于在某一时段内履行的履约义务，应当属于在某一时点履行的履约义务，企业应当在客户取得相关商品控制权的时点确认收入。在判断客户是否已取得商品控制权(即客户是否能够主导该商品的使用并从中获得几乎全部的经济利益)时，企业应当考虑下列几种迹象：

(1) 企业就该商品享有现时收款权利，即客户就该商品负有现时付款义务。当企业就该商品享有现时收款权利时，可能表明客户已经有能力主导该商品的使用并从中获得几乎全部的经济利益。

(2) 企业已将该商品的法定所有权转移给客户，即客户已拥有该商品的法定所有权。当客户取得了商品的法定所有权时，可能表明其已经有能力主导该商品的使用并从中获得几乎全部的经济利益，或者能够阻止其他企业获得这些经济利益，即客户已取得对该商品的控制权。如果企业仅仅是为了确保到期收回货款而保留商品的法定所有权，那么该权利通常不会对客户取得对该商品的控制权构成障碍。

(3) 企业已将该商品实物转移给客户，即客户已占有该商品实物。客户如果已经占有商品实物，则可能表明其有能力主导该商品的使用并从中获得其几乎全部的经济利益，或者使其他企业无法获得这些利益。需要说明的是，客户占有了某项商品实物并不意味着其就一定取得了该

商品的控制权，反之亦然。例如，采用支付手续费方式的委托代销安排下，虽然企业作为委托方已将商品发送给受托方，但是受托方并未取得该商品的控制权，因此，企业不应在向受托方发货时确认销售商品的收入，而仍然应当根据控制权是否转移来判断何时确认收入，通常应当在受托方售出商品时确认销售商品收入，受托方应当在商品销售后，按合同或协议约定的方法计算确定的手续费确认收入。表明一项安排是委托代销安排的迹象包括：①在特定事件发生之前（例如，向最终客户出售产品或指定期间到期之前），企业拥有对商品的控制权；②企业能够要求将委托代销的商品退回或者将其销售给其他方（如其他经销商）；③尽管经销商可能被要求向企业支付一定金额的押金，但是其并没有承担对这些商品无条件付款的义务。

实务中，企业有时根据合同已经就销售的商品向客户收款或取得了收款权利，但是，由于客户缺乏足够的仓储空间或生产进度延迟等原因，直到在未来某一时点将该商品交付给客户之前，企业仍然继续持有该商品实物，这种情况通常称为“售后代管商品”安排。此时，企业除了考虑客户是否取得商品控制权的迹象之外，还应当同时满足下列条件，才表明客户取得了该商品的控制权：①该安排必须具有商业实质，例如该安排是应客户的要求而订立的；②属于客户的商品必须能够单独识别，例如将属于客户的商品单独存放在指定地点；③该商品可以随时交付给客户；④企业不能自行使用该商品或将该商品提供给其他客户。企业根据上述条件对尚未发货的商品确认了收入的，还应当考虑是否承担了其他履约义务，例如向客户提供保管服务等，从而应当将部分交易价格分摊至该其他履约义务。越是通用的、可以和其他商品互相替换的商品，可能越难满足上述条件。

做中学 5-1

2×18 年 1 月 1 日，甲公司与乙公司签订合同，向其销售一台设备和专用零部件。设备和零部件的制造期为 2 年。甲公司在完成设备和零部件的生产之后，能够证明其符合合同约定的规格。假定在该合同下，向客户转让设备和零部件是可明确区分的，因此，企业应将其作为两项履约义务，且都属于在某一时点履行的履约义务。

2×19 年 12 月 31 日，乙公司支付了该设备和零部件的合同价款，并对其进行了验收。乙公司运走了设备，但是，考虑到其自身的仓储能力有限，且其工厂紧邻甲公司的仓库，因此，要求将零部件存放于甲公司的仓库中，并且要求甲公司按照其指令随时安排发货。乙公司已拥有零部件的法定所有权，且这些零部件可明确识别为属于乙公司的物品。甲公司在其仓库内的单独区域内存放这些零部件，并应乙公司的要求可随时发货，甲公司不能使用这些零部件，也不能将其提供给其他客户使用。

本例中，2×19 年 12 月 31 日，设备的控制权已转移给乙公司；对于零部件而言，甲公司已经收取合同价款，但是应乙公司的要求尚未发货，乙公司已拥有零部件的法定所有权并且对其进行了验收，虽然这些零部件实物尚由甲公司持有，但是其满足在售后代管商品的安排下客户取得商品控制权的条件，这些零部件的控制权也已经转移给了乙公司。因此，甲公司应当确认销售设备和零部件的相关收入。除此之外，甲公司还为乙公司提供了仓储保管服务，该服务与设备和零部件可明确区分，构成单项履约义务。

做中学 5-2

A 公司生产并销售笔记本电脑。2×18 年，A 公司与零售商 B 公司签订销售合同，向其销售 1 万台电脑。由于 B 公司的仓储能力有限，无法在 2×19 年年底之前接收该批电脑，双方约定 A 公司在 2×20 年按照 B 公司的指令按时发货，并将电脑运送至 B 公司指定的地点。2×19 年 12 月 31 日，A 公司共有上述电脑库存 1.2 万台，其中包括 1 万台将要销售给 B 公司的电脑。然而，这 1 万台电脑和其余 2 000 台电脑一起存放并统一管理，并且彼此之间可以互相替换。

本例中，尽管是由于B公司没有足够的仓储空间才要求A公司暂不发货，并按照其指定的时间发货，但是由于这1万台电脑与A公司的其他产品可以互相替换，且未单独存放保管，A公司在向B公司交付这些电脑之前，能够将其提供给其他客户或者自行使用。因此，这1万台电脑在2×19年12月31日不满足售后代管商品安排下确认收入的条件。

(4) 企业已将该商品所有权上的主要风险和报酬转移给客户，即客户已取得该商品所有权上的主要风险和报酬。企业向客户转移了商品所有权上的主要风险和报酬，可能表明客户已经取得了主导该商品的使用并从中获得其几乎全部经济利益的能力。但是，在评估商品所有权上的主要风险和报酬是否转移时，不应考虑导致企业在除所转让商品之外产生其他单项履约义务的风险。例如，企业将产品销售给客户，并承诺提供后续维护服务的安排中，销售产品和提供维护服务均构成单项履约义务。企业将产品销售给客户之后，虽然仍然保留了与后续维护服务相关的风险，但是，由于维护服务构成单项履约义务，所以该保留的风险并不影响企业已将产品所有权上的主要风险和报酬转移给客户的判断。

(5) 客户已接受该商品。如果客户已经接受了企业提供的商品，例如，企业销售给客户的商品通过了客户的验收，可能表明客户已经取得了该商品的控制权。合同中有关客户验收的条款，可能允许客户在商品不符合约定规格的情况下解除合同或要求企业采取补救措施。因此，企业在评估是否已经将商品的控制权转移给客户时，应当考虑此类条款。当企业能够客观地确定其已经按照合同约定的标准和条件将商品的控制权转移给客户时，客户验收只是一项例行程序，并不影响企业判断客户取得该商品控制权的时点。例如，企业向客户销售一批必须满足规定尺寸和重量的产品，合同约定，客户收到该产品时，将对此进行验收。由于该验收条件是一个客观标准，企业在客户验收前就能够确定其是否满足约定的标准，客户验收可能只是一项例行程序。实务中，企业应当根据过去执行类似合同积累的经验以及客户验收的结果取得相应证据。当在客户验收之前确认收入时，企业还应当考虑是否还存在剩余的履约义务，例如设备安装等，并且评估是否应当对其单独进行会计处理。

相反，当企业无法客观地确定其向客户转让的商品是否符合合同规定的条件时，在客户验收之前，企业不能认为已经将该商品的控制权转移给了客户。这是因为，在这种情况下，企业无法确定客户是否能够主导该商品的使用并从中获得其几乎全部的经济利益。例如，客户主要基于主观判断进行验收时，该验收往往不能被视为仅仅是一项例行程序，在验收完成之前，企业无法确定其商品是否能够满足客户的主观标准，因此，企业应当在客户完成验收并接受该商品时才能确认收入。实务中，定制化程度越高的商品，越难以证明客户验收仅仅是一项例行程序。

此外，如果企业将商品发送给客户供其试用或者测评，且客户并未承诺在试用期结束前支付任何对价，则在客户接受该商品或者在试用期结束之前，该商品的控制权并未转移给客户。

需要强调的是，在上述五个迹象中，并没有哪一个或哪几个迹象是决定性的，企业应当根据合同条款和交易实质进行分析，综合判断其是否将商品的控制权转移给客户以及何时转移的，从而确定收入确认的时点。此外，企业应当从客户的角度进行评估，而不应当仅考虑企业自身的看法。

(6) 其他表明客户已取得商品控制权的迹象。

1. 一般销售商品业务收入的账务处理

通常确认商品销售收入时，企业应按已收或应收的合同或协议价款，借记“银行存款”“应收账款”“应收票据”等科目，按确定的交易价格，贷记“主营业务收入”“其他业务收入”等科目，按应收取的增值税额，贷记“应交税费——应交增值税(销项税额)”科目。

做中学 5-3

2×20年5月8日晋华公司（增值税一般纳税人）向凯盛公司（增值税一般纳税人）销售一批羊绒纱，增值税专用发票上注明的售价为58万元，增值税税率13%。产品已经发出，并代垫运费1 100元，款项尚未收到。该批产品的成本为45万元。凯盛公司已将该批产品验收入库。

本例属于在某一时点履行的履约义务，企业应当在履行了合同中的履约义务即客户取得相关商品控制权时点确认收入。

晋华公司的账务处理如下：

（1）根据销售合同、增值税专用发票记账联确认收入编制如下会计分录：

借：应收账款	656 500	
贷：主营业务收入		580 000
应交税费——应交增值税（销项税额）		75 400
银行存款		1 100

（2）根据产品出库单编制结转已销商品成本的会计分录如下：

借：主营业务成本	450 000	
贷：库存商品		450 000

2. 已经发出商品但不能确认收入的账务处理

企业按合同发出商品，合同约定客户只有在商品售出取得价款后才支付货款。企业向客户转让商品的对价未达到"很可能收回"的收入确认条件，在发出商品时，企业不应确认收入，将发出商品的成本记入"发出商品"科目，借记"发出商品"科目，贷记"库存商品"科目。如已发出的商品被客户退回应编制相反的会计分录。"发出商品"科目核算企业商品已发出但客户没有取得商品控制权的商品成本。当收到货款或取得收取货款的权利时，确认收入，借记"银行存款""应收账款"科目，贷记"主营业务收入""应交税费——应交增值税（销项税额）"科目；同时结转已销商品成本，借记"主营业务成本"科目，贷记"发出商品"科目。

做中学 5-4

2×20年5月31日，百盛商场（增值税一般纳税人）销售10台小型新风机给某一宾馆，单台售价1 500元，增值税税率13%，并开出增值税专用发票。款项尚未收到。该批商品成本为11 000元，百盛商场在销售时已知该宾馆资金周转发生困难，但为了维持与该宾馆的商业关系，仍将该商品赊销给该宾馆。

2×20年5月31日发出商品时，百盛商场根据销售合同、增值税专用发票记账联、产品出库单编制如下会计分录：

借：发出商品	15 000	
贷：库存商品		15 000
借：应收账款	1 950	
贷：应交税费——应交增值税（销项税额）		1 950

【提示】 需要说明的是，[做中学5-4]中之所以反映增值税销项税额，是根据《增值税暂行条例》，发生应税销售行为，为收讫销售款项或者取得销售款项凭据的当天；先开具发票的，为开具发票的当天。

3. 商业折扣、现金折扣和销售退回的账务处理

（1）商业折扣。商业折扣是指企业为促进商品销售而给予的价格扣除。例如，企业为鼓励客户多买商品，可能规定购买100件以上商品给予客户10%的折扣。此外，企业为了尽快出售一些残次、陈旧、冷背的商品，也可能降价（即打折）销售。商业折扣在销售前即已发生，并不构成最终成交价格的一部分，企业应当按照扣除商业折扣后的金额确定商品销售价格和销售商品收入金额。

（2）现金折扣。现金折扣是指债权人为鼓励债务人在规定的期限内付款而向债务人提供的债务扣除。现金折扣一般用符号“折扣率/付款期限”表示，例如，“2/10，1/20，N/30”表示：销货方允许客户最长的付款期限为30天，如果客户在10天内付款，销货方可按商品售价给予客户2%的折扣；如果客户在11～20天内付款，销货方可按商品售价给予客户1%的折扣；如果客户在21～30天内付款，将不能享受现金折扣。

现金折扣发生在商品销售之后，是否发生以及发生多少要视客户的付款情况而定，企业在确认销售商品收入时不能确定现金折扣金额。因此，企业销售商品涉及现金折扣的，应当按照扣除现金折扣前的金额确定销售商品收入金额。现金折扣实际上是企业为了尽快回笼资金而发生的理财费用，应在实际发生时计入当期财务费用。

在计算现金折扣时，还应注意是按不含增值税的价款计算确定，还是按含增值税的价款计算确定，两种情况下客户享有的折扣金额不同。例如，销售价格为1 000元的商品，增值税税额为130元，如计算现金折扣不考虑增值税，按1%折扣率计算，客户享有的现金折扣金额为10元；如果企业与客户约定计算现金折扣时一并考虑增值税，则客户享有的现金折扣金额为11.30元。

做中学5-5

晋华公司在2×20年6月1日销售一批羊绒纱给凯盛公司，增值税上专用发票注明的售价为58 000元，增值税额为7 540元。晋华公司为了提早收回货款而在合同中规定现金折扣条件为“1/20，n/30”。假定现金折扣不影响增值税额。

（1）2×20年6月1日，晋华公司根据销售合同、增值税专用发票记账联确认收入，并编制如下会计分录：

借：应收账款	65 540	
贷：主营业务收入		58 000
应交税费——应交增值税（销项税额）		7 540

（2）如果购买方在2×20年6月18日付清了货款，则购买方应享受现金折扣580元，晋华公司实际收到货款66 700元。晋华公司根据银行进账单编制如下会计分录：

借：银行存款	64 960	
财务费用	580	
贷：应收账款		65 540

（3）如果购买方在2×20年6月底才付款，则购买方应按全额付款。晋华公司根据银行进账单编制如下会计分录：

借：银行存款	65 540	
贷：应收账款		65 540

做中学5-6

晋华公司在2×20年6月1日向乙公司销售一批商品，增值税专用发票上注明的售价为80 000元，增值税额为10 400元。款项尚未收到，该批商品成本为64 000元。6月15日，乙公司根据合同验收条款进行验收，发现商品质量不符合合同要求，要求在价格上给予5%的折让。假定与销售折让有关的增值税税务机关允许冲减。晋华公司的如下账务处理：

(1) 2×20年6月1日发出商品时，根据销售合同、增值税专用发票记账联、产品出库单编制如下会计分录：

借：应收账款　　10 400
　　贷：应交税费——应交增值税（销项税额）　　10 400

借：发出商品　　64 000
　　贷：库存商品　　64 000

(2) 2×20年6月15日商品验收，发生销售折让时，根据红字增值税专用发票确认收入编制如下会计分录：

借：应收账款　　75 480
　　应交税费——应交增值税（销项税额）(104 000×5%)　　520
　　贷：主营业务收入(80 000－80 000×5%)　　76 000

借：主营业务成本　　64 000
　　贷：发出商品　　64 000

(3) 实际收到款项时，根据银行进账单编制如下会计分录：

借：银行存款　　85 880
　　贷：应收账款　　85 880

(3) 销售退回。销售退回是指企业因售出商品在质量、规格等方面不符合销售合同规定条款的要求，客户要求企业予以退货。企业销售商品发生退货，表明企业履约义务的减少和客户商品控制权及其相关经济利益的丧失。已确认销售商品收入的售出商品发生销售退回的，除属于资产负债表日后事项的外，企业收到退回的商品时，应退回货款或冲减应收账款，并冲减主营业务收入和增值税销项税额，借记"主营业务收入""应交税费——应交增值税（销项税额）"等科目，贷记"银行存款""应收票据""应收账款"等科目。收到退回商品验收入库，按照商品成本，借记"库存商品"科目，贷记"主营业务成本"科目。如该项销售退回已发生现金折扣，应同时调整相关财务费用的金额。

① 对于尚未确认收入的售出商品发生销售退回的，企业应按已记入"发出商品"科目的商品成本金额，借记"库存商品"科目，贷记"发出商品"科目。其账务处理如图5-1所示。

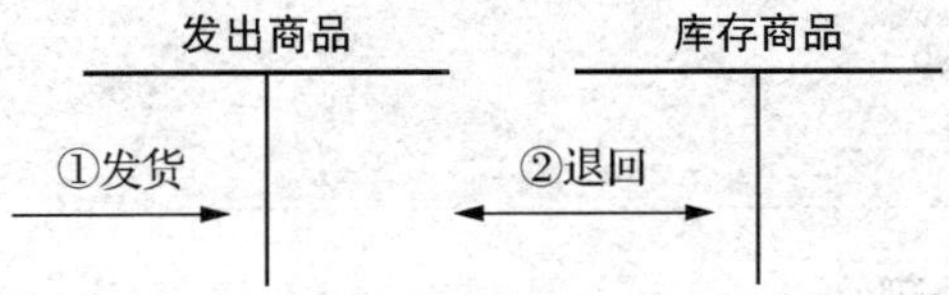

图5-1　尚未确认收入的销售退回的账务处理

② 对于已确认收入的售出商品发生退回的，企业一般应在发生时冲减当期销售商品收入，同时冲减当期销售商品成本。如该项销售退回已发生现金折扣的，应同时调整相关财务费用的金额；如该项销售退回允许扣减增值税额的，应同时调整"应交税费——应交增值税（销项税额）"科目的相应金额。其账务处理如图5-2所示。

③ 已确认收入的售出商品发生的销售退回属于资产负债表日后事项的，应当按照《企业会计准则第29号——资产负债表日后事项》的相关规定进行账务处理。

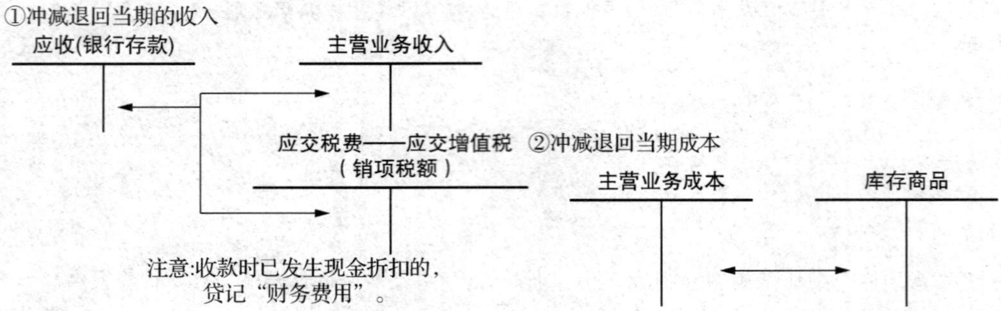

图 5-2　一般情况已确认收入的销售退回的账务处理

做中学 5-7

甲公司 2×20 年 5 月 20 日销售 A 商品一批，增值税专用发票上注明售价为 300 000 元，增值税额为 39 000 元；该批商品成本为 192 000 元。A 商品于 2×20 年 5 月 20 日发出，购货方于 5 月 27 日付款。甲公司对该项销售确认了销售收入。2×20 年 11 月 15 日，该批商品质量出现严重问题，购货方将该批商品全部退回给甲公司，甲公司同意退货，于退货当日支付了退货款，并按规定向购货方开具了增值税专用发票(红字)。甲公司应编制如下会计分录：

(1) 销售实现时：

借：应收账款	339 000	
贷：主营业务收入		300 000
应交税费——应交增值税(销项税额)		39 000
借：主营业务成本	192 000	
贷：库存商品		192 000

(2) 收到货款时：

借：银行存款	339 000	
贷：应收账款		339 000

(3) 销售退回时：

借：主营业务收入	300 000	
应交税费——应交增值税(销项税额)	39 000	
贷：银行存款		339 000
借：库存商品	192 000	
贷：主营业务成本		192 000

4. 销售材料等存货的处理

企业在日常活动中还可能发生对外销售不需用的原材料、随同商品对外销售单独计价的包装物等业务。企业销售原材料、包装物等存货也视同商品销售，其收入确认和计量原则比照商品销售。企业销售原材料、包装物等存货实现的收入以及结转的相关成本，通过“其他业务收入”“其他业务成本”科目核算。

(1)“其他业务收入”科目，属于损益类科目，核算企业除主营业务活动以外的其他经营活动实现的收入，包括销售材料、出租包装物和商品、出租固定资产、出租无形资产等实现的收入。该科目贷方登记企业实现的各项其他业务收入，借方登记期末结转入“本年利润”科目的其他业务收入，结转后该科目应无余额。

（2）“其他业务成本”科目，属于损益类科目，核算企业除主营业务活动以外的其他经营活动所发生的成本，包括销售材料的成本、出租固定资产的折旧额、出租无形资产的摊销额、出租包装物的成本或摊销额。该科目借方登记企业结转或发生的其他业务成本，贷方登记期末结转入“本年利润”科目的其他业务成本，结转后该科目应无余额。

做中学 5-8

甲公司销售一批原材料，开出的增值税专用发票上注明的售价为 20 000 元，增值税额为 2 600 元，款项已由银行收妥。该批原材料的实际成本为 18 000 元。

甲公司应编制如下会计分录：

（1）取得原材料销售收入：

借：银行存款	22 600	
贷：其他业务收入		20 000
应交税费——应交增值税（销项税额）		2 600

（2）结转已销原材料的实际成本：

借：其他业务成本	18 000	
贷：原材料		18 000

（二）在某一时段内履行履约义务确认收入的账务处理

对于在某一时段内履行的履约义务，企业应当在该段时间内按照履约进度确认收入，但是，履约进度不能合理确定的除外。企业应当考虑商品的性质，采用产出法或投入法确定恰当的履约进度，并且在确定履约进度时，应当扣除那些控制权尚未转移给客户的商品。企业按照履约进度确认收入时，通常应当在资产负债表日按照合同的交易价格总额乘以履约进度扣除以前会计期间累计已确认的收入后的金额，确认为当期收入。

1. 履约进度能够合理确定

对于在某一时段内履行的履约义务，履约进度能够合理确定的，企业应当按履约进度确认收入。企业应当考虑所提供商品的性质，采用产出法或投入法合理确定履约进度。

（1）产出法。产出法是根据已转移给客户的商品对于客户的价值确定履约进度，通常可采用实际测量的完工进度、评估已实现的结果、已达到的里程碑、时间进度、已完工或交付的产品等产出指标确定履约进度。实务中，为便于操作，当企业向客户开具发票的对价金额与向客户转让增量商品价值相一致时，企业直接按照发票对价金额确认收入也是一种恰当的产出法。

（2）投入法。投入法是根据企业为履行履约义务的投入确定履约进度，通常可采用投入的材料数量、花费的人工工时或机器工时、发生的成本和时间进度等投入指标确定履约进度。当企业从事的工作或发生的投入是在整个履约期间内平均发生时，企业也可以按照直线法确认收入。

企业应当在资产负债表日根据履约进度计算确认当期收入，并结转当期合同成本。其具体公式如下：

本期应确认的收入 = 交易总额 × 至本期末止履约进度 − 以前期间累计已确认的收入

本期应确认的费用 = 合同总成本 × 至本期末止履约进度 − 以前期间累计已确认的费用

【提示】 值得注意的是，最后一期的合同收入和合同费用应采用倒挤的方式计算，以免出现误差。

设置“合同履约成本”科目，核算企业为履行当前或预期取得的合同所发生的不属于其他企业会计准则规范范围且按照收入准则应当确认为一项资产的成本。该科目属于资产类科目，借方登记发生的合同履约成本；贷方登记摊销的合同履约成本；期末借方余额反映企业尚未结转的合同履约成本。企业可以分别“服务成本”“工程施工”等进行明细核算。

设置“合同取得成本”科目，核算企业为取得合同发生的预期能够收回的增量成本。该科目属于资产类科目，借方登记发生的合同取得成本；贷方登记摊销的合同取得成本；期末借方余额反映企业尚未结转的合同取得成本。企业按照合同进行明细核算。

设置“合同履约成本减值准备”科目和“合同取得成本减值准备”科目，分别核算与合同履约成本和合同取得成本有关的资产的减值准备。

设置“合同资产”科目，核算企业已向客户转让商品而有权收到对价的权利。该科目属于资产类科目，企业在客户实际支付合同对价之前或在该对价到期应付之前已经向客户转让了商品的，应当按因已转让商品而有权收取的对价金额登记在该科目借方；取得无条件收款权时登记在该科目贷方；该科目期末借方余额反映企业按因已转让商品而有权收取的对价金额。该科目可以按照合同进行明细核算。

设置“合同资产减值准备”科目，核算合同资产的减值准备。

设置“合同负债”科目，核算企业已收或应收客户对价而应向客户转让商品的义务。该科目属于负债类科目，在企业向客户转让商品之前，客户已经支付了合同对价或企业已经取得了无条件收取合同对价权利的，企业应当在客户实际支付款项与到期应支付款项孰早时点，按照该已收或应收的金额登记在该科目贷方；企业向客户转让相关商品时登记在该科目借方；该科目期末贷方余额反映企业在向客户转让商品之前已经收到的合同对价或已经取得的无条件收取合同对价权利的金额。企业可以按照合同进行明细核算。

做中学 5-9

泰森科技公司（增值税一般纳税人）2×20年10月1日与一家医院签订一项合同，为其开发一套软件，工期大约5个月，合同总收入（含税）40万元。至2×20年12月31日，泰森科技公司已发生成本18万元（假定均为开发人员薪酬），预收账款25万元。泰森科技公司预计开发软件还将发生成本12万元。至当年年底，泰森科技公司按投入法确定履约进度，并按季度编制财务报表，不考虑其他因素。泰森科技公司的账务处理如下：

(1) 实际发生服务成本时，根据职工薪酬费用分配表编制如下会计分录：

借：合同履约成本——服务成本	180 000	
贷：应付职工薪酬		180 000

(2) 预收服务款项时，根据合同、银行进账单编制如下会计分录：

借：银行存款	250 000	
贷：合同负债		250 000

(3) 2×20年12月31日，按照履约进度计算收入、结转成本。

实际发生的成本占预计总成本的比例＝18÷(18＋12)＝60%

2×20年12月31日确认提供服务收入＝40×60%－0＝24(万元)

2×20年12月31日确认提供服务成本＝(18＋12)×60%－0＝18(万元)

根据收入、合同成本计算单、增值税专用发票记账联编制如下会计分录：

借：合同负债	240 000	
贷：主营业务收入		226 415
应交税费——应交增值税（销项税额）		13 585
借：主营业务成本	180 000	
贷：合同履约成本——服务成本		180 000

做中学 5-10

2018年1月1日，路桥建筑公司（增值税一般纳税人）与市政工程公司签订一项桥梁建造工程合同，根据双方合同，该工程的造价为6 300万元，工程期限为1年6个月，路桥建筑公司负责工程的施工及全面管理，市政工程公司按照第三方工程监理公司确认的工程完工量，每半年与路桥建筑公司结算一次；预计2019年6月30日完工，预计可能发生的总成本为4 000万元。假定该建造工程整体构成单项履约义务，并属于在某一时段内履行的履约义务，路桥建筑公司采用投入法确定履约进度，增值税税率为10%（2019年4月1日后，增值税税率为9%），不考虑其他相关税费。

2018年6月30日，工程累计实际发生成本1 500万元，路桥建筑公司与市政工程公司结算合同价款2 500万元，路桥建筑公司实际收到价款2 200万元；2018年12月31日，工程累计实际发生成本3 000万元，路桥建筑公司与市政工程公司结算合同价款1 100万元，路桥建筑公司实际收到价款1 100万元；2019年6月30日，工程累计实际发生成本4 100万元，路桥建筑公司与市政工程公司结算合同价款2 700万元，实际收到工程款3 630万元（包含销项税额630万元）。上述结算价款均不含增值税额。假定路桥建筑公司与市政工程公司结算时即发生增值税纳税义务，市政工程公司在实际支付合同价款的同时应支付其对应的增值税额。

路桥建筑公司的账务处理如下：

（1）2018年1月1日至6月30日实际发生工程成本时，根据材料费用分配表、职工薪酬费用分配表等编制如下会计分录：

借：合同履约成本——工程施工　　15 000 000
　　贷：原材料、应付职工薪酬等　　15 000 000

（2）2018年6月30日，根据合同收入计算单、合同成本计算单、增值税专用发票记账联编制如下会计分录：

履约进度 = 15 000 000 ÷ 40 000 000 = 37.5%
合同收入 = 63 000 000 × 37.5% = 23 625 000（元）

借：合同结算——收入结转　　23 625 000
　　贷：主营业务收入　　23 625 000

借：主营业务成本　　15 000 000
　　贷：合同履约成本——工程施工　　15 000 000

借：应收账款　　27 500 000
　　贷：合同结算——价款结算　　25 000 000
　　　　应交税费——应交增值税（销项税额）　　2 500 000

（3）根据工程结算单、银行进账单编制如下会计分录：

借：银行存款　　22 000 000
　　贷：应收账款　　22 000 000

当日“合同结算”科目余额为贷方137.5万元（2 500－2 362.5），表明路桥建筑公司已经与客户结算但尚未履行履约义务的金额，因此应在资产负债表中作为合同负债列示。

（4）2018年7月1日至12月31日实际发生工程成本时，根据材料费用分配表、职工薪酬费用分配表等编制如下会计分录：

借：合同履约成本——工程施工　　15 000 000
　　贷：原材料、应付职工薪酬等　　15 000 000

(5) 2018年12月31日，根据合同收入计算单、合同成本计算单、增值税专用发票记账联编制如下会计分录：

履约进度 = 30 000 000 ÷ 40 000 000 = 75%

合同收入 = 63 000 000 × 75% − 23 625 000 = 23 625 000(元)

借：合同结算——收入结转	23 625 000	
贷：主营业务收入		23 625 000
借：主营业务成本	15 000 000	
贷：合同履约成本——工程施工		15 000 000
借：应收账款	12 100 000	
贷：合同结算——价款结算		11 000 000
应交税费——应交增值税(销项税额)		1 100 000

(6) 根据工程结算单、银行进账单编制如下会计分录：

借：银行存款	11 000 000	
贷：应收账款		11 000 000

当日，"合同结算"科目余额为借方1 125万元(2 362.5−1 100−137.5)，表明路桥建筑公司已经履行履约义务而尚未与客户结算的金额，因此应在资产负债表中作为合同资产列示。

(7) 2019年1月1日至6月30日实际发生工程成本时，根据合同收入计算单、合同成本计算单、增值税专用发票记账联编制如下会计分录：

借：合同履约成本——工程施工	11 000 000	
贷：原材料、应付职工薪酬等		11 000 000

(8) 2019年6月30日，由于当日工程已竣工决算，履约进度为100%。

合同收入 = 63 000 000 − 23 625 000 − 23 625 000 = 15 750 000(元)

借：合同结算——收入结转	15 750 000	
贷：主营业务收入		15 750 000
借：主营业务成本	11 000 000	
贷：合同履约成本——工程施工		11 000 000
借：应收账款	29 700 000	
贷：合同结算——价款结算		27 000 000
应交税费——应交增值税(销项税额)		2 700 000

(9) 根据工程结算单、银行进账单编制如下会计分录；

借：银行存款	36 300 000	
贷：应收账款		36 300 000

当日，"合同结算"科目的余额为0(1 125+1 575−2 700)。

2. 履约进度不能合理确定

对于在某一时段内履行的履约义务，履约进度不能合理确定的，企业应当按照已发生的并且预计能够得到补偿的成本金额确认收入，直到履约进度能够合理确定为止。分别以下情形进行会计处理：

(1) 已发生的合同成本预计全部能够得到补偿的，应按已发生的合同成本金额确认收入，并结转已发生的合同成本。

(2) 已发生的合同成本预计只能部分得到补偿的，应按已经发生的能够得到补偿的合同成本金额确认收入，并结转已经发生的合同成本。

(3) 已经发生的合同成本预计全部不能得到补偿的，应将已发生的合同成本计入当期损益，不确认合同收入。

做中学 5-11

2×19年 9 月 25 日，泰森科技公司接受乙公司委托，为其实施办公自动化培训一批学员，培训期为四个半月，2×19年 10 月 4 日开学。协议规定，乙公司应向泰森科技公司支付的培训费总额为 12 万元，分三次等额支付，第一次在开学时预付，第二次在2×19年 12 月 31 日支付，第三次在培训结束时支付。2×19年 10 月 4 日，乙公司预付培训费 4 万元。2×19年 12 月 31 日，乙公司未能如约支付第二次培训费，泰森科技公司了解到乙公司发生了财务困难，后两次培训费能否收回难以确定。截至2×19年 12 月 31 日，泰森科技公司实际发生培训支出 3 万元，其中培训人员薪酬 25 000 元，以银行存款支付其他费用 5 000 元。泰森科技公司的账务处理如下：

(1) 2×19年 10 月 4 日，收到乙公司预付的培训费，根据银行进账单编制如下会计分录：

借：银行存款　　40 000
　　贷：合同负债——乙公司　　40 000

(2) 确认实际发生的培训支出，根据职工薪酬费用分配表、其他费用分配表等编制如下会计分录：

借：合同履约成本——服务成本　　25 000
　　贷：应付职工薪酬　　25 000

借：合同履约成本——服务成本　　5 000
　　贷：银行存款　　5 000

(3) 2×19年 12 月 31 日，根据收入、成本计算单编制如下会计分录：

借：合同负债——乙公司　　30 000
　　贷：主营业务收入　　30 000

借：主营业务成本　　30 000
　　贷：合同履约成本——服务成本　　30 000

假定以上确认的提供服务收入 3 万元是含税收入，在确认应交增值税时应将含税收入换算成不含税收入(适用税率为 6%)，编制如下会计分录：

借：主营业务收入　　1 698
　　贷：应交税费——应交增值税(销项税额)　　1 698

假定上例中，截至2×19年 12 月 31 日实际发生的培训支出为 5 万元，其他条件不变，则泰森科技公司在2×19年 12 月 31 日确认提供劳务收入并结转成本时，编制如下会计分录：

借：合同负债——乙公司　　40 000
　　贷：主营业务收入　　40 000

借：主营业务成本　　50 000
　　贷：合同履约成本——服务成本　　50 000

假定以上确认的提供服务收入 4 万元是含税收入，在确认应交增值税时应将含税收入换算成不含税收入，编制如下会计分录：

借：主营业务收入　　2 264
　　贷：应交税费——应交增值税(销项税额)　　2 264

【提示】 在某一时段内履行的履约义务，如果履约进度不能合理确定，本期确认的收入等于能够得到补偿的成本，本期确认的费用等于实际发生的成本；或者说，在这种情况下，本期确认的收入可能会小于或等于本期实际发生的成本。

四、合同成本

合同成本，是指为了取得和履行合同而发生的相关费用。合同成本包括从合同签订开始至合同完成止所发生的有关取得成本和履约成本。

（一）合同取得成本

企业为取得合同发生的增量成本预期能够收回的，应当作为合同取得成本，确认为一项资产；但是该资产摊销期限不超过1年的，可以在发生时计入当期损益。增量成本，是指企业不取得合同就不会发生的成本，例如销售佣金等。企业为取得合同发生的、除预期能够收回的增量成本之外的其他支出，例如，无论是否取得合同均会发生的差旅费、投标费、为准备投标资料发生的相关费用等，应当在发生时计入当期损益，除非这些支出明确由客户承担。

（二）合同履约成本

企业为履行合同可能会发生各种成本，企业在确认收入的同时应当对这些成本进行分析，属于存货、固定资产、无形资产等会计准则规范范围的，应当按照相关会计准则进行会计处理；不属于其他会计准则规范范围且同时满足下列条件的，应当作为合同履约成本，确认为一项资产：

（1）该成本与一份当前或预期取得的合同直接相关。与合同直接相关的成本包括直接人工（如支付给直接为客户提供所承诺服务的人员薪酬）、直接材料（如为履行合同耗用的原材料、辅助材料、构配件、零件和半成品等的成本和周转材料的摊销费用及租赁费用等）、制造费用或类似费用（如组织和管理相关生产、施工、服务等活动发生的费用，包括车间管理人员的薪酬、劳动保护费，车间固定资产折旧、物料消耗、取暖费、水电费，办公费、差旅费、财产保险费、工程保修费、排污费、临时设施摊销费等）、明确由客户承担的成本以及仅因该合同而发生的其他成本（如支付给分包商的成本、机械使用费、设计和技术援助费、施工现场二次搬运费、生产工具和用具使用费、检验试验费、工程定位复测费、工程点交费、场地清理费等）。

（2）该成本增加了企业未来用于履行（包括持续履行）履约义务的资源。

（3）该成本预期能够收回。

【提示】 企业应当在发生下列支出时将其计入损益：一是管理费用，除非这些费用明确由客户承担；二是非正常消耗的直接材料、直接人工和制造费用（或类似费用），这些支出为履行合同发生，但未反映在合同价格中；三是与履约义务中已履行（包括已全部履行和部分履行）部分相关的支出，即该支出与企业过去的履约活动有关；四是无法在尚未履行的与已履行（或已部分履行）的履约义务之间区分的相关支出。

任务二　费　　用

费用包括企业日常活动所产生的经济利益的总流出，主要是指企业为取得营业收入进行产品销售等营业活动所发生的企业货币资金的流出，具体包括营业成本、税金及附加和期间费用。企业为生产产品、提供劳务等发生的可归属于产品成本、劳务成本等的费用，应当在确认销售商品收入、提供劳务收入等时，将已销售商品、已提供劳务的成本等计入当期损益。营业成本包括主营业务成本、其他业务成本。期间费用，是指企业日常活动发生的不能计入特定核算对象的成本，而应计入发生当期损益的费用。期间费用发生时直接计入当期损益。期间费用包括销售费用、管理费用和财务费用。

一、营业成本

营业成本，是指企业为生产产品、提供劳务等发生的可归属于产品成本、劳务成本等的费用，应当在确认销售商品收入、提供劳务收入等时，将已销售商品、已提供劳务的成本等计入当期损益。营业成本包括主营业务成本和其他业务成本。

（一）主营业务成本

主营业务成本，是指企业销售商品、提供劳务等经常性活动所发生的成本。企业一般在确认销售商品、提供劳务等主营业务收入时，或在月末，将已销售商品、已提供劳务的成本结转入主营业务成本。

企业应当设置“主营业务成本”科目，按主营业务的种类进行明细核算，用于核算企业因销售商品、提供劳务或让渡资产使用权等日常活动而发生的实际成本，借记该科目，贷记“库存商品”“劳务成本”等科目。

期末，应将“主营业务成本”科目余额结转入“本年利润”科目，借记“本年利润”科目，贷记“主营业务成本”科目，结转后本科目无余额。

做中学 5-12

2×20 年 5 月 20 日，甲公司向乙公司销售一批产品，开出的增值税专用发票上注明售价为 200 000 元，增值税额为 26 000 元；甲公司已收到乙公司支付的货款 226 000 元，并将提货单送交乙公司；该批产品成本为 190 000 元。甲公司应编制如下会计分录：

（1）销售实现时：

借：银行存款	226 000	
贷：主营业务收入		200 000
应交税费——应交增值税（销项税额）		26 000
借：主营业务成本	190 000	
贷：库存商品		190 000

（2）期末，将主营业务成本结转至本年利润时：

借：本年利润	190 000	
贷：主营业务成本		190 000

做中学 5-13

某公司（增值税一般纳税人，下同）2×20 年 5 月 10 日销售甲产品 100 件，单价 1 000 元，单位成本 800 元，开出的增值税专用发票上注明售价为 100 000 元，增值税额为 13 000 元，购货方尚未付款，销售成立。9 月 25 日，因产品质量问题购货方退货，并开具增值税专用发票（红色）。假定不考虑其他因素，该公司应编制如下会计分录：

（1）销售产品时：

借：应收账款	113 000	
贷：主营业务收入		100 000
应交税费——应交增值税（销项税额）		13 000
借：主营业务成本	80 000	
贷：库存商品		80 000

（2）销售退回时：

借：主营业务收入　　100 000
　应交税费——应交增值税（销项税额）　　13 000
　贷：应收账款　　113 000

借：库存商品　　80 000
　贷：主营业务成本　　80 000

做中学 5-14

某公司2×20年10月末计算已销售的甲、乙、丙三种产品的实际成本，分别为10 000元、20 000元和25 000元。该公司月末结转已销售甲、乙、丙产品成本时，应编制如下会计分录：

借：主营业务成本　　55 000
　贷：库存商品——甲产品　　10 000
　　　　　——乙产品　　20 000
　　　　　——丙产品　　25 000

（二）其他业务成本

其他业务成本，是指企业确认的除主营业务活动以外的其他日常经营活动所发生的支出。其他业务成本包括销售材料的成本、出租固定资产的折旧额、出租无形资产的摊销额、出租包装物的成本或摊销额等。采用成本模式计量投资性房地产的，其投资性房地产计提的（折旧额或摊销额），也构成其他业务成本。

企业应当设置“其他业务成本”科目，核算企业确认的除主营业务活动以外的其他经营活动所发生的支出。企业发生的其他业务成本，借记本科目，贷记“原材料”“周转材料”“累计折旧”“累计摊销”“应付职工薪酬”“银行存款”等科目。期末，本科目余额转入“本年利润”科目，结转后本科目无余额。

做中学 5-15

2×20年5月2日，某公司销售一批原材料，开具的增值税专用发票上注明的售价为10 000元，增值税额为1 300元，款项已由银行收妥。该批原材料的实际成本为7 000元。该公司应编制如下会计分录：

（1）销售实现时：

借：银行存款　　11 300
　贷：其他业务收入　　10 000
　　应交税费——应交增值税（销项税额）　　1 300

借：其他业务成本　　7 000
　贷：原材料　　7 000

（2）期末，将其他业务成本结转至本年利润时：

借：本年利润　　7 000
　贷：其他业务成本　　7 000

做中学 5-16

2×20年1月1日，甲公司将自行开发完成的非专利技术出租给另一家公司。该非专利技术成本为240 000元，双方约定的租赁期为10年，甲公司每月应摊销2 000元。甲公司应编制如下会计分录：

每月摊销时：

借：其他业务成本　　2 000
　贷：累计摊销　　2 000

做中学 5-17

2×20 年 11 月 22 日，某公司销售商品领用单独计价的包装物实际成本 40 000 元，开具的增值税专用发票上注明价款（包装物）为 100 000 元，增值税额为 13 000 元，款项已存入银行。该公司应编制如下会计分录：

出售包装物时：

借：银行存款　　113 000

　　贷：其他业务收入　　100 000

　　　　应交税费——应交增值税（销项税额）　　13 000

借：其他业务成本　　40 000

　　贷：周转材料——包装物　　40 000

二、税金及附加

税金及附加，是指企业经营活动应负担的相关税费，包括消费税、城市维护建设税、教育费附加、资源税、环境保护税、房产税、城镇土地使用税、车船税、印花税、耕地占用税、契税、车辆购置税等。

企业应当设置“税金及附加”科目，核算企业经营活动发生的消费税、城市维护建设税、教育费附加、资源税、房产税、城镇土地使用税、车船税、印花税等相关税费。其中，按规定计算确定的与经营活动相关的消费税、城市维护建设税、资源税、教育费附加、房产税、城镇土地使用税、车船税等税费，企业应借记“税金及附加”科目，贷记“应交税费”科目。期末，应将“税金及附加”科目余额转入“本年利润”科目，结转后，“税金及附加”科目无余额。企业缴纳的印花税，不会发生应付未付税款的情况，不需要预计应纳税金额，同时也不存在与税务机关结算或者清算的问题。因此，企业缴纳的印花税不通过“应交税费”科目核算，于购买印花税票时，直接借记“税金及附加”科目，贷记“银行存款”科目。

做中学 5-18

2×20 年 8 月 1 日，某公司取得应纳消费税的销售商品收入 3 000 000 元，该产品适用的消费税税率为 25%。该公司应编制如下会计分录：

(1) 计算应交消费税额 750 000 元：

借：税金及附加　　750 000

　　贷：应交税费——应交消费税　　750 000

(2) 缴纳消费税时：

借：应交税费——应交消费税　　750 000

　　贷：银行存款　　750 000

做中学 5-19

2×20 年 9 月，某公司当月实际应交增值税为 450 000 元，应交消费税 150 000 元，城建税税率 7%，教育费附加 3%。与城建税、教育费附加有关的会计分录如下：

$$城建税 = (450\ 000 + 150\ 000) \times 7\% = 42\ 000(元)$$

$$教育费附加 = (450\ 000 + 150\ 000) \times 3\% = 18\ 000(元)$$

(1) 计算应交城建税和教育费附加时：

借：税金及附加　60 000
　贷：应交税费——应交城市维护建设税　42 000
　　　　　　——应交教育费附加　18 000

（2）实际缴纳城建税和教育费附加时：

借：应交税费——应交城市维护建设税　42 000
　　　　　　——应交教育费附加　18 000
　贷：银行存款　60 000

做中学 5-20

2×20年12月，某公司一幢房产的原值为2 000 000元，已知房产税税率为1.2%，当地规定的房产税扣除比例为30%。该公司应编制如下会计分录：

（1）计算应交房产税额16 800元[2 000 000×（1－30%）×1.2%]：

借：税金及附加　16 800
　贷：应交税费——应交房产税　16 800

（2）交纳房产税时：

借：应交税费——应交房产税　16 800
　贷：银行存款　16 800

做中学 5-21

2×20年12月，某公司按规定当月实际应交车船税24 000元，应交城镇土地使用税50 000元。该公司应编制如下会计分录：

（1）计算应交纳的车船税、城镇土地使用税时：

借：税金及附加　74 000
　贷：应交税费——应交车船税　24 000
　　　　　　——应交城镇土地使用税　50 000

（2）实际缴纳车船税、城镇土地使用税时：

借：应交税费——应交车船税　24 000
　　　　　　——应交城镇土地使用税　50 000
　贷：银行存款　74 000

三、期间费用

（一）期间费用概述

期间费用，是指企业日常活动发生的不能计入特定核算对象的成本，而应计入发生当期损益的费用。

期间费用是企业日常活动中所发生的经济利益的流出。之所以不计入特定的成本核算对象，主要是因为期间费用是企业为组织和管理整个经营活动所发生的费用，与可以确定特定成本核算对象的材料采购、产成品生产等没有直接关系，因而期间费用不计入有关核算对象的成本，而是直接计入当期损益。

期间费用包含以下两种情况：一是企业发生的支出不产生经济利益，或者即使产生经济利益但不符合或者不再符合资产确认条件的，应当在发生时确认为费用，计入当期损益。二是企业发生的交易或者事项导致其承担了一项负债，而又不确认为一项资产的，应当在发生时确认为费用计入当期损益。

（二）期间费用的账务处理

期间费用包括销售费用、管理费用和财务费用。

1. 销售费用

销售费用，是指企业销售商品和材料、提供劳务的过程中发生的各种费用，包括企业在销售商品过程中发生的保险费、包装费、展览费和广告费、商品维修费、预计产品质量保证损失、运输费、装卸费等以及为销售本企业商品而专设的销售机构（含销售网点、售后服务网点等）的职工薪酬、业务费、折旧费等经营费用。企业发生的与专设销售机构相关的固定资产修理费用等后续支出也属于销售费用。

销售费用是与企业销售商品活动有关的费用，但不包括销售商品本身的成本和劳务成本。销售的商品的成本、提供的劳务的成本属于主营业务成本。

企业应设置“销售费用”科目，核算销售费用的发生和结转情况。该科目借方登记企业发生的各项销售费用，贷方登记企业转入“本年利润”科目的销售费用，结转后该科目无余额。企业可以按费用项目设置明细账进行明细核算。

企业在销售过程中发生的保险费、包装费、运输费、装卸费以及专设销售机构人员的薪酬等费用，借记“销售费用”科目，贷记“应付职工薪酬”“银行存款”“累计折旧”等科目。

做中学 5-22

某公司为增值税一般纳税人，2×20 年 7 月 1 日为宣传新产品发生广告费，取得的增值税专用发票上注明的价款为 100 000 元，增值税额为 6 000 元，用银行存款支付。该公司支付广告费应编制如下会计分录：

借：销售费用——广告费	100 000	
应交税费——应交增值税（进项税额）	6 000	
贷：银行存款		106 000

做中学 5-23

某公司为增值税一般纳税人，2×20 年 7 月 12 日销售产品一批，取得的增值税专用发票上注明的运输费 7 000 元，增值税额为 630 元，取得的增值税普通发票上注明的装卸费 3 000 元，均用银行存款支付。假定不考虑其他因素。该公司支付上述费用应编制如下会计分录：

借：销售费用	10 000	
应交税费——应交增值税（进项税额）	630	
贷：银行存款		10 630

做中学 5-24

某公司为增值税一般纳税人，2×20 年 7 月 15 日用银行存款支付所销产品保险费合计 10 600 元，取得的增值税专用发票上注明的保险费为 10 000 元，增值税额为 600 元。该公司应编制如下会计分录：

借：销售费用——保险费	10 000	
应交税费——应交增值税（进项税额）	600	
贷：银行存款		10 600

做中学 5-25

某公司销售部门 2×20 年 7 月份共发生费用 220 000 元，其中，销售人员薪酬 100 000 元，销售部专用办公设备和房屋的折旧费 50 000 元，业务费 70 000 元（用银行存款支付）。假定不考虑其他因素，该公司应编制如下会计分录：

借：销售费用　　220 000
　贷：应付职工薪酬　　100 000
　　累计折旧　　50 000
　　银行存款　　70 000

做中学 5-26

某公司 2×20 年 3 月 31 日将本月发生的销售费用 340 000 元结转至“本年利润”科目。该公司应编制如下会计分录：

借：本年利润　　340 000
　贷：销售费用　　340 000

【知识拓展】 根据《中华人民共和国企业所得税法实施条例》第四十四条，除另有规定外，企业每一年度发生的符合条件的广告费和业务宣传费，不超过当年销售（营业）收入 15%的部分，准予扣除；超过部分，准予在以后纳税年度结转扣除。

2. 管理费用

管理费用，是指企业为组织和管理生产经营发生的各种费用，包括企业在筹建期间内发生的开办费、董事会和行政管理部门在企业的经营管理中发生的以及应由企业统一负担的公司经费（包括行政管理部门职工薪酬、物料消耗、低值易耗品摊销、办公费和差旅费等）、行政管理部门负担的工会经费、董事会费（包括董事会成员津贴、会议费和差旅费等）、聘请中介机构费、咨询费（含顾问费）、诉讼费、业务招待费、技术转让费、研究费用、排污费等。企业生产车间（部门）和行政管理部门发生的固定资产修理费用等后续支出，也作为管理费用核算。

【知识拓展】 税法中对开办费的处理方法是：可以在开始经营之日当年一次性扣除，也可以按照税法有关长期待摊费用的处理规定处理，但一经选定，不得改变。

【提示】 企业生产车间发生的固定资产日常修理费、大修理费、更新改造支出、房屋的装修费用等，不满足资本化条件的，应当计入管理费用。

【知识拓展】 根据《中华人民共和国所得税法实施条例》第四十三条，企业发生的与生产经营有关的业务招待费支出，按照发生额的 60%扣除，但最高不得超过当年销售（营业）额的 5‰。

【提示】 企业支付的咨询费，如果取得了增值税专用发票，就产生了可抵扣的进项税额，但并非所有为接受劳务发生的支出都可以抵扣进项税额，比如取得餐饮业发票，其进项税额就不允许抵扣。

企业应设置“管理费用”科目，核算管理费用的发生及结转情况。该科目借方登记发生的各项管理费用，贷方登记期末转入“本年利润”科目的管理费用，结转后该科目无余额。管理费用可按费用项目设置明细账进行明细核算。

商品流通企业管理费用不多的，可不设本科目，相关核算内容可并入“销售费用”科目核算。

做中学 5-27

某公司 2×20 年 5 月 5 日为拓展产品销售市场发生业务招待费 50 000 元，取得的增值税专用发票上注明的增值税额为 3 000 元，用银行存款支付。该公司支付招待费应编制如下会计分录：

借：管理费用——业务招待费　　50 000
　应交税费——应交增值税（进项税额）　　3 000
　贷：银行存款　　53 000

做中学 5-28

某公司行政部2×20年5月份共发生费用179 000元，其中，行政人员薪酬150 000元，报销行政人员差旅费21 000元(假定报销人员均未预借差旅费)，其他办公、水电费8 000元(均用银行存款支付)。假定不考虑增值税等因素，该公司应编制如下会计分录：

借：管理费用　　179 000
　贷：应付职工薪酬　　150 000
　　库存现金　　21 000
　　银行存款　　8 000

做中学 5-29

2×20年5月30日，某公司计提管理部门固定资产折旧50 000元，摊销公司管理部门用无形资产成本80 000元。该公司应编制如下会计分录：

借：管理费用　　130 000
　贷：累计折旧　　50 000
　　累计摊销　　80 000

做中学 5-30

某公司2×20年5月30日将"管理费用"科目余额359 000元转入"本年利润"科目。该公司应编制如下会计分录：

借：本年利润　　359 000
　贷：管理费用　　359 000

3. 财务费用

财务费用，是指企业为筹集生产经营所需资金等而发生的筹资费用，包括利息支出(减利息收入)、汇兑损益以及相关的手续费、企业发生的现金折扣等。

【提示】 应当资本化的借款费用，要计入相应资产的成本，不能计入财务费用。

企业应设置"财务费用"科目，核算财务费用的发生和结转情况。该科目借方登记发生的利息支出、银行手续费等财务费用，贷方登记存款利息、汇兑收益等及期末转入"本年利润"科目的财务费用，期末结转后该科目无余额。财务费用可以按费用项目设置明细账进行明细核算。

企业发生财务费用时，应借记"财务费用"科目，贷记"银行存款""应付利息"等科目；企业发生利息收入、汇兑收益时，借记"银行存款"等科目，贷记"财务费用"科目。月终，将"财务费用"科目的余额结转到"本年利润"科目。

为购建或生产满足资本化条件的资产而发生的应予资本化的借款费用，记入"在建工程"等科目，不在该科目核算。

做中学 5-31

某公司于2×20年12月1日向银行借入生产经营用短期借款360 000元，期限6个月，年利率为5%，该借款本金到期后一次归还，利息分月预提，按季支付。该公司计提利息费用时应编制如下会计分录：

借：财务费用——利息支出　　1 500
　贷：应付利息　　1 500

做中学 5-32

某公司2×20年12月30日用银行存款支付本月应负担的短期借款利息25 440元。该公司应编制如下会计分录：

借：财务费用——利息支出　　25 440

　贷：银行存款　　25 440

做中学 5-33

2×20年12月30日，某公司在购买材料业务中，获得对方给予的现金折扣4 000元。该公司应编制如下会计分录：

借：应付账款　　4 000

　贷：财务费用　　4 000

做中学 5-34

2×20年12月31日，甲公司将“财务费用”科目余额22 940元结转到“本年利润”科目。该公司应编制如下会计分录：

借：本年利润　　229 400

　贷：财务费用　　229 400

费用与损失的联系和区别

【知识拓展】 费用和损失的发生虽然都会减少企业的所有者权益，但损失不等于费用。

任务三　利　　润

一、利润的构成

利润，是指企业在一定会计期间的经营成果。利润包括收入减去费用后的净额、直接计入当期利润的利得和损失等。未计入当期利润的利得和损失扣除所得税影响后的净额计入其他综合收益项目。净利润与其他综合收益的合计金额为综合收益总额。利得，是指由企业非日常活动所形成的、会导致所有者权益增加的、与所有者投入资本无关的经济利益的流入。损失，是指由企业非日常活动所发生的、会导致所有者权益减少的、与向所有者分配利润无关的经济利益的流出。

利润按其构成的不同层次可以分为营业利润、利润总额和净利润三项指标。

（一）营业利润

营业利润＝营业收入－营业成本－税金及附加－销售费用－管理费用－财务费用－研发费用－信用减值损失－资产减值损失＋公允价值变动收益（－公允价值变动损失）＋投资收益（－投资损失）＋其他收益＋资产处置收益（－资产处置损失）

其中：

（1）营业收入，是指企业经营业务所确认的收入总额，包括主营业务收入和其他业务收入。

（2）营业成本，是指企业经营业务所发生的实际成本总额，包括主营业务成本和其他业务成本。

（3）研发费用，是指企业进行研究与开发过程中发生的费用化支出，以及计入管理费用的自行开发无形资产的摊销。

(4) 其他收益，是指与企业日常活动相关，除冲减相关成本费用以外的政府补助。

(5) 信用减值损失，是指企业计提各项金融工具信用减值准备所确认的信用损失。

(6) 资产减值损失，是指企业计提各项资产减值准备所形成的损失。

(7) 公允价值变动收益(一损失)，是指企业交易性金融资产等公允价值变动形成的应计入当期损益的利得(一损失)。

(8) 投资收益(一损失)，是指企业以各种方式对外投资所取得的收益(一发生的损失)。

(9) 其他收益，主要是指与企业日常活动相关，除冲减相关费用以外的政府补助。

(10) 资产处置收益(一损失)，反映企业出售划分为持有待售的非流动资产(金融工具、长期股权投资和投资性房地产除外)或处置组(子公司和业务除外)时确认的处置利得或损失，以及处置未划分为持有待售的固定资产、在建工程、生产性生物资产及无形资产而产生的处置利得或损失。债务重组中因处置非流动资产产生的利得或损失和非货币性资产交换中换出非流动资产产生的利得或损失也包括在本项目内。不包括出售金融工具、长期股权投资和投资性房地产的处置利得或损失。

(二) 利润总额

利润总额 = 营业利润 + 营业外收入 − 营业外支出

其中：

(1) 营业外收入，是指企业发生的与其日常活动无直接关系的各项利得。

(2) 营业外支出，是指企业发生的与其日常活动无直接关系的各项损失。

(三) 净利润

净利润 = 利润总额 − 所得税费用

其中：

所得税费用，是指企业确认的应从当期利润总额中扣除的所得税费用。

二、营业外收支

(一) 营业外收入

1. 营业外收入核算的内容

营业外收入，是指企业确认的与其日常活动无直接关系的各项利得。营业外收入并不是企业经营资金耗费所产生的，实际上是经济利益的净流入，不需要与有关的费用进行配比。营业外收入主要包括非流动资产毁损报废收益、盘盈利得、捐赠利得、债务重组利得等。

其中：

(1) 非流动资产毁损报废收益，是指因自然灾害等发生毁损、已丧失使用功能而报废非流动资产所产生的清理收益。

(2) 盘盈利得，是指企业对现金等资产清查盘点时发生盘盈，报经批准后计入营业外收入的金额。

(3) 捐赠利得，是指企业接受捐赠产生的利得。

2. 营业外收入的账务处理

企业应设置“营业外支出”科目，核算营业外支出的发生及结转情况。该科目借方登记确认的营业外支出，贷方登记期末将"营业外支出"科目余额转入"本年利润"科目的营业外支出，结转后"营业外支出"科目无余额。"营业外支出"科目可按营业外支出项目进行明细核算。

（1）企业确认处置非流动资产毁损报废收益时，借记"固定资产清理""银行存款""待处理财产损溢""无形资产"等科目，贷记"营业外收入"科目。

做中学 5-35

某企业将固定资产报废清理的净收益 179 800 元转作营业外收入，应编制如下会计分录：

借：固定资产清理　　179 800

　　贷：营业外收入——非流动资产毁损报废收益　　179 800

（2）企业确认盘盈利得、捐赠利得计入营业外收入时，借记"库存现金""待处理财产损溢"等科目，贷记"营业外收入"科目。

做中学 5-36

某企业在现金清查中盘盈 200 元，按管理权限报经批准后转入营业外收入，应编制如下会计分录：

① 发现盘盈时：

借：库存现金　　200

　　贷：待处理财产损溢　　200

② 经批准转入营业外收入时：

借：待处理财产损溢　　200

　　贷：营业外收入　　200

（3）期末，应将"营业外收入"科目余额转入"本年利润"科目，借记"营业外收入"科目，贷记"本年利润"科目。结转后，"营业外收入"科目应无余额。

做中学 5-37

某企业本期营业外收入总额为 180 000 元，期末结转本年利润，应编制如下会计分录：

借：营业外收入　　180 000

　　贷：本年利润　　180 000

（二）营业外支出

1. 营业外支出的核算内容

营业外支出，是指企业发生的与其日常活动无直接关系的各项损失，主要包括非流动资产毁损报废损失、公益性捐赠支出、盘亏损失、非常损失、罚款支出、债务重组损失等。

其中：

（1）非流动资产毁损报废损失，是指因自然灾害等发生毁损、已丧失使用功能而报废非流动资产所产生的清理损失。

（2）公益性捐赠支出，是指企业对外进行公益性捐赠发生的支出。

（3）盘亏损失，主要指对于财产清查盘点中盘亏的资产，查明原因并报经批准计入营业外支出的损失。

（4）非常损失，是指企业对于因客观因素（如自然灾害等）造成的损失，扣除保险公司赔偿后应计入营业外支出的净损失。

（5）罚款支出，是指企业支付的行政罚款、税务罚款，以及其他违反法律法规、合同协议等而支付的罚款、违约金、赔偿金等支出。

2. 营业外支出的账务处理

企业应设置“营业外收入”科目，核算营业外收入的取得及结转情况。该科目贷方登记企业确认的营业外收入，借方登记期末将“营业外收入”科目余额转入“本年利润”科目的营业外收入，结转后“营业外收入”科目无余额。“营业外收入”科目可按营业外收入项目进行明细核算。

(1) 企业确认处置非流动资产毁损报废损失时，借记“营业外支出”科目，贷记“固定资产清理”“无形资产”等科目。

做中学 5-38

2×18 年 1 月 1 日，某公司取得一项价值 1 000 000 元的非专利技术并确认为无形资产，采用直线法摊销，摊销期限为 10 年。2×20 年 1 月 1 日，由于该技术已被其他新技术所替代，该公司决定将其转入报废处理，报废时已累计摊销 200 000 元，未计提减值准备。该公司应编制如下会计分录：

借：累计摊销	200 000	
营业外支出	800 000	
贷：无形资产		1 000 000

(2) 确认盘亏、罚款支出计入营业外支出时，借记“营业外支出”科目，贷记“待处理财产损溢”“库存现金”等科目。

做中学 5-39

某企业发生原材料自然灾害损失 270 000 元，经批准全部转作营业外支出。该企业对原材料采用实际成本进行日常核算，应编制如下会计分录：

发生原材料自然灾害损失时：

借：待处理财产损溢	270 000	
贷：原材料		270 000

批准处理时：

借：营业外支出	270 000	
贷：待处理财产损溢		270 000

做中学 5-40

某企业用银行存款支付税款滞纳金 30 000 元，应编制如下会计分录：

借：营业外支出	30 000	
贷：银行存款		30 000

(3) 期末，应将“营业外支出”科目余额转入“本年利润”科目，借记“本年利润”科目，贷记“营业外支出”科目。结转后，“营业外支出”科目应无余额。

做中学 5-41

某企业本期营业外支出总额为 840 000 元，期末结转本年利润，应编制如下会计分录：

借：本年利润	840 000	
贷：营业外支出		840 000

三、所得税费用

企业的所得税费用包括当期所得税和递延所得税两个部分，其中，当期所得税，是指当期应交所得税。递延所得税包括递延所得税资产和递延所得税负债。

(1) 递延所得税资产，是指以未来期间很可能取得用来抵扣可抵扣暂时性差异的应纳税所得额为限确认的一项资产。

(2) 递延所得税负债，是指根据应纳税暂时性差异计算的未来期间应付所得税的金额。

(一) 应交所得税的计算

应交所得税是指企业按照企业所得税法规定计算确定的针对当期发生的交易或事项，应缴纳给税务部门的所得税金额，即当期应交所得税。应纳税所得额是在企业税前会计利润(即利润总额)的基础上调整确定的，计算公式为：

应纳税所得额 = 税前会计利润 + 纳税调整增加额 − 纳税调整减少额

(1) 纳税调整增加额主要包括企业所得税法规定允许扣除项目中，企业已计入当期费用但超过税法规定扣除标准的金额(如超过企业所得税法规定标准的职工福利费、工会经费、职工教育经费、业务招待费、公益性捐赠支出、广告费和业务宣传费等)，以及企业已计入当期损失但税法规定不允许扣除项目的金额(如税收滞纳金、罚金、罚款)。

(2) 纳税调整减少额主要包括按税法规定允许弥补的亏损和准予免税的项目，如前5年内未弥补亏损和国债利息收入等。

企业当期应交所得税的计算公式为：

应交所得税 = 应纳税所得额 × 所得税税率

做中学 5-42

甲公司2×20年度利润总额(税前会计利润)19 800 000元，所得税税率为25%。甲公司全年实发工资、薪金为2 000 000元，职工福利费300 000，工会经费50 000元，职工教育经费210 000元；经查，甲公司当年营业外支出中有120 000元为税收滞纳罚金。假定甲公司全年无其他纳税调整因素。

企业所得税法规定，企业发生的合理的工资、薪金支出准予据实扣除；企业发生的职工福利费支出，不超过工资、薪金总额14%的部分准予扣除；企业拨缴的工会经费，不超过工资、薪金总额2%的部分准予扣除；除国务院财政、税务主管部门另有规定外，企业发生的职工教育经费支出，不超过工资、薪金总额8%的部分准予扣除，超过部分准予结转以后纳税年度扣除。

本例中，按企业所得税法规定，企业在计算当期应纳税所得额时，可以扣除工资、薪金支出2 000 000元，扣除职工福利费支出280 000元(2 000 000×14%)，工会经费支出40 000元(2 000 000×2%)，职工教育经费支出160 000元(2 000 000×8%)。

甲公司有两种纳税调整因素：① 已计入当期费用但超过企业所得税法规定标准的费用支出；② 已计入当期营业外支出但按企业所得税法规定不允许扣除的税收滞纳金，这两种因素均应调整增加应纳税所得额。

甲公司当期所得税的计算如下：

纳税调整增加额＝(300 000 − 280 000)＋(50 000− 40 000)＋(210 000 − 160 000)＋120 000
＝200 000(元)

应纳税所得额＝税前会计利润＋纳税调整增加额＝19 800 000 ＋ 200 000 ＝ 20 000 000(元)

当期应交所得税额＝20 000 000×25% ＝5 000 000(元)

做中学 5-43

甲公司2×20年全年利润总额(即税前会计利润)为10 200 000元,其中包括本年实现的国债利息收入200 000元,所得税税率为25%。假定甲公司全年无其他纳税调整因素。

按照企业所得税法的有关规定,企业购买国债的利息收入免交所得税,即在计算应纳税所得额时可将其扣除。甲公司当期所得税的计算如下:

应纳税所得额=税前会计利润−纳税调整减少额= 10 200 000 − 200 000 = 10 000 000(元)

当期应交所得税额=10 000 000×25% =2 500 000(元)

(二)所得税费用的账务处理

企业根据企业会计准则的规定,计算确定的当期所得税和递延所得税之和,即为应从当期利润总额中扣除的所得税费用。即:

所得税费用 = 当期所得税 + 递延所得税

其中:

递延所得税 =(递延所得税负债的期末余额 − 递延所得税负债的期初余额)−(递延所得税资产的期末余额 − 递延所得税资产的期初余额)

企业应通过"所得税费用"科目,核算企业所得税费用的确认及其结转情况。期末,应将"所得税费用"科目的余额转入"本年利润"科目,借记"本年利润"科目,贷记"所得税费用"科目,结转后,"所得税费用"科目应无余额。

做中学 5-44

承[做中学5-42],2×20年,甲公司递延所得税负债年初数为400 000元,年末数为500 000元,递延所得税资产年初数为250 000元,年末数为200 000元。

甲公司所得税费用的计算如下:

递延所得税=(递延所得税负债的期末余额−递延所得税负债的期初余额)

−(递延所得税资产的期末余额−递延所得税资产的期初余额)

=(500 000 − 400 000)−(200 000 − 250 000)

= 150 000(元)

所得税费用 = 当期所得税 + 递延所得税 = 5 000 000 + 150 000 = 5 150 000(元)

甲公司应编制如下会计分录:

借:所得税费用	5 150 000	
贷:应交税费——应交所得税		5 000 000
递延所得税负债		100 000
递延所得税资产		50 000

四、本年利润

(一)结转本年利润的方法

企业利润的结转有表结法和账结法两种方法。

1. 表结法

在表结法下,企业在平时月末计算本期利润和本年累计利润时,将全部损益类科目的余额按利润表填制的要求填入到利润表的各项目中,在利润表中计算出本期利润和本年累计利润;到

12月份年终结算时，再将各损益类科目的余额结转至“本年利润”，结转后各损益类科目的余额为零。由于在这种方法下各月末不将损益类科目的本期发生额转入“本年利润”科目，因而各损益类科目的期末余额反映截至本月末止的本年累计余额。这种方法的具体做法是：

首先，将各损益类科目的月末余额按利润表的填制要求填入到利润表“本年累计数”栏的各项目中，通过利润表计算出至本月末止的本年累计利润；

其次，用“本年累计数”栏的各项目金额减去上月利润表“本年累计数”栏相对应的各项目金额，计算出本月各损益项目的金额和利润额。

【提示】 由于1月是每年的第一个月份，因而，直接将各损益类科目的月末余额填入利润表的“本月数”和“本年累计数”栏。

采用表结法，由于各月末不结转本年利润，只在年末才将损益类科目的余额转入“本年利润”科目，因而，各损益类科目的月末余额表示本年的累计数，“本年利润”科目1～11月末不作任何记录。年末时，应使用账结法将全部损益类科目的余额结转到“本年利润”科目，通过“本年利润”科目结出本年度利润。

年末结转本年利润时，借记损益类科目中的收入、利得类科目，贷记“本年利润”科目；借记“本年利润”科目，贷记损益类科目中的费用、损失类科目。结转后，损益类科目没有余额，“本年利润”科目的贷方余额表示全年累计实现的净利润，借方余额表示全年累计发生的净亏损。

采用表结法，各月末的累计净利润或净亏损不能在账面上直接得到反映，需要在利润表中进行计算，但由于平时不必结转本年利润，能够简化核算工作。

【提示】 采用表结法结转利润，适用于年终决算以外的各月末，年末时，应采用账结法。

2. 账结法

设置“本年利润”科目，核算企业在本年度实现的利润或发生的亏损。从用途上讲，该科目属于财务成果类科目，贷方登记各项收入和利得，借方登记各项费用和损失，借贷相抵后的余额如果在贷方表示盈利，如果在借方表示亏损。在年度中间尚未分配利润时，应将本年利润填列在资产负债表的“所有者权益”项目下，从这个意义上讲它是所有者权益性质的科目。年度终了时，应将本年利润余额全部转入“利润分配——未分配利润”科目，结转后该科目无余额。

在账结法下，企业在每个会计期末（月末、季度末、年末）将全部损益类科目（除“以前年度损益调整”外）的余额转入“本年利润”科目，通过“本年利润”科目结出本期利润和本年累计利润。

期末结转各损益类科目时，借记所有收入、利得类科目，贷记“本年利润”科目；借记“本年利润”科目，贷记所有费用、损失类科目。经过上述结转后，各损益类科目期末均没有余额，“本年利润”科目的贷方余额表示年度内累计实现的净利润，借方余额表示年度内累计发生的净亏损。

采用账结法，账面上能够直接反映至各月末止累计实现的净利润或累计发生的净亏损，但每月结转本年利润的工作量较大。

（二）结转本年利润的会计处理

“本年利润”科目，属于所有者权益类科目，核算企业本年度实现的净利润或发生的净亏损。会计期末，企业应将“主营业务收入”“其他业务收入”“其他收益”“营业外收入”“公允价值变动损益”“投资收益”“资产处置损益”等科目的余额分别转入“本年利润”科目的贷方或借方，将“主营业务成本”“其他业务成本”“税金及附加”“销售费用”“管理费用”“财务费用”“资产减值损失”“营业外支出”“所得税费用”等科目的余额分别转入“本年利润”科目的借方。结转后，“本年利润”科目如为贷方余额，表示当年实现的净利润；如为借方余额，表示当年发生的净亏损。

年度终了，企业还应将“本年利润”科目的本年累计余额转入“利润分配——未分配利润”科目。如本年利润为贷方余额，借记“本年利润”科目，贷记“利润分配——未分配利润”科目；如为借方余额，作相反的会计分录。结转后，本年利润科目应无余额。

做中学 5-45

兴业公司 2×20 年有关损益类科目的年末余额如表 5-1 所示(该企业采用表结法年末一次结转损益类科目，所得税税率为 25%)。

表 5-1　　2020 年年末各损益类科目的余额　　单位：元

科目名称	借方	贷方
主营业务收入		6 000 000
其他业务收入		700 000
公允价值变动损益		150 000
投资收益		600 000
营业外收入		50 000
主营业务成本	4 000 000	
其他业务成本	400 000	
税金及附加	80 000	
销售费用	500 000	
管理费用	770 000	
财务费用	200 000	
资产减值损失	100 000	
营业外支出	250 000	

该公司 2×20 年年末结转本年利润应编制如下会计分录：

(1) 将各损益类科目年末余额结转入“本年利润”科目：

① 结转各项收入、利得类科目：

借：主营业务收入　　6 000 000
　　其他业务收入　　700 000
　　公允价值变动损益　　150 000
　　投资收益　　600 000
　　营业外收入　　50 000
　　贷：本年利润　　7 500 000

② 结转各项费用、损失类科目：

借：本年利润　　6 300 000
　　贷：主营业务成本　　4 000 000
　　　　其他业务成本　　400 000
　　　　税金及附加　　80 000
　　　　销售费用　　500 000
　　　　管理费用　　770 000
　　　　财务费用　　200 000
　　　　资产减值损失　　100 000
　　　　营业外支出　　250 000

(2) 经过上述结转后，“本年利润”科目的贷方发生额合计 7 500 000 元减去借方发生额合计 6 300 000 元即为税前会计利润 1 200 000 元。

(3) 假设乙公司 2×20 年度不存在所得税纳税调整因素。

(4) 应交所得税＝1 200 000×25%＝300 000(元)

① 确认所得税费用：

借：所得税费用　　300 000

　　贷：应交税费——应交所得税　　300 000

② 将所得税费用结转入“本年利润”科目：

借：本年利润　　300 000

　　贷：所得税费用　　300 000

(5) 将“本年利润”科目年末余额 900 000 元(7 500 000－6 300 000－300 000)转入“利润分配——未分配利润”科目：

借：本年利润　　900 000

　　贷：利润分配——未分配利润　　900 000

应知应会考核

一、单项选择题

1. 某公司 2018 年计算的当年应交所得税为 100 万元，递延所得税负债年初数为 30 万元、年末数为 35 万元，递延所得税资产年初数为 20 万元、年末数为 18 万元。不考虑其他因素，该公司 2018 年应确认的所得税费用为(　　)万元。(2019 年)

A. 103　　B. 97　　C. 107　　D. 127

2. 下列各项中，年终结转后“利润分配——未分配利润”科目借方余额反映的是(　　)。(2019 年)

A. 本年发生的净亏损　　B. 本年实现的净利润

C. 历年累积未弥补的亏损　　D. 历年累积未分配的利润

3. 下列各项中，企业以银行存款支付银行承兑汇票手续费应借记的会计科目是(　　)。(2020 年)

A. 管理费用　　B. 研发费用　　C. 财务费用　　D. 在建工程

4. 2019 年 12 月份，某公司发生相关税金及附加如下：城市维护建设税为 3.5 万元，教育费附加为 1.5 万元，房产税为 20 万元，车船税为 3 万元，不考虑其他因素，2019 年 12 月份利润表中的“税金及附加”项目本期金额为(　　)万元。(2018 年)

A. 25　　B. 23　　C. 28　　D. 5

5. 下列各项中，不属于“财务费用”科目核算内容的是(　　)。(2018 年)

A. 短期借款利息支出　　B. 销售商品发生的现金折扣

C. 办理银行承兑汇票支付的手续费　　D. 发生的业务招待费

6. 下列各项中，影响营业利润的是(　　)。(2020 年)

A. 税收罚款支出　　B. 当期确认的所得税费用

C. 接受现金捐赠　　D. 管理不善造成的库存现金短缺

7. 下列各项中，应计入销售费用的是(　　)。(2019 年)

A. 销售商品发生的商业折扣　　B. 销售商品发生的现金折扣

C. 销售商品发生的销售折让　　D. 委托代销商品支付的手续费

8. 下列各项中，企业发生的产品广告费借记的会计科目是(　　)。(2020 年)

A. 销售费用　　B. 主营业务成本

C. 管理费用　　D. 其他业务成本

9. 某企业转让一项商标权的使用权，协议约定转让期为五年，每月月末收取使用费 2 000 元，并且开具的增值税专用发票上注明增值税额为 120 元，该商标权的月摊销额为 1 500 元。不考虑其他因素，该企业商

标使用权转让期内每月应计入其他业务成本的金额为(　　)元。(2019 年)

A. 1 620　　B. 2 000　　C. 1 500　　D. 1 380

10. 下列各项中,企业已经发出但不符合收入确认条件的商品成本借记的会计科目是(　　)。(2020 年)

A. 主营业务成本　　B. 发出商品　　C. 销售费用　　D. 其他业务成本

二、多项选择题

1. 下列各项中,属于工业企业营业收入的有(　　)。(2017 年)

A. 债权投资的利息收入　　B. 出租无形资产的租金收入

C. 销售产品取得的收入　　D. 出售无形资产的净收益

2. 下列各项应通过"税金及附加"科目核算的有(　　)。(2019 年)

A. 按规定计算确认的应交教育费附加　　B. 销售商品应交的增值税

C. 订立货物运输合同支付的印花税　　D. 按规定计算确认的应交城市维护建设税

3. 某公司年初"利润分配——未分配利润"科目贷方余额为 700 000 元,本年实现净利润 5 000 000 元,本年提取法定盈余公积 500 000 元,宣告分配现金股利 2 000 000 元。不考虑其他因素,该公司当年结转本年利润及其分配的会计处理正确的是(　　)。(2019 年)

A. 结转"利润分配"科目所属明细科目

借:利润分配——未分配利润　　2 500 000

　贷:利润分配——提取法定盈余公积　　500 000

　　　　　　——应付现金股利　　2 000 000

B. 结转本年实现的净利润时:

借:利润分配——未分配利润　　5 000 000

　贷:本年利润　　5 000 000

C. 结转本年实现的净利润时,

借:本年利润　　5 000 000

　贷:利润分配——未分配利润　　5 000 000

D. 结转"利润分配"科目所属明细科目余额时:

借:利润分配——提取法定盈余公积　　500 000

　　　　　——应付现金股利　　2 000 000

　贷:利润分配——未分配利润　　2 500 000

4. 下列各项中,企业应计入营业外支出的有(　　)。(2018 年)

A. 行政罚款支出　　B. 固定资产盘亏损失

C. 公益性捐赠支出　　D. 发生的排污费

5. 下列各项中,应计入工业企业其他业务成本的有(　　)。(2017 年)

A. 结转销售原材料的成本　　B. 结转销售商品的成本

C. 计提经营租赁固定资产的折旧额　　D. 结转随同产品出售单独计价的包装物成本

6. 下列各项中,企业应计入销售费用的有(　　)。(2019 年)

A. 已售商品的成本　　B. 预计产品质量保证损失

C. 随同商品销售不单独计价的包装物成本　　D. 销售过程中代客户垫付的运输费

7. 下列各项中,应计入销售费用的有(　　)。(2017 年)

A. 预计产品质量保证损失
B. 销售产品为购货方代垫的运费
C. 结转随同产品出售不单独计价的包装物成本
D. 专设销售机构固定资产折旧费

8. 下列各项中，应计入管理费用的有(　　)。(2019 年)
A. 合同违约支付的诉讼费
B. 专设销售机构发生的计算机维修费用
C. 聘请会计师事务所支付的审计费用
D. 筹建期间发生的开发费

9. 下列各项中，导致企业期间费用增加的有(　　)。(2019 年)
A. 确认销售人员的薪酬
B. 计提行政部门固定资产的折旧费
C. 以银行存款支付生产车间的水费
D. 以银行存款偿还银行短期借款的本金

10. 下列各项中，企业应通过“营业外收入”科目核算的有(　　)。(2019 年)
A. 无法支付的应付账款
B.接收固定资产捐赠
C. 无法查明原因的现金溢余
D. 出租包装物实现的收入

三、判断题

1. 销售商品相关的已发生或将发生的成本不能合理估计的，企业应在收到货款时确认收入。(2016 年)　(　　)
2. 企业为取得合同发生的增量成本预期能够收回的，应作为合同取得成本确认为一项资产。(2020 年)　(　　)
3. 企业对外提供的劳务分属不同会计期间且资产负债日提供劳务的交易结果不能可靠估计的，不能采用完工百分比法确认其当期劳务收入。(2017 年)　(　　)
4. 企业对交易结果不能可靠估计的劳务不能采用完工百分比法确认收入(2018 年)　(　　)
5. 利润反映的是企业在一定会计期间的经营成果，包括收入减去费用后的净额，直接计入当期利润的利得和损失等。(2018 年)　(　　)
6. 企业债券投资获得的利息收入属于让渡资产使用权收入。(2017 年)　(　　)
7. 企业转让无形资产使用权时，如果合同或协议规定一次性收取使用费，且不提供后续服务的，应视同销售该项无形资产一次性确认收入。(2015 年)　(　　)
8. 企业支付专设销售机构固定资产的日常修理费应计入管理费用。(2014 年)　(　　)
9. 利润分配中除“未分配利润”明细科目以外的其他明细科目年末无余额。(2020 年)　(　　)
10. 利润总额，是指以营业利润为基础，减去营业外收入，加上营业外支出的金额。(2018 年)　(　　)

四、不定项选择题

(一) 背景与情境：胜华公司是增值税一般纳税人，适用的增值税税率为 13%，销售商品、材料的价款中均不包含增值税，其成本随销售收入的确认逐笔结转，本年利润采用表结法核算。2020 年 1～11 月实现主营业务收入为 3 000 万元，主营业务成本为 1 600 万元，其他业务收入为 500 万元，其他业务成本为 300 万元，税金及附加为 110 万元，管理费用为 200 万元，财务费用为 30 万元，投资收益为 80 万元，资产处置收益为 150 万元，营业外收入为 50 万元，营业外支出为 40 万元。2020 年 12 月胜华公司发生的交易或事项如下：

(1) 12 月 1 日，出售一项无形资产，共取得价款为 20 万元，增值税为 1.2 万元，该无形资产原值为 50 万元，采用直线法摊销，无残值，原计划摊销期为 10 年，到出售时已经摊销了 8 年。

(2) 12 月 5 日，胜华公司与宝华公司签订合同委托宝华公司代销一批商品，宝华公司未销售的商品可以退还给胜华公司，胜华公司有权收回未出售商品或将商品销售给其他客户。该批商品售价为 200 万元，实际成本为 120 万元，月底，胜华公司收到宝华公司交来的代销清单，列明已经出售了该批商品的 80%，宝华公司已将货款交给胜华公司，宝华公司按照不含增值税的销售价格的 10%向宝华公司支付代销手续费。

(3) 12 月 10 日，胜华公司将一栋写字楼出租给蓝光公司，月底取得本月的租金收入为 2 万元，增值税为 0.18 万元。

(4) 12月15日，胜华公司用银行存款支付预计产品质量保证费3万元。

(5) 12月20日，胜华公司用银行存款支付印花税0.25万元。

(6) 12月20日，因债务重组获得确认收益为5万元。

要求：根据上述资料，不考虑其他因素，分析回答下列问题。(2020年)

(1) 胜华公司2020年1～11月的营业利润为(　　)万元。

A. 1500　　B.1490　　C.1 600　　D.1 410

(2) 根据资料(2)，胜华公司应该确认的销售费用为(　　)万元。

A. 160　　B. 100　　C. 16　　D. 20

(3) 根据资料(2)至(4)，胜华公司应该计入销售费用的金额为(　　)万元。

A. 18　　B.16　　C.19　　D.3

(4) 根据资料(1)至(6)，胜华公司12月应该计入营业外收入的金额为(　　)万元。

A. 8.4　　B. 5　　C. 14　　D. 16

(5) 根据资料(1)至(6)，胜华公司2020年的利润总额为(　　)万元。

A. 1 560.6　　B. 1 500　　C.1 560.4　　D.1 556.4

(二) 背景与情境：甲公司为增值税一般纳税人，增值税税率为13%，适用的所得税税率为25%，2019、2020年度的有关资料如下：

(1) 2019年年底未分配利润为贷方余额300万元，递延所得税负债年初数为25万元，递延所得税资产年初数为25万元，2019年利润总额为1 000万元，经纳税调整后应纳税所得额为800万元，递延所得税负债年末数为52.5万元，递延所得税资产年末数为5万元。

(2) 2020年2月10日董事会提请股东大会2019年利润分配议案：按2019年税后利润的10%提取法定盈余公积；向投资者宣告分配现金股利90万元。

(3) 2020年3月15日股东大会批准董事会提请股东大会2019年利润分配方案：按2019年税后利润的10%提取法定盈余公积，按2019年税后利润的5%提取任意盈余公积；向投资者宣告分配现金股利80万元。

(4) 2020年实现利润总额800万元，当年支付税收滞纳金20万元，实际发生业务招待费200万元，但税法规定可于2020年税前扣除的业务招待费为160万元，除此之外无其他纳税调整事项。2020年的利润尚未进行分配。

要求：根据上述资料，回答下列小题。

1. 根据资料(1)，下列关于甲公司2019年的表述正确的是(　　)。

A. 甲公司应交所得税为200万元　　B. 递延所得税费用为47.5万元

C. 递延所得税费用为7.5万元　　D. 所得税费用为247.5万元

2. 根据资料(1)，“本年利润”科目结转到“利润分配——未分配利润”科目的金额为(　　)万元。

A. 752.5　　B. 792.5　　C. 247.5　　D. 207.5

3. 根据资料(2)至资料(3)，下列表述正确的是(　　)。

A. 2020年2月10日，应做盈余公积和分配现金股利的账务处理

B. 2020年3月15日，对于已经做的账务处理进行调整

C. 对于董事会提请的分配方案，不必做账务处理

D. 当股东大会批准分配方案之后再做账务处理

4. 根据资料(4)，下列表述正确的是(　　)。

A. 税收滞纳金不能税前扣除

B. 计算所得税时，业务招待费应按照200万元扣除

C. 计算所得税时，业务招待费应按照160万元扣除

D. 支付的税收滞纳金不影响利润总额

5. 根据资料(1)至资料(4)，甲公司2020年末未分配利润的余额为(　　)万元。

A. 1 481.95　　B. 1 454.625　　C. 1 144.625　　D. 1 444.625

项目六 财务报表

知识目标

了解：财务报表中资产负债表、利润表、现金流量表、所有者权益（或股东权益）变动表的概念。

熟悉：附注的作用、主要内容。

掌握：资产负债表的作用、内容、结构及其编制方法；利润表的作用、内容、结构及其编制方法；所有者权益变动表的作用、内容、结构及其编制方法。

技能目标

能用所学的实务知识规范"财务报表"相关技能活动。

素质目标

运用所学的财务报表理论与实务知识研究相关案例，培养和提高学生在特定业务情境中分析问题与决策设计的能力；能结合"财务报表"教学内容，结合行业规范或标准，分析会计行为的善恶，强化学生的职业道德素质，从而做到学思用贯通，知信行统一。

项目引例

读懂财务报表

背景与情境：陈明几年前开办了一家品牌电器专卖店，所有财务与会计事项均交给财务经理王强办理，每次向有关部门报送财务报告也让王强代签字。随着经营规模不断扩大，他希望更多地了解财务会计知识，于是他报名参加了一个财务知识培训班。在一次课上，老师提了几个问题：你知道企业拥有多少资产和负债吗？企业的经营情况如何，一年的利润是多少？是否遇到过经营过程中账面有利润而现金却不足的问题？面对老师的前两个问题，陈明无言以对，而第三个问题，陈明觉得企业经常遇到过，但不知是何原因？

引例解析

引例导学

财务报表是以企业的会计凭证、会计账簿和其他会计资料为依据，按照公认的会计准则和会计制度的要求，定期编制并对外报送的、以货币作为计量单位，总括地反映企业某一日期的财务状况和一定时期的经营成果、现金流量的书面报告文件。财务报表至少应当包括下列组成部分：① 资产负债表；② 利润表；③ 现金流量表；④ 所有者权益（或股东权益，下同）变动表；⑤ 附注。

知识精讲

任务一 资产负债表

一、资产负债表概述

资产负债表，是指反映企业在某一特定日期的财务状况的报表，是企业经营活动的静态体现。资产负债表主要反映资产、负债和所有者权益三方面的内容，并满足"资产＝负债＋所有者权益"平衡式。

（一）资产

其反映由过去的交易或事项形成并由企业在某一特定日期所拥有或控制的、预期会给企业带来经济利益的资源。资产应当按照流动资产和非流动资产两大类别在资产负债表中列示，在流动资产和非流动资产类别下进一步按性质分项列示。

流动资产，是指预计在一个正常营业周期中变现、出售或耗用，或者主要为交易目的而持有，或者预计在资产负债表日起1年内(含1年)变现的资产，或者自资产负债表日起1年内交换其他资产或清偿负债的能力不受限制的现金或现金等价物。资产负债表中列示的流动资产项目通常包括：货币资金、交易性金融资产、应收票据、应收账款、预付款项、其他应收款、存货和一年内到期的非流动资产等。

非流动资产，是指流动资产以外的资产。资产负债表中列示的非流动资产项目通常包括：长期股权投资、固定资产、在建工程、无形资产、开发支出以及其他流动资产等。

(二) 负债

其反映在某一特定日期企业所承担的、预期会导致经济利益流出企业的现时义务。负债应当按照流动负债和非流动负债在资产负债表中进行列示，在流动负债和非流动负债类别下再进一步按性质分项列示。

流动负债，是指预计在一个正常营业周期中清偿，或者主要为交易目的而持有，或者自资产负债表日起1年内(含1年)到期应予以清偿，或者企业无权自主地将清偿推迟至资产负债表日后1年以上的负债。资产负债表中列示的流动负债项目通常包括：短期借款、应付票据、应付账款、预收款项、应付职工薪酬、应交税费、其他应付款、一年内到期的非流动负债等。

非流动负债，是指流动负债以外的负债。非流动负债项目通常包括：长期借款、应付债券和其他非流动负债等。

(三) 所有者权益

它是企业资产扣除负债后的剩余权益，反映企业在某一特定日期股东(或投资者)拥有的净资产的总额，它一般按照实收资本(或股本，下同)、其他权益工具、资本公积、其他综合收益、盈余公积和未分配利润分项列示。

二、资产负债表的结构

资产负债表一般由表头、表体两部分组成。表头部分应列明报表名称、编制单位名称、资产负债表日、报表编号和计量单位；表体部分是资产负债表的主体，列示了用来说明企业财务状况的各个项目。

资产负债表有两种基本格式，即报告式资产负债表和账户式资产负债表。报告式资产负债表是上下结构，上半部列示资产，下半部列示负债和所有者权益。具体排列形式有两种：一种是按“资产＝负债＋所有者权益”的原理排列；另一种是按“资产－负债＝所有者权益”的原理排列。账户式资产负债表是左右结构，左边列示资产，右边列示负债和所有者权益，类似“T”形账户。

在我国，资产负债表采用账户式结构，即报表分为左右两方，左方列示资产各项目，反映全部资产的分布及存在形态，一般按资产的流动性大小排列，流动性大的资产如“货币资金”“交易性金融资产”等排在前面，流动性小的资产如“长期股权投资”“固定资产”等排在后面；右方列示负债和所有者权益各项目，反映全部负债和所有者权益的内容及构成情况，一般按要求清偿时间的先后顺序排列，“短期借款”“应付票据”“应付账款”等需要在一年以内或者长于一年的一个正常营业周期内偿还的流动负债排在前面，“长期借款”等在一年以上才需偿还的非流动负债排在中间，在企业清算之前不需要偿还的所有者权益项目排在后面。

此外，为了使报表使用者比较不同时点资产负债表的数据，掌握企业财务状况的变动情况及发展趋势，企业需要提供比较资产负债表，资产负债表应就各项目再分为“年初余额”和“期末余额”两栏分别填列。

账户式资产负债表中的资产各项目的合计等于负债和所有者权益各项目的合计，即资产负债表左方和右方平衡。因此，通过账户式资产负债表，可以反映资产、负债和所有者权益之间的内在联系，即“资产＝负债＋所有者权益”。

我国企业资产负债表格式如表 6-1 所示。

表 6-1　　资产负债表

会企 01 表

编制单位：　　____年____月____日　　单位：万元

资　产	期末余额	上年年末余额	负债和所有者权益（或股东权益）	期末余额	上年年末余额
流动资产：			流动负债：		
货币资金			短期借款		
交易性金融资产			交易性金融负债		
衍生金融资产			衍生金融负债		
应收票据			应付票据		
应收账款			应付账款		
应收款项融资			预收款项		
预付款项			合同负债		
其他应收款			应付职工薪酬		
存货			应交税费		
合同资产			其他应付款		
持有待售资产			持有待售负债		
一年内到期的非流动资产			一年内到期的非流动负债		
其他流动资产			其他流动负债		
流动资产合计			流动负债合计		
非流动资产：			非流动负债：		
债权投资			长期借款		
其他债权投资			应付债券		
长期应收款			其中：优先股		
长期股权投资			永续债		
其他权益工具投资			租赁负债		
其他非流动金融资产			长期应付款		
投资性房地产			预计负债		
固定资产			递延收益		
在建工程			递延所得税负债		
生产性生物资产			其他非流动负债		
油气资产			非流动负债合计		
使用权资产			负债合计		

（续表）

资 产	期末余额	上年年末余额	负债和所有者权益（或股东权益）	期末余额	上年年末余额
无形资产			所有者权益（或股东权益）：		
开发支出			实收资本（或股本）		
商誉			其他权益工具		
长期待摊费用			其中：优先股		
递延所得税资产			永续债		
其他非流动资产			资本公积		
非流动资产合计			减：库存股		
			其他综合收益		
			专项储备		
			盈余公积		
			未分配利润		
			所有者权益（或股东权益）合计		
资产总计			负债和所有者权益（或股东权益）总计		

【提示】 “专项储备”项目，反映高危行业企业按国家规定提取的安全生产费的期末账面价值。该项目应根据“专项储备”科目的期末余额填列。

三、资产负债表的编制

（一）“年初余额”栏的填列方法

资产负债表“年初余额”栏内各项目数字，应根据上年年末资产负债表“期末余额”栏内所列数字填列。如果本年度资产负债表规定的项目名称和内容同上年度不一致，应对上年年末资产负债表相关项目的名称和数字按照本年度的规定进行调整，填入“年初余额”栏内；如果企业发生了会计政策变更、前期差错更正，应当对“年初余额”栏中的有关项目进行相应调整。

（二）“期末余额”栏的填列方法

企业应当根据资产、负债和所有者权益类账户的期末余额填列资产负债表“期末余额”栏，具体方法如下：有的项目直接根据总账账户余额填列；有的项目根据若干个总账账户余额合计数填列；有的项目直接根据明细账户余额填列；有的项目根据总账账户和明细账户的余额分析填列；有的项目是根据总账账户和其备抵账户抵销后的净额填列；有些项目综合运用上述填列方法分析填列。

1. 资产项目

（1）“货币资金”项目，反映企业库存现金、银行结算户存款、外埠存款、银行汇票存款、银行本票存款、信用卡存款、信用证保证金存款、存出投资款等的合计数。本项目应根据“库存现金”“银行存款”“其他货币资金”账户的期末余额合计数填列。

（2）“交易性金融资产”项目，反映资产负债表日企业分类为以公允价值计量且其变动计入当期损益的金融资产，以及企业持有的直接指定为以公允价值计量且其变动计入当期损益的金融资产的期末账面价值。该项目应根据“交易性金融资产”账户的相关明细账户期末余额分析填列。自资产负债表日起超过 1 年到期且预期持有超过 1 年的以公允价值计量且其变动计入当期损益的非流动金融资产的期末账面价值，在“其他非流动金融资产”项目反映。

（3）“应收票据”项目，反映资产负债表日以摊余成本计量的、企业因销售商品、提供服务等收到的商业汇票，包括银行承兑汇票和商业承兑汇票。该项目应根据“应收票据”账户的期末余额，减去“坏账准备”账户中相关坏账准备期末余额后的金额分析填列。

（4）“应收账款”项目，反映资产负债表日以摊余成本计量的、企业因销售商品、提供服务等经营活动应收取的款项。该项目应根据“应收账款”账户的期末余额，减去“坏账准备”账户中相关坏账准备期末余额后的金额分析填列。

（5）“应收款项融资”项目，反映资产负债表日以公允价值计量且其变动计入其他综合收益的应收票据和应收账款等。

（6）“预付款项”项目，反映企业按照合同规定预付的款项。本项目应根据“预付账款”和“应付账款”账户所属各明细账户的期末借方余额合计数，减去“坏账准备”账户中有关预付账款计提的坏账准备期末余额后的净额填列。如“预付账款”账户所属有关明细账户期末有贷方余额的，应在本表“应付账款”项目内填列。

（7）“其他应收款”项目，应根据“应收利息”“应收股利”和“其他应收款”账户的期末余额合计数，减去“坏账准备”账户中相关坏账准备期末余额后的金额填列。其中的“应收利息”账户仅反映相关金融工具已到期可收取但于资产负债表日尚未收到的利息。基于实际利率法计提的金融工具的利息应包含在相应金融工具的账面余额中。

（8）“存货”项目，反映企业期末在库、在途和在加工中的各项存货的可变现净值或成本，包括各种材料、商品、在产品、半成品、周转材料、发出商品、委托代销商品等。本项目应根据“原材料”“材料采购”“周转材料”“库存商品”“发出商品”“委托加工物资”“委托代销商品”“生产成本”“受托代销商品”等账户的期末余额合计，减去“受托代销商品款”“存货跌价准备”账户期末余额后的净额填列。材料采用计划成本核算，以及库存商品采用计划成本或售价核算的企业，还应按加或减材料成本差异、商品进销差价后的金额填列。

（9）“合同资产”项目，反映企业已向客户转让商品而有权收取对价的权利。本项目应根据“合同资产”账户的相关明细账户期末余额分析填列。如果同一合同下的合同资产和合同负债应当以净额列示，其中净额为借方余额的，应当根据其流动性在“合同资产”或“其他非流动资产”项目中填列，已计提减值准备的，还应减去“合同资产减值准备”账户中相关的期末余额后的金额填列；其中净额为贷方余额的，应当根据其流动性在“合同负债”或“其他非流动负债”项目中填列。

（10）“持有待售资产”项目，反映资产负债表日划分为持有待售类别的非流动资产及划分为持有待售类别的处置组中的流动资产和非流动资产的期末账面价值。该项目应根据“持有待售资产”账户的期末余额，减去“持有待售资产减值准备”账户的期末余额后的金额填列。

（11）“一年内到期的非流动资产”项目，反映企业将于 1 年内到期的非流动资产项目金额。本项目应根据相关的非流动资产账户期末余额分析填列。

（12）“债权投资”项目，反映资产负债表日企业以摊余成本计量的长期债权投资的期末账面价值。该项目应根据“债权投资”账户的相关明细账户期末余额，减去“债权投资减值准备”账户中相关减值准备的期末余额后的金额分析填列。自资产负债表日起 1 年内到期的长期债权投资的期末账面价值，在“一年内到期的非流动资产”项目反映。企业购入的以摊余成本计量的一年内到期的债权投资的期末账面价值，在“其他流动资产”项目反映。

（13）“其他债权投资”项目，反映资产负债表日企业分类为以公允价值计量且其变动计入其他综合收益的长期债权投资的期末账面价值。该项目应根据“其他债权投资”账户的相关明细账户期末余额分析填列。自资产负债表日起1年内到期的长期债权投资的期末账面价值，在“一年内到期的非流动资产”项目反映。企业购入的以公允价值计量且其变动计入其他综合收益的1年内到期的债权投资的期末账面价值，在“其他流动资产”项目反映。

(14)“长期应收款”项目，反映企业融资租赁产生的应收款项、采用递延方式具有融资性质的销售商品和提供劳务等产生的应收款项。本项目应根据“长期应收款”账户的期末余额，减去相应的“未实现融资收益”账户和“坏账准备”账户中有关长期应收款计提的坏账准备期末余额后的净额填列。

(15)“长期股权投资”项目，反映企业持有的对子公司、联营企业和合营企业的权益性投资。本项目应根据“长期股权投资”账户的期末余额，减去“长期股权投资减值准备”账户期末余额后的净额填列。

(16)“其他权益工具投资”项目，反映资产负债表日企业指定为以公允价值计量且其变动计入其他综合收益的非交易性权益工具投资的期末账面价值。该项目应根据“其他权益工具投资”账户的期末余额填列。

(17)“投资性房地产”项目，反映企业为赚取租金或资本增值，或两者兼有而持有的房地产的成本或公允价值，包括已出租的土地使用权、持有并准备增值后转让的土地使用权及已出租的建筑物等。本项目应根据“投资性房地产”账户的期末余额，减去“投资性房地产累计折旧(摊销)”和“投资性房地产减值准备”账户期末余额后的净额填列。

(18)“固定资产”项目，反映资产负债表日企业固定资产的期末账面价值和企业尚未清理完毕的固定资产清理净损益。该项目应根据“固定资产”账户的期末余额，减去“累计折旧”和“固定资产减值准备”账户的期末余额后的金额，以及“固定资产清理”账户的期末余额填列。

(19)“在建工程”项目，反映资产负债表日企业尚未达到预定可使用状态的在建工程的期末账面价值和企业为在建工程准备的各种物资的期末账面价值。该项目应根据“在建工程”账户的期末余额，减去“在建工程减值准备”账户的期末余额后的金额，以及“工程物资”账户的期末余额，减去“工程物资减值准备”账户的期末余额后的金额填列。

(20)“使用权资产”项目，反映资产负债表日承租人企业持有的使用权资产的期末账面价值。该项目应根据“使用权资产”账户的期末余额，减去“使用权资产累计折旧”和“使用权资产减值准备”账户的期末余额后的金额填列。

(21)“无形资产”项目，反映企业持有的各项无形资产。本项目应根据“无形资产”账户的期末余额，减去“累计摊销”和“无形资产减值准备”账户期末余额后的净额填列。

(22)“开发支出”项目，反映企业开发无形资产过程中发生的能够资本化形成无形资产成本的支出。本项目应根据“研发支出”账户中所属的“资本化支出”明细账户期末余额填列。

(23)“长期待摊费用”项目，反映企业已经发生但应由本期和以后各期负担的分摊期限在1年以上的各种费用，如以经营租赁方式租入固定资产的改良支出等。本项目应根据“长期待摊费用”账户的期末余额，减去将于1年内(含1年)摊销的数额之后的金额分析填列。长期待摊费用中在1年内(含1年)摊销的部分，在本表“一年内到期的非流动资产”项目填列。

(24)“递延所得税资产”项目，反映企业确认的可抵扣暂时性差异产生的递延所得税资产。本项目应根据“递延所得税资产”账户的期末借方余额填列。

(25)“其他非流动资产”项目，反映企业除以上非流动资产以外的其他长期资产。本项目应根据有关账户的期末余额填列。

2. 负债项目

(1)“短期借款”项目，反映企业向银行或其他金融机构等借入的期限在1年以下(含1年)的借款。本项目应根据“短期借款”账户的期末余额填列。

(2)“交易性金融负债”项目，反映资产负债表日企业承担的交易性金融负债，以及企业持有的直接指定为以公允价值计量且其变动计入当期损益的金融负债的期末账面价值。该项目应根据“交易性金融负债”账户的相关明细账户期末余额填列。

(3)“应付票据”项目，反映资产负债表日以摊余成本计量的、企业因购买材料、商品和接受服务等开出、承兑的商业汇票，包括银行承兑汇票和商业承兑汇票。该项目应根据“应付票据”账户的期末余额填列。

(4)“应付账款”项目，反映资产负债表日以摊余成本计量的、企业因购买材料、商品和接受服务等经营活动应支付的款项。该项目应根据“应付账款”和“预付账款”账户所属的相关明细账户的期末贷方余额合计数填列。

(4)“预收款项”项目，反映企业按合同规定预收的款项。本项目应根据“预收账款”和“应收账款”账户所属各有关明细账户的期末贷方余额合计数填列。如“预收账款”账户所属明细账户期末有借方余额的，应在本表“应收账款”项目内填列。

(5)“合同负债”项目，反映企业已收或应收客户对价而应向客户转让商品的义务。本项目应根据“合同负债”账户的相关明细账户期末余额分析填列。如果同一合同下的合同资产和合同负债应当以净额列示，其中净额为贷方余额的，应当根据其流动性在“合同负债”或“其他非流动负债”项目中填列。

(6)“应付职工薪酬”项目，反映企业将于资产负债表日后12个月内支付的职工薪酬。本项目应根据“应付职工薪酬”账户明细账户的期末贷方余额分析填列。企业将于资产负债表日起12个月之后支付的职工薪酬应在本表中的非流动负债中反映。如“应付职工薪酬”账户期末为借方余额，以“－”号填列。

(7)“应交税费”项目，反映企业按照税法规定计算应缴纳的各种税费。企业代扣代缴的个人所得税，也通过本项目列示。本项目应根据“应交税费”账户的期末贷方余额填列，如“应交税费”账户期末为借方余额，以“－”号填列。

【提示】 “应交税费”账户下的“应交增值税”“未交增值税”“待抵扣进项税额”“待认证进项税额”等明细账户期末借方余额应根据情况，在“其他流动资产”或“其他非流动资产”项目列示；“应交税费”账户下的“待转销项税额”等明细账户期末贷方余额应根据情况，在“其他流动负债”或“其他非流动负债”项目列示；“应交税费”账户下的“未交增值税”“简易计税”“转让金融商品应交增值税”“代扣代交增值税”等明细账户期末贷方余额在“应交税费”项目列示。

(8)“其他应付款”项目，应根据“应付利息”“应付股利”和“其他应付款”账户的期末余额合计数填列。其中的“应付利息”账户仅反映相关金融工具已到期应支付但于资产负债表日尚未支付的利息。基于实际利率法计提的金融工具的利息应包含在相应金融工具的账面余额中。

(9)“持有待售负债”项目，反映资产负债表日处置组中与划分为持有待售类别的资产直接相关的负债的期末账面价值。该项目应根据“持有待售负债”账户的期末余额填列。

(10)“租赁负债”项目，反映资产负债表日承租人企业尚未支付的租赁付款额的期末账面价值。该项目应根据“租赁负债”科目的期末余额填列。自资产负债表日起1年内到期应予以清偿的租赁负债的期末账面价值，在“一年内到期的非流动负债”项目反映。

(11)“一年内到期的非流动负债”项目，反映企业核算的非流动负债在资产负债表日后1年内到期部分的金额。本项目应根据相关的非流动负债账户期末余额分析填列。

(12)“长期借款”项目，反映企业向银行或其他金融机构借入的期限在1年以上(不含1年)的借款。本项目应根据“长期借款”账户的期末余额填列。

(13)“应付债券”项目，反映企业为筹集长期资金而发行的债券。本项目应根据“应付债券”

账户的期末余额填列。本项目下的“优先股”和“永续债”两个项目，分别反映企业发行的分类为金融负债的优先股和永续债的账面价值。

(14) “长期应付款”项目，反映资产负债表日企业除长期借款和应付债券以外的其他各种长期应付款项的期末账面价值。该项目应根据“长期应付款”账户的期末余额，减去相关的“未确认融资费用”账户的期末余额后的金额，以及“专项应付款”账户的期末余额填列。

(15) “预计负债”项目，反映企业根据或有事项等相关准则确认的各项预计负债，包括对外提供担保、未决诉讼、产品质量保证、重组义务、亏损性合同等预计负债。本科目可按形成预计负债的交易或事项进行明细核算。

(16) “递延收益”项目，反映尚待确认的收入或收益。本项目中摊销期限只剩 1 年或不足 1 年的，或预计在 1 年内(含 1 年)进行摊销的部分，不得归类为流动负债，仍在该项目中填列，不转入“一年内到期的非流动负债”项目。

(17) “递延所得税负债”项目，反映企业已确认的应纳税暂时性差异产生的递延所得税负债。本项目应根据“递延所得税负债”账户的期末余额填列。

(18) “其他非流动负债”项目，反映企业除以上非流动负债项目以外的其他非流动负债。本项目应根据有关账户的期末余额填列。如其他非流动负债价值较大的，应在会计报表附注中披露其内容和金额。

上述非流动负债各项目中将于 1 年内(含 1 年)到期的非流动负债，应在“一年内到期的非流动负债”项目内单独反映。上述非流动负债各项目均应根据有关账户期末余额减去将于 1 年内(含 1 年)到期的非流动负债后的金额填列。

3. 所有者权益项目

(1) “实收资本(或股本)”项目，反映企业各投资者实际投入的资本(或股本)总额。本项目应根据“实收资本”(或“股本”)账户的期末余额填列。

(2) “其他权益工具”项目，反映企业发行的除普通股以外分类为权益工具的金融工具的账面价值。本项目应根据“其他权益工具”账户的期末余额填列。本项目下的“优先股”和“永续债”两个项目，分别反映企业发行的分类为权益工具的优先股和永续债的账面价值。

(3) “资本公积”项目，反映企业资本公积的期末余额。本项目应根据“资本公积”账户的期末余额填列。

(4) “专项储备”项目，反映高危行业企业按国家规定提取的安全生产费的期末账面价值。本项目应根据“专项储备”科目的期末余额填列。

(5) “其他综合收益”项目，反映企业根据企业会计准则规定未在当期损益中确认的各项利得和损失的期末余额。本项目应根据“其他综合收益”账户的期末余额填列。

(6) “盈余公积”项目，反映企业盈余公积的期末余额。本项目应根据“盈余公积”账户的期末余额填列。

(7) “未分配利润”项目，反映企业尚未分配的利润。本项目应根据“本年利润”账户和“利润分配”账户的余额计算填列。未弥补的亏损在本项目内以“-”号填列。

四、编制资产负债表举例

做中学 6-1

玫瑰股份有限公司资料如下：

1.该公司为增值税一般纳税人，增值税税率为 13%，适用的企业所得税税率为 25%。该公司 2×20 年 12 月 31 日的资产负债表(年初余额略)如表 6-2 所示。

表 6-2　　资产负债表

会企 01 表

编制单位：玫瑰股份有限公司　　2×20 年 12 月 31 日　　单位：元

资产	期末余额	年初余额	负债和所有者权益（或股东权益）	期末余额	年初余额
流动资产：			流动负债：		
货币资金	1 641 800		短期借款	600 000	
交易性金融资产	120 000		交易性金融负债		
衍生金融资产			衍生金融负债		
应收票据	468 000		应付票据	234 000	
应收账款	1 000 000		应付账款	1 560 000	
应收款项融资			预收款项		
预付款项	400 000		合同负债		
其他应收款	420 000		应付职工薪酬	202 000	
存货	1 960 000		应交税费	38 000	
合同资产			其他应付款	42 000	
持有待售资产			持有待售负债		
一年内到期的非流动资产			一年内到期的非流动负债	600 000	
其他流动资产			其他流动负债		
流动资产合计	6 009 800		流动负债合计	3 276 000	
非流动资产：			非流动负债：		
债权投资			长期借款	1 400 000	
其他债权投资			应付债券		
长期应收款			其中：优先股		
长期股权投资	500 000		永续债		
其他权益工具投资			租赁负债		
其他非流动金融资产			长期应付款		
投资性房地产			预计负债		
固定资产	2 500 000		递延收益		
在建工程	1 320 000		递延所得税负债		
生产性生物资产			其他非流动负债		
油气资产			非流动负债合计	1 400 000	
使用权资产			负债合计	4 676 000	
无形资产	600 000		所有者权益（或股东权益）：		

（续表）

资产	期末余额	年初余额	负债和所有者权益（或股东权益）	期末余额	年初余额
开发支出			实收资本(或股本)	6 000 000	
商誉			其他权益工具		
长期待摊费用	160 000		其中:优先股		
递延所得税资产			永续债		
其他非流动资产			资本公积	13 800	
非流动资产合计	5 080 000		减:库存股		
			其他综合收益		
			专项储备		
			盈余公积	200 000	
			未分配利润	200 000	
			所有者权益(或股东权益)合计	6 413 800	
资产总计	11 089 800		负债和所有者权益(或股东权益)总计	11 089 800	

2. 玫瑰股份有限公司2×20年年末的货币资金构成为:银行存款1 600 000元,库存现金41 800元;存货构成为:在途物资200 000元,原材料1 100 000元,库存商品560 000元,包装物及低值易耗品100 000元;“坏账准备”科目余额为50 000元;长期待摊费用160 000元为尚未摊销的经营租入固定资产改良支出;固定资产余额为3 000 000元,累计折旧余额为500 000元;无形资产余额为720 000元,累计摊销为120 000元。2020年年末应交税费余额全部为未交的增值税。

3. 玫瑰股份有限公司2×21年发生的经济业务如下:

(1) 收到银行通知,支付到期的银行承兑汇票234 000元。

(2) 购入原材料一批,收到的增值税专用发票上注明材料价款300 000元,增值税39 000元,款项已经支付,材料尚未入库。

(3) 收到原材料一批,实际成本200 000元,款项已于上期支付。

(4) 销售产品一批,开出的增值税专用发票上注明销售价款800 000元,增值税104 000元,货款尚未收到。该批产品的成本为480 000元。

(5) 处置账面余额为120 000元的交易性金融资产,款项140 720元,已存入银行。

(6) 购入不需要安装的生产设备一台,增值税专用发票上列明设备价款160 000元,增值税20 800元,包装费、运杂费等2 000元。款项均已支付。

(7) 基本生产车间报废一台设备,原价44 000元,已提折旧41 800元。清理费用1 000元,残料变价收入4 000元,均以银行存款收付。该项清理工作已经结束。

(8) 销售产品一批,开出的增值税专用发票上注明销售价款1 200 000元,增值税156 000元,款项已经存入银行。该批产品的成本为720 000元。

(9) 一张面值为468 000元的不带息银行承兑汇票到期,收到银行通知,款项已入账。

(10) 被投资单位宣告发放现金股利50 000元(该项投资用成本法核算,对方单位企业所得税税率为25%);收到现金股利50 000元。

(11) 因生产经营需要,从银行取得1年期借款800 000元,款项已存入银行。

（12）提取本期应计利息80 000元。其中，短期借款利息30 000元，长期借款利息50 000元。由于不符合资本化条件，全部列入当期损益。

（13）归还短期借款本金600 000元、利息30 000元，利息已经预提。

（14）通过银行转账发放职工工资800 000元。

（15）分配本期职工工资800 000元。其中，生产工人工资520 000元，车间管理人员工资32 000元，行政管理人员工资48 000元，在建工程人员工资200 000元。

（16）提取职工养老保险费112 000元。其中，生产工人养老保险费72 800元，车间管理人员养老保险费4 480元，行政管理人员养老保险费6 720元，在建工程人员养老保险费28 000元。

（17）基本生产车间领用产品生产所需原材料1 200 000元，领用低值易耗品60 000元。低值易耗品采用一次摊销法摊销。

（18）摊销无形资产60 000元。

（19）摊销租入固定资产改良支出160 000元。其中，生产车间140 000元，企业管理部门20 000元。

（20）计提固定资产折旧180 000元。其中，生产车间用固定资产150 000元，企业管理部门用固定资产30 000元。计提固定资产减值准备40 000元。

（21）收到应收账款468 000元。

（22）年末，对应收账款计提坏账准备4 000元。

（23）用银行存款支付广告费40 000元。

（24）销售产品一批，开出的增值税专用发票上注明的销售价款为1 000 000元，增值税130 000元；收到不带息商业汇票一张，产品成本为600 000元。

（25）归还长期借款本息600 000元。

（26）本期销售应缴纳的教育费附加为10 000元，用银行转账缴纳教育费附加；同时缴纳本期增值税200 000元；缴纳前期欠缴增值税38 000元。期末结转应交增值税。

（27）结转本期制造费用386 480元、完工产品成本2 179 280元（假设没有期初在产品，本期生产的产品全部完工）。

（28）期末，一次结转本期产品销售成本1 800 000元。

（29）计算本年利润总额，假定年末应收账款账面价值小于其计税基础4 000元，固定资产账面价值小于其计税基础40 000元，其他资产、负债账面价值均与计税基础一致。计算应纳税所得额及应交所得税，核算所得税费用。

（30）结转本期损益699 600元。

（31）分别按净利润的10%和5%提取法定盈余公积和任意盈余公积，分配现金股利78 000元。

（32）将利润分配各明细科目余额转入“未分配利润”科目，同时结转“本年利润”科目。

（33）缴纳本期企业所得税200 000元。

要求：根据上述资料对玫瑰股份有限公司2×21年发生的经济活动进行会计处理，并编制年末资产负债表。

1. 玫瑰股份有限公司2×21年经济业务的会计处理：

（1）借：应付票据	234 000	
贷：银行存款		234 000
（2）借：在途物资	300 000	
应交税费——应交增值税（进项税额）	39 000	
贷：银行存款		339 000
（3）借：原材料	200 000	
贷：在途物资		200 000
（4）借：应收账款	904 000	
贷：主营业务收入		800 000
应交税费——应交增值税（销项税额）		104 000

(5) 借:银行存款 140 720
　　贷:交易性金融资产 120 000
　　　　投资收益 20 720
(6) 借:固定资产 162 000
　　应交税费——应交增值税(进项税额) 20 800
　　贷:银行存款 182 800
(7) ① 借:固定资产清理 2 200
　　　累计折旧 41 800
　　　贷:固定资产 44 000
② 借:固定资产清理 1 000
　　贷:银行存款 1 000
③ 借:银行存款 4 000
　　贷:固定资产清理 4 000
④ 借:固定资产清理 800
　　贷:营业外收入 800
(8) 借:银行存款 1 356 000
　　贷:主营业务收入 1 200 000
　　　　应交税费——应交增值税(销项税额) 156 000
(9) 借:银行存款 468 000
　　贷:应收票据 468 000
(10) 借:应收股利 50 000
　　贷:投资收益 50 000
借:银行存款 50 000
　贷:应收股利 50 000
(11) 借:银行存款 800 000
　　贷:短期借款 800 000
(12) 借:财务费用 80 000
　　贷:应付利息 30 000
　　　　长期借款 50 000
(13) 借:短期借款 600 000
　　应付利息 30 000
　　贷:银行存款 630 000
(14) 借:应付职工薪酬 800 000
　　贷:银行存款 800 000
(15) 借:生产成本 520 000
　　制造费用 32 000
　　管理费用 48 000
　　在建工程 200 000
　　贷:应付职工薪酬 800 000
(16) 借:生产成本 72 800
　　制造费用 4 480
　　管理费用 6 720
　　在建工程 28 000
　　贷:应付职工薪酬 112 000

(17) ① 借：生产成本		1 200 000	
贷：原材料			1 200 000
② 借：制造费用		60 000	
贷：周转材料			60 000
(18) 借：管理费用——无形资产摊销		60 000	
贷：累计摊销			60 000
(19) 借：制造费用		140 000	
管理费用		20 000	
贷：长期待摊费用			160 000
(20) ① 借：制造费用		150 000	
管理费用		30 000	
贷：累计折旧			180 000
② 借：资产减值损失——计提的固定资产减值准备		40 000	
贷：固定资产减值准备			40 000
(21) 借：银行存款		468 000	
贷：应收账款			468 000
(22) 借：资产减值损失——计提的坏账准备		4 000	
贷：坏账准备			4 000
(23) 借：销售费用		40 000	
贷：银行存款			40 000
(24) 借：应收票据		1 130 000	
贷：主营业务收入			1 000 000
应交税费——应交增值税(销项税额)			130 000
(25) 借：长期借款		600 000	
贷：银行存款		600 000	
(26) ① 借：税金及附加		10 000	
贷：应交税费——应交教育费附加			10 000
② 借：应交税费——应交增值税(已交税金)		200 000	
——未交增值税		38 000	
——应交教育费附加		10 000	
贷：银行存款			248 000

③ 期末未交增值税=390 000－59 800－200 000=130 200(元)

借：应交税费——应交增值税(转出未交增值税)	130 200	
贷：应交税费——未交增值税		130 200
(27) ① 借：生产成本	386 480	
贷：制造费用		386 480
② 借：库存商品	2 179 280	
贷：生产成本		2 179 280
(28) 借：主营业务成本	1 800 000	
贷：库存商品		1 800 000

(29) 利润总额=3 000 000+70 720+800－1 800 000－10 000－40 000－164 720－80 000－44 000=932 800(元)

应纳税所得额=932 800+44 000=976 800(元)

期末可抵扣暂时性差异=4 000+40 000=44 000(元)

期初可抵扣暂时性差异=0

应交所得税=976 800×25%=244 200(元)

期末递延所得税资产=44 000×25%=11 000(元)

期初所得税资产=0

借:所得税费用　　233 200

　递延所得税资产　　11 000

　贷:应交税费——应交所得税　　244 200

(30) ① 借:主营业务收入　　3 000 000

　　营业外收入　　800

　　投资收益　　70 720

　　贷:本年利润　　3 071 520

② 借:本年利润　　2 371 920

　　贷:主营业务成本　　1 800 000

　　　税金及附加　　10 000

　　　销售费用　　40 000

　　　管理费用　　164 720

　　　财务费用　　80 000

　　　资产减值损失　　44 000

　　　所得税费用　　233 200

　　　净利润=932 800-233 200=699 600(元)

(31) 借:利润分配——提取法定盈余公积　　69 960

　　　　——提取任意盈余公积　　34 980

　　　　——应付普通股股利　　78 000

　贷:盈余公积——法定盈余公积　　69 960

　　　　——任意盈余公积　　34 980

　　应付股利　　78 000

(32) ① 借:利润分配——未分配利润　　182 940

　　贷:利润分配——提取法定盈余公积　　69 960

　　　——提取任意盈余公积　　34 980

　　　——应付普通股股利　　78 000

② 借:本年利润　　699 600

　　贷:利润分配——未分配利润　　699 600

(33) 借:应交税费——应交所得税　　200 000

　贷:银行存款　　200 000

2. 根据上述会计处理的各账户余额,编制玫瑰股份有限公司2×21年12月31日的科目余额表,如表6-3所示。

表 6-3　　2×21年12月31日科目余额表

单位:元

科目名称	借方余额	科目名称	贷方余额
库存现金	41 800	短期借款	800 000
银行存款	1 611 920	应付票据	0
交易性金融资产	0	应付账款	1 560 000

（续表）

科目名称	借方余额	科目名称	贷方余额
应收票据	1 130 000	应付职工薪酬	314 000
应收账款	1 486 000	应付股利	78 000
坏账准备	－54 000	应交税费	174 400
其他应收款	420 000	其他应付款	40 000
预付账款	400 000	应付利息	2 000
在途物资	300 000	长期借款	1 450 000
原材料	100 000	股本	6 000 000
周转材料	40 000	资本公积	13 800
库存商品	939 280	盈余公积	304 940
长期待摊费用	0	利润分配	716 660
长期股权投资	500 000		
固定资产	3 118 000		
累计折旧	－638 200		
固定资产减值准备	－40 000		
在建工程	1 548 000		
无形资产	720 000		
累计摊销	－180 000		
递延所得税资产	11 000		
合　计	11 453 800	合　计	11 453 800

3. 根据科目余额表和相关明细账资料，编制玫瑰股份有限公司 2×21 年 12 月 31 日的资产负债表，如表 6-4 所示。

表 6-4　　资产负债表

会企 01 表

编制单位：玫瑰股份有限公司　　2×21 年 12 月 31 日　　单位：元

资产	期末余额	年初余额	负债和所有者权益（或股东权益）	期末余额	年初余额
流动资产：			流动负债：		
货币资金	1 653 720	1 641 800	短期借款	800 000	600 000
交易性金融资产		120 000	交易性金融负债		
衍生金融资产			衍生金融负债		
应收票据	1 130 000	468 000	应付票据		234 000
应收账款	1 432 000	1 000 000	应付账款	1 560 000	1 560 000
应收款项融资			预收款项		

（续表）

资产	期末余额	年初余额	负债和所有者权益（或股东权益）	期末余额	年初余额
预付款项	400 000	400 000	合同负债		
其他应收款	420 000	420 000	应付职工薪酬	314 000	202 000
存货	1 379 280	1 960 000	应交税费	174 400	38 000
合同资产			其他应付款	120 000	42 000
持有待售资产			持有待售负债		
一年内到期的非流动资产			一年内到期的非流动负债		600 000
其他流动资产			其他流动负债		
流动资产合计	6 415 000	6 009 800	流动负债合计	2 968 400	3 276 000
非流动资产：			非流动负债：		
债权投资			长期借款	1 450 000	1 400 000
其他债权投资			应付债券		
长期应收款			其中：优先股		
长期股权投资	500 000	500 000	永续债		
其他权益工具投资			租赁负债		
其他非流动金融资产			长期应付款		
投资性房地产			预计负债		
固定资产	2 439 800	2 500 000	递延收益		
在建工程	1 548 000	1 320 000	递延所得税负债		
生产性生物资产			其他非流动负债		
油气资产			非流动负债合计	1 450 000	1 400 000
使用权资产			负债合计	4 418 400	4 676 000
无形资产	540 000	600 000	所有者权益（或股东权益）：		
开发支出			实收资本（或股本）	6 000 000	6 000 000
商誉			其他权益工具		
长期待摊费用		160 000	其中：优先股		
递延所得税资产	11 000		永续债		
其他非流动资产			资本公积	13 800	13 800
非流动资产合计	5 038 800	5 080 000	减：库存股		
			其他综合收益		
			专项储备		

（续表）

资产	期末余额	年初余额	负债和所有者权益（或股东权益）	期末余额	年初余额
			盈余公积	304 940	200 000
			未分配利润	716 660	200 000
			所有者权益（或股东权益）合计	7 035 400	6 413 800
资产总计	11 453 800	11 089 800	负债和所有权权益（或股东权益）总计	11 453 800	11 089 800

任务二　利　润　表

一、利润表概述

利润表，是指反映企业一定会计期间经营成果的会计报表。通过利润表反映的收入、费用、利润的金额和构成情况，能够反映企业经营的业绩和管理者的经营能力；通过利润表的分析，可以评价企业的获利能力，预测企业的经营前途及利润增减趋势。

根据我国企业会计准则的规定，利润表主要包括以下 7 个方面的内容。

1. 营业收入

营业收入 ＝ 主营业务收入＋其他业务收入

2. 营业利润

营业利润＝营业收入－营业成本－税金及附加－销售费用－管理费用－研发费用－财务费用－资产减值损失－信用减值损失＋其他收益（－其他损失）＋投资收益（－投资损失）＋净敞口套期收益（－净敞口套期损失）＋公允价值变动收益（－公允价值变动损失）＋资产处置收益（－资产处置损失）

3. 利润总额

利润总额 ＝ 营业利润＋营业外收入－营业外支出

4. 净利润

净利润＝利润总额－所得税费用

5. 其他综合收益的税后净额

本项目反映企业根据会计准则规定未在当期损益中确认的各项利得和损失扣除所得税影响后的净额，包括：不能重分类进损益的其他综合收益和以后将重分类进损益的其他综合收益。

6. 综合收益总额

综合收益总额 ＝ 净利润＋其他综合收益的税后净额

7. 每股收益

每股收益包括基本每股收益和稀释每股收益两项指标。

二、利润表的结构

我国企业的利润表采用多步式格式。多步式利润表是从营业收入开始，依次分步计算出营业利润、利润总额及净利润。

利润表一般由表头、表体两部分组成。表头部分应列明报表名称、编制单位名称、编制日期、报表编号和计量单位。表体部分是利润表的主体,列示了形成经营成果的各个项目和计算过程。

我国一般企业利润表格式如表 6-5 所示。

表 6-5　　　　利　润　表

会企 02 表

编制单位:　　　　____年____月　　　　单位:元

项目	本期金额	上期金额
一、营业收入		
减:营业成本		
税金及附加		
销售费用		
管理费用		
研发费用		
财务费用		
其中:利息费用		
利息收入		
资产减值损失		
信用减值损失		
加:其他收益		
投资收益(损失以"一"号填列)		
其中:对联营企业和合营企业的投资收益		
净敞口套期收益(损失以"一"号填列)		
公允价值变动收益(损失以"一"号填列)		
资产处置收益(损失以"一"号填列)		
二、营业利润(亏损以"一"号填列)		
加:营业外收入		
减:营业外支出		
三、利润总额(亏损总额以"一"号填列)		
减:所得税费用		
四、净利润(净亏损以"一"号填列)		
(一)持续经营净利润(净亏损以"一"号填列)		

（续表）

项目	本期金额	上期金额
（二）终止经营净利润（净亏损以"－"号填列）		
五、其他综合收益的税后净额		
（一）不能重分类进损益的其他综合收益		
1. 重新计量设定受益计划变动额		
2. 权益法下不能转损益的其他综合收益		
3. 其他权益工具投资公允价值变动		
4. 企业自身信用风险公允价值变动		
……		
（二）将重分类进损益的其他综合收益		
1. 权益法下可转损益的其他综合收益		
2. 其他债权投资公允价值变动		
3. 金融资产重分类计入其他综合收益的金额		
4. 其他债权投资信用减值准备		
5. 现金流量套期储备		
6. 外币财务报表折算差额		
……		
六、综合收益总额		
七、每股收益：		
（一）基本每股收益		
（二）稀释每股收益		

三、利润表的编制

利润表编制的原理是"收入－费用＝利润"的会计平衡公式和收入与费用的配比原则。企业在生产经营中不断地取得各项收入，同时发生各种费用，收入减去费用剩余部分为企业的盈利。如果企业经营不善，发生的生产经营费用超过取得的收入，超过部分为企业的亏损。将取得的收入和发生的相关费用进行对比，对比结果表现为企业的经营成果。企业将经营成果的核算过程和结果编成报表，即利润表。

（一）"上期金额"栏填列方法

利润表"上期金额"栏内各项目数字，应根据上年该期利润表"本期金额"栏内所列数字填列。

（二）"本期金额"栏填列方法

利润表"本期金额"栏内各项目数字，除"基本每股收益"和"稀释每股收益"项目外，应当按照相关账户的发生额分析填列。

1. “营业收入”项目

本项目反映企业经营主要业务和其他业务所确认的收入总额。该项目应根据“主营业务收入”和“其他业务收入”账户的发生额分析填列。

2. “营业成本”项目

本项目反映企业经营主要业务和其他业务所发生的成本总额。该项目应根据“主营业务成本”和“其他业务成本”账户的发生额分析填列。

3. “税金及附加”项目

本项目反映企业经营业务应负担的消费税、城市维护建设税、教育费附加、资源税、土地增值税及房产税、车船税、城镇土地使用税、印花税等相关税费。该项目应根据“税金及附加”账户的发生额分析填列。

4. “销售费用”项目

本项目反映企业在销售商品过程中发生的包装费、广告费等费用和为销售商品而专设的销售机构的职工薪酬、业务费等经营费用。该项目应根据“销售费用”账户的发生额分析填列。

5. “管理费用”项目

本项目反映企业为组织和管理企业生产经营所发生的管理费用。该项目应根据“管理费用”账户的发生额分析填列。

6. “研发费用”项目

本项目反映企业进行研究与开发过程中发生的费用化支出。该项目应根据“管理费用”账户下的“研究费用”明细账户的发生额。

7. “财务费用”项目

“财务费用”项目下的“利息费用”项目，反映企业为筹集生产经营所需资金等而发生的应予费用化的利息支出。该项目应根据“财务费用”账户的相关明细账户的发生额分析填列。该项目作为“财务费用”项目的其中项，以正数填列。

“财务费用”项目下的“利息收入”项目，反映企业按照相关会计准则确认的应冲减财务费用的利息收入。该项目应根据“财务费用”账户的相关明细账户的发生额分析填列。该项目作为“财务费用”项目的其中项，以正数填列。

8. “资产减值损失”项目

本项目反映企业计提各项资产减值准备所形成的损失。该项目应根据“资产减值损失”账户的发生额分析填列。

9. “信用减值损失”项目

本项目反映企业计提的各项金融工具减值准备所形成的预期信用损失。该项目应根据“信用减值损失”账户的发生额分析填列。

10. “其他收益”项目

“其他收益”项目，反映计入其他收益的政府补助，以及其他与日常活动相关且计入其他收益的项目。该项目应根据“其他收益”账户的发生额分析填列。企业作为个人所得税的扣缴义务人，根据《中华人民共和国个人所得税法》收到的扣缴税款手续费，应作为其他与日常活动相关的收益在该项目中填列。

11. “投资收益”项目

本项目反映企业确认的投资收益或投资损失。本项目应根据“投资收益”账户的发生额分析填列；如为投资损失，以“－”号填列。

12. “净敞口套期收益”项目

本项目反映净敞口套期下被套期项目累计公允价值变动转入当期损益的金额或现金流量套

期储备转入当期损益的金额。该项目应根据“净敞口套期损益”账户的发生额分析填列；如为套期损失，以“－”号填列。

13.“公允价值变动收益”项目

本项目反映企业交易性金融资产、交易性金融负债、采用公允价值模式计量的投资性房地产等公允价值变动形成的应计入当期损益的利得或损失。该项目应根据“公允价值变动损益”账户分析填列；如为公允价值变动损失，以“－”号填列。

14.“资产处置收益”项目

本项目反映企业出售划分为持有待售的非流动资产(金融工具、长期股权投资和投资性房地产除外)或处置组(子公司和业务除外)时确认的处置利得或损失，以及处置未划分为持有待售的固定资产、在建工程、生产性生物资产及无形资产而产生的处置利得或损失。债务重组中因处置非流动资产产生的利得或损失和非货币性资产交换中换出非流动资产产生的利得或损失也包括在本项目内。该项目应根据“资产处置损益”账户的发生额分析填列；如为处置损失，以“－”号填列。

15.“营业利润”项目

本项目反映企业营业活动产生的利润。如为亏损，以“－”号填列。

16.“营业外收入”项目

本项目反映企业发生的除营业利润以外的收益，主要包括债务重组利得、与企业日常活动无关的政府补助、盘盈利得、捐赠利得(企业接受股东或股东的子公司直接或间接的捐赠，经济实质属于股东对企业的资本性投入的除外)等。该项目应根据“营业外收入”账户的发生额分析填列。

17.“营业外支出”项目

“营业外支出”项目，反映企业发生的除营业利润以外的支出，主要包括债务重组损失、公益性捐赠支出、非常损失、盘亏损失、非流动资产毁损报废损失等。该项目应根据“营业外支出”科目的发生额分析填列。“非流动资产毁损报废损失”通常包括因自然灾害发生毁损、已丧失使用功能等原因而报废清理产生的损失。企业在不同交易中形成的非流动资产毁损报废利得或损失不得相互抵销，应分别在“营业外收入”项目和“营业外支出”项目进行填列。

18.“利润总额”项目

本项目反映企业实现的利润总额。如为亏损总额，以“－”号填列。

19.“所得税费用”项目

本项目反映企业应从当期利润中扣除的所得税费用。该项目应根据“所得税费用”账户的发生额分析填列。

20.“净利润”项目

“(一)持续经营净利润”和“(二)终止经营净利润”项目，分别反映净利润中与持续经营相关的净利润和与终止经营相关的净利润；如为净亏损，以“－”号填列。该两个项目应按照《企业会计准则第 42 号——持有待售的非流动资产、处置组和终止经营》的相关规定分别列报。

21.“其他综合收益的税后净额”项目

“其他权益工具投资公允价值变动”项目，反映企业指定为以公允价值计量且其变动计入其他综合收益的非交易性权益工具投资发生的公允价值变动。该项目应根据“其他综合收益”账户的相关明细账户的发生额分析填列。

“企业自身信用风险公允价值变动”项目，反映企业指定为以公允价值计量且其变动计入当期损益的金融负债，由企业自身信用风险变动引起的公允价值变动而计入其他综合收益的金额。该项目应根据“其他综合收益”账户的相关明细账户的发生额分析填列。

“其他债权投资公允价值变动”项目，反映企业分类为以公允价值计量且其变动计入其他综合收益的债权投资发生的公允价值变动。企业将一项以公允价值计量且其变动计入其他综合收益的金融资产重分类为以摊余成本计量的金融资产，或重分类为以公允价值计量且其变动计入当期损益的金融资产时，之前计入其他综合收益的累计利得或损失从其他综合收益中转出的金额作为该项目的减项。该项目应根据“其他综合收益”账户下的相关明细账户的发生额分析填列。

“金融资产重分类计入其他综合收益的金额”项目，反映企业将一项以摊余成本计量的金融资产重分类为以公允价值计量且其变动计入其他综合收益的金融资产时，计入其他综合收益的原账面价值与公允价值之间的差额。该项目应根据“其他综合收益”账户下的相关明细账户的发生额分析填列。

“其他债权投资信用减值准备”项目，反映企业按照《企业会计准则第 22 号——金融工具确认和计量》(财会〔2017〕7 号)第十八条分类为以公允价值计量且其变动计入其他综合收益的金融资产的损失准备。该项目应根据“其他综合收益”账户下的“信用减值准备”明细账户的发生额分析填列。

“现金流量套期储备”项目，反映企业套期工具产生的利得或损失中属于套期有效的部分。该项目应根据“其他综合收益”账户下的“套期储备”明细账户的发生额分析填列。

22.“综合收益总额”项目

综合收益，是指企业在某一期间除与所有者以其所有者身份进行的交易之外的其他交易或事项所引起的所有者权益变动。本项目金额等于本表“净利润”项目和“其他综合收益的税后净额”项目的合计数。

23.“每股收益”项目

本项目反映普通股或潜在普通股已公开交易的企业以及正处于公开发行普通股或潜在普通股过程中的企业的每股收益信息。包括基本每股收益和稀释每股收益。

(1)“基本每股收益”项目，反映企业普通股股东持有每一股份所能享有企业的利润或承担企业的亏损。

企业应当按照归属于普通股股东的当期净利润除以当期实际发行在外普通股加权平均数计算确定。

(2)“稀释每股收益”项目，反映企业存在稀释性潜在普通股的情况下，以基本每股收益为基础，考虑稀释性潜在普通股影响的每股收益。

企业存在稀释性潜在普通股的，应当根据其影响分别调整归属于普通股股东的当期净利润以及发行在外普通股的加权平均数，并据以计算稀释每股收益。

四、编制利润表举例

做中学 6-2

沿用[做中学 6-1]的资料，仍以玫瑰股份有限公司为例说明利润表的编制方法，如表 6-6 所示。

表 6-6 利 润 表

会企 02 表

编制单位：玫瑰股份有限公司　　2×20 年度　　单位：元

项目	本期金额	上期金额(略)
一、营业收入	3 000 000	
减：营业成本	1 800 000	

（续表）

项目	本期金额	上期金额(略)
税金及附加	10 000	
销售费用	40 000	
管理费用	164 720	
研发费用		
财务费用	80 000	
其中：利息费用	80 000	
利息收入		
加：其他收益		
投资收益(损失以“一”号填列)	70 720	
其中：对联营企业和合营企业的投资收益		
以摊余成本计量的金融资产终止确认收益(损失以“一”号填列)		
净敞口套期收益(损失以“一”号填列)		
公允价值变动收益(损失以“一”号填列)		
信用减值损失(损失以“一”号填列)		
资产减值损失(损失以“一”号填列)	44 000	
资产处置收益(损失以“一”号填列)		
二、营业利润(亏损以“一”号填列)	932 000	
加：营业外收入	800	
减：营业外支出		
三、利润总额(亏损总额以“一”号填列)	932 800	
减：所得税费用	233 200	
四、净利润(净亏损以“一”号填列)	699 600	
(一)持续经营净利润(净亏损以“一”号填列)		
(二)终止经营净利润(净亏损以“一”号填列)		
五、其他综合收益的税后净额		
(一)不能重分类进损益的其他综合收益		
1. 重新计量设定受益计划变动额		
2. 权益法下不能转损益的其他综合收益		
3. 其他权益工具投资公允价值变动		
4. 企业自身信用风险公允价值变动		
……		

（续表）

项目	本期金额	上期金额（略）
（二）将重分类进损益的其他综合收益		
1. 权益法下可转损益的其他综合收益		
2. 其他债权投资公允价值变动		
3. 金融资产重分类计入其他综合收益的金额		
4. 其他债权投资信用减值准备		
5. 现金流量套期储备		
6. 外币财务报表折算差额		
……		
六、综合收益总额		
七、每股收益：		
（一）基本每股收益		
（二）稀释每股收益		

任务三　所有者权益变动表

一、所有者权益变动表概述

所有者权益变动表，是指反映构成所有者权益各组成部分当期增减变动情况的报表。对于综合收益和与所有者（或股东，下同）的资本交易导致的所有者权益的变动，应当分别列示。

所有者权益增减变动表全面反映了企业的股东权益在年度内的变化情况，便于会计信息使用者深入分析企业股东权益的增减变化情况，进而对企业的资本保值增值情况作出正确判断，从而提供对决策有用的信息。

二、所有者权益变动表的结构

企业至少应当在所有者权益变动表上单独列示反映下列信息的项目：① 综合收益总额；② 会计政策变更和差错更正的累积影响金额；③ 所有者投入资本和向所有者分配利润等；④ 提取的盈余公积；⑤ 实收资本或资本公积、盈余公积、未分配利润的期初和期末余额及其调节情况。企业应当以矩阵的形式列示所有者权益变动表：一方面，列示导致所有者权益变动的交易或事项，按所有者权益变动的来源对一定时期所有者权益变动情况进行全面反映；另一方面，按照所有者权益各组成部分（包括实收资本、其他权益工具、资本公积、库存股、其他综合收益、盈余公积、未分配利润）及其总额列示相关交易或事项对所有者权益的影响。

我国一般企业所有者权益变动表格式如表 6-7 所示。

三、所有者权益变动表的编制

企业应当根据所有者权益类科目和损益类有关科目的发生额分析填列所有者权益变动表“本年金额”栏，具体包括下列情况。

表 6－7

所有者权益变动表

会企 04 表

编制单位： ____年度 单位：元

项目	本年金额												上年金额											
	实收资本（或股本）	其他权益工具			资本公积	减：库存股	其他综合收益	专项储备	盈余公积	未分配利润	所有者权益合计		实收资本（或股本）	其他权益工具			资本公积	减：库存股	其他综合收益	专项储备	盈余公积	未分配利润	所有者权益合计	
		优先股	永续债	其他										优先股	永续债	其他								
一、上年年末余额																								
加：会计政策变更																								
前期差错更正																								
其他																								
二、本年年初余额																								
三、本年增减变动金额（减少以“－”号填列）																								
（一）综合收益总额																								
（二）所有者投入和减少资本																								
1. 所有者投入的普通股																								
2. 其他权益工具持有者投入资本																								
3. 股份支付计入所有者权益的金额																								
4. 其他																								

（续表）

项目	本年金额											上年金额										
	实收资本（或股本）	其他权益工具			资本公积	减：库存股	其他综合收益	专项储备	盈余公积	未分配利润	所有者权益合计	实收资本（或股本）	其他权益工具			资本公积	减：库存股	其他综合收益	专项储备	盈余公积	未分配利润	所有者权益合计
		优先股	永续债	其他									优先股	永续债	其他							
（三）利润分配																						
1. 提取盈余公积																						
2. 对所有者（或股东）的分配																						
3. 其他																						
（四）所有者权益内部结转																						
1. 资本公积转增资本（或股本）																						
2. 盈余公积转增资本（或股本）																						
3. 盈余公积弥补亏损																						
4. 设定受益计划变动额结转留存收益																						
5. 其他综合收益结转留存收益																						
6. 其他																						
四、本年年末余额																						

（一）"上年年末余额"项目

根据上年资产负债表中"实收资本（或股本）""其他权益工具""资本公积""库存股""其他综合收益""盈余公积""未分配利润"等项目的年末余额填列。

（二）"会计政策变更"和"前期差错更正"项目

根据"盈余公积""利润分配""以前年度损益调整"等账户的发生额分析填列，并在"上年年末余额"的基础上调整得出"本年年末余额"项目。

（三）"本年增减变动额"项目

本项目具体包括以下内容。

1."综合收益总额"项目

本项目反映企业当年的综合收益总额，应根据当年利润表中"其他综合收益的税后净额"和"净利润"项目填列，并对应列在"其他综合收益"和"未分配利润"栏。

2."所有者投入和减少资本"项目

本项目反映企业当年所有者投入的资本和减少的资本。其中：

"所有者投入的普通股"项目，反映企业接受投资者投入形成的实收资本（或股本）和资本公积，应根据"实收资本（或股本）""资本公积"等账户的发生额分析填列，并对应列在"实收资本（或股本）"和"资本公积"栏。

"其他权益工具持有者投入资本"项目，反映企业发行的除普通股以外分类为权益工具的金融工具的持有者投入资本的金额。该项目应根据金融工具类科目的相关明细科目的发生额分析填列。

"股份支付计入所有者权益的金额"项目，反映企业处于等待期中的权益结算的股份支付当年计入资本公积的金额，应根据"资本公积"账户所属的"其他资本公积"二级账户的发生额分析填列，并对应列在"资本公积"栏。

3."利润分配"项目

本项目反映当年对所有者（或股东）分配的利润（或股利）金额和按照规定提取的盈余公积，并对应列在"未分配利润"和"盈余公积"栏。其中：

"提取盈余公积"项目，反映企业按照规定提取的盈余公积，应根据"盈余公积""利润分配"账户的发生额分析填列。

"对所有者（或股东）的分配"项目，反映对所有者（或股东）分配的利润（或股利）金额，应根据"利润分配"账户的发生额分析填列。

4."所有者权益内部结转"项目

本项目反映不影响当年所有者权益总额的所有者权益各组成部分之间当年的增减变动，包括资本公积转增资本（或股本）、盈余公积转增资本（或股本）、盈余公积弥补亏损等。其中：

"资本公积转增资本（或股本）"项目，反映企业以资本公积转增资本或股本的金额，应根据"实收资本""资本公积"等账户的发生额分析填列。

"盈余公积转增资本（或股本）"项目，反映企业以盈余公积转增资本或股本的金额，应根据"实收资本""盈余公积"等账户的发生额分析填列。

"盈余公积弥补亏损"项目，反映企业以盈余公积弥补亏损的金额，应根据"盈余公积""利润分配"等账户的发生额分析填列。

"设定受益计划变动额结转留存收益"项目反映企业因重新计量设定受益计划净负债或净资产所产生的变动计入其他综合收益，结转至留存收益的金额。

"其他综合收益结转留存收益"项目，主要反映：

（1）企业指定为以公允价值计量且其变动计入其他综合收益的非交易性权益工具投资终止确认时，之前计入其他综合收益的累计利得或损失从其他综合收益中转入留存收益的金额；

（2）企业指定为以公允价值计量且其变动计入当期损益的金融负债终止确认时，之前由企业自身信用风险变动引起而计入其他综合收益的累计利得或损失从其他综合收益中转入留存收益的金额等。该项目应根据“其他综合收益”账户的相关明细账户的发生额分析填列。

四、编制所有者权益变动表举例

做中学 6-3

沿用[做中学 6-1][做中学 6-2]，仍以玫瑰股份有限公司为例说明所有者权益变动表的编制方法，如表 6-8 所示。

表 6-8　　所有者权益变动表

会企 04 表

编制单位：玫瑰股份有限公司　　2×20 年度　　单位：元

项目	本年金额											上年金额
	实收资本（或股本）	其他权益工具			资本公积	减：库存股	其他综合收益	专项储备	盈余公积	未分配利润	所有者权益合计	（略）
		优先股	永续债	其他								
一、上年年末余额	6 000 000				13 800				200 000	200 000	6 413 800	
加：会计政策变更												
前期差错更正												
其他												
二、本年年初余额	6 000 000				13 800				200 000	200 000	6 413 800	
三、本年增减变动金额（减少以“－”号填列）									104 940	516 660	621 600	
（一）综合收益总额										699 600	699 600	
（二）所有者投入和减少资本												
1. 所有者投入的普通股												
2. 其他权益工具持有者投入资本												
3. 股份支付计入所有者权益的金额												
4. 其他												
（三）利润分配												
1. 提取盈余公积									104 940	－104 940	0	
2. 对所有者（或股东）的分配										－78 000	－78 000	
3. 其他												
（四）所有者权益内部结转												
1. 资本公积转增资本（或股本）												
2. 盈余公积转增资本（或股本）												
3. 盈余公积弥补亏损												
4. 设定受益计划变动额结转留存收益												
5. 其他综合收益结转留存收益												
6. 其他												
四、本年年末余额	6 000 000				13 800				304 940	716 660	7 035 400	

任务四　附　　注

一、报表附注的内容

附注，是指对在资产负债表、利润表、现金流量表和所有者权益变动表等报表中列示项目的文字描述或明细资料，以及对未能在这些报表中列示项目的说明等。

通过附注与资产负债表、利润表、现金流量表和所有者权益变动表列示项目的相互参照关系，以及对未能在报表中列示项目的说明，可以使报表使用者全面了解企业的财务状况、经营成果和现金流量以及所有者权益的情况。

二、报表附注的披露内容

(1) 企业的基本情况。在报表附注中披露企业下列基本情况：① 企业注册地、组织形式和总部地址；② 企业的业务性质和主要经营活动；③ 母公司以及集团最终母公司的名称；④ 财务报告的批准报出者和财务报告批准报出日，或者以签字人及其签字日期为准；⑤ 营业期限有限的企业，还应当披露有关其营业期限的信息。

(2) 财务报表的编制基础。财务报表的编制基础，是指财务报表是在持续经营基础上还是非持续经营基础上编制的。企业一般是在持续经营基础上编制财务报表，清算、破产属于非持续经营基础。

(3) 遵循企业会计准则的声明。企业应当声明编制的财务报表符合企业会计准则的要求，真实、完整地反映了企业的财务状况、经营成果和现金流量等有关信息。

(4) 重要会计政策和会计估计。重要会计政策的说明，包括财务报表项目的计量基础和在运用会计政策过程中所作的重要判断等。重要会计估计的说明，包括可能导致下一个会计期间内资产、负债账面价值重大调整的会计估计的确定依据等。

(5) 会计政策和会计估计变更以及差错更正的说明。企业应当按照会计政策、会计估计变更和差错更正会计准则的规定，披露会计政策和会计估计变更以及差错更正的有关情况。

(6) 报表重要项目的说明。企业应当按照资产负债表、利润表、现金流量表、所有者权益变动表及其项目列示的顺序，对报表重要项目的说明采用文字和数字描述相结合的方式进行披露。报表重要项目的明细金额合计，应当与报表项目金额相衔接。① 企业应当在附注中披露费用按照性质分类的利润表补充资料，可将费用分为耗用的原材料、职工薪酬费用、折旧费用、摊销费用等。② 企业应当在附注中披露下列关于其他综合收益各项目的信息：其他综合收益各项目及其所得税影响；他综合收益各项目原计入其他综合收益、当期转出计入当期损益的金额；其他综合收益各项目的期初和期末余额及其调节情况。③ 企业应当在附注中披露在资产负债表日后、财务报告批准报出日前提议或宣布发放的股利总额和每股股利金额（或向投资者分配的利润总额）。④ 企业应当在附注中披露终止经营的收入、费用、利润总额、所得税费用和净利润，以及归属于母公司所有者的终止经营利润。

(7) 或有和承诺事项、资产负债表日后非调整事项、关联方关系及其交易等需要说明的事项。

(8) 有助于财务报表使用者评价企业管理资本的目标、政策及程序的信息。

应知应会考核

一、单项选择题

1. 下列各项中，属于资产负债表中资产项目的是(　　)。(2018 年)

A. “预付账款” B. “其他收益” C. “递延收益” D. “其他综合收益”

2. 下列各项中，影响企业利润表“利润总额”项目的是（ ）。（2019 年）

A. 收到投资者超过注册资本份额的出资 B. 向投资者分配的现金股利

C. 向灾区捐款发生的支出 D. 确认的所得税费用

3. 2019 年 12 月 31 日，某企业“固定资产”账户借方余额为 3 000 万元，“累计折旧”账户贷方余额为 1 400 万元，“固定资产减值准备”账户贷方余额为 200 万元。2019 年 12 月 31 日，该企业资产负债表中“固定资产”项目期末余额应列示的金额为（ ）万元。（2018 年）

A. 3 000 B. 1 600 C. 1 400 D. 2 800

4. 下列资产负债表项目中，应根据有关账户余额减去其备抵账户余额后的净额填列的是（ ）。（2018 年）

A. “预收款项” B. “短期借款”

C. “无形资产” D. “长期借款”

5. 2019 年 12 月 31 日，“无形资产”账户借方余额为 200 万元，“累计摊销”账户贷方余额为 40 万元，“无形资产减值准备”账户贷方金额 20 万元。不考虑其他因素，“无形资产”项目余额为（ ）万元。（2018 年）

A. 200 B. 140 C. 160 D. 180

6. 2019 年 12 月，甲公司的主营业务收入 60 万元，其他业务收入 10 万元，营业外收入 5 万元，则甲公司 12 月份应确认的营业收入金额为（ ）万元。（2018 年）

A. 70 B. 60 C. 75 D. 65

7. 下列各项中，不属于所有者权益变动表中单独列示的项目的是（ ）。（2018 年）

A. “所有者投入资本” B. “综合收益总额”

C. “会计估计变更” D. “会计政策变更”

8. 2019 年度，某企业确认营业收入 2 000 万元，营业成本 800 万元，管理费用 400 万元，税金及附加 20 万元，营业外收入 100 万元。不考虑其他因素，2019 年度该企业利润表中营业利润本期金额为（ ）万元。（2020 年）

A. 780 B. 800 C. 880 D. 1 200

9. 2018 年 12 月 31 日，某公司下列会计科目余额为，“固定资产”科目借方余额 1 000 万元。“累计折旧”科目贷方余额 400 万元，“固定资产减值准备”科目贷方余额 80 万元，“固定资产清理”科目借方科目余额 20 万元。2018 年 12 月 31 日，该公司资产负债表中“固定资产”项目期末余额应列报的金额为（ ）万元。（2019 年）

A. 620 B. 540 C. 600 D. 520

10. 下列各项中，应列入利润表中“销售费用”项目的是（ ）。（2020 年）

A. 计提行政管理部门使用无形资产的摊销额

B. 计提由行政管理部门负担的工会经费

C. 计提专设销售机构固定资产的折旧费

D. 发生的不符合资本化条件的研发费用

二、多项选择题

1. 在编制资产负债表时，下列各项中，可以直接根据有关总账科目的余额填列的项目有（ ）。（2020 年）

A. 短期借款 B. 应付职工薪酬 C. 应付票据 D. 货币资金

2. 下列选项中，属于企业资产负债表“应付职工薪酬”项目列报内容的有（ ）。（2018 年）

A. 因解除劳动关系而应给予职工的现金补偿 B. 向职工提供的异地安家费

C. 应提供给已故职工遗属的福利 D. 应支付给临时员工的短期薪酬

3. 下列各项中，通过“存货”项目核算的有（ ）。（2018 年）

A. 发出商品 B. 存货跌价准备 C. 材料成本差异 D. 在途物资

4. 下列各项中，导致企业资产负债表“存货”项目期末余额发生变动的有（ ）。（2018 年）

A. 计提存货跌价准备

B. 用银行存款购入的修理用备件（备品备件）

C. 已经发出但不符合收入确认条件的商品
D. 收到受托代销的商品

5. 下列各项中，应列入利润表“资产处置收益”项目的有（　　）。
A. 出售生产设备取得的收益　　B. 出售包装物取得的收入
C. 出售原材料取得的收入　　D. 出售专利权取得的收益

6. 下列各项中，企业应当在所有者权益变动表中单独列示反映的信息有（　　）。（2019 年）
A. 向所有者（股东）分配利润　　B. 所有者投入资本
C. 提取的盈余公积　　D. 综合收益总额

7. 下列资产负债表项目中，属于非流动资产的有（　　）（2019 年）
A. “其他应收款”　　B. “在建工程”
C. “固定资产”　　D. “开发支出”

8. 下列各项中，企业应当在所有者权益变动表中单独列示反映的信息有（　　）。（2019 年）
A. 向所有者（或股东）分配利润　　B. 所有者投入资本
C. 提取的盈余公积　　D. 综合收益总额

9. 下列各项关于“账结法”结转本年利润的表述中，正确的有（　　）。（2018 年）
A. “本年利润”账户可以提供当月及本年累计的利润（或亏损）额
B. 每月月末需要编制结转损益的记账凭证
C. 每月月末将各损益类账户的余额转入“本年利润”账户
D. 与“表结法”相比，减少了转账环节和相应的工作量

10. 下列各项中，影响利润表“营业成本”项目本期金额的有（　　）。（2018 年）
A. 销售原材料的成本　　B. 转销已售商品相应的存货跌价准备
C. 出租非专利技术的摊销额　　D. 出售商品的成本

三、判断题

1. “长期借款”项目，根据“长期借款”总账账户余额直接填列。（　　）
2. 年末，企业应将于 1 年内（含 1 年）摊销的长期待摊费用，列入资产负债表“一年内到期的非流动资产”项目。（2018 年）（　　）
3. 资产负债表日，应根据“库存现金”“银行存款”和“其他货币资金”三个总账账户的期末余额合计数填列资产负债表“货币资金”项目。（2016 年）（　　）
4. 所有者权益变动表是反映构成所有者权益各组成部分当期增减变动情况的报表。（2017 年、2015 年）（　　）
5. 资产负债表类“在建工程”项目的期末余额，应根据“在建工程”的总账科目和明细账科目期末余额部分分析计算填列。（2020 年）（　　）
6. 所有者权益变动表能够反映所有者权益各组成部分当期增减变动情况，有助于报表使用者理解所有者权益增减变动的原因。（　　）
7. 企业股东大会审议批准的利润分配方案中应分配的现金股利，在支付前不作账务处理，但应在报表附注中披露。（2010 年）（　　）
8. 所有者权益变动表中本年年末未分配利润的金额与资产负债表中年末的未分配利润的金额一样。（2018 年）（　　）
9. 企业所有者权益变动表中的“综合收益总额”项目，应根据企业当年的“净利润”和“其他综合收益的税后净额”的合计数计算填列。（　　）
10. 资产负债表中，“预收款项”项目根据“预收账款”和“应收账款”账户所属各明细账户的期末贷方余额合计数填列。（　　）

四、不定项选择题

（一）背景与情境：某公司 2020 年期末有关账户的余额如表 6-9 所示。

表 6-9　　**2020 年期末有关账户的余额**　　单位:元

账户	借方余额	贷方余额
库存现金	20 000	
银行存款	600 000	
材料采购	15 000	
原材料	200 000	
库存商品	500 000	
生产成本	8 000	
预付账款	6 000	
其中:A 公司	36 000	
B 公司		30 000
其他应收款	30 000	
应收账款	50 000	
其中:C 公司	100 000	
D 公司		50 000
预收账款		150 000
其中:E 公司		250 000
F 公司	100 000	
应付账款		30 000
其中:H 公司	60 000	
G 公司		90 000

要求:根据上述资料,回答下列各小题。

1. 2020 年 12 月 31 日资产负债表上应填列的货币资金金额为(　　)元。

A. 20 000　　B. 600 000　　C. 580 000　　D. 620 000

2. 2020 年 12 月 31 日资产负债表上应填列的应收账款金额为(　　)元。

A. 100 000　　B. −100 000　　C. 200 000　　D. −200 000

3. 2020 年 12 月 31 日资产负债表上应填列的预付款项金额为(　　)元。

A. 36 000　　B. 60 000　　C. 96 000　　D. −96 000

4. 2020 年 12 月 31 日资产负债表上应填列的其他应收款金额为(　　)元。

A. 10 000　　B. −10 000　　C. 30 000　　D. −30 000

5. 2020 年 12 月 31 日资产负债表上应填列的存货金额为(　　)元。

A. 215 000　　B. 715 000　　C. 700 000　　D. 723 000

(二) 背景与情境:2020 年 6 月 1 日,龙达有限责任公司“应收账款”账户借方余额为 560 000 元,两个所属明细账户的余额分别为:“W 企业”借方余额 300 000 元,“M 企业”借方余额 260 000 元。6 月 10 日,龙达有限责任公司收到 W 企业归还的账款 200 000 元,存入银行;6 月 16 日,龙达有限责任公司向 M 企业销售一批商品,开出的增值税专用发票上标明价款 100 000 元,增值税额 13 000 元,商品已发出,款项尚未收到。

要求:根据上述资料,回答下列各小题。

1. 关于 2020 年 6 月 10 日龙达有限责任公司的应收账款,下列表述中,正确的是(　　)。

A.“应收账款——W企业”明细账借方余额为100 000元

B.“应收账款——W企业”明细账借方余额为300 000元

C.“应收账款”总账借方余额为360 000元

D. 应收账款所有明细账借方余额之和为360 000元

2. 关于2020年6月份龙达有限责任公司“应收账款”明细账发生额，下列表述中，正确的是(　　)。

A.“应收账款——W企业”明细账户借方发生额200 000元

B.“应收账款——W企业”明细账户贷方发生额200 000元

C.“应收账款——M企业”明细账户借方发生额100 000元

D.“应收账款——M企业”明细账户借方发生额113 000元

3. 关于2020年6月份龙达有限责任公司“应收账款”总账，下列表述中，正确的是(　　)。

A.“应收账款”总账本月借方发生额为316 000元

B.“应收账款”总账本月借方发生额为113 000元

C.“应收账款”总账本月贷方发生额为200 000元

D.“应收账款”总账6月月末借方余额为476 000元

4. 下列各项中，应在资产负债表“应收账款”项目列示的是(　　)。

A.“预付账款”账户所属明细科目的借方余额

B.“应收账款”账户所属明细科目的借方余额

C.“应收账款”账户所属明细科目的贷方余额

D.“预付账款”账户所属明细科目的贷方余额

5. M企业应计入“应收账款”明细账户借方的金额是(　　)元。

A. 100 000　　B. 113 000　　C. 300 000　　D. 216 000

(三) 背景与情境：某企业2019年和2020年发生的有关固定资产业务如下：

(1) 2019年12月20日，甲公司向乙公司一次购进3台不同型号且具有不同生产能力的A设备、B设备和C设备，共支付价款4 000万元，增值税额为520万元，包装费及运输费30万元，另支付A设备安装费18万元，B设备、C设备不需要安装，同时，支付购置合同签订、差旅费等相关费用2万元，全部款项已由银行存款支付。

(2) 2019年12月28日3台设备均达到预定可使用状态，3台设备的公允价值分别为2 000万元、1 800万元和1 200万元。该公司按每台设备公允价值的比例对支付的价款进行分配，并分别确定其入账价值。

(3) 3台设备预计的使用年限均为5年，预计净残值率为2%，使用双倍余额递减法计提折旧。

(4) 2020年3月份，支付A设备、B设备和C设备日常维修费用分别为1.2万元，0.5万元和0.3万元。

(5) 2020年12月31日，对固定资产进行减值测试，发现B设备实际运行效率和生产能力验证以完全达到预计的状况，存在减值迹象，其预计可收回金额低于账面价值的差额为120万元，其他各项固定资产未发生减值迹象。

要求：根据上述资料，不考虑其他因素，回答下列各小题。

1. 根据资料(1)和资料(2)，下列关于固定资产取得的会计处理表述中，正确的是(　　)。

A. 固定资产应按公允价值进行初始计量

B. 支付的相关增值税税额不应计入固定资产的取得成本

C. 固定资产取得成本与其公允价值差额应计入当期损益

D. 购买价款、包装费、运输费、安装费等费用应计入固定资产的取得成本

2. 根据资料(1)和资料(2)，下列各项计算结果中，正确的是(　　)。

A. A设备的入账价值为1 612万元

B. B设备的入账价值为1 450.8万元

C. C设备的入账价值为967.2万元

D. A设备分配购进固定资产总价款的比例为40%

3. 根据资料(1) 和资料(2)，固定资产购置业务引起下列账户增减变动中，正确的是(　　)。

A. “银行存款”减少 4 050 万元

B. “管理费用”增加 2 万元

C. “制造费用”增加 2 万元

D. “应交税费——应交增值税(进项税额)”增加 520 万元

4. 根据资料(3)，下列各项关于甲公司固定资产折旧表述中，正确的是(　　)。

A. 前 3 年计提折旧所使用的折旧率为 40%

B. A 设备 2019 年度应计提折旧额为 652 万元

C. B 设备 2019 年度应计提折旧额为 580.32. 万元

D. 计提前 3 年折旧额时不需要考虑残值的影响

5. 根据资料(5)，甲公司计提资产减值准备对其利润表项目的影响是(　　)。

A. 资产减值损失增加 120 万元

B. 营业利润减少 120 万元

C. 利润总额减少 120 万元

D. 净利润减少 120 万元

(四) 背景与情境：甲公司为增值税一般纳税人，适用的增值税税率为 13%，所得税税率为 25%，假定销售商品、原材料和提供劳务均符合收入确认条件，其成本在确认收入时逐笔结转，商品、原材料售价中不含增值税。2019 年，甲公司发生如下交易或事项：

(1) 5 月 2 日，向乙公司销售一批商品，按商品标价计算的金额为 200 万元。该批商品实际成本为 150 万元。由于是成批销售，甲公司给予乙公司 10% 的商业折扣并开具了增值税专用发票，并在销售合同中规定现金折扣条件为“2/10，1/20，n/30”，甲公司已于当日发出商品，乙公司于 5 月 15 日付款，假定计算现金折扣时不考虑增值税。

(2) 7 月 5 日，甲公司由于产品质量原因对上月出售给丙公司的一批商品按售价给予 10% 的销售折让，该批商品售价为 300 万元，增值税额为 39 万元，货款已结清。经认定，甲公司同意给予折让并以银行存款退还折让款，同时开具红字增值税专用发票。

(3) 9 月 20 日，销售一批材料，增值税专用发票上注明的售价为 15 万元，增值税额为 1.95 万元。款项已由银行收妥。该批材料的实际成本为 10 万元。

(4) 10 月 5 日，承接一项设备安装劳务，合同期为 6 个月，合同总收入为 120 万元，已经预收 80 万元，余额在设备安装完成时收回。采用完工百分比法确认劳务收入。完工率按照已发生成本占估计总成本的比例确定，至 2019 年 12 月 31 日已发生的成本为 50 万元，预计完成劳务还将发生成本 30 万元。

(5) 11 月 10 日，向本公司行政管理人员发放自产产品作为福利。该批产品的实际成本为 8 万元，市场售价为 10 万元。

(6) 12 月 20 日，收到国债利息收入 59 万元，以银行存款支付销售费用 5.5 万元，支付税收滞纳金 2 万元。

要求：根据上述资料，不考虑其他因素，回答下列各小题(答案中的金额单位用万元表示)。

1. 根据资料(1)，下列各项关于会计处理结果中，正确的是(　　)。

A. 5 月 2 日，甲公司应确认销售商品收入 180 万元

B. 5 月 2 日，甲公司应确认销售商品收入 176 万元

C. 5 月 15 日，甲公司应确认财务费用 2 万元

D. 5 月 15 日，甲公司应确认财务费用 1.8 万元

2. 根据资料(2)至资料(5)，下列各项关于会计处理中，正确的是(　　)。

A. 7 月 5 日，甲公司发生销售折让时的会计分录：

借：主营业务收入	30.0	
应交税费——应交增值税(销项税额)	3.9	
贷：银行存款		33.9

B. 9 月 20 日，甲公司销售材料时的会计分录：

借：银行存款	16.95	
贷：其他业务收入		15.00
应交税费——应交增值税(销项税额)		1.95

借:其他业务成本　　10
　　贷:原材料　　10

C. 11 月 10 日,甲公司向本公司行政管理人员发放自产产品时的会计分录:

借:管理费用　　11.3
　　贷:应付职工薪酬　　11.3
借:应付职工薪酬　　11.3
　　贷:主营业务收入　　10.0
　　　　应交税费——应交增值税(销项税额)　　1.3
借:主营业务成本　　8
　　贷:库存商品　　8

D. 12 月 31 日,甲公司确认劳务收入,结转劳务成本的会计分录:

借:预收账款　　75
　　贷:主营业务收入　　75
借:主营业务成本　　50
　　贷:劳务成本　　50

3. 根据资料(1)至资料(5),甲公司 2019 年年度利润表中"营业成本"项目的金额是(　　)万元。

A. 168　　B. 200　　C. 208　　D. 218

4. 根据资料(1)至资料(6),下列各项关于甲公司 2019 年期间费用和营业利润计算结果中,正确的是(　　)。

A. 期间费用为 7.3 万元　　B. 期间费用为 18.9 万元

C. 营业利润为 13 万元　　D. 营业利润为 72.1 万元

5. 根据资料(1)至资料(6),下列各项关于甲公司 2019 年年度利润表中"所得税费用"和"净利润"项目的计算结果中,正确的是(　　)。

A. 所得税费用 3.275 万元　　B. 净利润 66.725 万元

C. 所得税费用 17.5 万元　　D. 净利润 52.5 万元

(五) 背景与情境:龙达有限责任公司 2019 年 12 月 31 日,"主营业务收入"账户贷方发生额为 500 000 元,"主营业务成本"账户借方发生额为 300 000 元,"其他业务收入"账户贷方发生额为 100 000 元,"其他业务成本"账户借方发生额为 50 000 元,"税金及附加"账户借方发生额为 10 000 元,"销售费用"账户借方发生额为 8 000 元,"管理费用"账户借方发生额为 7 000 元,"财务费用"账户借方发生额为 1 000 元,"资产减值损失"账户借方发生额 2 000 元,"投资收益"账户贷方发生额为 10 000 元(无借方发生额),"营业外收入"账户贷方发生额为 60 000 元,"营业外支出"账户借方发生额为 20 000 元,"所得税费用"账户借方发生额为 68 000 元。

要求:根据上述资料,不考虑其他因素,回答下列各小题。

1. 营业收入为(　　)元。

A. 600 000　　B. 500 000　　C. 100 000　　D. 400 000

2. 营业成本为(　　)元。

A. 300 000　　B. 50 000　　C. 250 000　　D. 350 000

3. 营业利润为(　　)元。

A. 250 000　　B. 232 000　　C. 243 000　　D. 234 000

4. 利润总额为(　　)元。

A. 234 000　　B. 270 000　　C. 272 000　　D. 240 000

5. 净利润为(　　)元。

A. 240 000　　B. 270 000　　C. 234 000　　D. 204 000

项目七 管理会计基础

知识目标

了解:管理会计工具方法。

熟悉:产品成本核算的要求及账户设置;产品成本计算的品种法、分批法、分步法。

掌握:管理会计的概念和目标;管理会计要素和管理会计体系的构成;管理会计的应用原则和应用主体;产品成本核算的一般程序;产品成本核算对象的确定、成本项目的设置;各种要素费用的归集和分配;生产费用在完工产品和在产品之间的归集和分配。

技能目标

能用所学的实务知识规范"管理会计基础"相关技能活动。

素质目标

运用所学的管理会计基础理论与实务知识研究相关案例,培养和提高学生在特定业务情境中分析问题与决策设计的能力;能结合"管理会计基础"教学内容,结合行业规范或标准,分析会计行为的善恶,强化学生的职业道德素质,从而做到学思用贯通,知信行统一。

项目引例

企业产品成本的核算

背景与情境:盛大企业下设一个基本生产车间,该车间分两个生产步骤大量大批地生产A产品。其中第一生产步骤生产完成的半成品直接转入第二生产步骤继续加工成A产品。

问题1:该企业的生产类型属于哪种?

问题2:若该企业管理上要求分步计算产品成本,请问该企业应选择哪种产品成本核算方法?

问题3:若管理上要求分步计算产品成本,请问成本计算对象如何确定?生产成本明细账如何设置?

引例解析

引例导学

什么是企业管理会计?管理会计的职能——预测经济前景、参与经济决策、规划经济目标、控制经营过程、考评经营业绩。管理会计目标——在提高资源利用效率的基础上,实现企业利润更大化。管理会计的内容——预测分析、决策分析、编制预算(计划)、成本控制、业绩考评。其核心是管理会计目标,也就是管理会计实践活动最终所期望达到的结果,换句话说:"就是以尽可能少的投入,去赚取更多的利润。"

知识精讲

任务一 管理会计概述

一、管理会计概念和目标

管理会计是将现代化管理与会计融为一体,为企业的管理者提供管理信息的会计,它是企业管理信息系统的一个子系统。作为一门新兴的学科和会计的一个新兴领域,从20世纪初以来,管理会计得到了迅速发展,在理论与实践上都取得了丰硕成果。

管理会计是会计的重要分支,主要服务于单位(包括企业和行政事业单位,下同)内部管理需要，是通过利用相关信息，有机整合财务与业务活动，在单位规划、决策、控制和评价等方面发挥重要作用的管理活动。

2014年10月，财政部印发了《关于全面推进管理会计体系建设的指导意见》(以下简称《指导意见》)，明确提出了全面推进管理会计体系建设的指导思想、基本原则、主要目标、主要任务和措施等，为我国管理会计发展规划了蓝图、指明了方向。围绕管理会计能干什么，即管理会计的职能——“预测经济前景，参与经济决策，规划经济目标，控制经营过程，考评经营业绩”而展开。

管理会计与财务会计特点比较，如表7-1所示。

表7-1　　管理会计与财务会计特点比较

项目	管理会计	财务会计
服务对象	为单位内部管理人员服务，提供有效经营和最优化决策的各种财务与管理信息，属于“对内报告会计”。	侧重于对外部相关单位和人员服务并提供财务信息，属于“对外报告会计”。
职能定位	重在“创造价值”，它渗透于单位管理的全过程，属于“经营管理型会计”。它既要对财务会计信息进一步加工、改制和延伸，以解析过去、筹划未来，又要及时修正单位预算执行过程中出现的偏差，控制现在，还要充分利用所掌握的资料进行定量分析，帮助管理部门提高预测与决策的科学性，更好地筹划未来。	“记录价值”；通过确认、计量、记录和报告等程序对单位已经发生的交易或事项进行加工处理，提供并解释历史信息，属于“报账型会计”。
程序与方法	管理会计采用的程序与方法灵活多样，具有较大的可选择性。	财务会计有填制凭证、登记账簿、编制报表等较固定的程序与方法。

二、管理会计体系

中国特色的管理会计体系是一个由理论、指引、人才、信息化加服务市场构成的“4+1”的管理会计有机系统。《财政部关于全面推进管理会计体系建设的指导意见》提出，要加强管理会计标准建设，形成以管理会计基本指引为统领、以管理会计应用指引为具体指导、以管理会计案例示范为补充的管理会计指引体系，为单位提供有力的抓手，确保管理会计工具方法在单位中的应用效果，达到提升单位价值创造力的目标。

管理会计指引体系包括基本指引、应用指引和案例库。

(一)管理会计基本指引

管理会计基本指引在管理会计指引体系中起统领作用，是制定应用指引和建设案例库的基础。基本指引是将管理会计普遍规律上升到标准，是对管理会计基本概念、基本原则、基本方法、基本目标等内容的总结、提炼。但是，不同于企业会计准则基本准则，管理会计基本指引只是对管理会计普遍规律和基本认识的总结升华，并不对应用指引中未作出描述的新问题提供处理依据。

(二)管理会计应用指引

在管理会计指引体系中，应用指引居于主体地位，是对单位管理会计工作的具体指导。管理会计应用指引既遵循基本指引，也体现了实践特点；既形成一批普遍适用、具有广泛指导意义的基本工具方法，也有特殊行业的应用指引；既考虑了企业，也考虑了行政事业单位。

(三)管理会计案例库

案例库是对国内外管理会计经验的总结提炼，是对如何运用管理会计应用指引的实例示范。

建立管理会计案例库，为单位提供直观的参考借鉴，是管理会计指引体系指导实践的重要内容和有效途径，也是管理会计体系建设区别于企业会计准则体系建设的一大特色。

三、管理会计要素及具体内容

单位应用管理会计，应包括应用环境、管理会计活动、工具方法、信息与报告四项管理会计要素。

（一）应用环境

管理会计应用环境是单位应用管理会计的基础。单位应用管理会计，应充分了解和分析其应用环境，包括外部环境和内部环境。外部环境主要包括国内外经济、市场、法律、行业等因素，内部环境主要包括与管理会计建设和实施相关的价值创造模式、组织架构、管理模式、资源、信息系统等因素。

（1）价值创造模式。单位应准确分析和把握价值创造模式，推动财务与业务等的有机融合。

（2）组织架构。单位应根据组织架构的特点，建立健全能够满足管理会计活动所需的由财务、业务等相关人员组成的管理会计组织体系。有条件的单位可以设置管理会计机构，组织开展管理会计工作。

（3）管理模式。单位应根据管理模式确定责任主体，明确各层级以及各层级内的部门、岗位之间的管理会计责任权限，制订管理会计实施方案，以落实管理会计责任。

（4）资源。单位应从人力、财力、物力等方面做好资源保障工作，加强资源整合，提高资源利用效率效果，确保管理会计工作顺利开展。单位应注重管理会计理念、知识培训，加强管理会计人才培养。

（5）信息系统。单位应将管理会计信息化需求纳入信息系统规划，通过信息系统整合、改造或新建等途径，及时，高效地提供和管理相关信息，推进管理会计的实施。

（二）管理会计活动

管理会计活动是单位管理会计工作的具体开展，是单位利用管理会计信息，运用管理会计工具方法，在规划、决策、控制、评价等方面服务于单位管理需要的相关活动。在了解和分析其应用环境的基础上，单位应将管理会计活动嵌入规划、决策、控制、评价等环节，形成完整的管理会计闭环。

（1）在规划环节，单位应用管理会计，需做好相关信息支持，参与战略规划报订，从支持其定位、目标设定、实施方案选择等方面，为单位合理制定战略规划提供支撑。

（2）在决策环节，单位应用管理会计，需融合财务和业务等活动，及时充分提供和利用相关信息，支持单位各层级根据战略规划作出决策。

（3）在控制环节，单位应用管理会计，需设定定量或定性标准，强化分析、沟通、协调、反馈等控制机制，支持和引导单位持续高质高效地实施单位战略规划。

（4）在评价环节，单位应用管理会计，需合理设计评价体系，基于管理会计信息等，评价单位战略规划实施情况，并以此为基础进行考核，完善激励机制；同时，对管理会计活动进行评估和完善，以持续改进管理会计应用。

（三）工具方法

管理会计工具方法是实现管理会计目标的具体手段，是单位应用管理会计时所采用的战略地图、滚动预算管理、作业成本管理、本量利分析、平衡计分卡等模型、技术、流程的统称。管理会计工具方法具有开放性，随着实践发展不断丰富完善。单位应用管理会计，应结合自身实际情况，根据管理特点和实践需要选择适用的管理会计工具方法，并加强管理会计工具方法的系统化、集成化应用。

管理会计工具方法主要应用于以下领域：战略管理、预算管理、成本管理、营运管理、投融资管理、绩效管理、风险管理等。

1. 战略管理领域应用的工具方法

战略管理，是指对企业全局的、长远的发展方向、目标、任务和政策，以及资源配置作出决策和管理的过程。战略管理领域应用的管理会计工具方法一般包括战略地图、价值链管理等。

战略地图，是指为描述企业各维度战略目标之间因果关系而绘制的可视化的战略因果关系图。战略地图通常以财务、客户、内部业务流程、学习与成长四个维度为主要内容，通过分析各维度的相互关系，绘制战略因果关系图。企业可根据自身情况对各维度的名称、内容等进行修改和调整。

2. 预算管理领域应用的工具方法

预算管理，是指企业以战略目标为导向，通过对未来一定期间内的经营活动和相应的财务结果进行全面预测和筹划，科学、合理配置企业各项财务资源和非财务资源，并对执行过程进行监督和分析，对执行结果进行评价和反馈，指导经营活动的改善和调整，进而推动实现企业战略规划的管理活动。预算管理领域应用的管理会计工具方法，一般包括滚动预算、零基预算、弹性预算、作业预算等。

1）滚动预算

滚动预算，是指企业根据上一期预算执行情况和新的预测结果，按既定的预算编制周期和滚动频率，对原有的预算方案进行调整和补充，逐期滚动，持续推进的预算编制方法。滚动预算一般由中期滚动预算和短期滚动预算组成。中期滚动预算的预算编制周期通常为3年或5年，以年度作为预算滚动频率。短期滚动预算通常以1年为预算编制周期，以月度、季度作为预算滚动频率。

2）零基预算

零基预算，是指企业不以历史期经济活动及其预算为基础，以零为起点，从实际需要出发分析预算期经济活动的合理性，经综合平衡，形成预算的预算编制方法。零基预算是相对于增量预算的一种预算编制方法，适用于企业各项预算的编制，特别是不经常发生的预算项目或预算编制基础变化较大的预算项目。

3）弹性预算

弹性预算，是指企业在分析业务量与预算项目之间数量依存关系的基础上，分别确定不同业务量及其相应预算项目所消耗资源的预算编制方法。弹性预算是相对于固定预算的一种编制方法，适用于企业各项预算的编制，特别是市场、产能等存在较大不确定性，且其预算项目与业务量之间存在明显的数量依存关系的预算项目。

4）作业预算

作业预算，是指基于“作业消耗资源、产出消耗作业”的原理，以作业管理为基础的预算管理方法。作业预算主要适用于具有作业类型较多且作业链较长、管理层对预算编制的准确性要求较高、生产过程多样化程度较高，以及间接或辅助资源费用所占比重较大等特点的企业。

3. 成本管理领域应用的工具方法

成本管理，是指企业在营运过程中实施成本预测、成本决策、成本计划、成本核算、成本分析和成本考核等一系列管理活动的总称。成本管理领域应用的管理会计工具方法一般包括目标成本法、标准成本法、变动成本法、作业成本法等。

1）目标成本法

目标成本法，是指企业以市场为导向，以目标售价和目标利润为基础确定产品的目标成本，从产品设计阶段开始，通过各部门、各环节乃至与供应商的通力合作，共同实现目标成本的成本管理方法。目标成本法主要适用于制造业企业产品改造以及产品开发设计中的成本管理，在物流、建筑、服务等行业也有应用。

2）标准成本法

标准成本法，是指企业以预先制定的标准成本为基础，通过比较标准成本与实际成本，计算和分析成本差异、揭示成本差异动因，进而实施成本控制、评价经济业绩的一种成本管理方法。标准成本，是指在正常的生产技术水平和有效的经营管理条件下，企业经过努力应达到的产品成本水平。成本差异，是指实际成本与相应标准成本之间的差额。当实际成本大于标准成本时，形成超支差异；当实际成本小于标准成本时，形成节约差异。

标准成本法一般适用于产品及其生产条件相对稳定，或生产流程与工艺标准化程度较高的企业。

3）变动成本法

变动成本法，是指企业以成本性态分析为前提条件，仅将生产过程中消耗的变动生产成本作为产品成本的构成内容，而将固定生产成本和非生产成本作为期间成本，直接由当期收益予以补偿的一种成本管理方法。

成本性态，是指成本与业务量之间的相互依存关系。成本按照成本性态划分，可分为固定成本、变动成本和混合成本。固定成本，是指业务量在一定范围内增减变动，其总额保持不变，但单位成本随着业务量增加而相对减少的成本。变动成本，是指业务量在一定范围内增减变动，其总额发生相应的正比例变动，而单位成本保持不变的成本。混合成本，是指总额随业务量变动但不呈正比例变动的成本。

变动成本法主要适用于同时具备下列特征的企业：短期经营决策发生较为频繁；企业固定成本比重较大，企业规模大，产品或服务的种类多，固定成本分摊存在较大困难；企业作业保持相对稳定。

4）作业成本法

作业成本法，是指以“作业消耗资源、产出消耗作业”为原则，按照资源动因将资源费用追溯或分配至各项作业，计算出作业成本，然后再根据作业动因，将作业我本追溯或分配至各成本对象，最终完成成本计算的过程。

(1) 资源费用，是指企业在一定期间内开展经济活动所发生的各项资源耗费。资源费用既包括各种房屋及建筑物、设备、材料、商品等各种有形资源的耗费，也包括信息、知识产权、土地使用权等各种无形资源的耗费，还包括人力资源耗费以及其他各种税费支出等。

(2) 作业，是指企业基于特定目的重复执行的任务或活动，是连接资源和成本对象的桥梁。一项作业既可以是一项非常具体的任务或活动，也可以泛指一类任务或活动。按消耗对象不同，作业可分为主要作业和次要作业。主要作业，是指被产品、服务或顾客等最终成本对象消耗的作业。次要作业，是指被原材料、主要作业等介于中间地位的成本对象消耗的作业。

(3) 成本对象，是指企业追溯或分配资源费用、计算成本的对象物。成本对象可以是工艺、流程、零部件、产品、服务、分销渠道、客户、作业、作业链等需要计量和分配成本的项目。

(4) 成本动因，是指诱导成本发生的原因，是成本对象与其直接关联的作业和最终关联的资源之间的中介。按其在资源流动中所处的位置和作用，成本动因可分为资源动因和作业动因。

作业成本法主要适用于作业类型较多且作业链较长，同一生产线生产多种产品，企业规模较大且管理层对产品成本准确性要求较高，产品、顾客和生产过程多样化程度较高以及间接或辅助资源费用所占比重较大等情况的企业。

4. 营运管理领域应用的工具方法

营运管理，是指为了实现企业战略和营运目标，各级管理者通过计划、组织、指挥、协调、控制、激励等活动，实现对企业生产经营过程中的物料供应、产品生产和销售等环节的价值增值管理。营运管理领域应用的管理会计工具方法般包括本量利分析、敏感性分析、边际分析和标杆管理等。

1）本量利分析

本量利分析，是指以成本性态分析和变动成本法为基础，运用数学模型和图示，对成本、利润、业务量与单价等因素之间的依存关系进行分析，发现变动的规律性，为企业进行预测、决策、计划和控制等活动提供支持的一种方法。其中，“本”，是指成本，包括固定成本和变动成本；“量”，是指业务量，一般指销售量；“利”一般指营业利润。

本量利分析的基本公式如下：

$$营业利润=(单价-单位变动成本)\times 业务量-固定成本$$

本量利分析主要用于企业生产决策、成本决策和定价决策，也可以广泛地用于投融资决策等。企业在营运计划的制定、调整以及营运监控分析等程序中通常会应用到本量利分析。

2）敏感性分析

敏感性分析，是指对影响目标实现的因素变化进行量化分析，以确定各因素变化对实现目标的影响及其敏感程度。敏感性分析可以分为单因素敏感性分析和多因素敏感性分析。

敏感性分析工具具有广泛适用性，主要用于短期营运决策、长期投资决策等相关风险的识别、控制和防范。

3）边际分析

边际分析，是指分析某可变因素的变动引起其他相关可变因素变动的程度的方法，以评价既定产品或项目的获利水平，判断盈亏临界点，提示营运风险，支持营运决策。

企业在营运管理中，通常在进行本量利分析、敏感性分析的同时应用边际分析工具方法。企业在营运计划的制订、调整以及营运监控分析等程序中通常会应用到边际分析。

4）内部转移定价

内部转移定价，是指企业内部转移价格的制定和应用方法。内部转移价格，是指企业内部分公司、分厂、车间、分部等责任中心之间相互提供产品（或服务）、资金等内部交易时所采用的计价标准。责任中心，是指企业内部独立提供产品（或服务）、资金等的责任主体。

企业应用内部转移定价工具方法的主要目标，是界定各责任中心的经济责任，计量其绩效，为实施激励提供可靠依据。内部转移定价主要适用于具有一定经营规模、业务流程相对复杂、设置了多个责任中心且责任中心之间存在内部供求关系的企业。

5）多维度盈利能力分析

多维度盈利能力分析，是指企业对一定期间内的经营成果，按照区域、产品、部门、客户、渠道、员工等维度进行计量，分析盈亏动因，从而支持企业精细化管理、满足内部营运管理需要的一种分析方法。多维度盈利能力分析主要适用于市场竞争压力较大、组织结构相对复杂或具有多元化产品（或服务）体系的企业。企业应用多维度盈利能力分析，还应具备一定的信息化程度和管理水平。

5. 投融资管理领域应用的工具方法

投融资管理包括投资管理和融资管理。投资管理，是指企业根据自身战略发展规划，以企业价值最大化为目标，将资金投入营运过程中的管理活动。融资管理，是指企业为实现既定的战略目标，在风险匹配的原则下，对通过一定的融资方式和渠道筹集资金的管理活动。投融资管理领域应用的管理会计工具方法一般包括贴现现金流法、项目管理、情景分析、约束资源优化等。

1）贴现现金流法

贴现现金流法，是以明确的假设为基础，选择恰当的贴现率对预期的各期现金流入、流出进行贴现，通过贴现值的计算和比较，为财务合理性提供判断依据的价值评估方法。

贴现现金流法一般适用于在企业日常经营过程中，与投融资管理相关的资产价值评估、企业估值和项目投资决策等。贴现现金流法也适用于其他价值评估方法不适用的企业，包括正在经历重大变化的企业，如债务重组、重大转型、战略性重新定位、亏损或者处于开办期的企业等。

2）项目管理

项目管理，是指通过项目各参与方的合作，运用专门的知识、工具和方法，对各项资源进行计划、组织、协调、控制，使项目能够在规定的时间、预算和质量范围内，实现或超过既定目标的管理活动。项目管理的工具方法一般包括净值法、成本效益法、价值工程法等。

企业应用项目管理工具方法，一般按照可行性研究、项目立项、项目计划、项目实施、项目验收和项目后评价等程序进行。

3）情景分析

情景分析，是指在对企业经营管理中未来可能出现的相关事件情景进行假设的基础上，结合企业管理要求，通过模拟等技术，分析相关方案发生的可能性、相应后果和影响，以作出最佳决策的方法。

情景分析一般适用于企业的投融资决策，也可用于战略目标制定、风险评估等。

4）约束资源优化

约束资源优化，是指企业通过识别制约其实现生产经营目标的瓶颈资源，并对相关资源进行改善和调整，以优化企业资源配置、提高企业资源使用效率的方法。

约束资源，是指企业拥有的实际资源能力小于需要的资源能力的资源，即制约企业实现生产经营目标的瓶颈资源，如流动资金、原材料、劳动力、生产设备、技术等要素及要素投入的时间安排等。

约束资源优化一般适用于企业的投融资管理和营运管理等领域。

6. 绩效管理领域应用的工具方法

绩效管理，是指企业与下级单位（部门）、员工之间就业绩目标及如何实现业绩目标达成共识，并帮助和激励员工取得优异业绩，从而实现企业目标的管理过程。绩效管理的核心是业绩评价和激励管理。绩效管理领域应用的管理会计工具方法一般包括关键绩效指标法、经济增加值法、平衡计分卡、绩效棱柱模型等。

1）关键绩效指标法

关键绩效指标法，是指基于企业战略目标，通过建立关键绩效指标（Key Performance Indicator，KPI）体系，将价值创造活动与战略规划目标有效联系，并据此进行绩效管理的方法。

关键绩效指标，是对企业业绩产生关键影响力的指标，是通过对企业战略规划、关键成果领域的业绩特征分析，识别和提炼出的最能有效地驱动企业价值创造的指标。

关键绩效指标法可单独使用，也可与经济增加值法、平衡计分卡等其他方法结合使用。关键绩效指标法的应用对象可为企业、下级单位（部门）和员工。

2）经济增加值法

经济增加值法，是指以经济增加值（Economic Value Added，EVA）为核心，建立业绩指标体系，引导企业注重价值创造，并据此进行绩效管理的方法。

经济增加值，是指税后净营业利润扣除全部投资资本的成本后的剩余收益。经济增加值及其改善值是全面评价经营者有效使用资本和为企业创造价值的重要指标。经济增加值为正，表明经营者在为企业创造价值；经济增加值为负，表明经营者在损毁企业价值。

经济增加值法较少单独使用，一般与关键绩效指标法、平衡计分卡等其他方法结合使用。企业应用经济增加值法进行绩效管理的对象，可为企业及其所属单位（部门）和高级管理人员。

3）平衡计分卡

平衡计分卡，是指基于企业战略，从财务、客户、内部业务流程、学习与成长四个维度，将战略规划目标逐层分解转化为具体的、相互平衡的业绩指标体系，并据此进行绩效管理的方法。平衡计分卡通常与战略地图等其他工具结合使用。

平衡计分卡适用于战略规划目标明确、管理制度比较完善、管理水平相对较高的企业。平衡计分卡的应用对象可为企业、所属单位（部门）和员工。

4）绩效棱柱模型

绩效棱柱模型，是指从企业利益相关者角度出发，以利益相关者满意为出发点，利益相关者贡献为落脚点，以企业战略、业务流程、组织能力为手段，用棱柱的五个构面构建三维绩效评价体系，并据此进行绩效管理的方法。

绩效棱柱模型适用于管理制度比较完善，业务流程比较规范，管理水平相对较高的大中型企业。绩效棱柱模型的应用对象可为企业和企业各级所属单位（部门）。

7. 风险管理领域应用的工具方法

风险管理，是指企业为实现风险管理目标，对企业风险进行有效识别、评估、预警和应对等管理活动的过程。风险管理领域应用的管理会计工具方法一般包括风险矩阵、风险清单等。企业可结合自身的风险管理目标和实际情况，单独或综合应用不同风险管理工具方法。

（1）风险矩阵，是指按照风险发生的可能性和风险发生后果的严重程度，将风险绘制在矩阵图中，展示风险及其重要性等级的风险管理工具方法。风险矩阵的基本原理是，根据企业风险偏好，判断并度量风险发生的可能性和后果严重程度，计算风险值，以此作为主要依据在矩阵中描绘出风险重要性等级。企业应用风险矩阵，应明确应用主体（企业整体、下属企业或部门），确定所要识别的风险，定义风险发生可能性和后果严重程度的标准，以及定义风险重要性等级及其表示形式。风险矩阵适用于表示企业各类风险重要性等级，也适用于各类风险的分析评价和沟通报告。

（2）风险清单，是指企业根据自身战略、业务特点和风险管理要求，以表单形式进行风险识别、风险分析、风险应对措施、风险报告和沟通等管理活动的工具方法。企业应用风险清单工具方法的主要目标是使企业从整体上了解自身风险概况和存在的重大风险，明晰各相关部门的风险管理责任，规范风险管理流程，并为企业构建风险预警和风险考评机制奠定基础。风险清单适用于各类企业及企业内部各个层级和各类型风险的管理。

（四）信息与报告

管理会计信息包括管理会计应用过程中的财务信息和非财务信息，是管理会计报告的基本元素。管理会计信息应相关、可靠、及时、可理解。管理会计报告是管理会计活动成果的重要表现形式，旨在为报告使用者提供满足管理需要的信息，是管理会计活动开展情况和效果的具体呈现。管理会计报告按期间可分为定期报告和不定期报告，按内容可分为综合性报告和专项报告等类别。单位可以根据管理需要和管理会计活动性质设定报告期间。一般应以公历期间作为报告期间，也可以根据特定需要设定报告期间。

四、管理会计应用原则和应用主体

管理会计应用原则，是指管理会计应用主体应用管理会计时应遵循的一般原则。管理会计应用原则包括：

（1）战略导向原则。管理会计的应用应以战略规划为导向，以持续创造价值为核心，促进企业可持续发展。

（2）融合性原则。管理会计应嵌入企业相关领域、层次、环节，以业务流程为基础，利用管理会计工具方法，将财务和业务等有机融合。

（3）适应性原则。管理会计的应用，应与企业应用环境和自身特征相适应。企业自身特征包括企业性质、规模、发展阶段、管理模式、治理水平等。

（4）成本效益原则。管理会计的应用应权衡实施成本和预期效益，合理、有效地推进管理会计应用。

管理会计应用主体视管理决策主体确定，可以是单位整体，也可以是单位内部的责任中心。

任务二　产品成本核算的要求和一般程序

产品成本，是指企业在生产产品（包括提供劳务）过程中所发生的材料费用、职工薪酬等，以及不能直接计入而按一定标准分配计入的各种间接费用。产品成本核算是对生产经营过程中实际发生的成本、费用进行计算，并进行相应的账务处理。成本核算一般是对成本计划执行的结果进行事后的反映。企业通过产品成本核算，一方面，可以审核各项生产费用和经营管理费用的支出，分析和考核产品成本计划的执行情况，促使企业降低成本和费用；另一方面，还可以为计算利润、进行成本和利润预测提供数据，有助于提高企业生产技术和经营管理水平。

企业生产类型不同、管理要求不同，对产品成本计算的影响也不同，这些都影响甚至决定着产品成本核算对象的确定。根据成本核算程序，成本核算对象的确定是产品成本计算的前提，在这些基础上，按照本项目所述在各成本核算对象之间分配和归集费用，然后在一个成本核算对象的完工产品和月末在产品之间分配和归集费用，计算各个成本核算对象的完工产品成本和月末在产品成本。

一、产品成本核算的要求

（一）做好各项基础工作

为进行成本核算，企业应当建立健全各项原始记录，并做好各项材料物资的计量、收发、领退、转移、报废和盘点工作，包括材料物资收发领用、劳动用工和工资发放、机器设备交付使用以及水、电、暖等消耗的原始记录，并做好相应的管理工作以及定额的制定和修订工作等。同时，产品成本计算，往往需要以产品原材料和工时的定额消耗量和定额费用作为分配标准，因此，也需要制定或修订材料、工时、费用的各项定额，使成本核算具有可靠的基础。

企业应当充分利用现代信息技术，编制、执行企业产品成本预算，对执行情况进行分析、考核，落实成本管理责任制，加强对产品生产事前、事中、事后的全过程控制，加强产品成本核算与管理各项基础工作。

（二）正确划分各种费用支出的界限

费用是企业在日常活动中发生的、会导致所有者权益减少的、与向所有者分配利润无关的经济利益的总流出。产品成本是为生产某种产品而发生的各种耗费的总和，通常是企业存货的构成内容。两者的区别在于：费用着重于按会计期间进行归集，一般以生产过程中取得的各种原始凭证为计算依据；成本着重于按产品进行归集，一般以成本计算单或成本汇总表及产品入库单等为计算依据，不包括期间费用。

为正确计算产品成本，必须正确划分以下五个方面的费用界限：

（1）正确划分收益性支出和资本性支出的界限。

（2）正确划分成本费用、期间费用和营业外支出的界限。

（3）正确划分本期费用与以后期间费用的界限。

（4）正确划分各种产品成本费用的界限。

（5）正确划分本期完工产品与期末在产品成本的界限。

上述五个方面费用的划分应当遵循受益原则，即谁受益谁负担、何时受益何时负担、负担费用应与受益程度呈正比。上述费用划分的过程，也是产品成本的计算过程。

（三）根据生产特点和管理要求选择适当的成本计算方法

产品成本的计算，关键是选择适当的产品成本计算方法。产品成本计算的方法必须根据产品的生产特点、管理要求及工艺过程等予以确定。否则，产品成本就会失去真实性，无法进行成本分析和考核。目前，企业常用的产品成本计算方法有品种法、分批法、分步法、分类法、定额法、标准成本法等。

（四）遵守一致性原则

企业产品成本核算采用的会计政策和会计估计一经确定，不得随意变更。在成本核算中，各种处理方法要前后一致，使前后各项的成本资料相互可比。比如，企业应根据企业会计准则的规定正确确定固定资产的折旧方法、使用年限、预计净残值、无形资产的摊销方法、摊销期限等。各种方法一经确定，应保持相对稳定，不得随意变更。

（五）编制产品成本报表

企业一般应当按月编制产品成本报表，全面反映企业生产成本、成本计划执行情况、产品成本及其变动情况等。企业可以根据自身管理要求，确定成本报表的具体格式和列报方式。

二、产品成本核算的一般程序

产品成本核算的一般程序，是指对企业在生产经营过程中发生的各项生产费用和期间费用，按照成本核算的要求，逐步进行归集和分配，最后计算出各种产品的生产成本和各项期间费用的过程。成本核算的一般程序如下：

（1）根据生产特点和成本管理的要求，确定成本核算对象。

（2）确定成本项目。企业计算产品生产成本，一般应当设置“原材料”“燃料和动力”“职工薪酬”“车间经费”四个成本项目。

（3）设置有关成本和费用明细账。如生产成本明细账、制造费用明细账、产成品和自制半成品明细账等。

（4）收集确定各种产品的生产量、入库量、在产品盘存量以及材料、工时、动力消耗等，并对所有已发生的费用进行审核。

（5）归集所发生的全部生产费用，并按照确定的成本计算对象予以分配，按成本项目计算各种产品的在产品成本、产成品成本和单位成本。

（6）结转产品销售成本。为了进行产品成本和期间费用核算，企业一般应设置“生产成本”“制造费用”“主营业务成本”“税金及附加”“销售费用”“管理费用”“财务费用”等科目。如果需要单独核算废品损失和停工损失，还应设置“废品损失”“停工损失”科目。

三、产品成本核算对象

（一）产品成本核算对象的概念

产品成本核算对象，是指确定归集和分配生产费用的具体对象，即生产费用承担的客体。成本核算对象的确定，是设立成本明细分类账户、归集和分配生产费用以及正确计算产品成本的前提。

成本核算程序

（二）成本核算对象的确定

由于产品工艺、生产方式、成本管理等要求不同，产品项目不等同于成本核算对象。企业应当根据生产经营特点和管理要求来确定成本核算对象。一般情况下，对制造企业而言：① 大批大量单步骤生产产品或管理上不要求提供有关生产步骤成本信息的，以产品品种为成本核算对象；② 小批单件生产产品的，以每批或每件产品为成本核算对象；③ 多步骤连续加工产品且管理上要求提供有关生产步骤成本信息的，以每种产品及各生产步骤为成本核算对象；④ 产品规格繁多的，可将产品结构、耗用原材料和工艺过程基本相同的各种产品，适当合并作为成本核算对象。成本核算对象确定后，各种会计、技术资料的归集应当与此一致，一般不应中途变更，以免造成成本核算不实、结算漏账和经济责任不清的弊端。

企业内部管理有相关要求的，还可以按照现代企业多维度、多层次的管理要求，确定多元化的产品成本核算对象。① 多维度，是指以产品的最小生产步骤或作业为基础，按照企业有关部门的生产流程及其相应的成本管理要求，利用现代信息技术，组合出产品维度、工序维度、车间班组维度、生产设备维度、客户订单维度、变动成本维度和固定成本维度等不同的成本核算对象。② 多层次，是指根据企业成本管理需要，划分为企业管理部门、工厂、车间和班组等成本管理层次。

四、产品成本项目

(一) 产品成本项目的概念

为具体反映计入产品生产成本的生产费用的各种经济用途，还应将其进一步划分为若干个项目，即产品生产成本项目，简称产品成本项目或成本项目。设置成本项目可以反映产品成本的构成情况，满足成本管理的目的和要求，有利于了解企业生产费用的经济用途，便于企业分析和考核产品成本计划的执行情况。

(二) 产品成本项目的设置

企业应当根据生产经营特点和管理要求，按照成本的经济用途和生产要素内容相结合的原则或者成本性态等设置成本项目。例如，对于制造企业而言，一般可设置“直接材料”“燃料及动力”“直接人工”“制造费用”等项目。

(1) 直接材料。直接材料，是指构成产品实体的原材料以及有助于产品形成的主要材料和辅助材料。包括原材料、辅助材料、备品配件、外购半成品、包装物、低值易耗品等费用。

(2) 燃料及动力。燃料及动力，是指直接用于产品生产的外购和自制的燃料和动力。

(3) 直接人工。直接人工，是指直接从事产品生产的工人的职工薪酬。

(4) 制造费用。制造费用，是指企业为生产产品和提供劳务而发生的各项间接费用。

由于生产的特点、各种生产费用支出的比重及成本管理和核算的要求不同，企业可根据具体情况，适当增加一些项目，如“废品损失”等成本项目。企业内部管理有相关要求的，还可以按照现代企业多维度、多层次的成本管理要求，利用现代信息技术对有关成本项目进行组合，输出有关成本信息。

任务三　产品成本的归集和分配

一、产品成本归集和分配的基本原则

企业所发生的生产费用，能确定由某一成本核算对象负担的，应当按照所对应的产品成本项目类别，直接计入产品成本核算对象的生产成本；由几个成本核算对象共同负担的，应当选择合理的分配标准分配计入。企业应当根据生产经营特点，以正常生产能力水平为基础，按照资源耗费方式确定合理的分配标准。具体可以体现为以下原则：

一是受益性原则，即谁受益、谁负担，负担多少视受益程度而定；

二是及时性原则，即要及时将各项成本费用分配给受益对象，不应将本应在上期或下期分配的成本费用分配给本期；

三是成本效益性原则，即成本分配所带来的效益要远大于分配成本；

四是基础性原则，即成本分配要以完整、准确的原始记录为依据；

五是管理性原则，即成本分配要有助于企业加强成本管理。

企业应当按照权责发生制的原则，根据产品的生产特点和管理要求结转成本。企业不得以计划成本、标准成本、定额成本等代替实际成本。企业采用计划成本、标准成本、定额成本等类似成本进行直接材料日常核算的，期末，应当将耗用直接材料的计划成本或定额成本等类似成本调整为实际成本。

企业内部管理有相关要求的，还可以利用现代信息技术，在确定多维度、多层次成本核算对象的基础上，对有关费用进行归集、分配和结转。

二、要素费用的归集和分配

制造业企业的生产费用按照经济内容可划分为以下要素费用：外购材料、外购燃料、外购动力、职工薪酬、折旧费、利息费用、税金和其他费用。按照要素费用分类核算制造业企业的费用，反映了制造业企业在一定时期内发生了哪些费用及其金额，可以用于分析各时期费用的构成和各要素费用所占的比重，进而分析考核各时期各种要素费用计划的执行情况。

（一）成本核算的科目设置

1.“生产成本”科目

该科目核算企业进行工业性生产发生的各项生产成本，包括生产各种产品（产成品、自制半成品等）、自制材料、自制工具、自制设备等。该科目借方反映所发生的各项生产费用，贷方反映完工转出的产品成本，期末借方余额反映尚未加工完成的各项在产品的成本。该科目应按产品品种等成本核算对象设置基本生产成本和辅助生产成本明细科目。基本生产成本应当分别按照基本生产车间和成本核算对象（产品的品种、类别、订单、批别、生产阶段等）设置明细账（或成本计算单），并按规定的成本项目设置专栏，如表 7-2 所示。

表 7-2　　基本生产成本明细账

车间名称：基本生产车间

产品名称：甲产品

2020年		凭证		摘要	借方				贷方	余额
月	日	种类	号数		直接材料	直接人工	制造费用	……		
5	31			（上月月末在产品成本）	12 500	12 000	5 500			30 000
6	1～30			（本月生产费用发生额）	126 000	100 000	60 000			286 000
6	30			生产费用合计	138 500	112 000	65 500			316 000
6	30			完工产品成本结转	117 000	88 000	47 400		252 400	63 600
				月末在产品成本	21 500	24 000	18 100			63 600

辅助生产是为基本生产服务而进行的产品生产和劳务供应。该科目按辅助生产车间和提供的产品、劳务分设辅助生产成本明细账，按辅助生产的成本项目分设专栏。期末，对共同负担的生产费用按照一定的分配标准分配给各受益对象。

2.“制造费用”科目

制造费用，是指制造业企业为生产产品（或提供劳务）而发生的，应计入产品成本但没有专设成本项目的各项间接生产费用。本科目核算企业生产车间（部门）为生产产品和提供劳务而发生的各项间接生产费用，以及虽然直接用于产品生产但管理上不要求或不便于单独核算的生产费用。企业可按不同的生产车间、部门和费用项目进行明细核算。期末，将共同负担的制造费用按照一定的标准分配计入各成本核算对象，除季节性生产外，本科目期末应无余额。

对小型制造企业而言，也可以将“生产成本”和“制造费用”两个会计科目合并为“生产费用”一个会计科目，下设“基本生产成本”“辅助生产成本”“制造费用”三个二级明细科目。单独核算废品损失和停工损失的企业，还可以另外增设相应的明细科目。

（二）材料、燃料、动力的归集和分配

1. 材料、燃料、动力的归集和分配

制造业企业发生的直接材料，能够直接计入成本核算对象的，应当直接计入成本核算对象的生产成本，否则应当按照合理的分配标准分配计入。

制造业企业外购燃料和动力的，应当根据实际耗用数量或者合理的分配标准对燃料和动力费用进行归集分配，生产部门直接用于生产的燃料和动力，直接计入生产成本。生产部门间接用于生产（如照明、取暖）的燃料和动力，计入制造费用。

无论是外购的，还是自制的，发生材料、燃料和动力等各项要素费用时，对于直接用于产品生产、构成产品实体的原材料，一般分产品领用，应根据领退料凭证直接计入相应产品成本的“直接材料”项目。

对于不能分产品领用的材料，如化工生产中为几种产品共同耗用的材料，需要采用适当的分配方法，分配计入各相关产品成本的“直接材料”成本项目。分配标准的选择可依据材料消耗与产品的关系，对于材料、燃料耗用量与产品重量、体积有关的，按其重量或体积分配，如以生铁为原材料生产各种铁铸件，应以生产的铁铸件的重量比例为分配依据，燃料也可以按照所耗用的原材料作为分配标准，动力一般按用电（或水）度（或吨）数，也可产品的生产工时或机器工时进行分配。相应的计算公式为：

$$材料、燃料、动力费用分配率=\frac{材料、燃料、动力消耗总额}{分配标准（如：产品重量、耗用的原材料、生产工时等）}$$

$$\begin{matrix}某种产品应负担的\\材料、燃料、动力费用\end{matrix}=\begin{matrix}该产品的重量、耗用\\原材料或生产工时等\end{matrix}\times\begin{matrix}材料、燃料、动力\\费用分配率\end{matrix}$$

在消耗定额比较准确的情况下，原材料、燃料也可按照产品的材料定额消耗量比例或材料定额费用比例进行分配。相应的计算公式为：

$$某种产品材料定额消耗量=该种产品实际产量\times单位产品材料消耗定额$$

$$材料消耗量分配率=材料实际总消耗量\div各种产品材料定额消耗量之和$$

$$某种产品应分配的材料费用=该产品的材料定额消耗量\times材料消耗量分配率\times材料单价$$

做中学 7-1

甲工厂 2×20 年 5 月生产 A、B 两种产品领用某材料 4 400 千克，每千克 20 元。本月投产的 A 产品为 200 件，B 产品为 250 件。A 产品的材料消耗定额为 15 千克，B 产品的材料消耗定额为 10 千克。

A 产品的材料定额消耗量＝200×15＝3 000（千克）

B 产品的材料定额消耗量＝250×10＝2 500（千克）

材料消耗量分配率＝4 400÷（3 000 ＋2 500）＝0.8

A 产品分配负担的材料费用＝3 000×0.8×20＝48 000（元）

B 产品分配负担的材料费用＝2 500×0.8×20 ＝40 000（元）

A、B 产品材料费用合计＝48 000 ＋40 000＝88 000（元）

2. 材料、燃料、动力分配的账务处理

材料、燃料、动力费用的分配，一般通过材料、燃料、动力分配表进行，这种分配表应根据领退料凭证和有关资料编制，其中，退料凭证的数额可以从相应的领料凭证的数额中扣除；对外购电力而言，应根据有关的转账凭证或付款凭证等资料编制。

做中学 7-2

承[做中学 7-1]，编制的材料费用分配表如表 7-3 所示。

表 7-3　　材料费用分配表

2×20 年 5 月 31 日　　单位：元

应借科目		成本项目	直接计入	分配计入(分配率 0.8)	材料费用合计
基本生产成本	A 产品	直接材料	95 000	48 000	143 000
	B 产品	直接材料	87 000	40 000	127 000
	小计		182 000	88 000	270 000
辅助生产成本	机修车间	直接材料	15 000		15 000
	运输车间				
	小计		15 000		15 000
制造费用	基本生产车间	机物料	8 000		8 000
	机修车间	机物料	4 000		4 000
	运输车间	机物料	1 000		1 000
	小计		13 000		13 000
	合计				298 000

据此，可以编制如下会计分录：

借：生产成本——基本生产成本(A 产品)　143 000

　　　　　　基本生产成本(B 产品)　127 000

　　　　——辅助生产成本　15 000

　　制造费用　13 000

　　贷：原材料　298 000

(三) 职工薪酬的归集和分配

职工薪酬是企业在生产产品或提供劳务活动过程中所发生的各种直接和间接人工费用的总和。对于职工薪酬的分配，实务中通常有两种处理方法：一是按本月应付金额分配本月职工薪酬费用，该方法适用于月份之间职工薪酬差别较大的情况；二是按本月支付职工薪酬金额分配本月职工薪酬费用，该方法适用于月份之间职工薪酬差别不大的情况。

1. 职工薪酬的归集和分配

职工薪酬的归集，必须有一定的原始记录作为依据：计时工资，以考勤记录中的工作时间记录为依据；计件工资，以产量记录中的产品数量和质量记录为依据；计时工资和计件工资以外的各种奖金、津贴、补贴等，按照国家和企业的有关规定计算。

工资结算和支付的凭证为工资结算单或工资单，为便于成本核算和管理，一般按车间、部门分别填制，是职工薪酬分配的依据。直接进行产品生产的生产工人的职工薪酬，直接计入产品成本的“直接人工”成本项目；不能直接计入产品成本的职工薪酬，按工时、产品产量、产值比例等方式进行合理分配，计入各有关产品成本的“直接人工”项目。相应的计算公式为：

生产职工薪酬费用分配率＝各种产品生产职工薪酬总额÷各种产品生产工时之和

某种产品应分配的生产职工薪酬＝该种产品生产工时×生产职工薪酬费用分配率

如果取得各种产品的实际生产工时数据比较困难，而各种产品的单件工时定额比较准确，也可按产品的定额工时比例分配职工薪酬，相应的计算公式为：

某种产品耗用的定额工时＝该种产品投产量×单位产品工时定额

生产职工薪酬费用分配率＝各种产品生产职工薪酬总额÷各种产品定额工时之和

某种产品应分配的生产职工薪酬＝该种产品定额工时×生产职工薪酬费用分配率

做中学 7-3

乙企业基本生产车间生产 A、B 两种产品，共发生生产工人职工薪酬 2 700 万元，按生产工时比例分配，A 产品的生产工时为 500 小时，B 产品的生产工时为 400 小时。

生产职工薪酬费用分配率＝2 700÷(500＋400)＝3(万元/小时)

A 产品应分配的职工薪酬＝500×3＝1 500(万元)

B 产品应分配的职工薪酬＝400×3＝1 200(万元)

2. 职工薪酬的账务处理

职工薪酬的分配，应通过职工薪酬分配表进行。该表根据职工薪酬结算单和有关的分配标准等资料编制。

做中学 7-4

承[做中学 7-3]，编制的职工薪酬分配表如表 7-4 所示。

表 7-4　职工薪酬分配表

2×20 年 5 月 31 日　　单位：万元

应借科目		成本项目	生产工人职工薪酬	其他人员职工薪酬	职工薪酬合计
基本生产成本	A 产品	直接人工	1 500		1 500
	B 产品	直接人工	1 200		1 200
	小计		2 700		2 700
辅助生产成本	辅助车间	直接人工		200	200
制造费用	基本车间	直接人工		1 800	1 800
	辅助车间	直接人工		150	150
	小计			1 950	1 950
管理费用	行政管理部门	直接人工		800	800
销售费用	销售部门	直接人工		500	500
合计			2 700	3 450	6 150

根据表 7-4，编制如下会计分录：

借：生产成本——基本生产成本（A 产品）　　15 000 000
　　　　　　——基本生产成本（B 产品）　　12 000 000
　　　　　　——辅助生产成本　　2 000 000
　　制造费用　　19 500 000
　　管理费用　　8 000 000
　　销售费用　　5 000 000
　　贷：应付职工薪酬　　61 500 000

（四）辅助生产费用的归集和分配

1. 辅助生产费用的归集

辅助生产费用的归集是通过辅助生产成本总账及明细账进行。一般按车间及产品和劳务设立明细账。当辅助生产发生各项生产费用时记入“生产成本——辅助生产成本”科目及其明细科目。一般情况下，辅助生产的制造费用，与基本生产的制造费用一样，先通过“制造费用”科目进行单独归集，然后再转入“辅助生产成本”科目。对于辅助生产车间规模很小、制造费用很少且辅助生产不对外提供产品和劳务的，为简化核算工作，辅助生产的制造费用也可以不通过“制造费用”科目，而直接计入“生产成本——辅助生产成本”科目。

2. 辅助生产费用的分配及账务处理

辅助生产费用的分配应通过辅助生产费用分配表进行。辅助生产费用的分配方法很多，通常采用直接分配法、交互分配法、计划成本分配法、顺序分配法和代数分配法等。

1）直接分配法

直接分配法的特点是不考虑各辅助生产车间之间相互提供劳务或产品的情况，而是将各种辅助生产费用直接分配给辅助生产以外的各受益单位。采用此方法，各辅助生产费用只进行对外分配，分配一次，计算简单，但分配结果不够准确。此方法适用于辅助生产内部相互提供产品和劳务不多、不进行费用的交互分配对辅助生产成本和企业产品成本影响不大的情况。

做中学 7-5

假定甲工厂设有机修和供电两个辅助生产车间。2×20 年 5 月在分配辅助生产费用以前，机修车间发生生产费用 1 200 万元，按修理工时分配费用（假定不存在固定资产后续支出资本化问题），提供修理工时 5 000 小时，其中，供电车间 200 小时，其他车间耗用工时如表 7-5 所示；供电车间发生生产费用 2 400万元，按耗电度数分配费用，提供供电度数 2 000 万度，其中，机修车间耗用 400 万度，其他车间耗电度数如表 7-5 所示；该企业辅助生产的制造费用不通过“制造费用”科目核算。

根据表 7-5 编制如下会计分录：

借：制造费用——第一车间　　21 000 000
　　　　　　——第二车间　　9 000 000
　　管理费用　　4 000 000
　　销售费用　　2 000 000
　　贷：生产成本——辅助生产成本——机修车间　　12 000 000
　　　　　　　　　　　　　　　　——供电车间　　24 000 000

表 7-5 **辅助生产费用分配表**

（直接分配法）

甲工厂 2×20 年 5 月 数量单位：小时、万度 金额单位：万元

辅助生产车间名称		机修车间		供电车间		合计
		修理工时	修理费用	供电度数	供电费用	
待分配辅助生产费用及劳务数量		4 800	1 200	1 600	2 400	3 600
费用分配率（万元/小时，万元/万度）			0.25		1.5	
基本生产耗用（计入制造费用）	第一车间	3 000	750	900	1 350	2 100
	第二车间	1 200	300	400	600	900
	小计	4 200	1 050	1 300	1 950	3 000
行政管理部门耗用（计入管理费用）		400	100	200	300	400
销售部门耗用（计入销售费用）		200	50	100	150	200
合计		4 800	1 200	1 600	2 400	3 600

2）交互分配法

交互分配法的特点是辅助生产费用通过两次分配完成，首先将辅助生产明细账上的合计数根据各辅助生产车间、部门相互提供的劳务或产品数量计算分配率，在辅助生产车间进行交互分配；然后将各辅助生产车间交互分配后的实际费用（即交互前的费用加上交互分配转入的费用，减去交互分配转出的费用），再按提供的劳务量或产品量在辅助生产车间以外的各受益单位之间进行分配。这种分配方法的优点是提高了分配的正确性，但同时加大了分配的工作量。

做中学 7-6

承[做中学 7-5]，采用交互分配法分配其辅助生产费用，其辅助生产费用分配表如表 7-6 所示。

其中：1 200＋480－48＝1 632（万元）

2 400＋48－480＝1 968（万元）

(1) 交互分配：

借：生产成本——辅助生产成本——机修车间 4 800 000

——供电车间 480 000

贷：生产成本——辅助生产成本——机修车间 480 000

——供电车间 4 800 000

(2) 对外分配：

借：制造费用——第一车间 21 270 000

——第二车间 9 000 000

管理费用 3 820 000

销售费用 1 910 000

贷：生产成本——辅助生产成本——机修车间 16 320 000

——供电车间 19 680 000

表 7-6 辅助生产费用分配表

（交互分配法）

数量单位：小时、万度

甲工厂 2×20 年 5 月 金额单位：万元

辅助生产车间名称			交互分配			对外分配		
			机修	供电	合计	机修	供电	合计
待分配辅助生产费用			1 200	2 400	3 600	1 632	1 968	3 600
供应劳务数量			5 000	2 000		4 800	1 600	
费用分配率（万元/小时、万元/万度）			0.24	1.2		0.34	1.23	
辅助生产车间耗用（计入生产成本——辅助生产成本）	机修车间	耗用量		400				
		分配金额		480	480			
	供电车间	耗用量	200					
		分配金额	48		48			
	分配金额小计		48	480	528			
基本生产耗用（计入制造费用）	第一车间	耗用量				3 000	900	
		分配金额				1 020	1 107	2 127
	第二车间	耗用量				1 200	400	
		分配金额				408	492	900
	小计					1 428	1 599	3 027
行政部门耗用（计入管理费用）	耗用量					400	200	
	分配金额					136	246	382
销售部门耗用（计入销售费用）	耗用量					200	100	
	分配金额					68	123	191
合计								3 600

3）计划成本分配法

计划成本分配法的特点是辅助生产为各受益单位提供的劳务或产品，都按劳务或产品的计划单位成本进行分配，辅助生产车间实际发生的费用与按计划单位成本分配转出的费用之间的差额采用简化计算方法全部计入管理费用。这种方法便于考核和分析各受益单位的成本，有利于分清各单位的经济责任，但成本分配不够准确。这种分配方法适用于辅助生产劳务或产品计划单位成本比较准确的企业。

做中学 7-7

承[做中学 7-5]，假定机修车间每修理工时耗费 2 500 元，供电车间每万度电耗费 1.18 万元，辅助生产费用分配表，如表 7-7 所示。

表 7-7 **辅助生产费用分配表**

（计划成本分配法）

数量单位：小时、万度

甲工厂 2×20 年 5 月 金额单位：万元

辅助生产车间名称			机修车间	供电车间	合计
待分配辅助生产费用			1 200	2 400	3 600
计划单位成本(万元/小时、万元/万度)			0.25	1.18	
辅助生产车间耗用(计入生产成本——辅助生产成本)	机修车间	耗用量		400	
		分配金额		472	472
	供电车间	耗用量	200		
		分配金额	50		50
	分配金额小计		50	472	522
基本生产耗用(计入制造费用)	第一车间	耗用量	3 000	900	
		分配金额	750	1 062	1 812
	第二车间	耗用量	1 200	400	
		分配金额	300	472	772
	小计		1 050	1 534	2 584
行政部门耗用(计入管理费用)	耗用量		400	200	
	分配金额		100	236	336
销售部门耗用(计入销售费用)	耗用量		200	100	
	分配金额		50	118	168
按计划成本分配金额合计			1 250	2 360	3 610
辅助生产实际成本			1 672	2 450	4 122
辅助生产成本差异			+422	+90	+512

其中：50+1 050+100+50=1 250(万元)

1 200+472=1 672(万元)

472+1 534+236+118=2 360(万元)

2 400+50=2 450(万元)

根据上表，编制如下会计分录：

(1) 按计划成本分配：

借：生产成本——辅助生产成本——机修车间　4 720 000

　　　　　　　　　　　　　——供电车间　500 000

　制造费用——第一车间　18 120 000

　　　　　——第二车间　7 720 000

　管理费用——行政部门　3 360 000

　销售费用　1 680 000

贷：生产成本——辅助生产成本——机修车间　12 500 000

　　　　　　　　　　　　　——供电车间　23 600 000

(2) 辅助生产车间差异按规定计入“管理费用”的“其他”项目：

借：管理费用——其他　　5 120 000

　贷：生产成本——辅助生产成本——机修车间　　4 220 000

　　　　　　　　　　　　　　　——供电车间　　900 000

经上述分配后，“辅助生产成本——机修车间”借方余额合计为 1 672 万元(1 200+472)，贷方余额合计为 1 672 万元(1 250+422)，“辅助生产成本——供电车间”借方余额合计为 2 450 万元(2 400+50)，贷方余额合计为 2 450 万元(2 360+90)。

我们也可以采用表 7-8 所示计划成本法分配辅助生产费用。

表 7-8　　辅助生产费用分配表

（计划成本分配法）　　数量单位：小时、万度

甲工厂　　2×20 年 5 月　　金额单位：万元

辅助生产车间名称			机修车间	供电车间	合计
待分配辅助生产费用			1 200	2 400	3 600
计划单位成本(万元/小时、万元/万度)			0.25	1.18	
辅助生产车间耗用(计入生产成本——辅助生产成本)	机修车间	耗用量		400	
		分配金额		472	472
	供电车间	耗用量	200		
		分配金额	50		50
	分配金额小计		50	472	522
基本生产耗用（计入制造费用）	第一车间	耗用量	3 000	900	
		分配金额	750	1 062	1 812
	第二车间	耗用量	1 200	400	
		分配金额	300	472	772
	小计		1 050	1 534	2 584
行政部门耗用（计入管理费用）	耗用量		400	200	
	分配金额		100	236	336
销售部门耗用（计入销售费用）	耗用量		200	100	
	分配金额		50	118	168
按计划成本分配金额合计			778	2 310	3 088
辅助生产实际成本			1 200	2 400	3 600
辅助生产成本差异			＋422	＋90	＋512

其中：1 050+100+50+50−472=778(万元)

　　1 534+236+118+472−50=2 310(万元)

编制如下会计分录：

借：制造费用——第一车间　　18 120 000
　　　　　　——第二车间　　7 720 000
　　管理费用——行政部门　　3 360 000
　　　　　　——其他　　5 120 000
　　销售费用　　1 680 000
　　贷：生产成本——辅助生产成本——机修车间　　12 000 000
　　　　　　　　　　　　　　　——供电车间　　24 000 000

(五) 制造费用的归集和分配

1. 制造费用的归集

制造费用的内容比较复杂，包括物料消耗，车间管理人员的薪酬，车间管理用房屋和设备的折旧费、租赁费和保险费，车间管理用具摊销，车间管理用的照明费、水费、取暖费、劳动保护费、设计制图费、试验检验费、差旅费、办公费以及季节性及修理期间停工损失等。为了减少费用项目，简化核算工作，可将性质相同的费用合并设立相应的费用项目，如将用于产品生产的固定资产的折旧费合并设立"折旧费"项目，也可根据费用比重大小和管理上的要求另行设立制造费用项目。但是，为了使各期成本、费用资料可比，制造费用项目一经确定，不应任意变更。

"制造费用"科目应当根据有关付款凭证、转账凭证和前述各种成本分配表登记；此外，还应按不同的车间设立明细账，账内按照成本项目设立专栏，分别反映各车间各项制造费用的发生情况和分配转出情况。基本生产车间和辅助生产车间发生的直接用于生产，但没有专设成本项目的各种材料成本以及用于组织和管理生产活动的各种材料成本，一般应借记"制造费用"及其明细科目(基本生产车间或辅助生产车间)的相关成本项目，贷记"原材料"等科目；基本生产车间和辅助生产车间管理人员的工资、福利费等职工薪酬，应记入"制造费用"科目和所属明细科目的借方，同时，贷记"应付职工薪酬"科目。月末，应按照一定的方法将通过"制造费用"科目归集的制造费用从贷方分配转入有关成本核算对象。

2. 制造费用的分配

制造费用，一般应先分配辅助生产的制造费用，将其计入辅助生产成本，然后再分配辅助生产费用，将其中应由基本生产负担的制造费用计入基本生产的制造费用，最后再分配基本生产的制造费用。制造费用应当按照车间分别进行，不应将各车间的制造费用汇总，在企业范围内统一分配。制造业企业发生的制造费用，应当按照合理的分配标准按月分配计入各成本核算对象的生产成本。制造业企业可以根据自身经营管理特点和条件，利用现代信息技术，采用作业成本法对不能直接归属于成本核算对象的成本进行归集和分配。

企业应当根据制造费用的性质，合理选择分配方法。也就是说，企业所选择的制造费用分配方法，必须与制造费用的发生具有比较密切的相关性，并且使分配到每种产品上的制造费用金额基本合理，同时还应适当考虑计算手续的简便。制造费用分配方法很多，通常采用生产工人工时比例法(或生产工时比例法)、生产工人工资比例法(或生产工资比例法)、机器工时比例法和按年度计划分配率分配法等。企业具体选用哪种分配方法，由企业自行决定。分配方法一经确定，不得随意变更。如需变更，应当在附注中予以说明。

制造费用常用计算公式概括如下：

制造费用分配率＝制造费用总额÷各产品分配标准之和

【提示】 各产品分配标准之和，如产品生产工时总数或生产工人定额工时总数、生产工人工资总和、机器工时总数、产品计划产量的定额工时总数。

某种产品应分配的制造费用＝该种产品分配标准×制造费用分配率

其中，由于生产工时是分配间接费用的常用标准之一，因此，① 生产工人工时比例法较为常用；② 生产工人工资比例分配法适用于各种产品生产机械化程度相差不多的企业，如果生产工人工资是按生产工时比例分配，该方法实际上等同于生产工人工时比例法；③ 机器工时比例法是按照各产品生产所用机器设备运转时间的比例分配制造费用的方法，适用于产品生产的机械化程度较高的车间；④ 按年度计划分配率分配法是按照年度开始前确定的全年度适用的计划分配率分配费用的方法，分配率计算公式的分母按定额工时计算，年度内如果发生全年的制造费用实际数与计划数差别较大，应及时调整计划分配率，该方法特别适用于季节性生产企业。

3. 制造费用的账务处理

制造费用的分配方法一经确定，不应任意变更。无论采用哪种分配方法，都应根据分配计算结果编制制造费用分配表，根据制造费用分配表进行制造费用分配的总分类核算和明细核算。编制如下会计分录：

借：生产成本

　　贷：制造费用

然后再将归集在辅助生产成本的费用按照辅助生产费用的方法进行分配，其中，分配给基本生产的制造费用在归集了全部基本生产车间的制造费用后，转入“生产成本——基本生产成本”科目。

做中学 7-8

假定甲制造业企业 2020 年 5 月基本生产车间 P 产品机器工时为 50 000 小时，S 产品机器工时为 40 000小时，本月共发生制造费用 900 000 元。按照机器工时总数分配制造费用：

制造费用分配率＝900 000 ÷(50 000 ＋40 000)＝10 (元/小时)

P 产品应负担的制造费用＝50 000×10＝500 000 (元)

S 产品应负担的制造费用＝40 000×10＝400 000(元)。

相关指标填入分配表(见表 7-9)。

表 7-9　　制造费用分配表

甲企业　　2×20 年 5 月　　单位：元

应借科目	机器工时	分配金额 (分配率：10 元/小时)
生产成本——基本生产成本——P 产品	50 000	500 000
生产成本——基本生产成本——S 产品	40 000	400 000
合计	90 000	900 000

编制如下会计分录：

借：生产成本——基本生产成本——P 产品　　500 000

　　　　　　　　　　　　　　——S 产品　　400 000

　　贷：制造费用　　900 000

(六) 废品损失和停工损失的核算

1. 废品损失的核算

废品损失,是指在生产过程中发生的和入库后发现的不可修复废品的生产成本,以及可修复废品的修复费用,扣除回收的废品残料价值和应收赔款以后的损失。经质量检验部门鉴定不需要返修、可以降价出售的不合格品,以及产品入库后由于保管不善等原因而损坏变质的产品和实行"三包"企业在产品出售后发现的废品均不包括在废品损失内。

为单独核算废品损失,企业应增设"废品损失"科目,在成本项目中增设"废品损失"项目。废品损失也可不单独核算,相应费用等体现在"生产成本——基本生产成本""原材料"等科目中。辅助生产一般不单独核算废品损失。

1) 不可修复废品损失

不可修复废品损失的生产成本,可按废品所耗实际费用计算,也可按废品所耗定额费用计算。

废品损失采用按废品所耗实际费用计算时,要将废品报废前与合格品在一起计算的各项费用,采用适当的分配方法(见生产费用在完工产品和在产品之间的分配)在合格品与废品之间进行分配,计算出废品的实际成本,从"生产成本——基本生产成本"科目贷方转入"废品损失"科目借方。

如果废品是在完工以后发现的,单位废品负担的各项生产费用应与单位合格产品完全相同,可按合格品产量和废品的数量比例分配各项生产费用,计算废品的实际成本。

废品损失采用按废品所耗定额费用计算不可修复废品成本时,废品的生产成本是按废品数量和各项费用定额计算的,不需要考虑废品实际发生的生产费用。不可修复废品损失业务流程,如图 7-1 所示。

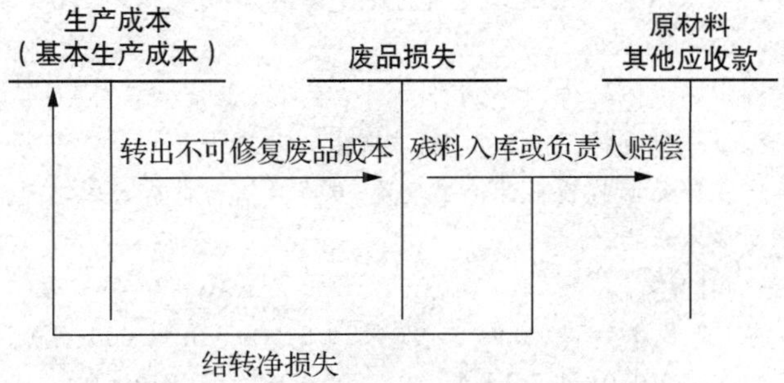

图 7-1 不可修复废品损失业务流程

2) 可修复废品损失

可修复废品返修以前发生的生产费用,不是废品损失,不需要计算其生产成本,而应留在"生产成本——基本生产成本"科目和所属有关产品成本明细账中,不需要转出。返修发生的各种费用,应根据各种费用分配表,记入"废品损失"科目的借方。其回收的残料价值和应收的赔款,应从"废品损失"科目贷方分别转入"原材料"和"其他应收款"科目的借方。结转后"废品损失"科目的借方余额反映的是归集的可修复损失成本,应转入"生产成本——基本生产成本"科目的借方。可修复废品损失业务流程,如图 7-2 所示。

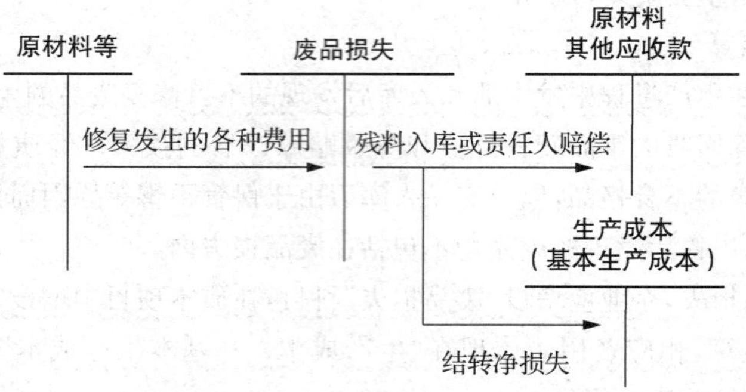

图 7-2　可修复废品损失业务流程

废品损失核算程序图示如图 7-3 所示。

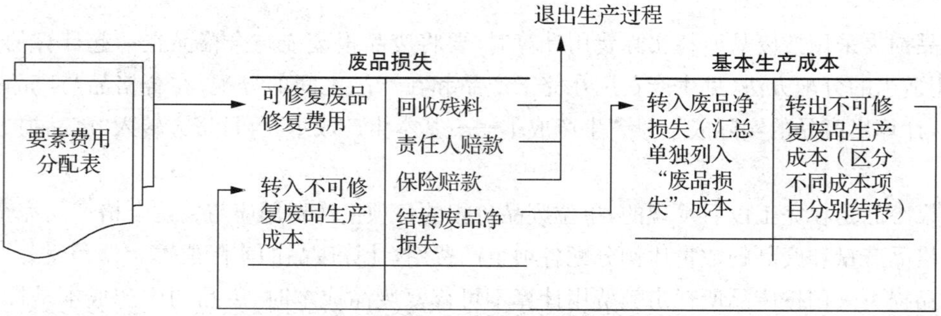

图 7-3　废品损失核算程序图示

做中学 7-9

某工厂费用分配表中列示 A 产品可修复废品的修复费用为：直接材料 2 000 元，直接人工 1 000 元，制造费用 1 500 元。

不可修复废品成本按定额成本计价，相关资料如下：不可修复废品 5 件，每件直接材料定额 100 元，每件工时定额为 20 小时，每小时直接人工 5 元，制造费用 6 元。

可修复废品和不可修复废品回收残料计价 200 元，并作为辅助材料入库，应由过失人赔款 150 元，废品净损失由当月同种产品成本负担。

解析一，废品净损失的计算：

(1) 不可修复废品的生产成本＝5×100＋5×20×5＋5×20×6＝1 600(元)

(2) 废品净损失＝2 000＋1 000＋1 500＋1 600－200－150＝5 750(元)

解析二，编制如下会计分录：

(1) 结转可修复废品成本：

借：废品损失——A 产品	4 500	
贷：原材料		2 000
应付职工薪酬		1 000
制造费用		1 500

(2) 结转不可修复废品成本：

借：废品损失——A 产品	1 600	
贷：生产成本——基本生产成本——A 产品		1 600

（3）残料入库：

借：原材料 200

贷：废品损失 200

（4）过失人赔偿：

借：其他应收款 150

贷：废品损失——A 产品 150

（5）结转废品净损失：

借：生产成本——基本生产成本——A 产品 5 750

贷：废品损失 5 750

2. 停工损失的核算

停工损失，是指生产车间或车间内某个班组在停工期间发生的各项生产费用，包括停工期间发生的原材料费用、人工费用和制造费用等。应由过失单位或保险公司负担的赔款应从停工损失中扣除。不满 1 个工作日的停工，一般不计算停工损失。企业的停工可以分为正停工和非正常停工。正常停工包括季节性停工、正常生产周期内的修理期间的停工、计划内减产停工等；非正常停工包括原材料或工具等短缺停工、设备故障停工、电力中断停工、自然灾害停工等。季节性停工、修理期间的正常停工费用在产品成本核算范围内，应计入产品成本。非正常停工费用应计入企业当期损益。

单独核算停工损失的企业，应增设“停工损失”科目，在成本项目中增设“停工损失”项目，根据停工报告单和各种费用分配表、分配汇总表等有关凭证，将停工期内发生、应列作停工损失的费用记入“停工损失”科目的借方进行归集，应由过失单位及过失人员或保险公司负担的赔款，应从该科目的贷方转入“其他应收款”等科目的借方。期末，将停工净损失从该科目贷方转出，属于自然灾害部分转入“营业外支出”科目的借方；应由本月产品成本负担的部分，则转入“生产成本——基本生产成本”科目的借方，在停工的车间生产多种产品时，还要采用合理的分配标准，分配记入该车间各产品成本明细账停工损失成本项目。“停工损失”科目月末无余额。

不单独核算停工损失的企业，不设置“停工损失”科目，直接反映在“制造费用”和“营业外支出”等科目中。辅助生产一般不单独核算停工损失。

季节性生产企业在停工期间发生的制造费用，应当在开工期间进行合理分摊，连同开工期间发生的制造费用，一并计入产品的生产成本。

停工损失业务流程如图 7-4 所示。

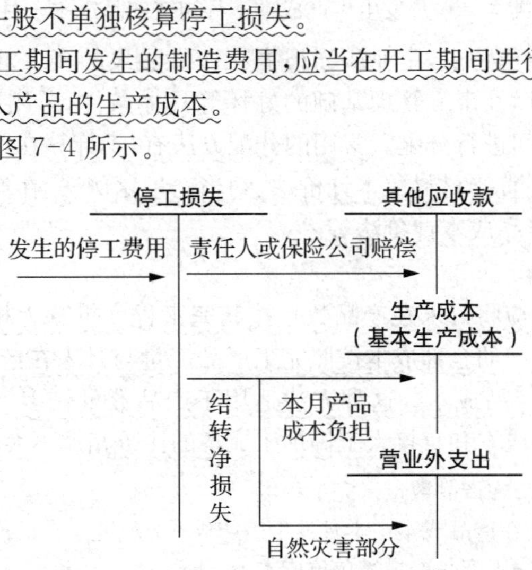

图 7-4 停工损失业务流程

三、生产费用在完工产品和在产品之间的归集和分配

（一）在产品数量的核算

在产品数量是核算在产品成本的基础，在产品成本与完工产品成本之和就是产品的生产费用总额。月末，产品成本明细账按照成本项目归集了相应的生产费用后，为确定完工产品总成本和单位成本，还应当将已经归集的产品成本在完工产品和月末在产品之间进行分配。为此，需要取得完工产品和在产品收发结存的数量资料。

在产品，是指没有完成全部生产过程、不能作为商品销售的产品，包括正在车间加工中的在产品（包括正在返修的废品）和已经完成一个或几个生产步骤但还需要继续加工的半成品（包括未经验收入库的产品和等待返修的废品）两部分。不包括对外销售的自制半成品。对某个车间或生产步骤而言，在产品只包括该车间或该生产步骤正在加工中的那部分在产品。

为确定在产品结存的数量，企业需要做好两方面工作：一是在产品收发结存的日常核算；二是做好产品的清查工作。车间在产品收发结存的日常核算，通常通过在产品收发结存账进行。在产品清查工作应定期进行，也可以不定期轮流清查，车间没有建立在产品收发日常核算的，应当每月末清查一次在产品，以取得在产品的实际盘存资料，用来计算产品成本。清查结果，如在产品发生盘盈的，按盘盈在产品成本（一般按定额成本计算），借记“生产成本——基本生产成本”科目，贷记“待处理财产损溢——待处理流动资产损溢”科目，经批准后转入“制造费用”科目；如在产品发生盘亏和毁损的，借记“待处理财产损溢——待处理流动资产损溢”科目，贷记“生产成本——基本生产成本”科目，取得的残料，应借记“原材料”等科目，贷记“待处理财产损溢——待处理流动资产损溢”科目，经批准处理时，应分别转入相应科目，其中由于车间管理不善造成的损失，转入“制造费用”科目。因此，在产品盘存盈亏处理的核算，应在“制造费用”科目结账前进行。

（二）生产费用在完工产品和在产品之间的分配

每月末，当月“生产成本”明细账中按照成本项目归集了本月生产成本以后，这些成本就是本月发生的生产成本，并不是本月完工产品的成本。计算本月完工产品成本，还需要将本月发生的生产成本，加上月初在产品成本，然后再将其在本月完工产品和月末在产品之间进行分配，以求得本月完工产品成本。

完工产品、在产品成本之间的关系如下：

本月完工产品成本＝本月发生生产成本＋月初在产品成本－月末在产品成本

根据这一关系，结合生产特点，企业应当根据在产品数量的多少、各月在产品数量变化的大小、各项成本比重的大小，以及定额管理基础的好坏等具体条件，采用适当的分配方法将生产成本在完工产品和在产品之间进行分配。常用的分配方法有：不计算在产品成本法、在产品按固定成本计价法、在产品按所耗直接材料成本计价法、约当产量比例法、在产品按定额成本计价法、定额比例法、在产品按完工产品成本计价法等。

1. 约当产量比例法

采用约当产量比例法，应将月末在产品数量按其完工程度折算为相当于完工产品的产量，即约当产量，然后将产品应负担的全部成本按照完工产品产量与月末在产品约当产量的比例分配计算完工产品成本和月末在产品成本。这种方法适用于产品数量较多，各月在产品数量变化也较大，且生产成本中直接材料成本和直接人工等加工成本的比重相差不大的产品。其计算公式为：

在产品约当产量＝在产品数量×完工程度

单位成本＝（月初在产品成本＋本月发生生产成本）÷（完工产品产量＋在产品约当产量）

完工产品成本＝完工产品产量×单位成本

在产品成本＝在产品约当产量×单位成本

做中学 7-10

某公司的A产品本月完工370台，在产品100台，平均完工程度为30%，发生生产成本合计为800 000元，分配结果如下：

单位成本＝800 000÷(370＋100×30%)＝2 000(元/台)

完工产品成本＝370×2 000＝740 000(元)

在产品成本＝100×30%×2 000＝60 000(元)

做中学 7-11

某公司B产品单位工时定额400小时，经两道工序制作，各工序单位工时定额为：第一道工序160小时，第二道工序240小时，为简化核算，假定各工序内在产品完工程度平均为50%，则在产品完工程度计算结果如下：

第一道工序：

160×50%÷400×100%＝20%

第二道工序：

(160＋240×50%)÷400×100%＝70%

有了各工序在产品完工程度和各工序在产品盘存数量，即可求得在产品的约当产量。各工序产品的完工程度可事先制定，产品工时定额不变时可长期使用。如果各工序在产品数量和单位工时定额都相差不多，在产品的完工程度也可按50%计算。

【注意】 在很多加工生产中，材料是在生产开始时一次性投入的。这时，在产品无论完工程度如何，都应和完工产品负担同样材料成本。如果材料是随着生产过程陆续投入的，则应按照各工序投入的材料成本在全部材料成本中所占的比例计算在产品的约当产量。

做中学 7-12

某公司C产品本月完工产品产量3 000个，在产品数量400个，完工程度按平均50%计算，材料在开始生产时一次性投入，其他成本按约当产量比例分配。C产品本月月初在产品和本月耗用直接材料成本共计136万元，直接人工成本64万元，制造费用96万元。C产品各项成本的分配如下：

(1) 直接材料成本的分配：

完工产品负担的直接材料成本＝136÷(3 000＋400)×3 000＝120(万元)

在产品负担的直接材料成本＝136÷(3 000＋400)×400＝16(万元)

(2) 直接人工成本的分配：

完工产品负担的直接人工成本＝64÷(3 000＋400×50%)×3 000＝60(万元)

在产品负担的直接人工成本＝64÷(3 000＋400×50%)×200＝4(万元)

(3) 制造费用的分配：

完工产品负担的制造费用＝96÷(3 000＋400×50%)×3 000＝90(万元)

在产品负担的制造费用＝96÷(3 000＋400×50%)×200＝6(万元)

(4) C产品本月完工产品成本＝120＋60＋90＝270(万元)

(5) C产品本月在产品成本＝16＋4＋6＝26(万元)

(6) 编制如下会计分录：

借：库存商品——C产品　　2 700 000

　贷：生产成本——基本生产成本　　2 700 000

2. 在产品按定额成本计价法

采用在产品按定额成本计价法，月末在产品成本按定额成本计算，该种产品的全部成本(如果有月初在产品，包括月初在产品成本在内）减去按定额成本计算的月末在产品成本，余额作为完工产品成本；每月生产成本脱离定额的节约差异或超支差异全部计入当月完工产品成本。这种方法是事先经过调查研究、技术测定或按定额资料，对各个加工阶段上的在产品直接确定一个单位定额成本。这种方法适用于各项消耗定额或成本定额比较准确、稳定，而且各月末在产品数量变化不是很大的产品。

这种方法的计算公式为：

月末在产品成本＝月末在产品数量×在产品单位定额成本

完工产品总成本＝（月初在产品成本＋本月发生生产成本）－月末在产品成本

完工产品单位成本＝完工产品总成本÷产成品产量

做中学 7-13

承[做中学 7-12]，某公司 C 产品本月完工产品产量 3 000 个，在产品数量 400 个，在产品单位定额成本为：直接材料 400 元，直接人工 100 元，制造费用 150 元，C 产品本月月初在产品和本月耗用直接材料成本共计 136 万元，直接人工成本为 64 万元，制造费用为 96 万元，按定额成本计算在产品成本及完工产品成本。计算结果如表 7-10 所示。

表 7-10　　完工产品成本计算表

单位：元

项目	在产品定额成本	完工产品成本
直接材料	400×400＝160 000	1 360 000－160 000＝1 200 000
直接人工	100×400＝40 000	640 000－40 000＝600 000
制造费用	150×400＝60 000	960 000－60 000＝900 000
合计	260 000	2 700 000

根据 C 产品完工产品总成本编制完工产品入库的如下会计分录：

借：库存商品——C 产品　　2 700 000

　贷：生产成本——基本生产成本　　2 700 000

3. 定额比例法

采用定额比例法，产品的生产成本在完工产品和月末在产品之间按照两者的定额消耗量或定额成本比例分配。其中直接材料成本，按直接材料的定额消耗量或定额成本比例分配。直接人工等加工成本，可以按各该定额成本的比例分配，也可以按定额工时比例分配。这种方法适用于各项消耗定额或成本定额比较准确、稳定，但各月末在产品数量变动较大的产品。

这种方法的计算公式为（以按定额成本比例为例）：

$$\text{直接材料成本分配率}=\left(\text{月初在产品实际材料成本}+\text{本月投入的实际材料成本}\right)\div\left(\text{完工产品定额材料成本}+\text{月末在产品定额材料成本}\right)$$

完工产品应负担的直接材料成本＝完工产品定额材料成本×直接材料成本分配率

月末在产品应负担的直接材料成本＝月末在产品定额材料成本×直接材料成本分配率

$$\text{制造费用分配率}=\left(\text{月初在产品制造费用}+\text{本月实际发生制造费用}\right)\div\left(\text{完工产品定额工时}+\text{月末在产品定额工时}\right)$$

$$\text{直接人工成本分配率}=\left(\text{月初在产品实际人工成本}+\text{本月投入的实际人工成本}\right)\div\left(\text{完工产品定额工时}+\text{月末在产品定额工时}\right)$$

完工产品应负担的直接人工成本＝完工产品定额工时×直接人工成本分配率

月末在产品应负担的直接人工成本＝月末在产品定额工时×直接人工成本分配率

做中学 7-14

某公司D产品本月完工产品产量300个，在产品数量40个，单位产品消耗定额为：材料400千克/个，100小时/个。单位在产品材料定额400千克，工时定额50小时，相关成本资料如表7-11所示。

表 7-11　　相关成本资料

项目	直接材料	直接人工	制造费用	合计
期初在产品成本	400 000	40 000	60 000	500 000
本期发生成本	960 000	600 000	900 000	2 460 000
合计	1 360 000	640 000	960 000	2 960 000

(1) 按完工产品定额与在产品定额各占总定额的比例分配成本：

完工产品直接材料定额消耗＝400×300＝120 000(千克)

完工产品直接人工定额消耗＝100×300＝30 000(小时)

完工产品制造费用定额消耗＝100×300＝30 000(小时)

在产品直接材料定额消耗＝400×40＝16 000(千克)

在产品直接人工定额消耗＝50×40＝2 000(小时)

在产品制造费用定额消耗＝50×40＝2 000(小时)

(2) 计算定额比例：

在产品直接材料定额消耗比例＝16 000÷(120 000＋16 000)×100%≈11.76%

在产品直接人工定额消耗比例＝2 000÷(30 000＋2 000)×100%≈6.25%

在产品制造费用定额消耗比例＝2 000÷(30 000＋2 000)×100%≈6.25%

完工产品直接材料定额消耗比例＝12 000÷(120 000＋16 000)×100%≈88.24%

完工产品直接人工定额消耗比例＝30 000÷(30 000＋2 000)×100%≈93.75%

在产品制造费用定额消耗比例＝30 000÷(30 000＋2 000)×100%≈93.75%

(3) 分配成本：

完工产品应负担的直接材料成本＝1 360 000×88.24%＝1 200 064(元)

在产品应负担的直接材料成本＝1 360 000×11.76%＝159 936(元)

完工产品应负担的直接人工成本＝640 000×93.75%＝600 000(元)

在产品应负担的直接人工成本＝640 000×6.25%＝40 000(元)

完工产品应负担的制造费用＝960 000×93.75%＝900 000(元)

在产品应负担的制造费用＝960 000×6.25%＝60 000(元)

(4) 汇总计算D产品完工及在产品成本：

D产品本月完工产品成本＝1 200 064＋600 000＋900 000＝2 700 064(元)

D产品本月在产品成本＝159 936＋40 000＋60 000＝259 936(元)

(5) 根据D产品完工产品总成本编制完工产品入库的如下会计分录：

借：库存商品——D产品　　　　2 700 064

　贷：生产成本——基本生产成本　　　　2 700 064

（三）联产品和副产品的成本分配

1. 联产品成本的分配

联产品，是指使用同种原料，经过同一生产过程同时生产出来的两种或两种以上的主要产品。联产品的生产特点是：在生产开始时，各产品尚未分离，同一加工过程中对联产品的联合加工。当生产过程进行到一定生产步骤，产品才会分离。在分离点以前发生的生产成本，称为联合成本。分离点，是指在联产品生产中，投入相同原料，经过同一生产过程，分离为各种联产品的时点。分离后的联产品，有的可以直接销售，有的还需进一步加工才可供销售。

联产品成本的计算，通常分为两个阶段进行：一是联产品分离前发生的生产成本即联合成本，可按一个成本核算对象设置一个成本明细账进行归集，然后将其总额按一定分配方法，如相对销售价格分配法、实物数量法等，在各联产品之间进行分配；二是分离后按各种产品分别设置明细账，归集其分离后所发生的加工成本。

联产品成本计算的一般程序为：

（1）将联产品作为成本核算对象，设置成本明细账。联产品的特点决定了联产品在分离之前，不可能按各种产品分别计算成本，只能按联产品作为成本核算对象。

（2）归集联产品成本，计算联合成本。联产品发生的成本为联合成本。联产品的在产品一般比较稳定，可不计算期初、期末在产品成本，本期发生的生产成本全部为联产品的完工产品成本。

（3）计算各种产品的成本。企业应当根据生产经营特点和联产品的工艺要求，选择系数分配法：实物量分配法、相对销售价格分配法等合理的方法分配联合生产成本。

相对销售价格分配法。在此方法下，联合成本是按分离点上每种产品的销售价格比例进行分配的。采用这种方法，要求每种产品在分离点时的销售价格可以可靠地计量。

如果联产品在分离点上即可供销售，则可采用销售价格进行分配。如果这些产品尚需要进一步加工后才可供销售，则需要对分离点上的销售价格进行估计，此时，也可采用可变现净值进行分配。

做中学 7-15

某公司生产E产品和F产品，E产品和F产品为联产品。3月发生加工成本12 000 000元。E产品和F产品在分离点上的销售价格总额为15 000 000元，其中E产品的销售价格总额为9 000 000元，F产品的销售价格总额为6 000 000元。采用相对销售价格分配法分配联合成本：

E产品：12 000 000×[9 000 000÷(9 000 000 +6 000 000)]=7 200 000（元）

F产品：12 000 000 ×[6 000 000÷(9 000 000+6 000 000)] =4 800 000（元）

实物量分配法。采用实物量分配法时，联合成本是以产品的实物数量为基础分配的。这里的“实物数量”可以是数量或重量。实物量分配法通常适用于所生产的产品的价格很不稳定或无法直接确定。相关计算公式为：

单位数量（或重量）成本＝联合成本÷各联产品的总数量（总重量）

做中学 7-16

承[做中学7-15]，同时假定E产品为700个，F产品为300个。采用实物数量法分配联合成本：

E产品：12 000 000÷(700+ 300)×700＝8 400 000（元）

F产品：12 000 00÷ (700+300) ×300＝3 600 000（元）

（4）计算联产品分离后的加工成本。联产品分离后继续加工的，按各种产品分别设置明细账，归集其分离后所发生的加工成本。

2. 副产品成本的分配

副产品，是指在同一生产过程中，使用同种原料，在生产主产品的同时附带生产出来的非主要产品。它的产量取决于主产品的产量，随主产品产量的变动而变动，如甘油是生产肥皂这个主产品的副产品。

在分配主产品和副产品的生产成本时，通常先确定副产品的生产成本，然后再确定主产品的生产成本。确定副产品成本的方法有：不计算副产品成本扣除法、副产品成本按固定价格或计划价格计算法、副产品只负担继续加工成本法、联合成本在主副产品之间分配法以及副产品作价扣除法等。副产品作价扣除法需要从产品售价中扣除继续加工成本、销售费用、销售税金及相应的利润，即：

副产品扣除单价＝单位售价－(继续加工单位成本＋单位销售费用＋单位销售税金＋合理的单位利润)

如果副产品与主产品分离以后，还需要进一步加工，才能形成市场所需的产品。企业应根据副产品进一步加工生产的特点和管理要求，采用适当的方法单独计算副产品的成本。

做中学 7-17

某公司在生产主产品同时，还生产了某种副产品，此副产品可直接对外出售，公司规定的售价为 100 元/千克。某月主要产品和副产品发生的生产成本总额为 50 万元，副产品的产量为 500 千克。以副产品的售价来确定副产品的成本，具体计算如下：

副产品的成本＝100×500＝50 000(元)

主要产品应负担的成本＝500 000－50 000＝450 000(元)

做中学 7-18

某公司在生产主要产品——甲产品同时，附带生产出 P 产品，P 产品分离后需进一步加工后才能出售，2×19 年 10 月共发生联合成本 160 000 元，其中：直接材料 80 000 元，直接人工 40 000 元，制造费用 40 000 元。P 产品进一步加工发生直接人工费 2 000 元，制造费用 3 000 元。当月生产甲产品 1 000 千克并全部完工，P 产品 200 千克，P 产品的市场售价 150 元/千克，单位税金和利润 50 元。

假设甲产品 10 月无月初在产品。根据资料，按 P 产品既要负担进一步加工成本，又要负担分离前联合成本的方法计算甲产品成本和 P 产品成本。

P 产品应负担的联合总成本＝200×(150－50)－(2 000＋3 000)＝15 000(元)

P 产品应负担的直接材料＝80 000×(15 000÷160 000)＝7 500(元)

P 产品应负担的直接人工＝40 000×(15 000÷160 000)＝3 750(元)

P 产品应负担的制造费用＝40 000×(15 000÷160 000)＝3 750(元)

甲产品应负担的联合总成本＝160 000－15 000＝145 000(元)

甲产品应负担的直接材料＝80 000－7 500＝72 500(元)

甲产品应负担的直接人工＝40 000－3 750＝36 250(元)

甲产品应负担的制造费用＝40 000－3 750＝36 250(元)

相关计算数据如表 7-12、表 7-13 所示。

表 7-12　　副产品成本计算单

P 产品　　2×19 年 10 月　　单位:元

项目	直接材料	直接人工	制造费用	合计
分摊的联合成本	7 500	3 750	3 750	15 000
加工成本		2 000	3 000	5 000
总成本	7 500	5 750	6 750	20 000
单位成本	37.5	28.75	33.75	100

表 7-13　主产品成本计算单

甲产品　2×19 年 10 月　单位:元

项目	直接材料	直接人工	制造费用	合计
生产费用合计	80 000	40 000	40 000	160 000
P 产品负担的联合成本	7 500	3 750	3 750	15 000
甲产品负担的联合成本	72 500	36 250	36 250	145 000
甲产品单位成本	72.5	36.25	36.25	145

根据表 7-12,编制结转完工入库产品成本的如下会计分录:

借:库存商品——甲产品　145 000

　　　　　——P 产品　20 000

　贷:生产成本——基本生产成本　165 000

主副产品的区分并不是绝对的,甚至可以相互转化。例如,焦炭与煤气就取决于企业的生产目标,以生产煤气为主的企业,煤气为主产品,焦炭为副产品;而以生产焦炭为主的企业,则焦炭为主产品,煤气为副产品。

(四) 完工产品成本的结转

企业完工产品经产成品仓库验收入库后,其成本应从"生产成本——基本生产成本"科目及所属产品成本明细账的贷方转出,转入"库存商品"科目的借方,"生产成本——基本生产成本"科目的月末余额,就是基本生产在产品的成本,也就是在基本生产过程中占用的生产资金,应与所属各种产品成本明细账中月末在产品成本之和核对相符。相关会计分录如下:

借:库存商品

　贷:生产成本——基本生产成本

任务四　产品成本计算

一、产品成本计算方法概述

生产类型不同、管理要求不同,对产品成本计算的影响也不同,这一不同主要体现在产品成本核算对象的确定上。根据成本核算程序,成本核算对象的确定是产品成本计算的前提,在这些基础上,按照本项目所述在各成本核算对象之间分配和归集费用,然后在一个成本核算对象的完工产品和月末在产品之间分配和归集费用,计算各个成本核算对象的完工产品成本和月末在产品成本。

(一) 生产特点对产品成本计算的影响

根据生产工艺过程的特点,工业企业的生产可分为单步骤生产和多步骤生产两种。根据生产组织的特点,工业企业生产可分为大量生产、成批生产和单件生产三种。结合两者考虑,工业企业的生产可分为大量大批单步骤生产、大量大批连续式多步骤生产、大量大批平行式加工多步骤生产、单件小批平行式加工多步骤生产。不同的生产工艺和生产组织,形成不同的生产类型,从而对成本管理的要求也不同。

确定产品成本计算方法的主要因素有:成本计算对象、成本计算期及生产费用在完工产品与在产品之间的分配。上述三方面是相互联系、相互影响的,其中生产类型对成本计算对象的影响是主要的。不同的成本计算对象决定了不同的成本计算期和生产费用在完工产品与在产品之间的分配。因此,成本计算对象的确定,是正确计算产品成本的前提,也是区别各种成本计算方法的主要标志。

(二) 产品成本计算的主要方法

适应各种类型生产的特点和管理要求,产品成本计算方法主要包括以下三种:以产品品种为成本计算对象,简称品种法;以产品批别为成本计算对象,简称分批法;以产品生产步骤为成本计算对象,简称分步法。各种产品成本计算方法的适用范围如表 7-14 所示。

表 7-14　　产品成本计算方法的适用范围

产品成本计算方法	成本计算对象	生产类型		
		生产组织特点	生产工艺特点	成本管理
品种法	产品品种	大量大批生产	单步骤生产	
			多步骤生产	不要求分步计算成本
分批法	产品批别	单件小批生产	单步骤生产	
			多步骤生产	不要求分步计算成本
分步法	生产步骤	大量大批生产	多步骤生产	要求分步计算成本

除上述方法外,在产品的品种、规格繁多的工业企业中,为简化成本计算,可采用分类法;在定额管理工作有一定基础的工业企业中,为配合和加强生产费用和产品成本的定额管理,还可以采用定额法。

二、产品成本计算的品种法

(一) 品种法特点

品种法,是指以产品品种作为成本核算对象,归集和分配生产成本,计算产品成本的一种方法。这种方法适用于单步骤、大量生产的企业,如发电、供水、采掘等企业。在这种类型的生产中,产品的生产技术过程不能从技术上划分为步骤,比如,企业或车间的规模较小,或者车间是封闭的,也就是从材料投入到产品产出的全部生产过程都是在一个车间内进行的,或者生产按流水线组织,管理上不要求按照生产步骤计算产品成本,都可以按照品种计算产品成本。

品种法计算成本的主要特点:① 成本核算对象是产品品种。如果企业只生产一种产品,全部生产成本都是直接成本,可直接记入该产品生产成本明细账的有关成本项目中,不存在在各种成本核算对象之间分配成本的问题。如果生产多种产品,间接生产成本则要采用适当的方法,在各成本核算对象之间进行分配。② 品种法下一般定期(每月月末)计算产品成本。③ 月末一般不存在在产品,如果有在产品,数量也很少,所以一般不需要将生产费用在完工产品与在产品之间进行划分,当期发生的生产费用总和就是该种完工产品的总成本;如果企业月末有在产品,要将生产成本在完工产品和在产品之间进行分配。

(二) 品种法成本核算的一般程序

(1) 按产品品种设立成本明细账,根据各项费用的原始凭证及相关资料编制有关记账凭证并登记有关明细账,并编制各种费用分配表分配各种要素费用。

(2) 根据上述各种费用分配表和其他有关资料,登记辅助生产明细账、基本生产明细账、制造费用明细账等。

(3) 根据辅助生产明细账编制辅助生产成本分配表,分配辅助生产成本。

(4) 根据制造费用明细账编制制造费用分配表,在各种产品之间分配制造费用,并据以登记基本生产成本明细账。

(5) 根据各产品基本生产明细账编制产品成本计算单，分配完工产品成本和在产品成本。

(6) 编制产成品的成本汇总表，结转产成品成本。

三、产品成本计算的分批法

(一) 分批法特点

分批法，是指以产品的批别作为产品成本核算对象，归集和分配生产成本，计算产品成本的一种方法。这种方法主要适用于单件、小批生产的企业，如造船、重型机器制造、精密仪器制造等，也可用于一般企业中的新产品试制或试验的生产、在建工程以及设备修理作业等。

分批法计算成本的主要特点有：① 成本核算对象是产品的批别。由于产品的批别大多是根据销货订单确定的，因此，这种方法又称订单法。成本核算对象是购买者事先订货或企业规定的产品批别。② 产品成本的计算是与生产任务通知单的签发和结束紧密配合的，因此，产品成本计算是不定期的。成本计算期与产品生产周期基本一致，但与财务报告期不致。③ 由于成本计算期与产品的生产周期基本一致，因此，在计算月末在产品成本时，一般不存在 在完工产品和在产品之间分配成本的问题。

(二) 分批法成本核算的一般程序

(1) 按产品批别设置产品基本生产成本明细账、辅助生产成本明细账。账内按成本项目设置专栏，按车间设置制造费用明细账。

(2) 根据各生产费用的原始凭证或原始凭证汇总表和其他有关资料，编制各种要素费用分配表，分配各要素费用并登账。

对于直接计入费用，应按产品批别列示并直接记入各个批别的产品成本明细账；对于间接计入费用，应按生产地点归集，并按适当的方法分配记入各个批别的产品成本明细账。

(3) 月末根据完工批别产品的完工通知单，将记入已完工的该批产品的成本明细账所归集的生产费用，按成本项目加以汇总，计算出该批完工产品的总成本和单位成本，并转账。分批法条件下，月末完工产品与在产品之间的费用分配有以下几种情况：① 如果是单件生产，产品完工以前，产品成本明细账所记的生产费用都是在产品成本；产品完工时，产品成本明细账所记的生产费用，就是完工产品成本，因而在月末计算成本时，不存在在完工产品与在产品之间分配费用的问题。② 如果是小批生产，批内产品一般都能同时完工，在月末计算成本时，或是全部已经完工，或是全部没有完工，因而一般也不存在在完工产品与在产品之间分配费用的问题。③ 如果批内产品跨月陆续完工，这时就要在完工产品与在产品之间分配费用。具体可以采取简化的方法处理：如按计划单位成本、定额单位成本、最近一期相同产品的实际单位成本计算完工产品成本；从产品成本明细账中转出完工产品成本后，各项费用余额之和即为在产品成本。也可根据具体条件采用前述的分配方法。

四、产品成本计算的分步法

(一) 分步法特点

分步法，是指按照生产过程中各个加工步骤(分品种)为成本核算对象，归集和分配生产成本，计算各步骤半成品和最后产成品成本的一种方法。这种方法适用于大量大批的多步骤生产，如冶金、纺织、机械制造等。在这类企业中，产品生产可以分为若干个生产步骤的成本管理，通常不仅要求按照产品品种计算成本，而且还要求按照生产步骤计算成本，以便为考核和分析各种产品及各生产步骤的成本计划的执行情况提供资料。

分步法计算成本的主要特点有：① 成本核算对象是各种产品的生产步骤；② 月末为计算完

工产品成本，还需要将归集在生产成本明细账中的生产成本在完工产品和在产品之间进行分配；③ 除了按品种计算和结转产品成本外，还需要计算和结转产品的各步骤成本。其成本核算对象，是各种产品及其所经过的各个加工步骤。如果企业只生产一种产品，则成本核算对象就是该种产品及其所经过的各个生产步骤。其成本计算期是固定的，与产品的生产周期不一致。

(二) 分步法成本核算的一般程序

在实际工作中，根据成本管理对各生产步骤成本资料的不同要求（如是否要求计算半成品成本）和简化核算的要求，各生产步骤成本的计算和结转，一般采用逐步结转和平行结转两种方法，称为逐步结转分步法和平行结转分步法。

1. 逐步结转分步法

逐步结转分步法是为了分步计算半成品成本而采用的一种分步法，也称计算半成品成本分步法。它是按照产品加工的顺序，逐步计算并结转半成品成本，直到最后加工步骤完成才能计算产成品成本的一种方法。它是按照产品加工顺序先计算第一个加工步骤的半成品成本，然后结转给第二个加工步骤，这时，第二个步骤根据第一个步骤结转来的半成品成本加上本步骤耗用的材料成本和加工成本，即可求得第二个加工步骤的半成品成本。这种方法用于大量大批连续式复杂性生产的企业。这种类型的企业，有的不仅将产成品作为商品对外销售，而且生产步骤所产半成品也经常作为商品对外销售。例如，钢铁厂的生铁、钢镜，纺织厂的棉纱等，都需要计算半成品成本。

逐步结转分步法需要在完工产品和在产品之间分配生产成本，即在各步骤完工产品和在产品之间进行分配。

逐步结转分步法的优点：① 能提供各个生产步骤的半成品成本资料；② 为各生产步骤的在产品实物管理及资金管理提供资料；③ 能够全面地反映各生产步骤的生产耗费水平，更好地满足各生产步骤成本管理的要求。

逐步结转分步法的缺点：成本结转工作量较大，各生产步骤的半成品成本如果采用逐步综合结转方法，还要进行成本还原，增加了核算的工作量。

逐步结转分步法按照成本在下一步骤成本计算单中的反映方式，还可以分为综合结转和分项结转两种方法。综合结转法，是指上一步骤转入下一步骤的半成品成本，以“直接材料”或专设的“半成品”项目综合列入下一步骤的成本计算单中。如果半成品通过半成品库收发，由于各月所生产的半成品的单位成本不同，因而所耗半成品的单位成本可以如同材料核算一样，采用先进先出法或加权平均法计算。分项结转分步法，是指按产品加工顺序，将上一步骤半成品成本按原始成本项目分别转入下一步骤成本计算单中相应的成本项目内，逐步计算并结转半成品成本，直到最后加工步骤计算出产成品成本的一种逐步结转分步法。

逐步结转分步法流程如图 7-5 所示。

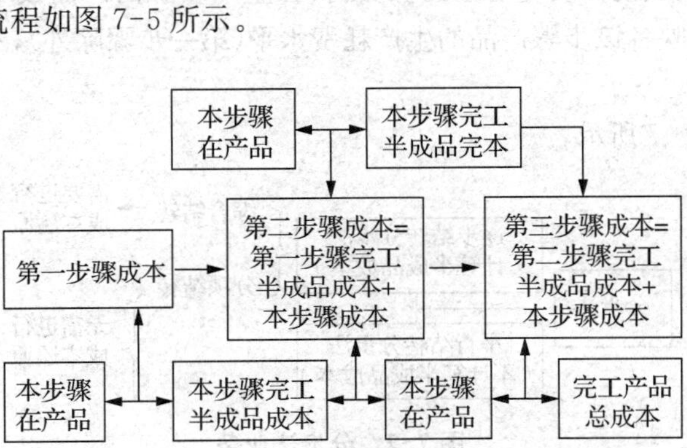

图 7-5　逐步结转分步法流程

2. 平行结转分步法

平行结转分步法也称不计算半成品成本分步法，是指在计算各步骤成本时，不计算各步骤所产半成品的成本，也不计算各步骤所耗上一步骤的半成品成本，而只计算本步骤发生的各项其他成本，以及这些成本中应计入产成品的份额，将相同产品的各步骤成本明细账中的这些份额平行结转、汇总，即可计算出该种产品的产成品成本。

(1) 成本核算对象和成本结转程序采用平行结转分步法的成本核算对象是各种产成品及其经过的各生产步骤中的成本份额。而各步骤的产品生产成本并不伴随着半成品实物的转移而结转，各生产步骤均不计算本步骤的半成品成本，尽管半成品的实物转入下一生产步骤继续加工，但其成本并不结转到下一生产步骤的成本计算单中去，只是在产品最后完工入产成品库时，才将各步骤生产成本中应由完工产品负担的份额，从各步骤成本计算单中转出，平行汇总计算产成品的成本。

(2) 产品生产成本在完工产品和在产品之间的分配采用平行结转分步法，每一生产步骤的生产成本也要在其完工产品与月末在产品之间进行分配。但是，完工产品，是指企业最后完成的产成品；在产品，是指各步骤尚未加工完成的在产品和各步骤已完工但尚未最终完成的产品。

平行结转分步法流程如图 7-6 所示。

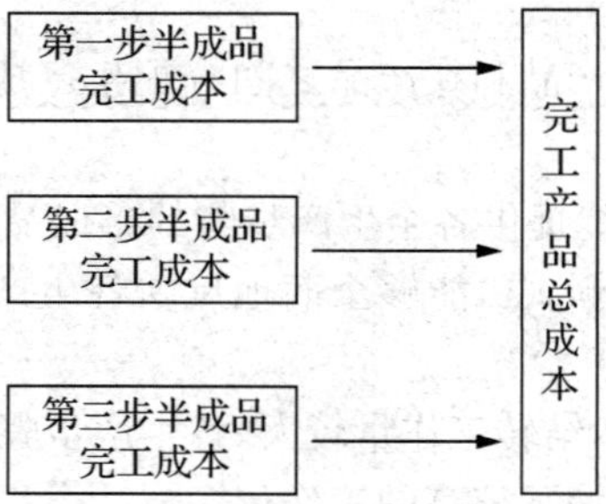

图 7-6　平行结转分步法流程

平行结转分步法的优点是：各步骤可以同时计算产品成本，平行汇总计入产成品成本，不必逐步结转半成品成本；能够直接提供按原始成本项目反映的产成品成本资料，不必进行成本还原，因而能够简化和加速成本计算工作。

平行结转分步法的缺点是：不能提供各个步骤的半成品成本资料；在产品的费用在产品最后完成以前，不随实物转出而转出，即不按其所在的地点登记，而按其发生的地点登记，因而不能为各个生产步骤在产品的实物和资金管理提供资料；各生产步骤的产品成本不包括所耗半成品费用，因而不能全面地反映各该步骤产品的生产耗费水平(第一步骤除外)，不能更好地满足这些步骤成本管理的要求。

分步法业务如图 7-7 所示。

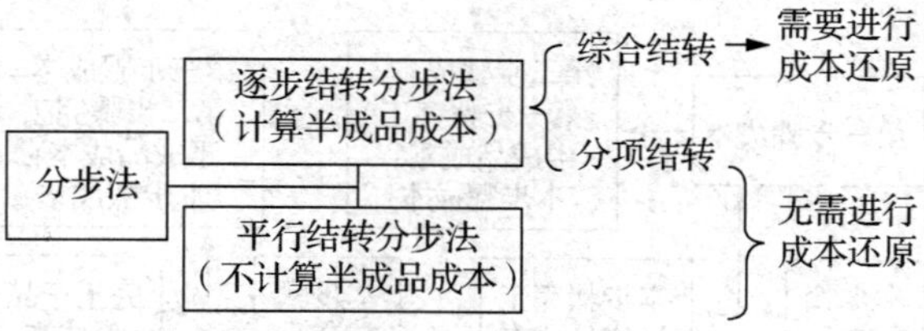

图 7-7　分步法业务

应知应会考核

一、单项选择题

1. 单位应结合自身管理特点和时间需要选择适用的管理会计工具方法，这体现的管理会计应用原则是(　　)。(2018 年)

A. 战略导向原则　　B. 适应原则
C. 融合性原则　　D. 成本效益原则

2. 下列各项中，关于产品成本核算分批法的特点表述正确的是(　　)。

A. 一般不需要在完工产品和在产品之间分配成本
B. 需要按步骤结转产品成本
C. 每月需要计算完工产品的成本
D. 产品成本计算期与产品生产周期完全不一致

3. 下列各项中，可应用于企业营运管理的管理会计工具方法的是(　　)。(2020 年)

A. 变动成本法　　B. 贴现现金流法
C. 本量利分析　　D. 弹性预算

4. 某企业生产费用在完工产品和在产品之间采用约当产量比例法进行分配。该企业甲产品月初在产品和本月生产费用共计 900 000 元。本月甲产品完工 400 台，在产品 100 台且其平均完工程度为 50%。不考虑其他因素，下列各项计算结果中，正确的有(　　)。(2017 年)

A. 甲产品的完工产品成本为 800 000 元　　B. 甲产品的单位成本为 2 250 元
C. 甲产品在产品的约当产量为 50 台　　D. 甲产品的在产品成本为 112 500 元

5. 下列各项中，企业生产产品耗用的外购半成品费用应归类的成本项目是(　　)。(2018 年)

A. 直接材料　　B. 制造材料
C. 燃料及动力　　D. 直接人工

6. 某企业产品入库后发现可修复废品一批，生产成本为 20 万元，返修过程中发生直接材料 2 万元、直接人工 3 万元、制造费用 4 万元，废品残料作价 1 万元已回收入库。不考虑其他因素，该企业可修复废品的净损失为(　　)万元。(2018 年)

A. 28　　B. 20　　C. 29　　D. 8

7. 适用于大量大批单步骤生产企业的产品成本计算方法是(　　)。(2018 年)

A. 分类法　　B. 品种法　　C. 分步法　　D. 分批法

8. 下列各项中，适用于单件、小批生产企业的产品成本计算方法是(　　)。(2018 年)

A. 逐步结转分步法　　B. 品种法
C. 分批法　　D. 平行结转分步法

9. 下列各项关于逐步结转分步法特点的表述中，不正确的是(　　)。(2017 年)

A. 适用于大量大批连续式复杂性生产的企业
B. 成本计算期与产品的生产周期一致
C. 月末生产费用要在各步骤完工产品和在产品之间进行分配
D. 成本核算对象是各种产品的生产步骤

10. 下列各项中，需要进行成本还原的成本计算方法是(　　)。(2016 年)

A. 逐步结转分步法的综合结转法　　B. 逐步结转分步法的分项结转法
C. 平行结转分步法　　D. 简化的分批法

二、多项选择题

1. 下列适合用品种法核算的企业有(　　)。(2019 年)

A. 发电企业　　B. 供水企业　　C. 造船企业　　D. 采掘企业

2. 下列各项关于产品成本计算方法的表述中，正确的有(　　)。(2015 年)

A. 分批法下成本计算期与产品生产周期基本一致，而与财务报告期不一致

B. 逐步结转分步法不能提供各个生产步骤的半成品成本资料
C. 平行结转分步法下能直接提供按原始成本项目反映的产品成本资料
D. 品种法下一般定期于每月末计算产品成本

3. 下列各项中，应计入产品生产成本的有（　　）。（2015 年）
A. 生产车间管理人员的职工薪酬　　B. 生产产品耗用的燃料费
C. 生产产品耗用的直接材料　　D. 生产产品耗用的动力费

4. 下列关于品种法的表述中，正确的有（　　）。（2020 年）
A. 成本核算对象是产品品种
B. 成本计算期与产品生产周期基本一致
C. 单步骤大量生产的企业适宜采用品种法核算产品成本
D. 期末在产品数量较多时，要将生产成本在完工产品和在产品之间进行分配

5. 下列各项中，属于制造业企业设置的成本项目有（　　）。（2018 年）
A. 制造费用　　B. 废品损失　　C. 直接材料　　D. 直接人工

6. 下列各项中，企业应通过“制造费用”科目核算的有（　　）。（2018 年）
A. 生产车间管理用耗电费　　B. 生产车间生产工人工资
C. 生产车间管理用具摊销额　　D. 生产车间管理用房屋折旧费

7. 下列通过“制造费用”项目核算的有（　　）。（2019 年）
A. 生产车间发生的机物料消耗　　B. 生产工人的工资
C. 生产车间管理人员的工资　　D. 季节性的停工损失

8. 下列各项中，属于管理会计要素的有（　　）。（2018 年）
A. 管理会计活动　　B. 信息与报告　　C. 应用环境　　D. 工具方法

9. 以下各项中，不应计入产品成本的有（　　）。（2020 年）
A. 直接材料成本　　B. 直接人工成本
C. 生产车间管理人员的工资　　D. 销售机构相关的固定资产修理费用

10. 下列关于约当产量比例法的说法中，正确的有（　　）。（2018 年）
A. 这种方法适用于各月末在产品数量较多，各月在产品数量变化也较大，直接材料成本在生产成本中所占比重较大且材料在生产开始时一次就全部投入的产品
B. 各工序产品的完工程度可事先制定，产品工时定额不变时可长期使用
C. 如果材料是在生产开始时一次投入的，无论在产品的完工程度如何，都应与完工产品负担同样材料成本
D. 如果材料是随着生产过程陆续投入的，则应按照各工序投入的材料成本在全部材料成本中所占的比例计算在产品的约当产量

三、判断题

1. 企业采用顺序分配法分配辅助生产费用时，受益多的辅助生产车间先分配，受益少的辅助生产车间后分配。（2017 年）（　　）
2. 经质检部门鉴定不需要返修、可以降价出售的不合格品，不计入废品损失。（2017 年）（　　）
3. 在不单独核算停工损失的企业中，属于自然灾害造成的停工损失直接反映在“营业外支出”科目中。（2015 年）（　　）
4. 平行结转分步法的成本核算对象是各种产成品及其经过的各个生产步骤中的成本份额。（2015 年）（　　）
5. 为保证企业各种产品成本计算方法的可比性，同一企业同一车间对于不同的产品只能采用同一种成本计算方法。（2015 年）（　　）
6. 逐步结转分步法下，每一生产步骤的生产成本要在最终完工产品与该步骤在产品和后续步骤在产品之间进行分配。（2014 年）（　　）
7. 工业企业在产品生产过程中通常会存在一定数量的在产品，在产品应包括对外销售的自制半成品。

（2014 年）（　　）

8. 不单独核算废品损失的企业，相应的费用直接反映在“制造费用”和“营业外支出”科目中。（2013 年）（　　）

9. 管理会计报告是管理会计活动成果的重要表现形式，单位可以根据管理需要和管理会计活动性质设定报告期间。（2018 年）（　　）

10. 顺序分配法，是按照辅助生产车间受益多少的顺序分配生产费用的，即受益少的先分配，受益多的后分配，先分配的辅助生产车间不负担后分配的辅助生产车间的生产费用。（2018 年）（　　）

四、不定项选择题

（一）背景与情境：某企业为单步骤简单生产企业，设有一个基本生产车间，连续大量生产甲、乙两种产品，采用品种法计算产品成本。另设有一个供电车间，为全厂提供供电服务，供电车间的费用全部通过“生产成本——辅助生产成本”科目归集核算。2019 年 12 月份有关成本费用资料如下：

（1）12 月份发出材料情况如下：

基本生产车间领用材料 2 400 千克，每千克实际成本 40 元，共同用于生产甲、乙产品各 200 件，甲产品材料消耗定额为 6 千克，乙产品材料消耗定额为 4 千克，材料成本按照定额消耗量比例进行分配；车间管理部门领用 50 千克，供电车间领用 100 千克。

（2）12 月份应付职工薪酬情况如下：

基本生产车间生产工人薪酬 150 000 元，车间管理人员薪酬 30 000 元，供电车间工人薪酬 40 000 元，企业行政管理人员薪酬 28 000 元，生产工人薪酬按生产工时比例在甲、乙产品间进行分配，本月甲产品生产工时 4 000 小时，乙产品生产工时 16 000 小时。

（3）12 月份计提固定资产折旧费如下：

基本生产车间生产设备折旧费 32 000 元，供电车间设备折旧费 11 000 元，企业行政管理部门管理设备折旧费 4 000 元。

（4）12 月份以银行存款支付其他费用支出如下：

基本生产车间办公费 24 000 元，供电车间办公费 12 000 元。

（5）12 月份供电车间对外提供劳务情况如下：

基本生产车间 45 000 度，企业行政管理部门 5 000 度，供电车间的辅助生产费用月末采用直接分配法对外分配。

（6）甲产品月初、月末无在产品。月初乙在产品直接材料成本 27 600 元，本月完工产品 180 件，月末在产品 40 件。乙产品直接材料成本采用约当产量比例法在月末完工产品和在产品之间分配，原材料在生产开始时一次投入。

要求：根据上述资料，不考虑其他因素，分析回答下列小题。（2012 年改编）

1. 根据资料（1），12 月份甲、乙产品应分配的材料费用正确的是（　　）。

A. 甲产品 1 440 元　　B. 甲产品 57 600 元

C. 乙产品 960 元　　D. 乙产品 38 400 元

2. 根据资料（2），12 月份甲、乙产品应分配的职工薪酬正确的是（　　）。

A. 甲产品 36 000 元　　B. 甲产品 30 000 元

C. 乙产品 144 000 元　　D. 乙产品 120 000 元

3. 根据资料（2），12 月份分配职工薪酬，下列各项表述正确的是（　　）。

A. 基本生产成本增加 150 000 元　　B. 应付职工薪酬增加 248 000 元

C. 制造费用增加 30 000 元　　D. 辅助生产成本增加 40 000 元

4. 根据资料（1）至资料（5），下列各项中，关于 12 月末分配转出供电车间生产费用的会计处理正确的是（　　）。

A. 借：制造费用　60 300

　　　管理费用　6 700

　　贷：生产成本——辅助生产成本　67 000

B. 借：制造费用　　56 700
　　管理费用　　6 300
　　贷：生产成本——辅助生产成本　　63 000

C. 借：生产成本——辅助生产成本　　49 500
　　管理费用　　5 500
　　贷：生产成本——辅助生产成本　　55 000

D. 借：制造费用　　50 400
　　销售费用　　5 600
　　贷：生产成本——辅助生产成本　　56 000

5. 根据资料(1)至资料(5)，12 月份基本生产车间归集的制造费用是(　　)元。

A. 88 000　　B. 138 400　　C. 144 700　　D. 148 300

6. 根据资料(1)至资料(6)，本月乙产品完工产品的直接材料成本是(　　)元。

A. 31 418.18　　B. 38 400　　C. 54 000　　D. 59 400

(二) 背景与情境：某企业为增值税一般纳税人，基本生产车间只生产 M 产品，采用品种法计算生产成本，原材料在生产开始时一次性投入，其他加工费用均衡发生，采用约当产量比例法计算完工产品成本与月末在产品成本。2018 年 12 月，该企业产品生产的成本费用资料如下：

(1) 月初在产品 200 件，成本为 242 000 元，其中，耗用的直接材料费用为 200 000 元，直接人工费用为 24 000 元，制造费用为 18 000 元，本月新投产 800 件、月末完工产品数量 900 件，月末在产品 100 件。期末在产品的完工程度为 50%。

(2) 本月生产产品耗用直按材料费用为 750 000 元；车间管理部门耗用材料费用为 6 000 元。

(3) 本月直接归集的产品生产工人薪酬共计为 118 500 元，车间管理人员薪酬共计为 47 500 元。本月计提车间固定资产折旧费为 23 500 元。

要求，根据上述资料，不考虑其他因素，分析回答下列小题。(2019 年)

1. 根据资料(1)，月末计算产品其他加工费用时，在产品约当产量是(　　)件。

A. 200　　B. 100　　C. 400　　D. 50

2. 根据资料(1)和资料(2)，下列各项中，关于直接材料费用在 M 在产品和完工产品分配结果表述正确的是(　　)。

A. 在产品 50 000 元，完工产品 900 000 元

B. 在产品 95 000 元，完工产品 855 000 元

C. 在产品 95 600 元，完工产品 860 400 元

D. 在产品 75 600 元，完工产品 680 400 元

3. 根据资料(1)和资料(3)，下列各项中，关于直接人工费用在完工产品和在产品之间分配结果正确的是(　　)。

A. 在产品应负担的直接人工费用为 10 000 元

B. 完工产品应负担的直接人工费用为 128 250 元

C. 完工产品应负担的直接人工费用为 135 000 元

D. 在产品应负担的直接人工费用为 7 500 元

4. 根据资料(1)至资料(3)，下列各项中，关于产品制造费用归集与分配的会计处理正确的是(　　)。

A. 归集耗用的原材料：
　借：制造费用　　6 000
　　贷：原材料　　6 000

B. 归集人工费用：
　借：制造费用　　47 500
　　贷：应付职工薪酬　　47 500

C. 将本月发生的制造费用结转生产成本：

借：生产成本　　77 000

　　贷：制造费用　　77 000

D. 归集车间折旧费：

借：制造费用　　23 500

　　贷：累计折旧　　23 500

5. 根据资料(1)至资料(3)，月末完工产品的总成本是(　　)元。

A. 1 080 000　　B. 1 118 250　　C. 1 068 750　　D. 945 500

(三) 背景与情境：某企业生产销售甲、乙两种产品，均采用品种法核算产品成本。2018 年 12 月初开始投产甲、乙产品，当月发生相关经济业务如下：

(1) 本月投产甲产品 600 件、乙产品 500 件，共同耗用 M 材料 9 000 千克，每千克 50 元。M 材料在生产开始时一次性投入，材料费用按材料定额消耗量比例分配，甲、乙产品材料消耗定额分别为 10 千克、6 千克。

(2) 本月生产工人薪酬为 180 000 元、厂部管理人员薪酬为 30 000 元、车间管理人员薪酬为 60 000 元。企业按生产工时比例在甲、乙产品之间分配职工薪酬和制造费用，甲产品耗用生产工时 9 000 小时、乙产品耗用生产工时 6 000 小时。

(3) 本月甲产品完工 400 件，月末在产品 200 件，在产品完工程度为 50%。甲产品生产成本按约当产量比例法在完工产品和在产品之间分配。

(4) 本月乙产品 500 件全部完工，验收时发现 5 件产品需要修复后才能入库，额外发生修复费用 1 400 元，其中：直接材料 400 元，直接人工 800 元，制造费用 200 元。企业发生的返修费用通过“废品损失”科目核算。

要求：根据上述资料，不考虑其他因素，分析回答下列小题(答案中的金额单位用元表示，保留小数点后两位数)。(2019 年)

1. 根据资料(1)，下列各项中，关于甲、乙产品材料费用分配的计算结果正确的是(　　)。

A. 乙产品应负担材料费用 150 000 元　　B. 甲产品材料定额消耗量为 6 000 千克

C. 乙产品材料定额消耗量为 3 000 千克　　D. 甲产品应负担材料费用 300 000 元

2. 根据资料(2)，甲、乙产品应负担的职工薪酬和制造费用的计算结果正确的是(　　)。

A. 乙产品应负担的制造费用为 24 000 元　　B. 甲产品应负担的职工薪酬为 108 000 元

C. 乙产品应负担的职工薪酬为 96 000 元　　D. 甲产品应负担的制造费用为 54 000 元

3. 根据资料(1)至资料(3)，下列各项中，关于甲产品完工入库会计处理结果表述正确的是(　　)。

A. 记入“库存商品——甲产品”科目借方 355 200 元

B. “生产成本——甲产品”科目借方余额为 88 800 元

C. “生产成本——甲产品”科目借方余额为 128 800 元

D. 记入“库存商品——甲产品” 科目借方 315 200 元

4. 根据资料 (4)，下列各项中，关于乙产品修复费用的会计处理正确的是(　　)。

A. 借：管理费用　　1 400

　　贷：废品损失——乙产品　　1 400

B. 借:生产成本——乙产品　　1 400

　　贷：废品损失——乙产品　　1 400

C. 借：废品损失——乙产品　　1400

　　贷：原材料　　400

　　　　应付职工薪酬　　800

　　　　制造费用　　200

D. 借：废品损失——乙产品　　1 400

　　贷：生产成本——乙产品　　1 400

5. 根据资料 (1)至资料(4)，下列各项中，关于乙产品成本计算结果表述正确的是(　　)。

A. 乙产品生产总成本为 246 000 元　　B.乙产品单位成本为每件 492 元

C. 乙产品生产总成本为 247 400 元　　D.乙产品单位成本为每件 4 948 元

(四) 背景与情境：假定某工业企业设有供电、锅炉两个辅助生产车间，2020 年 3 月供电车间直接发生的费用为 44 000 元，锅炉车间直接发生的费用为 15 000 元。本月辅助生产劳务供应通知单内容如下：供电车间提供 110 000 度电，其中，锅炉车间耗用 10 000 度，第一生产车间产品耗用 40 000 度、一般耗用 12 000 度，第二生产车间产品耗用 30 000 度、一般耗用 10 000 度，行政管理部门耗用 8 000 度。锅炉车间提供 2 500 吨蒸汽，其中，供电车间耗用 500 吨，第一生产车间产品耗用 800 吨、一般耗用 160 吨，第二生产车间产品耗用 600 吨、一般耗用 140 吨，行政管理部门耗用 300 吨。另外，供电车间计划单位成本为 0.44 元/度，锅炉车间计划单位成本为 7.80 元/吨，该企业辅助生产费用不通过"制造费用"科目核算。采用交互分配法进行辅助费用的分配。

要求：根据上述资料，回答下列小题。

1. 下列关于供电车间交互分配的计算中，正确的是(　　)。

A. 供电车间的交互分配率为 0.4

B. 供电车间的交互分配率为 0.14

C. 交互分配时，锅炉车间应分摊供电车间的电费为 1 400 元

D. 交互分配时，锅炉车间应分摊供电车间的电费为 4 000 元

2. 下列关于锅炉车间交互分配的计算中，正确的是(　　)。

A. 锅炉车间的交互分配率为 17.6

B. 锅炉车间的交互分配率为 5

C. 交互分配时，供电车间应分摊锅炉车间的供气费为 3 000 元

D. 交互分配时，供电车间应分摊锅炉车间的供气费为 2 500 元

3. 下列各项中，关于供电车间对辅助生产车间之外的分配不正确的是(　　)。

A. 对辅助生产车间之外分配的总金额为 43 000 元

B. 供电车间分配率为 0.53

C. 生产车间直接耗用应分摊的费用为 30 100 元

D. 行政管理部门应分摊的费用为 4 240 元

4. 下列各项中，关于锅炉车间对辅助生产车间之外的分配正确的有(　　)。

A. 对辅助生产车间之外分配的总金额 16 000 元

B. 锅炉车间分配率为 8

C. 生产车间一般耗用应分摊的费用为 9 460 元

D. 行政管理部门应分摊的费用为 2 400 元

5. 下列各项中，会计处理不正确的有(　　)。

A. 锅炉车间耗用供电车间的电费，会计处理为：

借：辅助生产成本——锅炉车间　　4 000

　　贷：辅助生产成本——供电车间　　4 000

B. 供电车间耗用锅炉车间的供气费，会计处理为：

借：辅助生产成本——供电车间　　3 000

　　贷：辅助生产成本——锅炉车间　　3 000

C. 供电车间费用对外分配，会计处理为：

借：基本生产成本　　39 560

　　管理费用　　3 440

　　贷：辅助生产成本——供电车间　　43 000

D. 锅炉车间费用对外分配，会计处理为：

借：基本生产成本　　11 200

　　制造费用　　2 400

　　管理费用　　2 400

　贷：辅助生产成本——锅炉车间　　16 000

（五）背景与情境：某工业企业大量生产甲产品，生产费用在完工产品与在产品之间的分配采用约当产量法。本月有关成本资料如下：

(1) 甲产品本月完工 4 500 件，月末在产品 900 件，原材料在开工时一次投入，在产品的完工程度为 50%。

(2) 月初在产品成本和本月生产费用合计为 1 093 500 元。其中：直接材料 648 000 元，直接人工 198 000 元，制造费用 247 500 元。

要求：根据上述资料，回答下列小题。

1. 采用约当产量比例法分配完工产品和月末在产品费用，适用的情况是(　　)。

A. 各月末在产品数量变化较大

B. 各月完工产品数量变化不大

C. 在产品数量较多

D. 生产成本中直接材料成本和直接人工等加工成本的比重相差不大

2. 完工产品负担的直接材料费是(　　)元。

A. 540 000　　B. 108 000　　C. 589 090　　D. 58 909

3. 完工产品负担的制造费用是(　　)元。

A. 22 500　　B. 225 000　　C. 206 250　　D.41 250

4. 本月完工产品成本是(　　)元。

A. 960 340.91　　B. 945 000　　C. 935 000　　D. 925 000

5. 月末在产品成本是(　　)元。

A. 148 500　　B. 133 159.09　　C. 158 500　　D. 168 500

项目八

政府会计基础

知识目标

了解：政府会计改革背景和目标。

熟悉：单位财务报表和预算会计报表的编制要求。

掌握：政府会计标准体系；政府会计要素及其确认和计量标准；政府会计核算模式；政府财务报告和决算报告的内容和构成；单位国库集中支付业务、预算结转结余及分配业务和典型的非财政拨款收支业务的核算；单位净资产业务和典型的资产业务、负债业务的核算。

技能目标

能用所学的实务知识规范“政府会计基础”相关技能活动。

素质目标

运用所学政府会计概述的理论与实务知识研究相关案例，培养和提高学生在特定业务情境中分析问题与决策设计的能力；能结合“政府会计基础”教学内容，结合行业规范或标准，分析会计行为的善恶，强化学生的职业道德素质，从而做到学思用贯通，知信行统一。

项目引例

政府会计的发展与完善

背景与情境：政府会计(Government Accounting)主要用于确认、计量、记录和报告政府和政府单位财务收支活动及受托责任的履行情况。由于政府组织与企业组织有显著的差别，政府会计更多地要服务于政府公共财务管理的需要，所以，政府会计的内涵也更为丰富。具体而言，政府会计是按照科学的方法，以货币单位核算、记录、分类、汇总交易和其他有财务特征属性的事件，以便说明、阐释这些交易、事件与结果之间的关系的工具。政府会计的重点在于估计事前测算的资源数量(预算)能否满足公众希望的既定服务水平的要求。政府会计的基本职能是在既定资源约束和适用法律约束下，测定政府组织实现计划服务量的能力。

引例解析

引例导学

我国政府会计体系的改革方向，是在现有政府预算会计的基础上建立政府财务会计。根据《政府会计准则——基本准则》，我国的政府会计由政府预算会计和政府财务会计“双系统”构成，两者适度分离又相互衔接。

知识精讲

任务一 政府会计概述

一、政府会计改革背景及目标

政府会计是会计体系的重要分支，它是运用会计专门方法对政府及其组成主体(包括政府所属的行政事业单位等)的财务状况、运行情况(含运行成本，下同)、现金流量、预算执行等情况进行全面核算、监督和报告。

我国目前的政府财政报告制度实行以收付实现制政府会计核算为基础的决算报告制度，包括财政总决算和部门决算，主要反映政府年度预算执行情况的结果，对准确反映预算收支情况、加强预算管理和监督发挥了重要作用。但随着经济社会发展，仅实行决算报告制度，无法科学、全面、准确地反映政府资产负债和成本费用，不利于强化政府资产负债管理、降低行政成本、提升运行效率、有效防范财政风险，难以满足建立现代财政制度、促进财政长期可持续发展和推进国家治理现代化的要求。因此，必须推进政府会计改革，建立全面反映政府资产负债、收入费用、运行成本、现金流量等财务信息的权责发生制政府综合财务报告制度。

2013 年 11 月，党的十八届三中全会通过的《中共中央关于全面深化改革若干重大问题的决定》作出了“建立权责发生制的政府综合财务报告制度”的重要战略部署，2014 年 8 月，新修正的《中华人民共和国预算法》要求“各级政府财政部门应当按年度编制以权责发生制为基础的政府综合财务报告，报告政府整体财务状况、运行情况和财政中长期可持续性，报本级人民代表大会常务委员会备案”。2014 年 12 月，国务院批转了财政部《权责发生制政府综合财务报告制度改革方案》(国发〔2014〕63 号，以下称《改革方案》)，正式确立了我国权责发生制政府综合财务报告制度改革的指导思想、总体目标、基本原则、主要任务、具体内容、配套措施、实施步骤和组织保障。《改革方案》提出，要加快推进政府会计改革，逐步建立以权责发生制政府会计核算为基础，以编制和报告政府资产负债表、收入费用表等报表为核心的权责发生制政府综合财务报告制度，提升政府财务管理水平，促进政府会计信息公开，推进国家治理体系和治理能力现代化。

二、政府会计标准体系

我国的政府会计标准体系由政府会计基本准则、具体准则及应用指南和政府会计制度等组成。

(一) 政府会计基本准则

政府会计基本准则用于规范政府会计目标、政府会计主体、政府会计信息质量要求、政府会计核算基础，以及政府会计要素定义、确认和计量原则、列报要求等原则事项。基本准则指导具体准则和制度的制定，并为政府会计实务问题提供处理原则。2015 年 10 月，财政部印发了《政府会计准则——基本准则》(以下简称《基本准则》)。

(二) 政府会计具体准则及应用指南

政府会计具体准则是依据基本准则制定的，用于规范政府会计主体发生的经济业务或事项的会计处理原则，详细规定经济业务或事项引起的会计要素变动的确认、计量和报告。应用指南是对具体准则的实际应用作出的操作性规定。2016 年以来，财政部相继出台了存货、投资、固定资产、无形资产、公共基础设施、政府储备物资等政府会计具体准则和固定资产准则应用指南等。

(三) 政府会计制度

政府会计制度依据基本准则制定，主要规定政府会计科目及账务处理、报表体系及编制说明等。按照政府会计主体不同，政府会计制度主要由政府财政会计制度和政府单位会计制度组成。2017 年财政部制定出台了《政府会计制度——行政事业单位会计科目和报表》(以下简称《政府会计制度》)，2018 年制定发布了行政单位、事业单位和 9 个行业事业单位会计制度与《政府会计制度》的衔接规定以及高等学校、医院等 7 个特殊行业执行《政府会计制度》的补充规定，这些衔接规定和补充规定都是政府会计制度的有机组成部分。

此外，为了及时回应和解决政府会计准则制度执行中的问题，进一步补充和完善政府会计标准体系，财政部还适时出台政府会计准则制度解释，以确保准则制度有效实施。2019 年 7 月财政部印发了《政府会计准则制度解释第 1 号》。政府会计主体应当根据政府会计准则(包括基本准则和具体准则)规定的原则和政府会计制度的要求，对其发生的各项经济业务和事项进行会计核算。根据《基本准则》，政府会计主体主要包括各级政府、各部门、各单位。各级政府指各级政府财政部门，具体负责财政总会计的核算。各部门、各单位，是指与本级政府财政部门直接或者间接发生预算拨款关系的国家机关、军队、政党组织、社会团体、事业单位和其他单位。军队、已纳入企业财务管理体系的单位和执行《民间非营利组织会计制度》的社会团体，其会计核算不适用政府会计准则制度。

三、政府会计核算模式

政府会计核算应当实现预算会计与财务会计适度分离并相互衔接，全面、清晰地反映政府财务信息和预算执行信息，为开展政府信用评级、加强资产负债管理、改进政府绩效监督考核防范财政风险等提供支持，促进政府财务管理水平提高和财政可持续发展。

（一）预算会计与财务会计适度分离

1.“双功能”

政府会计由预算会计和财务会计构成。预算会计通过预算收入、预算支出与预算结余三个要素，对政府会计主体预算执行过程中发生的全部预算收入和全部预算支出进行会计核算，主要反映和监督预算收支执行情况。财务会计通过资产、负债、净资产、收入和费用五个要素，对政府会计主体发生的各项经济业务或者事项进行会计核算，主要反映和监督政府会计主体财务状况、运行情况和现金流量等。

2.“双基础”

预算会计实行收付实现制，国务院另有规定的，从其规定；财务会计实行权责发生制。这使得政府会计核算既能反映预算收支等流量信息，又能反映资产、负债等存量信息。

所谓收付实现制，是指以现金的实际收付为标志来确定本期收入和支出的会计核算基础。凡在当期实际收到的现金收入和支出，均应作为当期的收入和支出；凡是不属于当期的现金收入和支出，均不应当作为当期的收入和支出。

所谓权责发生制，是指以取得收取款项的权利或支付款项的义务为标志来确定本期收入和费用的会计核算基础。凡是当期已经实现的收入和已经发生的或应当负担的费用，不论款项是否收付，都应当作为当期的收入和费用；凡是不属于当期的收入和费用，即使款项已在当期收付，也不应当作为当期的收入和费用。

3.“双报告”

政府会计主体应当编制决算报告和财务报告。政府决算报告的编制主要以收付实现制为基础，以预算会计核算生成的数据为准。政府财务报告的编制主要以权责发生制为基础，以财务会计核算生成的数据为准。

（二）预算会计与财务会计适度相互衔接

执行《政府会计制度》的行政事业单位，对于纳入部门预算管理的现金收支业务，在采用财务会计核算的同时应当进行预算会计核算；对于其他业务，仅需进行财务会计核算。

做中学 8-1

2×20 年 6 月 1 日，某事业单位采用国库授权支付方式购置一项价值为 120 000 元的固定资产，折旧年限为 10 年。假定不考虑其他因素，有关财务的账务处理如下：

（1）6 月 1 日，单位收到代理银行转来的“授权支付到账通知书”时，应编制如下财务会计分录：

借：零余额账户用款额度　　120 000

　　贷：财政拨款收入　　120 000

同时，应编制如下预算会计分录：

借：资金结存——零余额账户用款额度　　120 000

　　贷：财政拨款预算收入　　120 000

(2) 6月1日,单位购买固定资产时,应编制如下财务会计分录:

借:固定资产　　120 000

　　贷:零余额账户用款额度　　120 000

同时,应编制如下预算会计分录:

借:事业支出——财政拨款支出　　120 000

　　贷:资金结存——零余额账户用款额度　　120 000

(3) 6月末,单位计提固定资产折旧时,应编制如下财务会计分录:

借:业务活动费用　　1 000

　　贷:固定资产累计折旧　　1 000

预算会计下不作计提固定资产折旧的处理。本例中,财务会计反映了财务状况和运行情况,而预算会计反映了预算执行情况。

四、政府会计要素及其确认和计量

政府会计要素包括财务会计要素和预算会计要素。预算会计要素包括预算收入、预算支出与预算结余;财务会计要素包括资产、负债、净资产、收入和费用。

(一) 政府预算会计要素

1. 预算收入

预算收入,是指政府会计主体在预算年度内依法取得的并纳入预算管理的现金流入。预算收入一般在实际收到时予以确认,以实际收到的金额计量。

2. 预算支出

预算支出,是指政府会计主体在预算年度内依法发生并纳入预算管理的现金流出。预算支出一般在实际支付时予以确认,以实际支付的金额计量。

3. 预算结余

预算结余,是指政府会计主体预算年度内预算收入扣除预算支出后的资金余额,以及历年滚存的资金余额。

预算结余包括结余资金和结转资金。结余资金,是指年度预算执行终了,预算收入实际完成数扣除预算支出和结转资金后剩余的资金。结转资金,是指预算安排项目的支出年终尚未执行完毕或者因故未执行,且下年需要按原用途继续使用的资金。

(二) 政府财务会计要素

1. 资产

1) 资产的定义

资产,是指政府会计主体过去的经济业务或者事项形成的,由政府会计主体控制的,预期能够产生服务潜力或者带来经济利益流入的经济资源。服务潜力,是指政府会计主体利用资产提供公共产品和服务以履行政府职能的潜在能力。经济利益流入表现为现金及现金等价物的流入,或者现金及现金等价物流出的减少。

2) 资产的分类

政府会计主体的资产按照流动性,分为流动资产和非流动资产。

流动资产,是指预计在1年内(含1年)耗用或者可以变现的资产,包括货币资金、短期投资、应收及预付款项、存货等。

非流动资产,是指流动资产以外的资产,包括固定资产、在建工程、无形资产、长期投资、公共基础设施、政府储备资产、文物文化资产、保障性住房和自然资源资产等。

3）资产的确认条件

符合政府资产定义的经济资源，在同时满足以下条件时，确认为资产：① 与该经济资源相关的服务潜力很可能实现或者经济利益很可能流入政府会计主体；② 该经济资源的成本或者价值能够可靠地计量。

4）资产的计量属性

政府资产的计量属性主要包括历史成本、重置成本、现值、公允价值和名义金额。

在历史成本计量下，资产按照取得时支付的现金金额或者支付对价的公允价值计量。在重置成本计量下，资产按照现在购买相同或者相似资产所需支付的现金金额计量。在现值计量下，资产按照预计从其持续使用和最终处置中所产生的未来净现金流入量的折现金额计量。在公允价值计量下，资产按照市场参与者在计量日发生的有序交易中，出售资产所能收到的价格计量。无法采用历史成本、重置成本、现值和公允价值计量属性的，采用名义金额（即人民币1元）计量。

政府会计的计算方法

政府会计主体在对资产进行计量时，一般应当采用历史成本。采用重置成本、现值、公允价值计量的，应当保证所确定的资产金额能够持续、可靠计量。

2. 负债

1）负债的定义

负债，是指政府会计主体过去的经济业务或者事项形成的，预期会导致经济资源流出政府会计主体的现时义务。现时义务，是指政府会计主体在现行条件下已承担的义务。未来发生的经济业务或者事项形成的义务不属于现时义务，不应当确认为负债。

2）负债的分类

政府会计主体的负债按照流动性，分为流动负债和非流动负债。

流动负债，是指预计在1年内（含1年）偿还的负债，包括短期借款、应付及预收款项、应付职工薪酬、应缴款项等。

非流动负债，是指流动负债以外的负债，包括长期借款、长期应付款、应付政府债券和政府依法担保形成的债务等。

政府会计主体的负债分为偿还时间与金额基本确定的负债和由或有事项形成的预计负债。偿还时间与金额基本确定的负债按政府会计主体的业务性质及风险程度，分为融资活动形成的举借债务及其应付利息、运营活动形成的应付及预收款项和暂收性负债。政府举借的债务包括政府发行的政府债券，向外国政府、国际经济组织等借入的款项，以及向上级政府借入转贷资金形成的借入转贷款。应付及预收款项包括应付职工薪酬、应付账款、预收款项、应交税费、应付国库集中支付结余和其他应付未付款项。暂收性负债是指政府会计主体暂时收取，随后应作上缴、退回、转拨等处理的款项，主要包括应缴财政款和其他暂收款项。通常政府会计主体的或有事项主要有：未决诉讼或未决仲裁、对外国政府或国际经济组织的贷款担保、承诺（补贴、代偿）、自然灾害或公共事件的救助等。

3）负债的确认条件

符合政府负债定义的义务，在同时满足以下条件时，确认为负债：① 履行该义务很可能导致含有服务潜力或者经济利益的经济资源流出政府会计主体；② 该义务的金额能够可靠地计量。

4）负债的计量属性

政府负债的计量属性主要包括历史成本、现值和公允价值。

在历史成本计量下，负债按照因承担现时义务而实际收到的款项或者资产的金额，或者承担现时义务的合同金额，或者按照为偿还负债预期需要支付的现金计量。在现值计量下，负债按照预计期限内需要偿还的未来净现金流出量的折现金额计量。在公允价值计量下，负债按照市场参与者在计量日发生的有序交易中，转移负债所需支付的价格计量。

政府会计主体在对负债进行计量时，一般应当采用历史成本。采用现值、公允价值计量的，应当保证所确定的负债金额能够持续、可靠计量。

3. 净资产

净资产，是指政府会计主体资产扣除负债后的净额，其金额取决于资产和负债的计量。

4. 收入

1）收入的定义

收入，是指报告期内导致政府会计主体净资产增加的、含有服务潜力或者经济利益的经济资源的流入。

2）收入的确认条件

收入的确认应当同时满足以下条件：① 与收入相关的含有服务潜力或者经济利益的经济资源很可能流入政府会计主体；② 含有服务潜力或者经济利益的经济资源流入会导致政府会计主体资产增加或者负债减少；③ 流入金额能够可靠计量。

5. 费用

1）费用的定义

费用，是指报告期内导致政府会计主体净资产减少的、含有服务潜力或者经济利益的经济资源的流出。

2）费用的确认条件

费用的确认应当同时满足以下条件：① 与费用相关的含有服务潜力或者经济利益的经济资源很可能流出政府会计主体；② 含有服务潜力或者经济利益的经济资源流出会导致政府会计主体资产减少或者负债增加；③ 流出金额能够可靠计量。

五、政府财务报告和决算报告

（一）政府财务报告

政府财务报告是反映政府会计主体某一特定日期的财务状况和某一会计期间的运行情况和现金流量等信息的文件。政府财务报告的目标是向财务报告使用者提供与政府财务状况、运行情况和现金流量等有关的信息，反映政府会计主体公共受托责任履行情况，有助于财务报告使用者作出决策或者进行监督和管理。政府财务报告使用者包括各级人民代表大会常务委员会、债权人、各级政府及其有关部门、政府会计主体自身和其他利益相关者。

政府财务报告应当包括财务报表和其他应当在财务报告中披露的相关信息和资料。财务报表包括会计报表和附注。会计报表一般包括资产负债表、收入费用表和净资产变动表，单位可根据实际情况自行选择编制现金流量表。资产负债表是反映政府会计主体在某一特定日期的财务状况的报表。收入费用表是反映政府会计主体在一定会计期间运行情况的报表。净资产变动表是反映政府会计主体在某一年度内净资产项目变动情况的报表。现金流量表是反映政府会计主体在一定会计期间现金及现金等价物流入和流出情况的报表。附注是对在资产负债表、收入费用表、现金流量表等报表中列示项目所作的进一步说明，以及对未能在这些报表中列示项目的说明。

从编制主体讲，政府财务报告主要包括政府部门财务报告和政府综合财务报告。政府部门编制部门财务报告，反映本部门的财务状况和运行情况；财政部门编制政府综合财务报告，反映政府整体的财务状况、运行情况和财政中长期可持续性。

各单位应在政府会计准则体系和政府财务报告制度框架体系内，按时编制以资产负债表、收入费用表等财务报表为主要内容的财务报告。各部门应合并本部门所属单位的财务报表，编制部门财务报告。各级政府财政部门应合并各部门和其他纳入合并范围主体的财务报表，编制以资产负债表、收入费用表等财务报表为主要内容的本级政府综合财务报告。县级以上政府财政部门要合并汇总本级政府综合财务报告和下级政府综合财务报告，编制本行政区政府综合财务报告。

（二）政府决算报告

政府决算报告是综合反映政府会计主体年度预算收支执行结果的文件。政府决算报告的目标是向决算报告使用者提供与政府预算执行情况有关的信息，综合反映政府会计主体预算收支的年度执行结果，有助于决算报告使用者进行监督和管理，并为编制后续年度预算提供参考和依据。政府决算报告使用者包括各级人民代表大会及其常务委员会、各级政府及其有关部门、政府会计主体自身、社会公众和其他利益相关者。

政府决算报告应当包括决算报表和其他应当在决算报告中反映的相关信息和资料。预算会计报表是单位通过预算会计核算直接形成的报表，是决算报表的主要信息来源。根据《政府会计制度》规定，预算会计报表至少包括预算收入支出表、预算结转结余变动表和财政拨款预算收入支出表。

政府决算报告与政府财务报告的主要区别如表 8-1 所示。

表 8-1　　政府决算报告与政府财务报告的主要区别

项目	政府决算报告	政府财务报告
编制主体	各级政府财政部门、各部门、各单位	
反映对象	一级政府年度预算收支执行情况的结果	一级政府整体财务状况、运行情况和财政中长期可持续性
编制基础	收付实现制	权责发生制
数据来源	以预算会计核算生成的数据为准	以财务会计核算生成的数据为准
编制方法	汇总	合并
报送要求	本级人民代表大会常务委员会审查和批准	本级人民代表大会常务委员会备案

任务二　政府单位会计核算

行政事业单位（以下简称单位）是政府会计主体的重要组成部分。单位财务会计的原理和方法与企业会计基本一致，但与企业会计不同的是，单位会计核算应当具备财务会计与预算会计双重功能，实现财务会计与预算会计适度分离并相互衔接，全面、清晰地反映单位财务信息和预算执行信息。本任务主要以《政府会计制度》为基础，介绍单位会计核算的有关内容，与企业会计基本一致的内容不再重述。同时，为简化起见，本任务内容在账务处理介绍中除特别说明外一般不涉及增值税的会计处理。

一、单位会计核算概述

单位财务会计通过资产、负债、净资产、收入、费用五个要素，全面反映单位财务状况、运行情况和现金流量情况。反映单位财务状况的等式为“资产－负债＝净资产”，反映运行情况的等式为"收入－费用＝本期盈余"，本期盈余经分配后最终转入净资产。财务会计实行权责发生制。

单位预算会计通过预算收入、预算支出和预算结余三个要素，全面反映单位预算收支执行情况。预算会计恒等式为"预算收入－预算支出＝预算结余"。单位预算会计采用收付实现制，国务院另有规定的从其规定。为了保证单位预算会计要素单独循环，在日常核算时，单位应当设置"资金结存"科目，核算纳入部门预算管理的资金的流入、流出、调整和滚存等情况。根据资金支付方式及资金形态，"资金结存"科目应设置"零余额账户用款额度""货币资金""财政应返还额度"三个明细科目。年末预算收支结转后"资金结存"科目借方余额与预算结转结余科目贷方余额相等。

单位对于纳入部门预算管理的现金收支业务，在采用财务会计核算的同时应当进行预算会计核算；对于其他业务，仅需进行财务会计核算。这里的现金，是指单位的库存现金以及其他可以随时用于支付的款项，包括库存现金、银行存款、其他货币资金、零余额账户用款额度、财政应返还额度，以及通过财政直接支付方式支付的款项。对于单位受托代理的现金以及应上缴财政的现金所涉及的收支业务，仅需要进行财务会计处理，不需要进行预算会计处理。

二、国库集中支付业务

国库集中收付，是指政府在国库或国库指定的代理银行开设账户，集中收纳和支付财政性资金的一种结算制度。由于其核心是通过国库单一账户对财政资金进行集中管理，所以这种制度一般又称作国库单一账户制度。

国库集中收付制度下，政府所有的财政收入都直接缴入国库，财政支出则通过严格的预算，将预算额度下达（而不是下拨）给预算单位，预算单位需要购买货物或支付劳务费用时，由财政部门按预算控制额度向国库发出付款指令，款项由财政部门在国库开设的单一账户中直接划入商品或劳务提供者的账户。

（一）财政直接支付

年末，行政单位根据本年度财政直接支付预算指标数大于当年财政直接支付实际发生数的差额，财务会计借记"财政应返还额度——财政直接支付"科目，贷记"财政拨款收入"科目；预算会计借记"资金结存——财政应返还额度"科目，贷记"财政拨款预算收入"科目。

下年度，行政单位使用以前年度财政直接支付额度支付款项时，财务会计借记"业务活动费用"等科目，贷记"财政应返还额度——财政直接支付"科目；预算会计借记"行政支出"等科目，贷记"资金结存——财政应返还额度"科目。

做中学 8-2

某实行国库集中支付的行政单位，年末通过对账确认本年度财政直接支付预算指标数为 1 000 000 元，当年财政直接支付实际发生数为 900 000 元。该行政单位的账务处理如下：

借：资金结存——财政应返还额度　　100 000

　　贷：财政拨款预算收入　　100 000

做中学 8-3

[做中学 8-2]中的行政单位下年度初收到代理银行转来的"财政直接支付入账通知书"，使用上年尚未使用的财政直接支付额度支付款项 100 000 元购买办公用笔记本电脑 10 台，已直接交付使用。该行政单位的账务处理如下：

借：行政支出　　100 000
　　贷：资金结存——财政应返还额度　　100 000

(二) 财政授权支付

年末,行政单位根据代理银行提供的对账单做注销额度的相关账务处理,财务会计借记“财政应返还额度——财政授权支付”科目,贷记“零余额账户用款额度”科目;预算会计借记“资金结存——财政应返还额度”科目,贷记“资金结存——零余额账户用款额度”科目。年末,行政单位本年度财政授权支付预算指标数大于零余额账户用款额度下达数的,根据未下达的用款额度,财务会计借记“财政应返还额度——财政授权支付”科目,贷记“财政拨款收入”科目;预算会计借记“资金结存——财政应返还额度”科目,贷记“财政拨款预算收入”科目。

下年初,行政单位根据代理银行提供的上年度注销额度恢复到账通知书以及收到财政部门批复的上年末下达零余额账户用款额度,财务会计借记“零余额账户用款额度”科目,贷记“财政应返还额度——财政授权支付”科目;预算会计借记“资金结存——零余额账户用款额度”科目,贷记“资金结存——财政应返还额度”科目。

做中学 8-4

某实行国库集中支付的行政单位,年末通过对账确认本年度财政授权支付预算指标数 500 000 元,零余额账户用款额度下达数 400 000 元,零余额账户用款额度支用数 350 000 元。该行政单位的账务处理如下:

借：资金结存——财政应返还额度　　150 000
　　贷：资金结存——零余额账户用款额　　50 000
　　　　财政拨款预算收入　　100 000

做中学 8-5

[做中学 8-4]中的行政单位下年度初收到代理银行转来的 50 000 元财政授权支付额度恢复到账通知书和财政部门批复的上年度未下达零余额账户用款额度 100 000 元。该行政单位的账务处理如下:

借：资金结存——零余额账户用款额度　　150 000
　　贷：资金结存——财政应返还额度　　150 000

三、非财政拨款收支业务

单位的收支业务除国库收付业务外,还包括事业活动、捐赠活动等形成的非财政拨款收支。

(一) 事业(预算)收入

事业(预算)收入,是指事业单位开展专业业务活动及其辅助活动实现的收入,不包括从同级政府财政部门取得的各类财政拨款。

为核算和监督事业(预算)收入,单位应当分别设置“事业收入”和“事业预算收入”科目。

(1) 采用财政专户返还方式管理的事业(预算)收入,在实现应上缴财政专户的事业收入时,事业单位按照实际收到或应收的金额,借记“银行存款”“应收账款”等科目,贷记“应缴财政款”科目。向财政专户上缴款项时,按照实际上缴的款项金额,借记“应缴财政款”科目,贷记“银行存款”等科目。收到从财政专户返还的事业收入时,按照实际收到的返还金额,借记“银行存款”等科目，贷记“事业收入”科目；同时，在预算会计中借记“资金结存——货币资金”科目，贷记“事业预算收入”科目。

（2）采用预收款方式确认的事业（预算）收入，实际收到预收款项时，按照收到的款项金额，借记“银行存款”等科目，贷记“预收账款”科目，同时，在预算会计中借记“资金结存——货币资金”科目，贷记“事业预算收入”科目；以合同完成进度确认事业收入时，按照基于合同完成进度计算的金额，借记“预收账款”科目，贷记“事业收入”科目。

（3）采用应收款方式确认的事业收入，根根合同完成进度计算本期应收的款项，借记“应收账款”科目，贷记“事业收入”科目；实际收到款项时，借记“银行存款”等科目，贷记“应收账款”科目；同时，在预算会计中借记“资金结存——货币资金”科目，贷记“事业预算收入”科目。

（4）对于其他方式下确认的事业预算收入，按照实际收到的金额，借记“银行存款”“库存现金”等科目，贷记“事业收入”科目；同时，在预算会计中借记“资金结存——货币资金”科目，贷记“事业预算收入”科目。

（5）期末，单位应当将“事业收入”科目本期发生额转入本期盈余，借记“事业收入”科目，贷记“本期盈余”科目；同时，在预算会计中，按照专项资金收入金额，借记“事业预算收入”科目，贷记“非财政拨款结转——本年收支结转”科目，按照非专项资金收入金额，借记“事业预算收入”科目，贷记“其他结余”科目。

做中学 8-6

某事业单位部分事业收入采用财政专户返还的方式管理。2×20 年 10 月 5 日，该单位收到应上缴财政专户的事业收入 5 000 000 元。10 月 15 日，该单位将上述款项上缴财政专户。11 月 15 日，该单位收到从财政专户返还的事业收入 5 000 000 元。财会部门根据有关凭证，应编制如下会计分录：

（1）收到应上缴财政专户的事业收入时：

借：银行存款　　5 000 000

　　贷：应缴财政款　　5 000 000

（2）向财政专户上缴款项时：

借：应缴财政款　　5 000 000

　　贷：银行存款　　5 000 000

（3）收到从财政专户返还的事业收入时：

借：银行存款　　5 000 000

　　贷：事业收入　　5 000 000

同时，

借：资金结存——货币资金　　5 000 000

　　贷：事业预算收入

（二）捐赠（预算）收入和支出

1. 捐赠（预算）收入

捐赠收入，是指单位接受其他单位或者个人捐赠取得的收入，包括现金捐赠收入和非现金捐赠收入。捐赠预算收入是指单位接受捐赠的现金资产。

单位接受捐赠的货币资金，按照实际收到的金额，在财务会计中借记“银行存款”“库存现金”等科目，贷记“捐赠收入”科目；同时在预算会计中借记“资金结存——货币资金”科目，贷记“其他预算收入——捐赠预算收入”科目。

单位接受捐赠的存货、固定资产等非现金资产，在财务会计中，按照确定的成本，借记“库存物品”“固定资产”等科目，按照发生的相关税费、运输费等，贷记“银行存款”等科目，按照其差额，贷记“捐赠收入”科目；同时在预算会计中，按照发生的相关税费、运输费等支出金额，借记“其他支出”科目，贷记“资金结存——货币资金”科目。

做中学 8-7

2×20 年 10 月 5 日，某行政单位接受其他部门无偿调入物资一批，该批物资在调出方的账面价值为 20 000 元，经验收合格后入库。物资调入过程中该单位以银行存款支付了运输费 1 000 元。财会部门根据有关凭证，不考虑相关税费，应编制如下会计分录：

借：库存物品　　21 000

　　贷：银行存款　　1 000

　　　　无偿调拨净资产　　20 000

同时，

借：其他支出　　1 000

　　贷：资金结存——货币资金　　1 000

2. 捐赠（支出）费用

单位对外捐赠现金资产的，按照实际捐赠的金额，在财务会计中借记“其他费用”，贷记“银行存款”“库存现金”等科目；同时，在预算会计中借记“其他支出”科目，贷记“资金结存——货币资金”科目。

单位对外捐赠库存物品、固定资产等非现金资产的，在财务会计中应当将资产的账面价值转入“资产处置费用”科目，如未支付相关费用，预算会计则不做账务处理。

四、预算结转结余及分配业务

（一）财政拨款结转结余

1. 财政拨款结转

财政拨款结转，是指单位取得的同级财政拨款结转资金的调整、结转和滚存的情况。

单位应当在预算会计中设置“财政拨款结转”科目，核算滚存的财政拨款结转资金。本科目下应当设置“年初余额调整”“归集调入”“归集调出”“归集上缴”“单位内部调剂”“本年收支结转”“累计结转”等明细科目，反映财政拨款结转金额变动情况。年末结转后，本科目除“累计结转”明细科目外，其他明细科目应无余额。

本科目还应当设置“基本支出结转”“项目支出结转”两个明细科目，并在“基本支出结转”明细科目下按照“人员经费”“日常公用经费”进行明细核算，在“项目支出结转”明细科目下按照具体项目进行明细核算；同时，本科目还应按照《政府收支分类科目》中“支出功能分类科目”的相关科目进行明细核算。

（1）年末，单位应当将财政拨款预算收入和对应的财政拨款支出结转入“财政拨款结转”科目。根据财政拨款预算收入本年发生额，借记“财政拨款预算收入”科目，贷记“财政拨款结转——本年收支结转”科目；根据各项支出中的财政拨款支出本年发生额，借记“财政拨款结转——本年收支结转”科目，贷记各项支出（财政拨款支出）科目。

(2) 单位按照规定从其他单位调入财政拨款结转资金的，按照实际调增的额度数额或调入的资金数额，在预算会计中借记“资金结存——财政应返还额度、零余额账户用款额度、货币资金”科目，贷记“财政拨款结转——归集调入”科目；同时，在财务会计中借记“零余额账户用款额度”“财政应返还额度”等科目，贷记“累计盈余”科目。

单位按规定上缴（或注销）财政拨款结转资金、向其他单位调出财政拨款结转资金，按照实际上缴资金数额、实际调减（或注销）的额度数额或调出的资金数额，在预算会计中借记“财政拨款结转——归集上缴、归集调出”科目，贷记“资金结存——财政应返还额度、零余额账户用款额度、货币资金”科目；同时，在财务会计中借记“累计盈余”科目，贷记“零余额账户用款额度”“财政应返还额度”等科目。

(3) 经财政部门批准对财政拨款结余资金改变用途，调整用于本单位基本支出或其他未完成项目支出的，按照批准调剂的金额，借记“财政拨款结余单位内部调剂”科目，贷记“财政拨款结转——单位内部调剂”科目。

(4) 单位因发生会计差错等事项调整以前年度财政拨款结转资金的，单位按照调整的金额，在预算会计中借记或贷记“资金结存——财政应返还额度、零余额账户用款额度、货币资金”科目，贷记或借记“财政拨款结转——年初余额调整”科目；同时，在财务会计中借记或贷记“零余额账户用款额度”“银行存款”科目，贷记或借记“以前年度余额调整”等科目。

(5) 年末，单位冲销有关明细科目余额，将“财政拨款结转——本年收支结转、年初余额调整、归集调入、归集调出、归集上缴、单位内部调剂”科目余额转入“财政拨款结转——累计结转”科目。

完成上述结转后，单位应当对财政拨款各明细项目执行情况进行分析，按照有关规定将符合财政拨款结余性质的项目余额转入财政拨款结余，借记“财政拨款结转——累计结转”科目，贷记“财政拨款结余——结转转入”科目。

做中学 8-8

2×20 年 11 月，某事业单位收到财政拨款收入 2 500 000 元，“事业支出”科目下“财政拨款支出”明细科目的当期发生额为 2 400 000 元。月末，该事业单位将本月财政拨款收入和支出结转，应编制如下会计分录：

(1) 结转财政拨款收入时：

借：财政拨款预算收入　　2 500 000

　　贷：财政拨款结转——本年收支结转　　2 500 000

(2) 结转财政拨款支出时：

借：财政拨款结转——本年收支结转　　2 400 000

　　贷：事业支出——财政拨款支出　　2 400 000

2. 财政拨款结余

财政拨款结余，是指单位取得的同级财政拨款项目支出结余资金的调整、结转和滚存情况。

单位在预算会计中应当设置“财政拨款结余”科目，核算单位滚存的财政拨款项目支出结余资金。本科目应当设置“年初余额调整”“归集上缴”“单位内部调剂”“结转转入”“累计结余”等明细科目，反映财政拨款结余金额变动情况。年末结转后，本科目除“累计结余”明细科目外，其他明细科目应无余额。本科目还应当按照《政府收支分类科目》中“支出功能分类科目”的相关科目进行明细核算。

(1) 年末，单位对财政拨款结转各明细项目执行情况进行分析后，按照有关规定将符合财政拨款结余性质的项目余额转入财政拨款结余，借记“财政拨款结转——累计结转”科目，贷记“财政拨款结余——结转转入”科目。

(2) 经财政部门审批对财政拨款结余资金改变用途，调整用于本单位基本支出或其他未完成项目支出的，按照批准调剂的金额，借记“财政拨款结余——单位内部调剂”科目，贷记“财政拨款结转——单位内部调剂”科目。

(3) 按照规定上缴财政拨款结余或注销财政拨款结余资金额度的，按照实际上缴资金数额或注销的资金额度数额，在预算会计中借记“财政拨款结余——归集上缴”科目，贷记“资金结存——财政应返还额度、零余额账户款额度、货币资金”科目；同时，在财务会计中借记“累计盈余”科目，贷记“零余额账户用款额度”“财政应返还额度”等科目。

(4) 因发生会计差错等事项调整以前年度财政拨款结余资金的，单位按照调整的金额，在预算会计中借记或贷记“资金结存——财政应返还额度、零余额账户用款额度、货币资金”科目，贷记或借记“财政拨款结余——年初余额调整”科目；同时，在财务会计中借记或贷记“零余额账户用款额度”“财政应返还额度”“银行存款”科目，贷记或借记“以前年度盈余调整”等科目。

(5) 年末，单位冲销有关明细科目，将本科目的“年初余额调整”“归集上缴”“单位内部调剂”“结转转入”明细科目余额转入本科目的“累计结余”明细科目。

做中学 8-9

2×20 年年末，某事业单位完成财政拨款收支结转后，对财政拨款各明细项目进行分析，按照有关规定将某项目结余资金 65 000 元转入财政拨款结余，该单位应编制如下会计分录：

将项目结余转入财政拨款结余时：

借：财政拨款结转——累计结转　　65 000

　　贷：财政拨款结余——结转转入　　65 000

(二) 非财政拨款结转结余

1. 非财政拨款结转

非财政拨款结转资金，是指单位除财政拨款收支、经营收支以外的各非同级财政拨款专项资金收入与其相关支出相抵后剩余滚存的、须按规定用途使用的结转资金。

单位应当在预算会计中设置“非财政拨款结转”科目，核算单位除财政拨款收支、经营收支以外各非同级财政拨款专项资金的调整、结转和滚存情况。本科目应当设置“年初余额调整”“缴回资金”“项目间接费用或管理费”“本年收支结转”“累计结转”等明细科目，反映非财政拨款结转的变动情况。本科目还应当按照具体项目、《政府收支分类科目》中“支出功能分类科目”的相关科目等进行明细核算。

(1) 年末，单位将事业预算收入、上级补助预算收入、附属单位上缴预算收入、非同级财政拨款预算收入、债务预算收入、其他预算收入本年发生额中的专项资金收入转入本科目，借记“事业预算收入”“上级补助预算收入”“附属单位上缴预算收入”“非同级财政拨款预算收入”“债务预算收入”“其他预算收入”科目下各专项资金收入明细科目，贷记“非财政拨款结转——本年收支结转”科目；将行政支出、事业支出、其他支出本年发生额中的非财政拨款专项资金支出转入本科目，借记“非财政拨款结转——本年收支结转”科目，贷记“行政支出”“事业支出”“其他支出”科目下各非财政拨款专项资金支出明细科目。

(2) 单位按照规定从科研项目预算收入中提取项目间接费用或管理费用时，按照提取金额，在预算会计中借记“非财政拨款结转——项目间接费用或管理费”科目，贷记“非财政拨款结余——项目间接费用或管理费”科目；同时，在财务会计中借记“单位管理费用”科目，贷记“预提费用——项目间接费用或管理费”科目。

单位按照规定缴回非财政拨款结转资金的，按照实际缴回资金数额，在预算会计中借记“非财政拨款结转——缴回资金”科目，贷记“资金结存——货币资金”科目；同时，在财务会计中借记“累计盈余”科目，贷记“银行存款”等科目。

(3) 因会计差错更正等事项调整非财政拨款结转资金的，单位按照收到或支出的金额，在预算会计中借记或贷记“资金结存——货币资金”科目，贷记或借记“非财政拨款结转——年初余额调整”科目；同时，在财务会计中借记或贷记“银行存款”科目，贷记或借记“以前年度盈余调整”等科目。

(4) 年末，单位冲销有关明细科目余额，将“非财政拨款结转——年初余额调整、缴回资金、本年收支结转”科目余额转入“非财政拨款——累计结转”科目。结转后“非财政拨款结转”科目除“累计结转”明细科目外，其他明细科目应无余额。

完成上述结转后，单位应当对非财政拨款专项资金各项目情况进行分析，将留归本单位使用的非财政拨款专项(项目已完成)剩余资金转入非财政拨款结余，借记“非财政拨款结转——累计结转”科目，贷记“非财政拨款结余——结转转入”科目。

做中学 8-10

2×20 年 1 月，某事业单位启动一项科研项目。当年收到上级主管部门拨付的非财政专项资金 6 000 000 元，为该项目发生事业支出 5 600 000 元。2×19 年 12 月，项目结项，经上级主管部门批准，该项目的结余资金留归事业单位使用。该事业单位应编制如下会计分录：

(1) 年末结转上级补助预算收入中该科研专项资金收入时：

借：上级补助预算收入	6 000 000	
贷：非财政拨款结转——本年收支结转		6 000 000

(2) 年末结转事业支出中该科研专项支出时：

借：非财政拨款结转——年末收支结转	5 600 000	
贷：事业支出——非财政专项资金支出		5 600 000

(3) 经批准确定结余资金留归本单位使用时：

借：非财政拨款结转——累计结转	400 000	
贷：非财政拨款结余——结转转入		400 000

2. 非财政拨款结余

非财政拨款结余，是指单位历年滚存的非限定用途的非同级财政拨款结余资金，主要为非财政拨款结余扣除结余分配后滚存的金额。

单位应当在预算会计中设置“非财政拨款结余”科目，核算单位历年滚存的非限定用途的非同级财政拨款结余资金。本科目应当设置“年初余额调整”“项目间接费用或管理费”“结转转入”“累计结余”等明细科目，反映非财政拨款结余的变动情况。本科目还应当按照《政府收支分类科目》中“支出功能分类科目”的相关科目进行明细核算。

(1) 年末，单位将留归本单位使用的非财政拨款专项（项目已完成）剩余资金转入本科目，借记“非财政拨款结转——累计结转”科目，贷记“非财政拨款结余——结转转入”科目。

(2) 单位按照规定从科研项目预算收入中提取项目间接费用或管理费用时，按照提取金额，在预算会计中借记“非财政拨款结转——项目间接费用或管理费”科目，贷记“非财政拨款结余——项目间接费用或管理费”科目；同时，在财务会计中借记“单位管理费用”科目，贷记“预提费用——项目间接费用或管理费”科目。

(3) 有企业所得税缴纳义务的事业单位实际缴纳企业所得税时，按照缴纳金额，在预算会计中借记“非财政拨款结余——累计结余”科目，贷记“资金结存——货币资金”科目；同时，在财务会计中借记“其他应交税费——单位应交所得税”科目，贷记“银行存款”等科目。

(4) 因会计差错更正等调整非财政拨款结余资金的，单位按照收到或支出的金额，在预算会计中借记或贷记“资金结存——货币资金”科目，贷记或借记“非财政拨款结余——年初余额调整”科目；同时，在财务会计中借记或贷记“银行存款”科目，贷记或借记“以前年度盈余调整”科目。

(5) 年末，单位冲销有关明细科目余额，将“非财政拨款结余——年初余额调整、项目间接费用或管理费、结转转入”科目余额结转入“非财政拨款结余——累计结余”科目。结转后，本科目除“累计结余”明细科目外，其他明细科目应无余额。

(6) 年末，事业单位将“非财政拨款结余分配”科目余额转入非财政拨款结余，“非财政拨款结余分配”科目为借方余额的，借记“非财政拨款结余——累计结余”科目，贷记“非财政拨款结余分配”科目；“非财政拨款结余分配”科目为贷方余额的，借记“非财政拨款结余分配”科目，贷记“非财政拨款结余——累计结余”科目。

(7) 年末，行政单位将“其他结余”科目余额转入非财政拨款结余，“其他结余”科目为借方余额的，借记“非财政拨款结余——累计结余”科目，贷记“其他结余”科目；“其他结余”科目为贷方余额的，借记“其他结余”科目，贷记“非财政拨款结余——累计结余”科目。

3. 专用结余

专用结余，是指事业单位按照规定从非财政拨款结余中提取的具有专门用途的资金。为核算和监督专用结余的变动和滚存情况，事业单位应当在预算会计中设置“专用结余”科目。根据有关规定从本年度非财政拨款结余或经营结余中提取基金的，按照提取金额，借记“非财政拨款结余分配”科目，贷记“专用结余”科目。根据规定使用从非财政拨款结余或经营结余中提取的专用基金时，按照使用金额，借记“专用结余”科目，贷记“资金结存——货币资金”科目。“专用结余”科目年末贷方余额，反映事业单位从非同级财政拨款结余中提取的专用基金的累计滚存数额。

4. 经营结余

经营结余，是指事业单位在本年度经营活动收支相抵后余额弥补以前年度经营亏损后的余额。

为核算和监督经营结余，事业单位应当在预算会计中设置“经营结余”科目。期末，事业单位应当结转本期经营收支，根据经营收入本期发生额，借记“经营预算收入”科目，贷记“经营结余”科目；根据经营支出本期发生额，借记“经营结余”科目，贷记“经营支出”科目。年末，如“经营结余”科目为贷方余额，将余额结转至“非财政拨款结余分配”科目，借记“经营结余”科目，贷记“非财政拨款结余分配”科目；如为借方余额，即为经营亏损，不予结转。

5. 其他结余

其他结余，是指单位本年度除财政拨款收支、非同级财政专项资金收支和经营收支以外各项收支相抵后的余额。

为核算和监督其他结余，单位应当在预算会计中设置“其他结余”科目，年末结账后，本科目无余额。

年末，单位应将事业预算收入、上级补助预算收入、附属单位上缴预算收入、非同级财政拨款预算收入、债务预算收入、其他预算收入本年发生额中的非专项资金收入以及投资预算收益本年发生额转入本科目，借记“事业预算收入”“上级补助预算收入”“附属单位上缴预算收入”“非同级财政拨款预算收入”“债务预算收入”“其他预算收入”科目下各非专项资金收入明细科目和“投资预算收益”科目，贷记“其他结余”科目（“投资预算收益”科目本年发生额为借方净额时，借记本科目，贷记“投资预算收益”科目）；将行政支出、事业支出、其他支出本年发生额中的非同级财政、非专项资金支出，以及上缴上级支出、对附属单位补助支出、投资支出、债务还本支出本年发生额转入本科目，借记“其他结余”科目，贷记“行政支出”“事业支出”“其他支出”科目下各非同级财政、非专项资金支出明细科目和“上缴上级支出”“对附属单位补助支出”“投资支出”“债务还本支出”科目。完成上述结转后，行政单位将本科目余额转入“非财政拨款结余——累计结余”科目；事业单位将本科目余额转入“非财政拨款结余分配”科目。

6. 非财政拨款结余分配

事业单位应当在预算会计中设置“非财政拨款结余分配”科目，核算事业单位本年度非财政拨款结余分配的情况和结果。年末，事业单位应将“其他结余”科目余额和“经营结余”科目贷方余额转入“非财政拨款结余分配”科目。根据有关规定提取专用基金的，按照提取的金额，借记“非财政拨款结余分配”科目，贷记“专用结余”科目；同时，在财务会计中按照相同的金额，借记“本年盈余分配”科目，贷记“专用基金”科目。然后，将“非财政拨款结余分配”科目余额转入“非财政拨款结余”科目。

做中学 8-11

2×20 年 9 月 30 日，某事业单位对其收支科目进行分析，事业收入和上级补助收入本月发生额中的非专项资金收入分别为 1 200 000 元、300 000 元，事业支出和其他支出本期发生额中的非财政非专项资金支出分别为 900 000 元、200 000 元，对附属单位补助支出本月发生额为 200 000 元。经营收入本月发生额为 88 000 元，经营支出本月发生额为 64 000 元。月末，该事业单位应编制如下会计分录：

(1) 结转本月非财政、非专项资金收入时：

借：事业预算收入	1 200 000	
上级补助预算收入	300 000	
贷：其他结余		1 500 000

(2) 结转本月非财政、非专项资金支出时：

借：其他结余	1 300 000	
贷：事业支出——其他资金支出		900 000
其他支出		200 000
对附属单位补助支出		200 000

(3) 结转本月经营收入时：

借：经营预算收入　88 000
　　贷：经营结余　88 000
(4) 结转本月经营支出时：
借：经营结余　64 000
　　贷：经营支出　64 000

做中学 8-12

2×20 年年终结账时，某事业单位当年其他结余的贷方余额为 50 000 元，经营结余的贷方余额为 40 000 元。该事业单位按照有关规定提取职工福利基金 12 000 元。该事业单位应编制如下会计分录：

(1) 结转其他结余时：
借：其他结余　50 000
　　贷：非财政拨款结余分配　50 000
(2) 结转经营结余时：
借：经营结余　40 000
　　贷：非财政拨款结余分配　40 000
(3) 提取专用基金时：
借：非财政拨款结余分配　12 000
　　贷：专用结余——职工福利基金　12 000
同时，在财务会计中：
借：本年盈余分配　12 000
　　贷：专用基金——职工福利基金　12 000
(4) 将"非财政拨款结余分配"的余额转入非财政拨款结余时：
借：非财政拨款结余分配　78 000
　　贷：非财政拨款结余　78 000

五、净资产业务

(一) 本期盈余及本年盈余分配

1. 本期盈余

"本期盈余"科目核算单位本期各项收入、费用相抵后的余额。期末，单位应当将各类收入科目和各类费用科目本期发生额转入"本期盈余"科目。年末，单位应当将"本期盈余"科目余额转入"本年盈余分配"科目。

2. 本年盈余分配

"本年盈余分配"科目核算单位本年度盈余分配的情况和结果。年末，单位应当将"本期盈余"科目余额转入本科目。根据有关规定从本年度非财政拨款结余或经营结余中提取专用基金的，按照预算会计下计算的提取金额，借记"本年盈余分配"科目，贷记"专用基金"科目。然后，将"本年盈余分配"科目余额转入"累计盈余"科目。

(二) 专用基金

专用基金是指事业单位按照规定提取或设置的具有专门用途的净资产，主要包括职工福利基金、科技成果转换基金等。

事业单位从本年度非财政拨款结余或经营结余中提取专用基金的，在财务会计中通过"专用基金”科目核算的同时，还应在预算会计“专用结余”科目进行核算。

（三）无偿调拨净资产

无偿调拨净资产是指单位无偿调入或调出非现金资产所引起的净资产变动金额。为核算和监督无偿调拨净资产，单位应当设置“无偿调拨净资产”科目。本科目的贷方登记无偿调入净资产，借方登记无偿调出净资产，年末科目余额全部转入累计盈余；结账后，本科目应无余额。

做中学 8-13

2×20 年 10 月 5 日，某行政单位接受其他部门无偿调入物资一批，该批物资在调出方的账面价值为 20 000 元，经验收合格后入库。物资调入过程中该单位以银行存款支付了运输费 1 000 元。财会部门根据有关凭证，不考虑相关税费，应编制如下会计分录：

借：库存物品　　21 000

　　贷：银行存款　　1 000

　　　　无偿调拨净资产　　20 000

同时，

借：其他支出　　1 000

　　贷：资金结存——货币资金　　1 000

（四）权益法调整

“权益法调整”科目核算事业单位持有的长期股权投资采用权益法核算时，按照被投资单位除净损益和利润分配以外的所有者权益变动份额调整长期股权投资账面余额而计入净资产的金额。年末，按照被投资单位除净损益和利润分配以外的所有者权益变动应享有（或应分担）的份额，借记或贷记“长期股权投资——其他权益变动”科目，贷记或借记“权益法调整”科目。处置长期股权投资时，按照原计入净资产的相应部分金额，借记或贷记“权益法调整”科目，贷记或借记“投资收益”科目。

（五）以前年度盈余调整

“以前年度盈余调整”科目核算单位本年度发生的调整以前年度盈余的事项，包括本年度发生的重要前期差错更正涉及调整以前年度盈余的事项。

（六）累计盈余

“累计盈余”科目反映单位历年实现的盈余扣除盈余分配后滚存的金额，以及因无偿调入调出资产产生的净资产变动额。

（1）年末，将“本年盈余分配”科目的余额转入累计盈余：

借：本年盈余分配

　　贷：累计盈余【或借贷相反】

（2）将“无偿调拨净资产”科目的余额转入累计盈余：

借：无偿调拨净资产

　　贷：累计盈余【或借贷相反】

（3）单位按照规定上缴财政拨款结转结余、缴回非财政拨款结转资金、向其他单位调出财政拨款结转资金时，按照实际上缴、缴回、调出金额：

借：累计盈余

　　贷：财政应返还额度、零余额账户用款额度、银行存款等同时，在预算会计中参照"财政拨款结转""财政拨款结余""非财政拨款结转"等业务的账务处理进行账务处理。

(4) 单位按规定从其他单位调入财政拨款结转资金时，按照实际调入资金：

借：零余额账户用款额度、银行存款

　　贷：累计盈余

同时，在预算会计中：

借：资金结存——零余额账户用款额度、货币资金

　　贷：财政拨款结转——归集调入

(5) 单位将"以前年度盈余调整"科目余额转入累计盈余：

借：累计盈余

　　贷：以前年度盈余调整【或借贷相反】

六、资产业务

(一) 资产业务的共性内容

1. 资产取得

单位资产取得的方式包括外购、自行加工或自行建造、接受捐赠、无偿调入、置换换入、租赁等。资产在取得时按照成本进行初始计量，并分别不同取得方式进行会计处理。

(1) 外购的资产，其成本通常包括购买价款、相关税费(不包括按规定可抵扣的增值税进项税额)，以及使资产达到目前场所和状态或交付使用前所发生的归属于该项资产的其他费用。

(2) 自行加工或自行建造的资产，其成本包括该项资产至验收入库或交付使用前所发生的全部必要支出。

(3) 接受捐赠的非现金资产，对于存货、固定资产、无形资产而言，其成本按照有关凭据注明的金额加上相关税费等确定；没有相关凭据可供取得，但按规定经过资产评估的，其成本按照评估价值加上相关税费等确定；没有相关凭据可供取得、也未经资产评估的，其成本比照同类或类似资产的市场价格加上相关税费等确定；没有相关凭据且未经资产评估、同类或类似资产的市场价格也无法可靠取得的，按照名义金额(人民币1元)入账。对于投资和公共基础设施、政府储备物资、保障性住房、文物文化资产等经管资产而言，其初始成本只能按照前三个层次进行计量，不能采用名义金额计量。盘盈资产的入账成本参照上述办法确定。

单位对于接受捐赠的资产，其成本能够确定的，应当按照确定的成本减去相关税费后的净额计入捐赠收入。资产成本不能确定的，应单独设置备查簿进行登记，相关税费等计入当期费用。

(4) 无偿调入的资产，其成本按照调出方账面价值加上相关税费等确定，根据确定的成本减去相关税费后的金额计入无偿调拨净资产。

(5) 置换换入的资产，其成本按照换出资产的评估价值，加上支付的补价或减去收到的补价，加上为换入资产发生的其他相关支出确定。

2. 资产处置

按照规定，资产处置的形式包括无偿调拨、出售、出让、转让、置换、对外捐赠、报废、毁损以及货币性资产损失核销等。单位应当按规定报经批准后对资产进行处置。通常情况下，单位应当将被处置资产账面价值转销计入资产处置费用，并按照"收支两条线"将处置净收益上缴财政。

如按规定将资产处置净收益纳入单位预算管理的，应将净收益计入当期收入。对于资产盘盈、盘亏、报废或毁损的，应当在报经批转前将相关资产账面价值转入“待处理财产损溢”科目，待报经批准后再进行资产处置。

对于无偿调出的资产，单位应当在转销被处置资产账面价值时冲减无偿调拨净资产。对于置换换出的资产，应当与换入资产一同进行相关会计处理。

(二) 固定资产

固定资产一般分为六类：房屋及构筑物；专用设备；通用设备；文物和陈列品；图书、档案；家具、用具、装具及动植物。

为核算和监督固定资产，单位应当设置“固定资产”“固定资产累计折旧”等科目。购入需要安装的固定资产，应当先通过“在建工程”科目核算，安装完毕交付使用时再转入“固定资产”科目核算。购入需要安装的固定资产，应当先通过“在建工程”科目核算，安装完毕交付使用时再转入“固定资产”科目核算。

单位应当根据相关规定以及固定资产的性质和使用情况，合理确定固定资产的使用年限：① 因改建、扩建等原因而延长固定资产使用年限的，应当重新确定固定资产的折旧年限。② 单位盘盈、无偿调入、接受捐赠以及置换的固定资产，应当考虑该项资产的新旧程度，按照其尚可使用的年限计提折旧。③ 固定资产提足折旧后，无论能否继续使用，均不再计提折旧；提前报废的固定资产，也不再计提折旧。④ 已提足折旧的固定资产，可以继续使用的，应当继续使用，并规范实物管理。⑤ 单位按月计提固定资产折旧时，按照应计提折旧金额，借记“业务活动费用”“单位管理费用”“经营费用”“加工物品”“在建工程”等科目，贷记“固定资产累计折旧”科目。

除文物和陈列品、动植物、图书、档案、单独计价入账的土地、以名义金额计量的固定资产等固定资产外，单位应当按月对固定资产计提折旧。当月增加的固定资产，当月开始计提折旧；当月减少的固定资产，当月不再计提折旧。固定资产提足折旧后，无论能否继续使用，均不再计提折旧；提前报废的固定资产，也不再补提折旧。

做中学 8-14

2×20 年 10 月 18 日，某事业单位(为增值税一般纳税人)经批准购入一台不需安装就能投入使用的检测专用设备，取得的增值税专用发票上注明的设备价款为 800 000 元，增值税额为 104 000 元。该单位以银行存款支付了相关款项。财会部门根据有关凭证，应编制如下会计分录：

2×20 年 10 月 18 日购入设备时：

借：固定资产	800 000	
应交增值税——应交税金(进项税额)	104 000	
贷：银行存款		904 000

同时，

借：事业支出	904 000	
贷：资金结存——货币资金		904 000

做中学 8-15

2×20 年 10 月 30 日，某事业单位计提本月固定资产折旧 50 000 元。财会部门根据有关凭证，应编制如下会计分录：

借：业务活动费用　　50 000
　　贷：固定资产累计折旧　　50 000

七、负债业务

（一）应缴财政款

单位应缴财政款是指单位取得或应收的按照规定应当上缴财政的款项，包括应缴国库的款项和应缴财政专户的款项。单位应当设置“应缴财政款”科目核算应缴财政的各类款项。

（二）应付职工薪酬

单位的应付职工薪酬是指按照有关规定应付给职工（含长期聘用人员）及为职工支付的各种薪酬，包括基本工资、国家统一规定的津贴补贴、规范津贴补贴（绩效工资）、改革性补贴、社会保险费（如职工基本养老保险费、职业年金、基本医疗保险费等）、住房公积金等。

为核算和监督职工薪酬业务，单位应当设置“应付职工薪酬”科目。单位应当按照国家有关规定和职工薪酬的类别对应付职工薪酬进行明细核算。

（1）单位计算确认当期应付职工薪酬时，借记“业务活动费用”“单位管理费用”“经营费用”“在建工程”等科目，贷记“应付职工薪酬”科目。单位向职工实际支付工资、津贴补贴等薪酬时，按照实际支付的金额，借记“应付职工薪酬”科目，贷记“财政拨款收入”“零余额账户用款额度”“银行存款”等科目；同时，在预算会计中借记“行政支出”“事业支出”“经营支出”等科目，贷记“财政拨款预算收入”“资金结存”科目。

（2）单位按照税法规定代扣个人所得税时，借记“应付职工薪酬——基本工资”科目，贷记“其他应交税费——应交个人所得税”科目。单位从应付职工薪酬中代扣社会保险费、住房公积金，以及代扣为职工垫付的水电费、房租等费用时，按照实际代扣的金额，借记“应付职工薪酬——基本工资”科目，贷记“应付职工薪酬——社会保险费、住房公积金”科目或“其他应收款”科目。单位按照国家有关规定缴纳职工社会保险费和住房公积金时，按照实际支付的金额，借记“应付职工薪酬——社会保险费、住房公积金”科目，贷记“财政拨款收入”“零余额账户用款额度”“银行存款”等科目；同时，在预算会计中借记“行政支出”“事业支出”“经营支出”等科目，贷记“财政拨款预算收入”“资金结存”科目。

（3）单位从应付职工薪酬中支付的其他款项，借记“应付职工薪酬”科目，贷记“零余额账户用款额度”“银行存款”等科目；同时，在预算会计中借记“行政支出”“事业支出”“经营支出”等科目，贷记“资金结存”等科目。

做中学 8-16

2×20 年 10 月，某事业单位为开展专业业务活动及其辅助活动人员发放基本工资 500 000 元，绩效工资 300 000 元，奖金 100 000 元，按规定应代扣代缴个人所得税 30 000 元，该单位以银行转账方式支付薪酬并上缴代扣的个人所得税。财会部门根据有关凭证。应编制如下会计分录：

（1）计算应付职工薪酬时：

借：业务活动费用　　900 000
　　贷：应付职工薪酬——基本工资　　500 000
　　　　　　　　　　——绩效工资　　300 000
　　　　　　　　　　——其他个人收入　　100 000

(2) 代扣个人所得税时:

借:应付职工薪酬——基本工资 30 000

贷:其他应交税费——应交个人所得税 30 000

(3) 实际支付职工薪酬:

借:应付职工薪酬——基本工资 470 000

——绩效工资 300 000

——其他个人收入 100 000

贷:银行存款 870 000

同时,

借:事业支出 870 000

贷:资金结存——货币资金 870 000

(4) 上缴代扣的个人所得税时:

借:其他应交税费——应交个人所得税 30 000

贷:银行存款 30 000

同时,

借:事业支出 30 000

贷:资金结存——货币资金 30 000

应知应会考核

一、单项选择题

1. 下列各项中,除以名义金额计量的固定资产之外,事业单位应计提折旧的是(　　)。(2019 年)

A. 陈列品　B. 动植物　C. 钢结构的房屋　D. 图书

2. 下列各项中,事业单位对外捐赠现金在财务会计中借记的会计科目是(　　)。(2020 年)

A. “其他费用”　B. “资产处置费用”

C. “其他支出”　D. “无偿调拨净资产”

3. 下列各项中,属于政府财务会计要素的是(　　)。(2018 年)

A. 预算结余　B. 预算收入　C. 净资产　D. 预算支出

4.《政府会计准则——基本准则》确立了“双功能”“双基础”“双报告”的政府会计核算体系,其中“双报告”指的是(　　)。(2018 年)

A. 预算报告和财务报告　B. 决算报告和财务报告

C. 绩效报告和预算报告　D. 预算报告和决算报告

5. 下列关于政府会计核算的表述中,不正确的是(　　)。(2020 年)

A. 政府会计应当实现财务会计与预算会计双重功能

B. 财务会计核算实行收付实现制,预算会计核算实行权责发生制

C. 单位对于纳入部门预算的现金收支业务,在采用财务会计核算的同时应当进行预算会计核算

D. 财务会计要素包括资产、负债、净资产、收入和费用,预算会计要素包括预算收入、预算支出和预算结余

6. 财政拨款结转中与核算会计差错有关的明细科目是(　　)。

A. 本年收支结转　B. 累计结转　C. 年初余额调整　D. 归集调出

7. 下列各项中,行政单位可以根据实际情况自行选择是否编制的财务报表是(　　)。(2020 年)

A. 净资产变动表　B. 收入费用表　C. 现金流量表　D. 资产负债表

8. 下列各项关于政府决算报告的表述中，不正确的是（　　）。（2018 年）

A. 主要以收付实现制为编制基础

B. 以预算会计核算生成的数据为准

C. 是政府综合财务报告的重要组成内容

D. 综合反映政府会计主体预算收支的年度执行结果

9. 在预算会计中，单位期末应将“事业预算收入”科目本期发生额中的专项资金收入结转记入的会计科目是（　　）。（2018 年）

A. “非财政拨款结转”　　B. “经营结余”

C. “事业基金”　　D. “事业结余”

10. 某事业单位年末按规定结转某项目财政拨款结余资金 50 000 元，会计处理正确的是（　　）。（2019 年）

A. 借：财政拨款结转　50 000
　　贷：专用结余　50 000

B. 借：财政拨款结转　50 000
　　贷：财政拨款结余　50 000

C. 借：财政拨款结转　50 000
　　贷：其他结余　50 000

D. 借：财政拨款结转　50 000
　　贷：非财政拨款结余　50 000

二、多项选择题

1. 下列各项关于政府会计核算体系的表述中，正确的有（　　）。（2018 年）

A. 政府会计主体应当编制决算报告和财务报告

B. 政府会计由预算会计和财务会计构成

C. 政府预算会计实行收付实现制，国务院另有规定的，从其规定

D. 政府财务会计实行权责发生制

2. 2019 年 3 月 25 日，某事业单位盘点库存现金时发现现金溢余 500 元。经查原因不明，则下列关于现金溢余的表述中，正确的有（　　）。

A. 应通过“待处理财产损益”科目核算　　B. 现金溢余记入“其他收入”科目中

C. 现金溢余记入“营业外收入”科目中　　D. 批准后应当增加“库存现金”科目 500 元

3. 下列关于政府会计核算体系的说法中，正确的有（　　）。

A. 财务会计主要反映和监督预算收支执行情况

B. 预算会计实行收付实现制

C. 财务会计实行权责发生制

D. 政府会计主体应当编制决算报告和财务报告，其中决算报告的编制主要以收付实现制为基础

4. 下列各项中，属于政府主体资产的有（　　）。（2018 年）

A. 在建工程　　B. 长期投资

C. 保障性住房　　D. 自然资源资产

5. 下列各项中，属于政府财务会计要素的有（　　）。（2018）

A. 结余　　B. 资产　　C. 负债　　D. 收入

6. 下列各项中，属于事业单位的支出的有（　　）。

A. 投资支出　　B. 营业外支出　　C. 债务还本支出　　D. 经营支出

7. 年末，事业单位应结转入“非财政拨款结余分配”科目的有（　　）。

A. 专用结余　　B. 非财政拨款结余　　C. 经营结余　　D. 其他结余

8. 下列各项中，属于专用基金的有（　　）。

A. 职工福利基金　　B. 科技成果转换基金

C. 盈余公积　　D. 保障性住房基金

9. 下列各项中，属于政府预算会计要素的有（　　）。（2020 年）

A. 净资产　　B. 预算结余　　C. 预算收入　　D. 预算支出

10. 下列各项中，属于事业单位财务报表的有(　　)。

A. 资产负债表　　B. 收入费用表　　C. 净资产变动表　　D. 现金流量表

三、判断题

1. 政府预算收入是指报告期内导致政府会计主体净资产增加的，含有服务潜力或经济利益的经济资源的流入。(2018 年)　　(　　)
2. 政府会计制度依据基本准则制定，主要规定政府会计科目及账务处理、报表体系及编制说明等，与政府会计具体准则及应用指南相互协调、相互补充。　　(　　)
3. 军队属于政府会计主体，核算时适用于政府会计基本准则。　　(　　)
4. 财政部门编制的政府综合财务报告，是用于反映财政部门自身财务状况，运行情况和净资产变动情况的报告。(2020 年)　　(　　)
5. 事业(预算)收入，是指事业单位开展专业业务活动及其辅助活动实现的收入，包括从同级政府财政部门取得的各类财政拨款。　　(　　)
6. 事业单位对以名义金额计量的固定资产不计提折旧。(2020 年)　　(　　)
7. 事业单位的各项财产物资应当按取得或购建时的实际成本进行计量，除国家另有规定的外，事业单位不得自行调整其账面价值。(2015 年)　　(　　)
8. 根据《基本准则》，政府会计主体主要包括各级政府、各部门、各单位。　　(　　)
9. 政府财务报告的编制主要以收付实现制为基础，以财务会计核算生成的数据为准。　　(　　)
10. 政府资产的计量属性主要包括历史成本、重置成本、现值、公允价值和名义金额。　　(　　)

四、不定项选择题

某事业单位 2019 年发生下列业务，请选择正确答案。

1. 2019 年 3 月 4 日，某事业单位以财政授权支付的方式支付印刷费 10 万元。财会部门根据有关凭证作出的下列账务处理中，正确的有(　　)。

A. 借：业务活动费用　　10
　　贷：资金结存　　10
同时，
借：事业支出　　10
　　贷：资金结存——零余额账户用款额度　　10

B. 借：业务活动费用　　10
　　贷：货币资金　　10
同时，
借：事业支出　　10
　　贷：资金结存——零余额账户用款额度　　10

C. 借：业务活动费用　　10
　　贷：零余额账户用款额度　　10
同时，
借：事业支出　　10
　　贷：资金结存——零余额账户用款额度　　10

D. 借：业务活动费用　　10
　　贷：零余额账户用款额度　　10
同时，
借：事业支出　　10
　　贷：零余额账户用款额度　　10

2. 事业单位为开展管理活动发生城市维护建设税、教育费附加等，应借记(　　)科目。

A.“业务活动费用”　　B.“经营费用”

C.“单位管理费用”　　D.“其他费用”

3. 2019 年 3 月 8 日，某事业单位收到同级财政部门批复的分月用款计划及代理银行盖章的“财政授权支付到账通知书”，金额为 150 万元。财会部门根据有关凭证作出的下列账务处理中，正确的有(　　)。

A. 财务会计：

借：零余额账户用款额度　　150

　贷：财政拨款收入　　150

B. 预算会计：

借：资金结存——零余额账户用款额度　　150

　贷：财政拨款预算收入　　150

C. 财务会计：

借：资金结存　　150

　贷：财政拨款收入　　150

D. 预算会计：

借：零余额账户用款额度　　150

　贷：财政拨款预算收入　　150

4. 2019 年 12 月 31 日，某事业单位财政直接支付指标数与当年财政直接支付实际支出数之间的差额为 100 000 元。2020 年年初，财政部门恢复了该单位的财政直接支付额度。2020 年 1 月 15 日，该单位以财政直接支付方式购买一批办公用品（属于上年预算指标数），支付给供应商 50 000 元价款。该事业单位编制的下列会计分录中，正确的有（　　）。

A. 2019 年年底补记指标——财务会计：

借：财政应返还额度——财政直接支付　　100 000

　贷：财政拨款收入　　100 000

B. 2019 年年底补记指标——预算会计：

借：资金结存——财政应返还额度　　100 000

　贷：财政拨款预算收入　　100 000

C. 2020 年年初使用上年预算指标购买办公用品——财务会计：

借：库存物品　　50 000

　贷：财政应返还额度——财政直接支付　　50 000

D. 2020 年年初使用上年预算指标购买办公用品——预算会计：

借：事业支出　　50 000

　贷：资金结存——财政应返还额度　　50 000

5. 2019 年 5 月，某事业单位为开展专业业务活动及其辅助活动人员发放基本工资 500 000 元，绩效工资 300 000 元，奖金 100 000 元，按规定应代扣代缴个人所得税 30 000 元，该单位以银行转账方式支付薪酬并上缴代扣的个人所得税。财会部门根据有关凭证编制的下列财务会计分录中，正确的有（　　）。

A. 计算应付职工薪酬时：

借：业务活动费用　　900 000

　贷：应付职工薪酬——基本工资　　500 000

　　　　　　　　——绩效工资　　300 000

　　　　　　　　——其他个人收入　　100 000

B. 代扣个人所得税时：

借：应付职工薪酬——基本工资　　30 000

　贷：其他应交税费——应交个人所得税　　30 000

C. 实际支付职工薪酬：

借：应付职工薪酬——基本工资　　470 000

　　　　　　　——绩效工资　　300 000

　　　　　　　——其他个人收入　　100 000

　贷：银行存款　　870 000

D. 上缴代扣的个人所得税时：

借：其他应交税费——应交个人所得税　　30 000

　贷：银行存款　　30 000

参 考 文 献

[1] 企业会计准则编审委员会. 企业会计准则案例讲解[M]. 上海:立信会计出版社,2020.
[2] 中华人民共和国财政部. 企业会计准则——基本准则[M]. 上海:立信会计出版社,2020.
[3] 中华人民共和国财政部. 企业会计准则——应用指南[M]. 上海:立信会计出版社,2020.
[4] 中国注册会计师协会. 2021年度注册会计师全国统一考试指定辅导教材——会计[M]. 北京:中国财政经济出版社,2020.
[5] 全国人大常委会法治工作委员会. 现行会计法律汇编[M]. 上海:立信会计出版社,2017.
[6] 财政部会计司编写组. 企业会计准则9号——职工薪酬[M]. 北京:中国财政经济出版社,2014.
[7] 财政部会计司编写组. 企业会计准则30号——财务报表列报[M]. 北京:中国财政经济出版社,2019.
[8] 财政部会计司编写组. 企业会计准则14号——收入[M]. 北京:中国财政经济出版社,2017.
[9] 李贺.会计学[M]. 上海:上海财经大学出版社,2017.
[10] 财政部会计资格评价中心. 初级会计实务[M]. 北京:经济科学出版社,2020.
[11] 李贺.政府与非营利组织会计[M]. 上海:上海财经大学出版社,2020.
[12] 徐哲,李贺. 中级财务会计[M]. 上海:立信会计出版社,2018.
[13] 郑红梅. 企业财务会计[M]. 大连:东北财经大学出版社,2019.
[14] 徐哲,李贺. 成本会计基础[M]. 上海:上海财经大学出版社,2017.
[15] 徐哲,李贺,邢冕,纪海荣. 会计学原理[M]. 上海:上海财经大学出版社,2017.
[16] 李贺. 管理会计[M].上海:上海财经大学出版社,2020.
[17] 徐哲,李贺. 基础会计[M]. 2版.上海:立信会计出版社,2020.
[18] 徐哲,李贺.财务管理[M]. 上海:立信会计出版社,2019.
[19] 东奥会计在线. 初级会计实务(上、下册)[M]. 北京:北京科学技术出版社,2020.
[20] 高顿财经. 初级会计实务[M]. 上海:立信会计出版社,2020.
[21] 中华人民共和国财政部. 政府会计准则[M]. 上海:立信会计出版社,2018.
[22] 中华人民共和国财政部. 政府收支分类科目、政府会计实务及案例讲解、行政事业单位会计科目报表准则解读[M]. 上海:立信会计出版社,2019.
[23] 李贺,张世国,张红梅.税法[M]. 上海:上海财经大学出版社,2019.